AF369265

PROGRAMA

Consejo de dirección:

MARCELO CAMPAGNO   (Universidad de Buenos Aires-CONICET);
JULIÁN GALLEGO   (Universidad de Buenos Aires-CONICET);
CARLOS GARCÍA MAC GAW   (Universidad Nacional de La Plata-Universidad de Buenos Aires).

Comité asesor externo:

JEAN ANDREAU   (École des Hautes Études en Sciences Sociales, París);
JOSEP CERVELLÓ AUTUORI   (Universidad Autónoma de Barcelona, España);
CÉSAR FORNIS   (Universidad de Sevilla, España);
ANTONIO GONZALÈS   (Université de Franche-Comté, Francia);
ANA IRIARTE   (Universidad del País Vasco, España);
PEDRO LÓPEZ BARJA   (Universidad de Santiago de Compostela, España);
ANTONIO LOPRIENO   (Universidad de Basilea, Suiza);
FRANCISCO MARSHALL   (Universidade Federal de Rio Grande do Sul, Brasil);
DOMINGO PLÁCIDO   (Universidad Complutense de Madrid, España).

Colección

Estudios del Mediterráneo Antiguo

Edición: Primera. Abril 2023
Lugar de edición: Barcelona / Buenos Aires
ISBN: 978-84-18929-95-3
Depósito legal: M-1103-2023

Código Thema: NHC (Ancient history)
NHD (European history)
NHTB (Social and cultural history)

Código Bisac: ART015060 (History / Ancient & Classical)
HIS002010 (Ancient / Greece)

Código WGS: 113 (Belles-lettres / Historical novels and stories)
522 (Humanities, art, music / Antiquity)

Diseño gráfico general: Gerardo Miño
Armado y composición: Eduardo Rosende

E-mail: info@minoydavila.com
web: www.minoydavila.com
redes sociales: @MyDeditores, www.facebook.com/MinoyDavila

**MARCELO CAMPAGNO, JULIÁN GALLEGO,
CARLOS GARCÍA MAC GAW y RICHARD PAYNE (comps.)**

DESIGUALDADES ANTIGUAS
Economía, cultura y sociedad
en el Oriente Medio y el Mediterráneo

Estudios del Mediterráneo Antiguo / **PEFSCEA Nº 28**

ÍNDICE

— PARTE IV —
**La desigualdad y el suministro de bienes:
autoridad política y conflictos**

PRÓLOGO

Marcelo Campagno - Carlos García Mac Gaw

El problema de la desigualdad social en este mundo globalizado es –qué duda cabe– uno de los más injustos efectos del régimen socioeconómico dominante. No es casual, por ello, que las ciencias humanas y sociales hayan profundizado en los últimos tiempos, y con mayor intensidad *a posteriori* de la crisis económico-financiera de 2008, sus análisis sobre las cuestiones que se articulan respecto de ese dramático problema. En los años recientes, uno de los focos principales de interés ha sido el de la relación entre el poder político y el económico. Una serie de estudios ha enfatizado la dinámica económica de la creciente desigualdad (por ejemplo, T. Piketty, *Le capital au XXIe siècle*, 2013) y las consecuencias políticas de la concentración de riqueza (G.A. Winters, *Oligarchy*, 2011; M. Gilens & B. Page, "Testing Theories of American Politics: Elites, Interest Groups, and Average Citizens", *Perspectives on Politics*, 2014). Por otra parte, la sociología y los estudios culturales han señalado las estrategias de las élites económicas para desarrollar discursos que dan cuenta de su posición sin recurrir a condicionamientos estructurales (R. Sherman, *Uneasy Street: The Anxieties of Affluence*, 2017), o la creación de una identidad de clase a través del consumo "invisible" (E. Currid-Halkett, *The Sum of Small Things: A Theory of the Aspirational Class*, 2017).

La preocupación por estas temáticas ha espoleado también el interés de disciplinas tales como la historia y la arqueología, con el fin de pensar tanto los modos en que se han configurado sociedades fuertemente desiguales en el pasado como las eventuales proyecciones de estas hacia el mundo contemporáneo. Ejemplos de este tipo de aproximaciones, con independencia de sus resultados, son las obras de K. Flannery y J. Marcus (*The Creation of Inequality: How our Prehistoric Ancestors Set the Stage for Monarchy, Slavery, and Empire*, 2012), o la más reciente obra de W. Scheidel (*The Great Leveller: Violence and the History of Inequality from the Stone Age to the Twenty-First Century*, 2017). El Programa de Estudios sobre las Formas de Sociedad y las Configuraciones Estatales de la Antigüedad (PEFSCEA) de la Universidad de Buenos Aires ciertamente comparte este tipo de preocupaciones. De hecho, el V Coloquio del PEFSCEA, celebrado en 2015, llevaba por título *¿Capital antes del capitalismo? Riqueza, desigualdad y Estado en el mundo antiguo*, en aras de entablar una discusión acerca de la desigual distribución de la riqueza en el mundo antiguo[1].

En este marco, los capítulos presentados en este libro son el resultado de las exposiciones, así como de las intensas jornadas de discusión, desarrolladas durante el VII Coloquio Internacional del PEFSCEA, bajo el nombre de *Desigualdades antiguas: economía, cultura y sociedad en el Oriente Medio y el Mediterráneo*, celebrado en Buenos Aires los días 27, 28 y 29 de marzo de 2019. El objetivo de la reunión académica fue el de reconsiderar la cuestión de la desigualdad en el mundo antiguo a través de la exploración de las relaciones entre el poder económico, por un lado, y la identidad política y cultural de las élites, por el otro. Estas áreas han sido estudiadas extensamente en el pasado; pero sigue existiendo una brecha analítica entre las dimensiones económicas y no económi-

---

1   Todas las ediciones de los Coloquios del PEFSCEA se han visto reflejadas en respectivas publicaciones. Los volúmenes anteriores son: M. Campagno, J. Gallego y C.G. García Mac Gaw (eds.), *Política y religión en el Mediterráneo Antiguo. Egipto, Grecia, Roma*, Buenos Aires, Miño y Dávila editores, 2009 (I Coloquio PEFSCEA); M. Campagno, J. Gallego y C.G. García Mac Gaw (eds.), *El Estado en el Mediterráneo Antiguo. Egipto, Grecia, Roma*, Buenos Aires, Miño y Dávila editores, 2011 (II Coloquio PEFSCEA); M. Campagno, J. Gallego y C.G. García Mac Gaw (eds.), *Rapports de subordination personnelle et pouvoir politique dans la Méditerranée Antique et au-delà*, Besançon, Presses Universitaires de Franche-Comté, 2013 (III Coloquio PEFSCEA-XXXIV Colloque GIREA); M. Campagno, J. Gallego y C.G. García Mac Gaw (eds.), *Regímenes políticos en el Mediterráneo Antiguo*, Buenos Aires, Miño y Dávila editores, 2016 (IV Coloquio PEFSCEA); M. Campagno, J. Gallego y C.G. García Mac Gaw (eds.), *Capital, deuda y desigualdad. Distribuciones de la riqueza en el Mediterráneo Antiguo*, Buenos Aires, Miño y Dávila editores, 2017 (V Coloquio PEFSCEA); H. Beck, J. Gallego, C.G. García Mac Gaw y F. Pina Polo (eds.), *Encuentro con las élites del Mediterráneo Antiguo. Liderazgo, estilos de vida, legitimidad*, Buenos Aires, Miño y Dávila editores, 2021 (VI Coloquio PEFSCEA).

cas de la identidad de las élites antiguas. Esta brecha puede ser considerada como resultante, en buena medida, de los modelos heredados proporcionados por las tradiciones académicas marxistas y weberianas: mientras que la primera otorga prioridad al análisis económico, la segunda a la indagación social. Hemos querido estudiar, entonces, las conexiones entre los cimientos económicos del dominio de las élites y las identidades culturales que marcaron las fronteras sociales en diferentes sociedades antiguas.

La organización de este VII Coloquio fue el resultado de un trabajo colaborativo entre el PEFSCEA y la Chicago Initiative for Global Late Antiquity (University of Chicago). La reunión se llevó a cabo en el Museo Histórico Nacional del Cabildo y la Revolución de Mayo y en el Centro Cultural Paco Urondo de la Facultad de Filosofía y Letras de la Universidad de Buenos Aires. Queremos agradecer a los por entonces directores de ambas instituciones, Gustavo Álvarez y Ricardo Manetti, así como al personal de las dos sedes, por habernos facilitado el uso de sus instalaciones durante el desarrollo del coloquio.

Por otra parte, The University of Chicago's Latin American Initiative proveyó una subvención económica que permitió hacer frente a parte sustancial de los costos de organización. Asimismo, hemos contado con el apoyo financiero del Consejo Nacional de Investigaciones Científicas y Técnicas (CONICET) y de la Agencia Nacional de Promoción de la Investigación, el Desarrollo Tecnológico y la Innovación (Agencia I+D+i) de la República Argentina, así como de la Northern Illinois University. El Global Challenges Research Fund del gobierno del Reino Unido y la Universidad de Cambridge ha financiado el costo de la traducción al castellano de algunos de los capítulos de este libro. Los organizadores del coloquio *Desigualdades antiguas* agradecemos sinceramente a todas estas instituciones, sin cuyo apoyo no podría haber sido realizado.

Finalmente, es justo agradecer al gran equipo de colaboradores del PEFSCEA –en esta oportunidad, Sergio Amor, Sergio Barrionuevo, Marcos Cabobianco, Ezequiel Cismondi, María Belén Daizo, Augusto Gayubas, Pablo Jaruf, Sebastián Maydana, Alejandro Mizzoni, Marcelo Perelman, Fernando Piantanida, Agustín Saade, Pablo Sarachu, Marianela Spicoli–, que, como siempre, son una pieza central para que este tipo de eventos se pueda concretar.

UNA INTRODUCCIÓN A LAS DESIGUALDADES ANTIGUAS

Julián Gallego[1] *- Richard Payne*[2]

Desigualdades antiguas explora las intersecciones entre las formas culturales, sociales y económicas de la desigualdad en las sociedades preindustriales, en el Mediterráneo y el Medio Oriente, desde la Edad del Bronce hasta la Antigüedad tardía. Lo hace en diálogo no solo con sociedades preindustriales cronológica y geográficamente distantes, sino también con las disciplinas de la sociología, la economía y la ciencia política. Los colaboradores toman como punto de partida el impulso de la literatura sofisticada sobre las desigualdades antiguas y modernas de las últimas décadas, indagando qué preguntas útiles de esta literatura comparativa pueden plantearse a la evidencia antigua disponible. Se centra especialmente en el problema de la relación entre cultura y economía, es decir, cómo las ideas, los imaginarios y las identidades configuran los regímenes de desigualdad así como sus respectivas bases económicas. Si el término "desigualdad" evoca principalmente diferencias en la acumulación y asignación de recursos, tales disparidades nunca fueron puramente económicas. Las sociedades y sus diversos agrupamientos articularon sus desigualdades a través del discurso y las representaciones, así como a través de las instituciones políticas. Diferentes comunidades emplearon diferentes términos para justificar, preservar y reproducir sus desigualdades. También las impugnaron, criticaron y contuvieron. Todas las contribuciones de este volumen abordan, de diversas maneras, esta interacción dinámica entre

---

1   PEFSCEA/Universidad de Buenos Aires-CONICET.
2   University of Chicago.

la cultura y la economía en el mundo antiguo; sobre la base de diversas formas de evidencia de diferentes regiones y períodos, todas ilustran el cambio constante en el corazón de regímenes de desigualdad aparentemente estables, a medida que las comunidades respondían a sus disparidades con sus respectivos recursos simbólicos. Las antiguas desigualdades nunca fueron estáticas; siempre estuvieron en proceso de cambio.

Sin embargo, con frecuencia muchos relatos de las desigualdades antiguas comienzan con la perogrullada de que las economías premodernas fueron estables, si no estáticas. En el que indiscutiblemente es el relato transhistórico sobre la desigualdad más influyente de los últimos años, *Le capital au XXIe siècle*, Thomas Piketty (2013) presenta los regímenes agrarios premodernos con unos contornos notablemente consistentes desde el punto de vista financiero y social a lo largo de los siglos: clases rentistas terratenientes que extraen el mínimo excedente disponible a partir casi exclusivamente de la producción agrícola, con una tasa de rendimiento de alrededor del 5% sobre su capital o, mejor dicho, el capital de sus a menudo muy lejanos antepasados. La cuenta no carece de perspicacia. Los bajos niveles de crecimiento demográfico y económico entrelazados generaron jerarquías sociales marcadamente estables en comparación con las de las economías políticas capitalistas modernas. Tradicionalmente, los historiadores de la economía premoderna han privilegiado las perturbaciones extraeconómicas en la fractura de las clases rentistas agrarias: guerras y plagas (Scheidel, 2018). Esto puede minimizar indebidamente el papel de los paroxismos del comercio en la generación de nuevas fuentes de riqueza y nuevos grupos sociales, como, por ejemplo, el surgimiento de los comerciantes como clase económicamente dominante en el mundo islámico temprano y el correspondiente aumento real de los salarios de los trabajadores (Bessard, 2020). Pero los antiguos regímenes de desigualdad enfrentaron poca presión procedente de nuevas fuentes de productividad o creación de riqueza, por lo que sus principales desafíos provenían de agrupamientos que podían ser dominados fácilmente en la mayoría de las circunstancias: desde abajo, desde la población trabajadora subordinada. Los trabajadores premodernos, ya fueran libres, esclavos o dependientes, resistieron continuamente su explotación, no pocas veces con

   Desigualdades antiguas

violencia, pero solo excepcionalmente con éxito[3]. En este contexto, se puede perdonar a los historiadores del mundo antiguo por no hacer de las desigualdades uno de los ejes principales de sus historias culturales, sociales, políticas y económicas. Si el cambio es la preocupación del historiador, la aparente estabilidad de las antiguas desigualdades las hace bastante menos atractivas como categorías de análisis.

No obstante, la estabilidad de estos regímenes fue solo aparente y, en numerosos casos, fue incluso un instrumento para preservar las desigualdades que beneficiaban a una clase económicamente dominante. Tan pronto como empezamos a analizar a las élites económicas dirigentes en cualquier sociedad premoderna, hallamos innumerables variaciones en su organización social y política y una amplia gama de desigualdades. Algunas sociedades permitieron que grandes segmentos de la población disfrutaran de una parte significativa del excedente; otras no. Quizás lo más sorprendente es el fracaso de las élites para reproducirse a través de las generaciones, que contrasta con los estereotipos de que las aristocracias terratenientes premodernas practicaron alguna forma transhistórica de primogenitura. Es bien sabido que Keith Hopkins (1965) destacó las circunstancias demográficas que hicieron que el éxito de los senadores romanos para transferir sus cargos a la próxima generación fuera un desafío, a veces incluso una excepción, más que algo inevitable. Tal era el caso en todo el mundo premoderno, ya que las condiciones poblacionales eran notablemente similares no solo entre las diferentes sociedades, sino también entre las distintas jerarquías sociales[4]. En otras palabras, incluso si las economías agrarias premodernas fueron tan estables como parecen, las circunstancias demográficas exigieron desarrollos institucionales para facilitar la transmisión intergeneracional de riqueza y poder. Pero los rasgos casi universales de las economías agrarias y los regímenes poblacionales premodernos no fueron las únicas variables. Conforme a lo que se argumenta en este volumen, lo que describimos como "cultura", incluida la cultura política, fue mucho más importante para dar forma a las

---

3   Friedman (1993) explora la dinámica de una rara excepción.

4   Incluso las élites económicas modernas tienen mucho menos éxito en la transmisión intergeneracional de riqueza y poder que lo que normalmente se supone; cf. Marcus (1992).

configuraciones de la desigualdad en las sociedades premodernas. Las ideas, las representaciones, las leyes, las normas políticas, los discursos y sus respectivas formas de comunicación animaron los enfoques muy diferentes en la asignación desigual de los recursos que se puede discernir a lo largo de miríadas de sociedades. Desde esta perspectiva, las aproximaciones a las desigualdades antiguas que se han centrado principal y a menudo exclusivamente en el plano económico han pasado por alto precisamente lo que condujo a que las comunidades alcanzaran a tener jerarquías y organizaciones sociales y políticas tan radicalmente diferentes.

En su libro reciente, *The Dawn of Everything*, David Graeber y David Wengrow (2021) deconstruyen la narrativa tradicional y altamente teleológica de la historia premoderna de la transición de sociedades cazadoras-recolectoras a sociedades agrarias y la concomitante fijación de las sociedades en un camino único hacia una desigualdad siempre creciente. En su lugar, mediante una serie de estudios de caso los autores ilustran cómo las sociedades se involucraron en animados debates sobre sus recursos y su distribución y frecuentemente experimentaron con formas alternativas de asignación y organización, algunas más jerárquicas que otras. Los historiadores de la antigüedad están acostumbrados a suponer que la desigualdad extrema es una característica de las sociedades que estudian, por una buena razón: las jerarquías vertiginosas del amo sobre el esclavo, el hombre sobre la mujer, el terrateniente sobre el trabajador dependiente y las élites políticas sobre sus súbditos son tan omnipresentes que parecen ineludibles.

Por ende, es importante recordar que no lo eran. La "ideología mediana" griega arcaica sentó las bases para el desarrollo de comunidades de varones libres e iguales políticamente, un marco de ciudadanía que ejerció una enorme influencia en todo el Mediterráneo y que incluso siguió siendo atractiva en sus formas más atenuadas (Morris, 2000: 109-154). El discurso cristiano de los "pobres" impuso a los "ricos" la obligación de reasignar los recursos, aunque fuera modestamente, aun cuando al mismo tiempo afianzara las jerarquías sociales tradicionales (Brown, 2014). Los primeros musulmanes también innovaron con sistemas complejos de tributación caritativa diseñados para mitigar al menos algunos de los efectos más brutales de los antiguos regímenes de desigualdad (Sijpesteijn, 2014). Los zoroastrianos iraníes llegaron

      Desigualdades antiguas

a concebir un mundo igualitario sin las disparidades que surgen del control de propiedades y la posesión de mujeres, en un régimen idealizado de reparto comunal de mujeres y propiedades, lo que Patricia Crone (1994) llamó "comunismo zoroastriano", ideología que ejerció un poderoso atractivo en Oriente Medio aun siglos después de la desaparición del orden político zoroastriano iraní (Crone, 2012). Aquí debemos recordar otro argumento del último David Graeber (2011): las llamadas religiones de la Edad Axial fueron respuestas a la intensificación de la desigualdad y la explotación características de la Edad del Hierro[5]. Es ciertamente más fácil enumerar discursos e ideologías que reforzaron las desigualdades y, de diversos modos y dentro de contextos específicos, estas visiones de la igualdad incluyen dentro de sus términos elementos que podían aumentar la desigualdad, y en ocasiones así lo hicieron. Pero sirven como recordatorios de que los desiguales paisajes del mundo antiguo eran mucho más dinámicos y cambiantes que lo que suelen parecer. Es esa interacción entre los discursos e ideologías y los hechos obstinados, a menudo brutales, de la antigua economía agraria y sus modos de explotación lo que, proponemos aquí, los historiadores de la desigualdad podrían intentar recuperar productivamente.

Esta fue la agenda que los organizadores establecieron para los participantes del coloquio en el que se basa el presente volumen: *Desigualdades antiguas: economía, cultura y sociedad en el Oriente Medio y el Mediterráneo*. Al adoptar el marco analítico de la desigualdad, buscamos expresamente tomar parte en los diálogos comparativos más amplios dentro de las ciencias sociales, especialmente después de la crisis financiera de 2008, encarnada en el trabajo de Thomas Piketty[6]. Existe una oportunidad en el estudio de las antiguas desigualdades para construir al menos dos puentes a través de dominios académicos típicamente aislados entre sí. La primera se halla dentro de la historia económica. La erudición marxista ha

---

5   Ver ahora el compromiso crítico con los argumentos de Graeber en Weisweiler (en prensa).

6   *E.g.* Campagno, Gallego & García Mac Gaw (2017) y Koedijk & Morley (2022), volúmenes originados en coloquios que han puesto en discusión los aportes de Thomas Piketty en función de los problemas del mundo antiguo, eventos celebrados, respectivamente, en el Museo Roca: Instituto de Investigaciones Históricas con el auspicio de la Universidad de Buenos Aires (6-7 de agosto de 2015) y en la Freie Universität Berlin (9-10 de abril de 2018).

puesto en primer plano y de manera consistente las cuestiones de la desigualdad, por razones obvias, aunque como una voz menor, a veces incluso marginal, dentro de la historiografía anglófona. Ha sido mucho más prominente en la historiografía española, y la tradición especialmente sólida en Argentina en particular inspiró la decisión de organizar la conversación en Buenos Aires. Los historiadores económicos neoclásicos no se han concentrado tradicionalmente en cuestiones de estratificación o explotación, pero el trabajo de Piketty, enmarcado dentro de los términos de la economía neoclásica, ha estimulado un resurgimiento del interés por la desigualdad. Además, el surgimiento de la Nueva Economía Institucional dentro de la historia antigua anglófona ha llevado a los historiadores de la economía antigua a prestar más atención a las dimensiones sociales, políticas y culturales que se articulan con la economía, dentro del marco neoclásico[7]. Al convocar a los historiadores económicos que trabajan dentro de estas tradiciones separadas, el coloquio alentó a los profesionales a aprender de los métodos y las contribuciones de los demás, no con el objetivo del consenso, sino con el objetivo del progreso historiográfico.

El segundo puente gira en torno a los enfoques económicos y culturales de la desigualdad. En términos generales, los historiadores de la economía antigua, tanto marxistas como neoclásicos, han tendido a descuidar en su trabajo las cuestiones culturales e incluso las sociales y políticas, al menos hasta hace poco. Hay excepciones, entre ellas el historiador marxista inglés del mundo antiguo más influyente en el siglo XX, G. E. M. de Ste. Croix[8]. Idénticamente, los historiadores culturales y sociales –la Nueva Historia Cultural en sus diversas expresiones– han tendido a descuidar las cuestiones económicas, al menos hasta hace poco tiempo. El diálogo más amplio dentro de las ciencias sociales sugiere que tender puentes entre estos dominios puede contribuir sustancialmente al estudio de las desigualdades. Si el libro inicial de 2013 de Piketty adoptó un enfoque puramente económico casi en su totalidad, su sucesor de 2019, *Capital et Idéologie*, se centró, como sugiere el título, en el papel de la cultura en el mantenimiento de regímenes desiguales. El trabajo de Piketty (2019) no es ni

---

7   Para un ejemplo particularmente exitoso e influyente, ver Bresson (2016).

8   Ver, por ejemplo, los enfoques presentes en sus libros: Ste. Croix (1972; 1981; 2004).

    Desigualdades antiguas

normativo ni un conjunto de herramientas especialmente útil para los historiadores de la antigüedad, sino más bien una referencia para los paisajes cambiantes en el estudio de la desigualdad en las ciencias sociales.

Un puñado de útiles puntos de partida merece destacarse. El abordaje comparativo de la oligarquía de Jeffrey Winters (2011) enfatiza la necesidad de que los económicamente dominantes, los "oligarcas", participen en lo que denomina "defensa de la riqueza", legitimando sus pretensiones de dominación y preservando sus posiciones a través de instituciones políticas. El autor coloca a los oligarcas en un papel activo, en constante necesidad de hacer proclamas y reforzar posiciones, en lugar de los *fainéants* terratenientes de los relatos tradicionales. De manera similar, Rachel Sherman (2017) revela en *Uneasy Street* las ansiedades ideológicas de los económicamente dominantes, su conciencia de las disparidades iniciales que los benefician y su necesidad de justificar discursivamente sus posiciones. Elizabeth Currid-Halkett (2017) demuestra cómo los patrones de consumo en la cultura material desempeñan un papel en las estrategias elitistas de legitimación de la riqueza, ya que el acceso a objetos y prácticas exclusivos sirve para constituir identidades éticas, no simplemente un consumo conspicuo. Estas visiones de arriba hacia abajo son útiles para los historiadores del mundo antiguo, que dependen casi exclusivamente de textos y una cultura material procedentes de las élites. Pero también hay trabajos recientes que inspiran a los historiadores a descubrir las respuestas de abajo hacia arriba a los regímenes desiguales. Durante mucho tiempo, *Weapons of the Weak* de James Scott (1985) ha servido como punto de partida para los historiadores que estudian las poblaciones explotadas de cualquier época; en su libro más reciente, *The Art of Not Being Governed*, Scott (2009) invita a los investigadores a prestar mayor atención a las formas culturales de resistencia y los espacios geográficos en los que las comunidades de trabajadores podían escapar del alcance de los dominadores. Estos estudios y muchos otros ilustran sobre la fecundidad de los intercambios con otros campos de los recientes estudios sociales de las desigualdades y entre los historiadores de la antigüedad, sin exigirles que adopten o adhieran a una teoría o método en particular.

No obstante, es importante que las historias culturales de la desigualdad no se desvinculen de los fundamentos materiales y económicos de los regímenes de jerarquía. Tales tendencias son a menudo evidentes en obras que adoptan lo que podría decirse que es el marco interpretativo más popular en las actuales historias culturales y sociales premodernas de la desigualdad: el concepto de capital cultural de Pierre Bourdieu (1979). La frase capta perfectamente el contenido de su teoría sociológica: las prácticas, los objetos y los fenómenos inmateriales constituyen una forma de "capital" del que los actores sociales pueden disponer para mantener o mejorar sus posiciones con la misma facilidad e importancia que las formas materiales de capital. El marco ha producido enormes dividendos en la investigación histórica, al llamar la atención sobre la importancia del discurso y la práctica cultural en la configuración de las relaciones sociales. Y, sin embargo, centrarse en el capital cultural a expensas del capital material puede tener efectos distorsionadores. Como ha argumentado recientemente el sociólogo Dylan Riley (2017), no es accidental que este marco ganara popularidad sobre todo entre los académicos estadounidenses en la década neoliberal de 1990, armándolos con la ilusión de que el poder puramente simbólico podía sustituir al poder económico que se les escapaba. La crítica más detallada de su concepto de capital es más un asunto de sociólogos que de historiadores de la antigüedad. Pero la idea explícita, e incluso evidente por sí misma, que hay que recordar es que el capital inmaterial solo es relevante históricamente en términos de su relación con el capital material. Esto forma parte de un sentido común que es conocido incluso por los esclavos y los campesinos antiguos. Sin embargo, se olvida con demasiada facilidad en los relatos histórico-culturales anglófonos. En este punto resulta relevante para los historiadores del mundo antiguo la reciente crítica de Vivek Chibber (2022) a los enfoques "culturalistas" en la historia y las ciencias sociales. El autor argumenta que la insistencia del giro cultural en la primacía de los factores inmateriales sobre los materiales para determinar los límites de la acción humana, tanto individual como colectiva, distorsiona en esencia las historias y las realidades sociales. Para los historiadores antiguos, el asunto es obvio: los esclavos y los campesinos antiguos encontraban que los límites eran ante todo materiales. Como argumentan las contribuciones de este volumen, recuperar el *Spielraum* cultural al alcance de los explotados es una tarea urgente para el análisis de la Antigüedad. Las nuevas historias que escribimos para hacerlo solo pueden tener sentido si, a la vez, continuamos destacando los límites materiales (cadenas, contratos y garrotes, entre innumerables otros) con los que los individuos y las comunidades tuvieron que lidiar.

En su diversidad, todas las contribuciones del volumen responden a la invitación a considerar la relación entre economías, culturas y sociedades en el mundo antiguo, en el marco de los diálogos recientes en las ciencias sociales. Adrede, los organizadores y editores han cultivado una polifonía académica, evitando un modelo teórico único. El punto en común es el esfuerzo por dar dinamismo a la historia de las desigualdades antiguas. Las líneas siguientes proveen un resumen de las secciones y los capítulos, una orientación al volumen como un todo.

La primera parte agrupa los capítulos que abordan distintos aspectos de la conformación de las élites, con particular atención a las prácticas sociales y/o las representaciones simbólicas inherentes a las diversas situaciones estudiadas. Marcelo Campagno analiza la construcción de un grupo dominante en el Antiguo Egipto en los milenios IV y III a.C. El fortalecimiento de la solidez interna gracias a la capacidad cohesiva del parentesco y el desarrollo del clientelismo están relacionados con la consolidación de esta élite en el ejercicio del monopolio de la coerción a la escala de la unidad estatal que se estaba construyendo, cuya lógica expansiva generó la articulación de espacios sociopolíticos más amplios. Lo más importante para pensar la construcción de esta élite, señala el autor, radica no solo en la particularidad de cada una de estas lógicas sino también en sus acoplamientos e intersecciones: es en el modo de articulación entre estas racionalidades coexistentes donde radica la especificidad de la élite que dominó el valle del río Nilo durante el período indicado, y que incluso se puede apreciar mucho tiempo después.

Diego Paiaro y Mariano Requena destacan un proceso que hasta cierto punto contrasta con el anterior: la imposibilidad de la élite ateniense de convertirse en un grupo dominante con respecto al resto de los ciudadanos. Si bien las diferencias de riqueza y la existencia de un sector privilegiado son innegables, al menos desde el punto de vista económico, este grupo no logró desarrollar mecanismos estables que equipararan su superioridad económica con una superioridad política que lo convirtiera en una clase dominante respecto de los dominados. Aun cuando la mayoría de los líderes políticos procediera de la élite, su situación estaba sujeta a la necesidad de atender las demandas del *dêmos,* con los riesgos que ello implicaba. En este sentido, el liderazgo político en Atenas muestra en varios aspectos patrones que se asimilan a los descritos por los antropólogos para las llamadas sociedades "primitivas". Así, la comunidad de ciudadanos se puede pensar como una "comunidad indivisa" en la que prevalecía un principio igualitario cuya lógica consistía en preservar dicha indivisibilidad e inhibir el desarrollo de poderes coercitivos, lo cual no significa que no hubiera diferencias jerárquicas entre los ciudadanos.

El análisis de Claudia Beltrão invita a trasladarse de los funcionamientos sociales a las representaciones simbólicas, a partir del examen de la propuesta de Cicerón acerca de un noble sabio capaz de combinar la búsqueda de la sabiduría y la verdad con un sólido compromiso político conservador. Cicerón desprecia a dos grandes colectivos: la multitud romana, punto en el que sigue el elitismo filosófico de sus antecesores griegos, y el conjunto de autores cuyos libros resultan repetitivos, dogmáticos, moralmente inferiores e inútiles. Propone, en cambio, reclutar a un selecto grupo de personajes muy dotados, no dogmáticos y con una vasta educación, capaz de expresarse en refinados discursos, generando así intelectualmente una serie de desigualdades. El deseo manifiesto es recrear la *libera res publica* a partir de una pequeña élite ilustrada de nobles filosóficamente educados. Se trata, pues, de un pensamiento cívico que pretende alejarse de lo que considera inferior y que procura un remedio para los círculos "hedonistas" y egoístas de los seguidores de Epicuro, que no solo no satisfacen el ideal de nobleza ni los criterios ciceronianos de rigor teórico sino que, además, resultan maestros seductores para la gente sin educación y, sobre todo, pensadores peligrosos para la juventud de la élite romana.

Abocado a la historia romana inmediatamente posterior (siglos I-II d.C.), John Weisweiler también estudia la creación de desigualdades, o mejor sería decir la consolidación, pero en el terreno de la dinámica sociopolítica, analizando la transformación del senado romano de una asamblea de terratenientes italianos en un grupo multirregional. A menudo, la admisión de miles de provinciales en la élite gobernante se toma como evidencia de la integración exitosa de poblaciones subordinadas. Pero el senado no fue una institución inclusiva; la gran mayoría de los senadores no italianos provenía solo de cuatro provincias sobre más de treinta (Bética, Narbonense, África y Asia), cuyas élites, con estrechos vínculos con Italia desde el siglo II a.C., adquirieron en el período estudiado una enorme riqueza mediante la depredación, las inversiones en agricultura intensiva en capital y la capacidad para explotar las redes de suministro estatal para su propio beneficio. El fuerte aumento del número de senadores provinciales no fue el resultado de la participación a gran escala de los grupos conquistados en la administración imperial, sino de las nuevas oportunidades de acumulación y explotación de riqueza generadas por el imperialismo romano. Y la misma situación se colige en cuanto al papel de los cargos imperiales para la integración de las poblaciones sometidas: puesto que la mayor parte del imperio apenas proporcionó senadores, es improbable que el nombramiento de terratenientes provinciales en altos cargos fuera un factor clave para fomentar la lealtad al sistema imperial.

La preocupación por las élites en los textos que acabamos de comentar procede de una mirada de arriba hacia abajo; esto no significa, por supuesto, desconocer los lugares y las funciones de las clases subordinadas. Se trata de una cuestión de énfasis en el papel dirigente de ciertos sectores con el fin de comprender la dinámica de la dominación, o sus pretensiones al respecto, y los modos en que inciden reforzando la desigualdad. Poniendo el acento en el punto de partida inverso, de abajo hacia arriba, los capítulos que componen la segunda sección tienen como eje en común el estudio de formas de dependencia, atendiendo en particular a la esclavitud en relación con la delimitación de los diferentes estatus. Las fuentes legales son un reservorio importante para poder acceder a esta serie de cuestiones, pero también es vital el examen de las mismas a partir de renovados enfoques económicos, jurídicos, culturales y sociales.

Andrea Seri analiza las colecciones legales paleobabilónicas indagando la clasificación de las personas en independientes, dependientes y esclavas, según parámetros legales o jurídicos. Las fuentes legales muestran atisbos de desigualdad social, económica, de edad y de género, pero nada en relación con lo que denominaríamos grupos étnicos. La información que se obtiene no permite contrastar con claridad la correlación entre estatus legal y socioeconómico, aunque se perciben disparidades económicas dentro de cada grupo: había independientes ricos, pobres y empobrecidos; los dependientes y los esclavos podían en ocasiones poseer propiedades. También se mencionan profesiones pero sin especificar grupos de pertenencia. Por otra parte, existían formas de movilidad de un estatus a otro a través de la unión de esclavas con sus amos, cuyos hijos nacían libres y podían heredar, o de mujeres independientes con esclavos de palacio o dependientes, con posibilidades de acumular posesiones. Las personas con títulos profesionales aparecen cuando interactúan, se benefician o dañan a otras personas dentro de un grupo determinado, resultando evidente que las penas dependían de la inclusión en una u otra de las categorías. Las decisiones judiciales se basaban, pues, en el estatus de quienes incurrían en un delito, así como en los tipos de faltas cometidas, revelándose la desigualdad a través de las sanciones diferenciales aplicadas para la misma infracción. Aun cuando no se pueda resolver varios enigmas, las colecciones de leyes dejan en claro que justicia significa desigualdad.

El texto de Carlos G. García Mac Gaw nos lleva de los enfoques legales de las formas de dependencia a los socioeconómicos, buscando determinar, a la vez, el lugar de la esclavitud en los dos últimos siglos de la República romana y la persistencia de la unidad campesina, una parte de cuyos excedentes parece haberse dirigido a los mercados urbanos. Desde el final de la Segunda Guerra Púnica se verifica en regiones de Italia un aumento de granjas campesinas ricas y haciendas terratenientes, ambas orientadas a producir vino y fabricar ánforas, utilizando para ello mano de obra servil. La demanda de esclavos también se vio impulsada por el uso doméstico por parte de las élites romanas, así como por el desarrollo urbanístico que implicó un incremento del comercio y los servicios, con esclavos y libertos trabajando en este sector de la economía y muchos de ellos empleados en el nivel gerencial, ampliando la estratificación social. En este contexto, prosperaron las grandes propiedades y las *villae* basadas en una fuerza de trabajo compuesta por esclavos y libres (arrendatarios y jornaleros); algunas se encaminaron a producir para abastecer la demanda urbana y el consumo de lujo, mientras que otras fueron la expresión del crecimiento de la riqueza de las élites. La difusión del modelo sociopolítico romano se ligó a la expansión de las ciudades, donde las élites residían y desde donde el territorio se administraba. Esto tuvo consecuencias comerciales, pero el proceso dinámico no estuvo centrado en un sistema de acumulación de capital sino en uno de circulación de rentas y tributos.

Al igual que el primer capítulo de esta sección, Nicole J. Giannella también aborda las diferentes formas de clasificación de los esclavos pero más allá del estatus legal, para lo cual considera diversos indicios sociales, económicos y morales ligados a la reputación. Por ejemplo, el trato diferente de Ulpiano a los esclavos en las acciones por ultraje y por corrupción se puede leer de varios modos: en primer lugar, las acciones tienen distintos propósitos pero por lo general se relacionan con perjuicios intangibles, como la personalidad o el carácter, más que con daños físicos; en segundo lugar, la acción por corrupción de un esclavo es particular de los esclavos, mientras que la acción por ultraje es predominantemente una acción por ofensas contra ciudadanos libres extendida a algunos esclavos. Los esclavos normalmente implicados en la acción por corrupción eran sobre todo esclavos de élite, valorados así por su intelecto y carácter, que podían ser tratados de manera unificada porque en la práctica los casos se presentaban generalmente cuando las víctimas eran esclavos reputados. Pero, como tales, las jerarquizaciones sociales entre esclavos no son para nosotros fácilmente legibles. Las acciones contra esclavos proveen un punto de partida para percibir estas desigualdades legales, en las que el lenguaje del honor y la reputación ayudan a comprender la línea divisoria entre diferentes esclavos.

Damián Fernández aborda cuestiones ligadas a las del capítulo previo, pero en la Hispania visigoda: la existencia de una categoría especial de esclavos que recibió en la ley un trato diferenciado en función de su reputación personal, sin ninguna indicación de su ocupación o el estatus de sus dueños, lo cual equiparaba a estos esclavos con la población libre de alto nivel social habilitando su reconocimiento en la vida pública del reino. Más que una jerarquía social continua desde los pobres no libres a los ricos libres, las leyes conciben una sociedad atravesada por múltiples criterios que se activaban según situaciones concretas, siempre dentro de las jerarquías sociales y políticas existentes, para lo cual el enfoque socioeconómico solo proporciona una visión a medias. Las diferencias se institucionalizaban en el ámbito judicial cuando ciertos esclavos eran reconocidos y distinguidos de los demás y tratados a veces como si fueran libres. El juez tenía el poder de negar o de convertir los reclamos de respetabilidad en estatus social con sanción legal. Así, la práctica jurídica no es un mero reflejo de una "realidad material" preexistente sino un mecanismo generador y reproductor de jerarquías; pero el salto de las jerarquías económicas a las jurídicas o forenses es más complicado que lo que parece a primera vista. Las leyes sobre esclavos idóneos constituyen una minoría y muestran más una tendencia que un hecho social establecido, pero introducen un llamado a la cautela en el uso de la prueba jurídica para estudiar la evolución de la desigualdad económica en la época posromana.

El recorrido de las dos secciones previas nos ha llevado de un extremo al otro del ámbito espacial y el límite temporal concebidos para esta empresa colectiva. De Egipto y Mesopotamia entre el IV y el II milenios a.C. nos transportamos a la Hispania visigoda entre los siglos VI y VIII d.C., incluyendo en el itinerario a la Atenas democrática y la Roma tardo-republicana y alto-imperial. A la par, transitamos del examen de las élites, sus prácticas sociales y simbolizaciones de la realidad, al de los estatus dependientes y, sobre todo, la esclavitud. Cada contribución ha propuesto o esbozado un modelo u otro de aproximación al objeto de estudio. En esta senda, la tercera parte reúne capítulos que plantean, deducen o exploran, de distintas formas y a diferentes niveles, modelos de análisis para el mundo antiguo, a partir ya sea de la observación de las formas de organización, las dinámicas y/o los patrones inherentes a las situaciones indagadas, ya sea de la aplicación de enfoques producidos en el campo de otras disciplinas sociales.

Juan Manuel Tebes propone que en el primer milenio a.C. las vastas áreas que comprenden el Negev, el sur de Transjordania y el desierto sirio-arábigo compartían realidades sociales similares, estaban económicamente muy integradas y, en muchos aspectos, constituían una sola provincia cultural, a pesar de estar formada por regiones de geografía diversa y habitada por pueblos de origen étnico variado. El surgimiento de la complejidad social se puede atribuir al ímpetu proporcionado por las intervenciones militares de las potencias imperiales mesopotámicas y la creciente demanda de bienes exóticos por parte de las metrópolis del Creciente Fértil. Si bien la influencia externa jugó un papel significativo en la configuración política de las sociedades locales, el crecimiento urbano en las ciudades-oasis del norte de Arabia durante el II milenio a.C. muestra un lento proceso de aumento de la complejidad social –o que al menos es reconocible arqueológicamente–, que alcanzaría su apogeo cuando Asiria, Babilonia y Persia pusieron el foco en los reyes, reinas y jeques locales. Pero el nivel de desarrollo sociopolítico local no debe exagerarse, en la medida en que las fuentes escritas de las potencias imperiales mesopotámicas –en especial las neoasirias– estaban completamente interesadas en transformar los actos de sumisión de los pequeños jefes tribales árabes (básicamente, tributación y entrega de regalos) en el reconocimiento de su soberanía imperial sobre "todos los reyes de Arabia", cuyos modelos de organización social estaban articulados por el parentesco como lenguaje de asociación, ciertos patrones de asentamiento y el principio fundamental de la segmentación.

Por su parte, Carolina López-Ruiz destaca la oportunidad que ofrece el estudio del modelo "orientalizante" para entender las interacciones anteriores a las expansiones imperiales de Cartago y Roma que redibujaron el mapa del Mediterráneo, y antes de que la idea de "choque de civilizaciones" fragmentara la visión de un mar interconectado. El arraigo del fenómeno en un lugar y no en otro debe buscarse en las trayectorias locales, así como en las complejas respuestas al encuentro con las redes comerciales y coloniales fenicias. Esto abre la posibilidad de explorar, especialmente en el caso de áreas donde el cambio no ocurrió, si fueron requisitos previos la existencia de un sustrato de cierto nivel tecnológico o el desarrollo de ciertas artesanías e industrias que podían modificarse fácilmente. Pero también se comprueba que en las regiones donde surgió una fuerte cultura orientalizante ya existían sociedades bien organizadas, con control de territorios y recursos, donde poderosas élites tomaron las riendas del proceso para promover su propia imagen y prestigio, cambios que a su vez contribuyeron al desarrollo más amplio de la economía local. Por ende, para que el modelo orientalizante se afincara debieron concurrir en el plano económico las prioridades de los colonos o comerciantes levantinos y la complejidad y potencialidad de las sociedades locales. Esta dinámica debió determinar el mapa de los movimientos colonizadores de la época, ya que fenicios y griegos se habrían guiado por un conocimiento previo de los recursos y posibilidades de cooperación con los lugareños.

En el ámbito más acotado del Mediterráneo oriental, más específicamente en el Egeo, el avance del imperio de Atenas generó interacciones que afectaron de manera asimétrica a sus propios ciudadanos y a las ciudades sometidas. Julián Gallego examina esta situación partiendo del crecimiento de la población ciudadana ateniense a lo largo del siglo V a.C. y el sostenido incremento que a la vez se produjo en la proporción de hoplitas disponibles. En general, esto se logró mediante el reparto de tierras en las regiones controladas por el imperio, aumentando el número de propietarios atenienses mediante el traslado de una importante cantidad de ciudadanos. La mayoría de los beneficiados por esta política procedía de la clase de los *thêtes*, empujados por su escasa riqueza y sus restringidas posibilidades económicas, convirtiéndose así en *zeugîtai*. Esta distribución estuvo afincada en las formas de igualación habilitadas por la democracia, generando a la vez el desarrollo de disparidades políticas, económicas, militares y culturales que afectaron a las comunidades dominadas por la política imperialista, reducidas así al rol de subsidiarias de la igualación democrática entre los atenienses. En este proceso, el modelo del labrador hoplita y la riqueza correspondiente actuaron como estímulos para la migración de los atenienses pobres, con la perspectiva de mejorar su situación y elevar su estatus.

También centrado en el Mediterráneo oriental, pero en la época de la dominación romana, el capítulo de Alain Bresson aborda los modos de explotación privada de las comunidades sometidas desarrollados por miembros de la élite romana a finales de la República e inicios del Principado. A partir de dos estudios de caso centrados en dos personajes notables, se deriva la operatoria de un modelo concreto de aprovechamiento de la posición política detentada por la élite dentro del aparato estatal romano, del que se servía directamente para enriquecerse. Así, junto a la explotación colectiva que beneficiaba a Roma en tanto que comunidad mediante tributos, impuestos y contribuciones de guerra, se percibe también el despliegue de estrategias de individuos romanos destinadas a asegurar la obtención de beneficios privados a través no solo del frecuente cobro excesivo de impuestos a la población

 Desigualdades antiguas

local, sino también de la adquisición de propiedades y exenciones fiscales específicas con el fin de aumentar las ganancias obtenidas a partir de la venta de los productos de sus haciendas. Muchos romanos lograron volverse ricos, muy ricos o incluso superricos gracias a los privilegios obtenidos por su posición en las redes políticas, distorsionando las reglas del mercado en beneficio propio. Se trataba, indica el autor, de una economía mafiosa ligada a la producción y el mercado, lo cual destaca las dimensiones a la vez económicas y no económicas en el proceso de explotación y creación de desigualdades.

La propuesta de Walter Scheidel hace hincapié en la relevancia de los modelos sociológicos para el estudio del estatus y la desigualdad en la sociedad romana. La sociología económica permitiría apreciar la inserción de las políticas en las relaciones sociales y la influencia de las consideraciones de estatus. La teoría de redes se vincula con estas relaciones, por ejemplo, cuando los lazos formados en el dominio militar adquieren una prominencia especial. La teoría de roles es consistente con la noción de que los ciudadanos asumían un rol específico fuera del hogar como soldados, que simultáneamente los subordinaba y los elevaba. La teoría de la construcción del estatus atiende al otorgamiento desigual del honor y el respeto a diferentes grupos de subordinados, lo cual incidiría de varias maneras en la desigualdad material. Las propuestas del autor se presentan como reflexiones para guiar investigaciones futuras sobre la clasificación de los grupos en función de distinciones de estatus, como la diferenciación entre soldados/veteranos y civiles, o el trato que recibían los esclavos y ex esclavos de los ricos y poderosos y el modo en que se autopercibían. Pero para la Antigüedad no es posible el tipo de medición que constituye el alma de la sociología moderna; solo se puede conjeturar, no probar y verificar. En tal sentido, aunque importante en la práctica, el nexo entre desigualdades culturales y materiales es difícil de corroborar y, por ahora, la conclusión es más bien pesimista: si bien la erudición sociológica es estimulante, aún resta por descifrar cuánto se puede tomar prestado y aplicar.

La búsqueda de modelos para pensar la desigualdad a través del Mediterráneo, desde la Medialuna Fértil a las Columnas de Hércules, se plantea a múltiples niveles, apuntando a problemas de diversa índole, conforme a las preguntas específicas de cada indagación en el marco de sus respectivas áreas de estudio. Las prácticas materiales y culturales de expansión y/o de dominación de unos sobre otros y las formas voluntarias o forzadas de hacer lugar a realidades sociales y simbólicas que escapan al control de quienes se convierten en receptores de las primeras configuran articulaciones dialécticas que no dejan indemnes ni a unos ni a otros, por lo general robusteciendo la desigualdad, aunque en ocasiones también poniendo límites. Una dimensión significativa de estas interacciones radica en el acceso a los bienes y, en particular, a los alimentos, su control y su asignación, sobre los que la autoridad constituida ejerce las formas de poder a su alcance, pero en torno de los cuales también se desatan protestas y conflictos. Los capítulos de la cuarta sección se centran en el estudio de cuestiones ligadas a estos problemas.

Rhyne King investiga una ampliación de la gama de estatus sociales a lo largo del reino aqueménida ligada a la expansión imperial. Los investigadores han demostrado efectivamente cómo esto incidió en la creación y cooperación de una nueva élite imperial –la "etnoclase dominante" persa de Pierre Briant–; pero han prestado menos atención a los medios por los que los aqueménidas crearon nuevas categorías de subalternos en el desarrollo de su proyecto imperial. Las demandas laborales imperiales, para construir caminos o palacios así como para producir alimentos, requerían trabajadores de variados estatus por debajo de la élite imperial. Las poblaciones sometidas del Imperio, organizadas en clases de trabajadores, proveyeron el armazón y el andamiaje para la infraestructura del Imperio aqueménida. La administración aqueménida diferenciaba a los trabajadores dependientes mediante diversas operaciones, como se percibe con claridad en los sistemas duales de etiquetado y aprovisionamiento del Archivo de la Fortificación de Persépolis, los cuales se reforzaban mutuamente: individuos que por alguna razón la administración consideraba socialmente subordinados fueron etiquetados como inferiores. Al recibir estos rótulos de inferioridad estos sometidos obtenían menores cantidades de raciones que las personas libres; a la vez, debido a la menor ingesta calórica, estos dependientes tenían cuerpos más débiles y pequeños, justificando así su posición social inferior.

Los cuatro resúmenes de *Hechos de los Apóstoles* sobre la comunidad originaria de creyentes en Jesús radicada en Jerusalén, le permiten a Mariano Splendido analizar el modo en que se exalta la unidad del primer grupo y la práctica de un comunismo de bienes como principio económico rector. La construcción apunta así a formas de igualdad y no a las distinciones. Pero en los resúmenes también se intercalan episodios que progresivamente llevan a la ruptura entre los fieles, desembocando en un conflicto abierto en el caso de las viudas helenísticas. La perspectiva económica que ofrecen estos resúmenes sobre la primera iglesia permite comprender el interés del autor de *Hechos* por reconstruir un pasado de armonía y equidad comunitaria y los factores que causaron su desaparición. El énfasis en un comunismo de bienes dirigido por los apóstoles supone una cierta resistencia a las nuevas formas de dirección y gestión de los fondos. Pero *Hechos* solo relata los acontecimientos de la primera comunidad que el autor consideró útiles y significativos para los oyentes de finales del siglo I, breves descripciones de los primeros hermanos con el objetivo de exaltar el liderazgo apostólico y contrastar la unanimidad de los antiguos fieles frente a las divisiones y diferenciaciones contemporáneas. Por ello, el autor se habría atrevido a atribuir a los apóstoles la gestión de las donaciones comunitarias presentando a Pedro como el supremo benefactor de los tullidos y protector de la integridad espiritual y económica del grupo. Pero, incluso así, la singularidad del grupo, que generaba pureza, acaba por quebrarse debido a las disputas entre los miembros acerca del manejo de los fondos.

En la base de todas las formas de protesta popular de la Antioquía del siglo IV, plantea Julio Cesar Magalhães de Oliveira, es posible observar una misma comprensión compartida, según la cual era objetable que los ricos terratenientes se beneficiaran de una situación de mercado agobiante o, peor aún, causando escasez. Incluso sería posible ver en esto, como propuso Edward P. Thompson para la Inglaterra del siglo XVIII, nociones arraigadas de derechos y deberes que regulaban el acceso a los alimentos básicos que podrían describirse como una "economía moral de la multitud". Pero también se debe observar que el desafío más peligroso al poder de la élite en Antioquía, que orientó todos los enfrentamientos posteriores entre el *dêmos* y el gobernador o los poderosos locales, se basó en última instancia en un cambio significativo de las oportunidades políticas para la acción popular. Por lo tanto, lo que se puede ver en la Antioquía del siglo IV es una de esas situaciones señaladas por Charles Tilly, en las cuales la desigualdad se convirtió repentinamente en objeto de la lucha política, como consecuencia de los cambios en las oportunidades políticas que aumentaron la capacidad colectiva de los miembros de las categorías subordinadas para retener recursos valiosos, resistir el control, explotar las divisiones de la élite y reclutar aliados externos. En este sentido, lejos de ser una respuesta natural a la escasez, los disturbios por alimentos en la Antioquía del siglo IV pueden verse como el resultado de una combinación específica de entendimientos heredados y nuevas posibilidades políticas que alentaron a los sectores populares urbanos a hacer valer sus derechos.

Con la misma línea metodológica que el capítulo previo, Marcelo Cândido da Silva explora una serie de textos de los primeros siglos de la Edad Media que presentan la misma observación: el aumento de los precios sería causado por la "codicia" y la "tacañería" de los comerciantes, indicando la percepción común de que los precios altos son una de las variables más importantes para explicar las crisis alimentarias. Los legisladores carolingios estaban convencidos de que los comerciantes eran los principales responsables de la hambruna por los precios desorbitantes. Aunque no se pueda definir con precisión la parte de los alimentos sujeta a los precios de mercado, sí se puede decir que esa parte no fue marginal. La ausencia de datos estadísticos no significa necesariamente una sociedad "pre-estadística" o una economía que no calcula. Existen conexiones significativas entre economía moral y racionalidad en los primeros siglos de la Edad Media, lo cual implica la inseparabilidad entre moral y maximización de las ganancias, por parte de los diversos actores económicos. Pero la justicia no se restringe a una definición teórica de lo que es justo y lo que no, sino que atañe también a la necesidad de expresar cuantitativamente qué se entiende por equidad; por ejemplo, el precio máximo de los cereales y del pan, el peso mínimo del pan o la cantidad de metales preciosos en las monedas. En este marco, la expresión actual "economía moral" usada en la historiografía para explicar el control de precios durante el reinado de Carlomagno es una herramienta útil para describir un conjunto de prescripciones morales concebidas por los gobernantes carolingios para fiscalizar la producción y circulación de alimentos. Pero el tema es más complicado porque "economía moral" designa también un conjunto de diagnósticos y normas proyectadas por los gobernantes carolingios sobre la producción, circulación y consumo de alimentos, principalmente en situaciones de escasez, con el fin de explicarlos, de disminuir sus impactos e incluso revertirlos.

El recorrido por los textos nos revela cómo los órdenes políticos generaron grupos dominantes salvaguardando sus intereses mediante la ideología y las instituciones, desde los primeros estados en Egipto y el Cercano Oriente hasta los reinos posteriores a la caída del Imperio romano. Revelan cómo los productores campesinos se vieron a veces beneficiados por estas economías políticas aprovechando la oportunidad para subyugar a sus inferiores, especialmente a los esclavos. Revelan la indeterminación de los antiguos regímenes de desigualdad que dependían tanto de las particularidades culturales como de la explotación económica, con Atenas como ejemplo de un régimen en el que las normas político-culturales impedían que los económicamente dominantes convirtieran su riqueza en dominación política. Revelan cómo las ideas filosóficas y religiosas podían ponerse al servicio de la dominación de una élite éticamente superior, o al servicio de comunidades sin clases o a la crítica de la desigualdad extrema. Revelan la inestabilidad de las categorías de desigualdad social y política aparentemente rígidas y dramáticamente fijas, en particular en el caso de esclavos cuyas posiciones variaban según su contexto cultural, social y económico. Revelan cómo las clases bajas del mundo antiguo desarrollaron sus propias ideas y normas sobre las jerarquías socioeconómicas y se movilizaron en torno a su propia "economía moral", sobre todo en tiempos de inseguridad alimentaria cuando las posiciones aisladas resultaban en una muerte literal, no solo social. Los capítulos se combinan así para colocar la inestabilidad y la indeterminación en el centro de los estudios de las desigualdades antiguas, así como para abrir nuevos enfoques para la evidencia antigua.

Bibliografía

Bessard, F. (2020). *Caliphs and Merchants: Cities and Economies of Power in the Near East (700-950)*, Oxford.

Bourdieu, P. (1979). *La distinction: Critique sociale du jugement*, Paris.

Bresson, A. (2016). *The Making of the Ancient Greek Economy: Markets, Institutions, and Growth in the City States* [2007-2008], trad. S. Rendall, Princeton.

Brown, P. (2014). *Through the Eye of a Needle: Wealth, the Fall of Rome, and the Making of Christianity in the West, 350-550 AD*, Princeton.

Campagno, M., Gallego, J. & García Mac Gaw, C.G. (2017) (eds.). *Capital, deuda y desigualdad. Distribuciones de la riqueza en el Mediterráneo Antiguo*, Buenos Aires.

Chibber, V. (2022). *The Class Matrix: Social Theory after the Cultural Turn*, Cambridge.

Crone, P. (1994). "Zoroastrian Communism", *Comparative Studies in Society and History*, 36/3, 447-462.

Crone, P. (2012). *The Nativist Prophets of Early Islamic Iran: Rural Revolts and Local Zoroastrianism*, Cambridge.

Currid-Halkett, E. (2017). *The Sum of Small Things: A Theory of the Aspirational Class*, Princeton.

Friedman, P. (1993). "The German and Catalan Peasant Revolts", *American Historical Review*, 98/1, 39-54.

Graeber, D. (2011). *Debt: The First 5000 Years*, New York.

Graeber, D. & Wengrow, D. (2021). *The Dawn of Everything: A New History of Humanity*, New York.

Hopkins, K. (1965). "Élite Mobility in the Roman Empire", *Past & Present*, 32, 12-26.

Koedijk, M. & Morley, N. (2022) (eds.). *Capital in Classical Antiquity*, Cham.

Marcus, G. (1992). *Lives in Trust: The Fortunes of Dynastic Families in Late Twentieth-Century America*, Boulder.

Morris, I. (2000). *Archaeology as Cultural History: Words and Things in Iron Age Greece*, Malden.

Piketty, T. (2013). *Le Capital au XXIe siècle*, Paris.

Piketty, T. (2019). *Capital et idéologie*, Paris.

Riley, D. (2017). "Bourdieu's Class Theory: The Academic as Revolutionary", *Catalyst*, 1/2, 107-136.

Scheidel, W. (2018). *The Great Leveler: Violence and the History of Inequality from the Stone Age to the Twenty-First Century*, Princeton.

Scott, J. (1985). *Weapons of the Weak: Everyday Forms of Peasant Resistance*, New Haven.

Scott, J. (2009). *The Art of Not Being Governed: An Anarchist History of Upland Southeast Asia*, New Haven.

Sherman, R. (2017). *Uneasy Street: The Anxieties of Influence*, Princeton.

Sijpesteijn, P. (2014). *Shaping a Muslim State: The World of the Mid-Eighth Century Egyptian Official*, Oxford.

Ste. Croix, G.E.M. de (1972). *The Origins of the Peloponnesian War*, London.

Ste. Croix, G.E.M. de (1981). *The Class Struggle in the Ancient Greek World: From the Archaic Age to the Arab Conquests*, London.

Ste. Croix, G.E.M. de (2004). *Athenian Democratic Origins and Other Essays*, ed. D. Harvey-R. Parker (& P. Thonemann), Oxford.

Weisweiler, J. (en prensa) (ed.). *Debt in the Ancient Mediterranean and Near East: Credit, Money, and Social Obligation*, Oxford.

Winters, J. (2011). *Oligarchy*, Cambridge.

PARTE I

LA DESIGUALDAD Y LA CONFORMACIÓN DE LAS ÉLITES:

DE LAS PRÁCTICAS A LAS REPRESENTACIONES

CONSTRUYENDO LA DESIGUALDAD.
LÓGICAS SOCIALES Y CONSTITUCIÓN DE UNA ÉLITE DOMINANTE EN EL VALLE DEL NILO (IV-III MILENIOS A.C.)

Marcelo Campagno[1]

El problema sobre el que orbitan estas reflexiones se centra en la pregunta acerca de cómo pensar la configuración de una élite dominante en los comienzos de la instauración de la lógica estatal en el Antiguo Egipto. No es una pregunta sencilla, pues, más allá de que no cabe duda de la existencia de dicha élite a lo largo de la historia egipcia antigua, los momentos iniciales son considerablemente elusivos tanto por la índole mucho más fragmentaria de la documentación disponible como por la cuestión más propiamente teórica, que empalma la constitución de esa élite con el proceso de estructuración estatal.

Quizás un punto de partida –no necesariamente el único– para comenzar a considerar la cuestión sea la propia reflexión que los antiguos egipcios tenían sobre ella. Los egipcios no dejaron ideas sistemáticas sobre este asunto pero elaboraron un interesante concepto en torno del término *pꜥt* (*pat*). Se trata de un término que, desde el III milenio a.C. en adelante, parece haber sido empleado para referir a un grupo muy restringido de personas en el entorno de la figura del rey, probablemente vinculadas entre sí a través de relaciones de parentesco (Baines, 1995: 133; 2019: 252; Baines & Yoffee, 1998: 218; Wilkinson, 1999: 186). En los textos egipcios este término *pꜥt* aparece frecuentemente asociado a otro, que es el término *rḥyt* (*rekhyt*), que apunta a la población subordinada y con el cual parece establecerse una suerte de contrapunto. En ocasiones, esta contraposición también se emplea para simbolizar otras

---

1   PEFSCEA/Universidad de Buenos Aires-CONICET.

cuestiones, pero siempre quedando *rḫyt* subordinado a *pˁt*. Así, por ejemplo, la contraposición puede hacer alusión a los dioses en relación con los seres humanos, a los vencedores respecto de los vencidos, a los egipcios en relación con los extranjeros (Gardiner, 1947: 100-110; Pavlova, 1999: 93-94; Diego Espinel, 2006: 180-199). Y si bien en ocasiones se ha destacado esta multiplicidad de contextos de referencia para afirmar que este contrapunto es más simbólico-religioso que sociopolítico, habría que notar que, en una sociedad regida por un rey-dios, cualquier clasificación de tipo social es al mismo tiempo una clasificación religiosa.

En este sentido, vale la pena observar un poco más de cerca las características que definen a este grupo *pˁt* para pensar en esa élite dominante en el Antiguo Egipto. Las primeras menciones conocidas de *pˁt* como término específico corresponden a los *Textos de las Pirámides* (c. 2375-2160 a.C.; cf. Sethe, 1908-1910; Allen, 2005; Carrier, 2009-2010), y allí aparecen dos tipos de referencias. Por un lado, hay un tipo de alusiones más bien oscuras, asociadas al ritual de coronación del rey muerto una vez que asciende al ámbito celestial, que señala que el rey "lleva al *pat* como un miembro de su propio cuerpo" (*nḥm Wnjs pn pˁt m ˁt jm.f*: TP 268 §371). Se trata de una referencia interesante, especialmente por el hecho de que el determinativo que se utiliza para el término "miembro" (*ˁt*), el del hueso con carne (F44), es un signo que aparece empleado en contextos relacionados con herencia, con pertenencia a un grupo de parentesco, que parece trabajar sobre la idea de aquellos que comparten la misma carne y los mismos huesos (Campagno, en prensa). De modo que esta recitación de los *Textos de las Pirámides*, más allá de que no es del todo clara, parece sugerir una relación entre el rey y el grupo *pˁt* a través de un contexto asociado a la parentalidad. Y por otro lado, el segundo tipo de referencia a *pˁt* en *Pirámides* señala a Horus como "señor del grupo *pat*" (*Hrw nb pˁt*: TP 532 §1258), en donde Horus, que es el rey, aparece así prevaleciendo sobre ese grupo del que en algún sentido forma parte.

De hecho, mucho antes de las primeras referencias conocidas al término específico *pˁt*, se sabe de la existencia de otro término, el de *jrj-pˁt*, que es un título "honorífico" o de rango (Baer, 1960; Moreno García, 2013a: 6-8; Baines, 2019: 267), que llevaban ciertos funcionarios desde la Dinastía I y que significa "el que pertenece al grupo *pˁt*" (Baines, 1995: 135-136; Wilkinson, 1999: 135-136;

Campagno, 2002: 140-141)[2]. Los más altos funcionarios del Reino Antiguo suelen portar esa condición honorífica. Nigel Strudwick (1985: 307-310) ha señalado que, de 96 portadores del título *jrj-p^ct* durante el Reino Antiguo, 55 fueron visires (*t3jty z3b t3ty*), es decir, la máxima jerarquía estatal luego del rey. La articulación de ambos títulos es interesante, porque evidencia que ser miembro del grupo *p^ct* implicaba al menos la posibilidad del ejercicio de las más importantes funciones políticas en el Estado egipcio.

Pero veamos la cuestión con un detalle mayor. Contemporáneos de los *Textos de las Pirámides*, los llamados Decretos de Coptos son 18 textos inscritos en piedra caliza hallados en el templo de Min de Coptos, con órdenes de distintos monarcas de la Dinastía VI a la VIII (Sethe, 1933: 280-307; Strudwick, 2005: 105-124). En lo fundamental, los textos de los decretos reales siguen un modelo marcadamente estatal. En tanto tipo de texto, los decretos (*wd nzwt*), como señala Strudwick (2005: 37), "eran uno de los principales sistemas a través de los que las órdenes del Estado, real o nominalmente impartidas por el rey, eran transmitidas a los funcionarios". Los decretos de Coptos, de hecho, frecuentemente señalan que el documento había sido "sellado en presencia del propio rey" (*htm r-gs nzwt ds*). Varios de ellos tienen como beneficiario a Shemai, un poderoso individuo de origen coptita, cuya titulatura incluye diversos cargos en el dispositivo estatal como los de visir (*t3jty z3b t3ty*), gobernante (*h3tj-^c*), supervisor de la ciudad de la pirámide (*jmj-r njwt mr*), supervisor de sacerdotes (*jmj-r hm(w)-ntr*) y supervisor de escribas de documentos reales (*jmj-r zš(w) ^c(w) nzwt*). En uno de ellos (Coptos I), es designado como supervisor de los 22 nomos del Alto Egipto (*jmj-r Šm3w*), nombrados uno por uno. Allí se le especifica claramente que "en relación con todo funcionario (...) que se halle en el mencionado Alto Egipto, ellos están para actuar bajo tu supervisión" (Goedicke, 1967: 175; Strudwick, 2005: 118), lo que implica que se trata de

---

2   La primera referencia al título aparece en una inscripción en el dintel de la puerta de acceso a la cámara funeraria de la tumba S3506 en Saqqara, asociable al reinado de Den, a mediados de la Dinastía I; Emery (1958: 60 y Pl. 83). Allí, *jrj-p^ct* aparece asociado a un término controvertido, que se ha interpretado como *nzwt-ds* (Emery, 1958: 60; Fischer, 1978: 55 n. 71), en cuyo caso se trataría de un *jrj-p^ct* "del propio rey", o como una forma temprana del título *sdtj-nzwt* "hijo adoptivo del rey" (Römer, 1977: 194; Jones, 2000: 316). En ambas posibilidades, se advierte desde el inicio que existe una notoria proximidad entre la condición de *jrj-p^ct* y la persona del monarca.

una orden con expectativa de cumplimiento en toda la estructura estatal en el sur. En ocasiones, se ha argumentado que los decretos que favorecen a Shemai reflejan la crisis final de la experiencia política del Reino Antiguo (Hayes, 1946: 23; Gardiner, 1961: 108-109; Wilkinson, 2010: 121-122), en la medida en que los últimos monarcas menfitas no harían más que conceder prerrogativas a los líderes regionales, lo que redundaría en la contracción de su propio poder. Pero lo que interesa destacar aquí es, viendo desde el otro lado, que Shemai parece necesitar de esa designación real para fortalecer su posición regional (cf. Kemp, 1985 [1983]: 147; Moreno García, 2009: 188). Dicho de otro modo, la legitimidad que parece requerir Shemai se deriva de su nombramiento como funcionario estatal.

Ahora bien, otros decretos de Coptos son ilustrativos de los canales a partir de los cuales Shemai parece haber gozado de un acceso directo al rey menfita. Algunos de los títulos honoríficos que el funcionario ostenta en ellos son indicativos de su proximidad respecto del monarca. Por un lado, Shemai es referido como un *jrj-pˁt*, –uno de los últimos del Reino Antiguo– por lo que se presenta como un integrante de ese entorno más restringido en torno de la figura del rey. Por otro, se menciona su título de *sḏtj-nzwt*, lo que suele traducirse como "hijo adoptivo del rey" y que, con independencia de la cuestión específica de la adopción, indica una cercanía al monarca que se expresa en términos de parentesco. E incluso más, Shemai es presentado como un *smr wˁty*, compañero único, un título que expresa la idea de un vínculo personal con el monarca, lo que también enfatiza esa condición de proximidad respecto del rey. Y más allá de los títulos, los decretos Coptos J y K, dirigidos por el monarca a Shemai, refieren a "tu esposa, la hija mayor del rey, único ornamento del rey, Nebet" (Sethe, 1933: 298, 303; Strudwick, 2005: 118-119), de modo tal que el líder coptita se hallaría vinculado a través de una alianza matrimonial con el monarca menfita (Moreno García, 2013b: 150). Por lo demás, en otro de los decretos, Coptos M (Sethe, 1933: 300-301; Strudwick, 2005: 121), el rey Neferkauhor se dirige a Shemai designando al hijo de este último, Idi, como supervisor de los nomos más meridionales (del nomo I al VII). De esta forma, Shemai parece lograr, aún en vida, que su hijo acceda a las funciones principales del dispositivo estatal en el sur. Se aprecia así que la pertenencia al grupo *pʿt* implica una proximidad directa en relación con el rey que, como mínimo, facilita el acceso a los más altos cargos políticos de la estructura del Estado.

Es cierto, sin embargo, que los límites del grupo *pʿt* permanecen difusos. Si la membresía a tal grupo parece garantizar el ejercicio de los máximos cargos estatales, esto no significa que no haya altos funcionarios con un extenso poder que, al menos, no se autoidentifican con el título de *jrj-pʿt*. Tomemos por ejemplo la situación que se desprende de la autobiografía funeraria de Qar, nomarca de Edfu durante la Dinastía VI, es decir, contemporáneo también de los *Textos de las Pirámides*[3]. En primer lugar, Qar se presenta allí a partir de toda una serie de cargos que ha ejercido como miembro del dispositivo político-administrativo estatal, incluyendo el de gran jefe del nomo de Edfu (*ḥry-tp* [*ʿ3*] *n sp3t*) así como otros cargos que ha desempeñado a lo largo de su carrera tales como gobernante (*h3tj-ʿ*), supervisor del Alto Egipto (*jmj-r Šm3w*) o supervisor de sacerdotes (*jmj-r ḥm(w)-nṯr*). Otros pasajes del texto funerario también hacen referencia a la posición estatal de Qar como, por ejemplo, cuando señala:

> Entonces la Majestad de Merenra me hizo ir al nomo de Edfu en calidad de compañero único y gran jefe del nomo y en calidad de supervisor del grano del Alto Egipto y supervisor de sacerdotes [...] No se encontró que (algo comparable haya sido hecho por) el jefe que estaba anteriormente en este nomo; esto fue gracias a mi vigilancia, gracias a mi excelencia en controlar los asuntos de la Residencia[4].

Es interesante esta frase porque se ve nítidamente cómo opera la lógica estatal en tanto, por un lado, el nomarca es enviado por el rey a gobernar determinada región y, por otro, el funcionario –esto es algo recurrente en este tipo de autobiografías– se presenta como alguien que es particularmente eficaz en ejecutar las órdenes del rey. Se aprecia con claridad el esquema jerárquico en el que las órdenes se deciden en el segmento superior y deben ser ejecutadas sin discusión por los funcionarios que siguen en la cadena de mandos.

---

3 Sethe (1933: 251-255); El-Khadragy (2002); Strudwick (2005: 342-344); Campagno (2018: 174-180).

4 Sethe (1933: 254); Campagno (2018: 175); Martinet (2019: 68).

Ahora bien, en segundo lugar, en la composición de la escena funeraria de la autobiografía de Qar se advierte una serie de personajes, que orbitan en torno de la figura del nomarca, que está constituida por sus parientes más directos: su esposa (*ḥmt.f*) sentada detrás de él y abrazándolo, su hijo mayor (*z3.f smsw*) presidiendo una fila de ofrendantes en cuyos primeros lugares aparecen sus otros hijos. Es decir que el entorno más cercano a Qar se presenta como un círculo compuesto por sus parientes más cercanos. De hecho, en el texto de la autobiografía, se lee, por ejemplo: "Yo soy el amado de su padre, el alabado de su madre, el amado de sus hermanos" (Sethe, 1933: 255; Campagno, 2018: 176-177). La cuestión del contexto parental como criterio de identidad aparece claramente indicada aquí, del mismo modo que sucede en la mayor parte de las autobiografías de los altos funcionarios del Reino Antiguo.

Y en tercer lugar, entre los títulos de Qar y de otros personajes que aparecen en la escena funeraria, se registra una serie de títulos honoríficos, como el de *rḫ nzwt*, conocido del rey, o el ya mencionado *smr w⁽ty*, compañero único, que, como venimos de ver, no tienen que ver con una tarea específica en el aparato estatal sino con la condición de proximidad respecto de la figura del monarca, donde lo que se expresa es un vínculo interpersonal y asimétrico entre el rey y este tipo de seguidores. Y de hecho, en el texto de la autobiografía, al mencionar sus años más tempranos, Qar menciona:

> Fui un joven que portaba la cinta en el reinado de Teti, y (luego) fui llevado a Pepi para la instrucción entre los hijos de los jefes. Fui designado como compañero único y supervisor de los asistentes del Palacio bajo Pepi. Entonces la majestad de Merenra me hizo ir al nomo de Edfu…[5].

Esta referencia es interesante porque apunta, como ha indicado Juan Carlos Moreno García (2005: 221; cf. Campagno, 2014: 19; Martinet, 2019: 274), a una forma de patronazgo o de asociación subordinada de las élites provinciales a la élite central, que aquí se expresa en el envío de los hijos de los nobles provinciales para ser educados en la corte menfita.

---

5   Sethe (1933: 253-254); Campagno (2018: 179).

Desigualdades antiguas

Si nos remontamos considerablemente hacia atrás en el tiempo –más allá de que los testimonios son más escasos y de que los sentidos de los términos podrían sufrir variaciones significativas a lo largo de los siglos–, podemos notar un escenario relativamente equivalente durante la Dinastía I, a comienzos del III milenio a.C. Veamos la estela funeraria de Merka, un alto funcionario del rey Qaa, último monarca de la Dinastía I[6]. Si bien la extensión de los textos en esta época es mucho menor, es posible apreciar, por un lado, que Merka refiere en su estela a un conjunto de títulos que corresponden a funciones ejercidas en el dispositivo estatal, como por ejemplo administrador del distrito del desierto (*ꜥḏ-mr zmjt*), inspector del palacio (*ḥrp ꜥḥ*), o inspector de la cámara de la audiencia (*ḥrp zḥ*). Pero por otro lado, Merka refiere también a ciertos títulos honoríficos muy significativos. En particular, destaca su condición de *jrj-pꜥt*, que lo convierte en uno de los primeros funcionarios conocidos que se adjudican la pertenencia a ese grupo restringido en torno de la figura del rey. Pero además, también aparece otro título, el de seguidor del rey (*šms nzwt*), el cual, como veíamos acerca de las designaciones como "compañero único" o "conocido del rey", también implica una condición que no corresponde a una función específica sino a la proximidad respecto del rey que, en este caso, claramente implica alguien que "sigue" al rey, es decir, que está en una posición de proximidad y subordinación a la vez.

Contemporánea de la de Merka, la estela de Sabef (Petrie, 1900: pl. xxx-xxxi; Helck, 1987: 228; Campagno, 2017: 782-783) también representa a un personaje que es evidentemente un funcionario estatal, que lleva a cabo una serie de tareas ligadas básicamente a la administración interna del palacio, en su condición de inspector de la cámara de audiencias (*ḥrp zḥ*), de inspector del tesoro de un dominio (*ḥrp pr-dšr*) o de responsable del orden de los asientos en la cámara de audiencias (*jrj p nb sḏd (m) zḥ*). Sabef no se presenta como *jrj-pꜥt*, aunque esto no excluye cierta cercanía en relación con el rey, dado que refiere a su condición de compañero de la casa del rey (*smr-pr nzwt*). Esta condición de *smr*, como veíamos en el caso del *smr wꜥty* o del *rḫ-nzwt*, es interesante porque parece apuntar a este mismo tipo de figuras cuyo común denominador

---

6   Emery (1958: pl. 39); Helck (1987: 230-236); Wilkinson (1999: 148-149); Campagno (2017: 780-781; 2018: 146-147, 169-170).

es la referencia a esa proximidad al rey, que es interpretable en términos de subordinación directa al monarca (cf. Jones, 2000: 327-328; 891-896; 991-992). Y en este caso, el aspecto textual se asocia al de la arquitectura funeraria porque se conoce que la estela de Sabef estaba incorporada en el entorno de las tumbas subsidiarias dispuestas en el perímetro del sepulcro del rey Qaa en Abidos (Petrie, 1900: pl. xxx-xxxi; Vaudou, 2008: 155). Si bien los ocupantes de ese tipo de tumbas podían proceder de un espectro social muy variable –desde sirvientes hasta miembros de la élite–, en general es posible notar que todos ellos guardaban algún tipo de relación de proximidad subordinada respecto del ocupante de la tumba mayor. De este modo, se podría decir que la relación entre Sabef y el rey Qaa que se expresa en sus títulos tiene su correlato funerario en la disposición de las tumbas de uno y otro en el Cementerio Real de Abidos.

El cuadro acerca de la estructuración de la élite egipcia a lo largo del III milenio a.C. que puede bosquejarse a partir de este somero y algo aleatorio recorrido por estas biografías funerarias parece incluir así un círculo restringido en torno del rey, probablemente constituido por sus parientes y allegados más próximos, pero también un conjunto más amplio, compuesto de individuos que, si bien no reivindican su pertenencia al grupo $p^c t$, ejercen altos cargos en el dispositivo estatal y pueden gozar de cierta proximidad respecto del monarca y su entorno, lo cual se aprecia tanto en el ámbito menfita como en los contextos provinciales. Ahora bien, tanto en relación con los integrantes del grupo $p^c t$ como en referencia al conjunto mayor, lo que importa destacar aquí es que estos textos permiten advertir algo del efecto constituyente que procede de tres grandes lógicas de organización sociopolítica[7]. Por una parte, como se aprecia en todos los ejemplos considerados, todos estos individuos se autodefinen como funcionarios estatales, esto es, en términos de lo que aquí denomino lógica estatal. La lógica estatal implica un tipo de estructuración sociopolítica definida en función de una escisión social que determina una minoría que ejerce el monopolio de la coerción y una mayoría subordinada a la primera (Clastres, 1981 [1980]; Weber, 1992 [1922]). Define asi-

---

7   Acerca de la propuesta de conceptualizar las prácticas de organización sociopolítica en términos de lógicas sociales, así como de la importancia que en ese plano adquieren el Estado, el parentesco y el patronazgo, cf. Campagno (2018).

mismo un tipo de organización vertical de la sociedad en donde aquellos que se encuentran en su cúspide toman decisiones que se transmiten hacia abajo a modo de órdenes.

Pero, junto con la lógica estatal, es posible reconocer la co-existencia de otras dos lógicas que organizan lo social a partir de criterios muy diversos. Por un lado, la lógica del parentesco se basa en principios reciprocitarios, o en aquello que Marshall Sahlins (2011: 2-3) define como "mutualidad del ser", operando como una matriz de articulación de lazos sociales que suele ser dominante en contextos no-estatales pero que se proyecta hacia tiempos estatales, principalmente en referencia a la estructuración interna de las élites así como de las comunidades campesinas. En relación con las élites, que es lo que aquí interesa, la lógica de parentesco es fundamental para comprender los comportamientos solidarios de sus miembros en función de la pertenencia –real o "ficticia"– a un mismo grupo parental, lo que determina, por ejemplo, los criterios para la sucesión en el trono (véase más abajo) y otros cargos, así como otras concesiones que el rey facilita. Y por otro lado, aparece una tercera lógica, algo más subrepticia pero muy interesante para valorar en su especificidad, que es la lógica del patronazgo, que genera un tipo de lazo social definido en función de un principio de "reciprocidad asimétrica" entre patrones y clientes, que implica, en su sentido más básico, un intercambio de protección que el patrón provee a cambio de la lealtad de su cliente (Campagno, 2014; cf. Gellner & Waterbury, 1977; Westbrook, 2005). En algún sentido, la lógica del patronazgo se aproxima a la del parentesco en términos de la estructuración de lazos interpersonales que se expresan en términos de ayuda mutua, pero aquí se trata de vínculos verticales que expresan una relación jerárquica. Este tipo de vínculos puede tener lugar en el entorno real, en tanto relación entre el rey y ciertos allegados, pero también en las relaciones que el núcleo real puede mantener con las élites regionales, en la medida en que los miembros de estas últimas asumieran una posición clientelar respecto de la corte que, en última instancia, implicaría un vínculo interpersonal entre el rey u otros miembros de la élite central y los líderes de las élites provinciales.

¿Cómo y cuándo se produce la articulación de estas lógicas en la construcción de la élite dominante en el valle del Nilo?

Para intentar una respuesta a semejante interrogante es necesario proyectarse mucho más atrás en el tiempo, al menos hasta la primera mitad del IV milenio a.C., hacia la fase del período Predinástico que se denomina Nagada II, en donde es posible apreciar los primeros indicios arqueológicos del proceso en el que emerge lo estatal. En particular, conviene considerar el sitio de Hieracómpolis en el Alto Egipto, del cual proviene una gran cantidad de información que, entre otras cuestiones, da cuenta de que, para esa época, este núcleo atraviesa una serie de decisivas transformaciones que lo alejan fuertemente de las dinámicas propias de una comunidad aldeana[8]. Por una parte, hay un proceso de acelerado crecimiento demográfico a través del cual la población pasa de algunos cientos a varios miles de habitantes en esa primera mitad del IV milenio a.C. Por otra parte, aparece evidencia de la existencia de trabajo especializado en distintas áreas del asentamiento, construcciones de gran escala –entre las que se incluye un probable templo, el HK29A, de unos 40 m de largo, que es único en el valle del Nilo para la época–, así como indicios de conflicto interno –incendios, destrucción de estatuas, testimonios iconográficos de enfrentamientos o rituales violentos–. Y en especial, aparece también un conjunto de cementerios contemporáneos, segregados entre sí, entre los cuales el principal contraste es el que se da entre el HK43, un cementerio con escasa diferenciación interna y que parece haber sido destinado a la población general de Hieracómpolis, y el HK6, en el que se concentran las tumbas más grandes y complejas de la época, lo que señala un uso exclusivo por parte de la élite local (Friedman, 2008; Friedman *et al.*, 1999; 2011; 2017). La segregación mortuoria que expresan estos dos cementerios es de gran relevancia para pensar en el efecto de división social que la lógica estatal introduce allí donde opera como criterio de articulación.

Ahora bien, los cementerios HK43 y HK6 son relevantes, además, por otras cuestiones. El primero de ellos que, como recién se mencionaba, parece destinado a la población general, tiene una distribución de tumbas que forman una suerte de círculos, lo cual –consideraciones etnográficas mediante– podría interpretarse como la huella funeraria de distintos subgrupos de parentesco

---

                                              Desigualdades antiguas

(Friedman *et al.*, 1999: 4). Esto es interesante porque podría ser un indicio de la continuidad de un principio de articulación parental, incluso en una época de pleno proceso de cambio social. Y en cuanto al cementerio HK6 de la élite, es importante destacar que algunos de los complejos funerarios, como los de las Tumbas 16 y 72, presentan un enterramiento central bien destacado, acompañado de pequeñas tumbas subsidiarias (Friedman *et al.*, 2011: 159-185; 2017). Esta organización del espacio funerario, que es frecuente en tiempos posteriores –como veíamos respecto de la tumba de Sabef, pero los ejemplos podrían multiplicarse–, puede ser entendida en términos de una relación de proximidad y subordinación de los ocupantes de las tumbas subsidiarias respecto del ocupante de la tumba central, que evoca la lógica del patronazgo que estábamos considerando para períodos más tardíos (Friedman 2009: 5)[9].

¿Cómo se pasa de estos tempranos indicios de la posible coexistencia, a nivel local, de las lógicas del Estado, del parentesco y el patronazgo a la estructuración de una élite con capacidad para ejercer su dominio sobre un territorio de más de 1.000 km de largo, durante el III milenio a.C.? Creo que, para intentar una respuesta a este interrogante, es importante reconsiderar el proceso de unificación política que tiene lugar durante los últimos siglos del IV milenio a.C. a la luz de las características básicas de estas lógicas productoras de lazo social. En particular, la lógica estatal aparece, en primera instancia, como la más significativa, en la medida en que constituye una fuerza expansiva, que implica una homología no solo formal entre la capacidad de imponer y la capacidad de expandirse. Por supuesto, la capacidad de expansión en una situación específica puede estar limitada por una serie de factores (logísticos, políticos, ideológicos) pero, en términos generales, podría decirse que la lógica estatal se caracteriza por

---

9   Ciertamente, Hieracómpolis puede no haber sido el único núcleo donde haya tenido lugar este tipo de dinámica. Otro centro relativamente cercano y algo menos conocido, el de Nagada (Bard, 1994: 77-109; Hassan *et al.*, 2017; van Wettering, 2017), también presenta mayor concentración poblacional y, en ese marco, un cementerio de élite segregado respecto de otras necrópolis contemporáneas, e indicios de un posible sistema de registro administrativo, lo que tal vez refleje criterios de organización sociopolítica compatibles con la lógica estatal. En este sentido, es posible que las indicaciones de lo estatal, lo parental y lo patronal que aparecen juntas en Hieracómpolis no sean necesariamente únicas de ese centro sino una característica de las transformaciones que estaban aconteciendo para la época a escala regional.

constituir una fuerza vectorial, una fuerza de imposición muy diferente respecto de los criterios de articulación social que, en los contextos no-estatales, proporciona la lógica del parentesco.

Por cierto, la principal manifestación de esa fuerza expansiva es la que acontece en las guerras de conquista y, en este sentido, hay una serie de indicios que apuntan a la posibilidad de conflictos, tal vez de escala local durante la fase Nagada II y a escalas más amplias a partir de la fase Nagada III, que probablemente desembocan, en primera instancia, en cierta unificación política del Alto Egipto (Campagno, 2004). Esa expansión que es imputable a la propia índole de la lógica estatal como fenómeno general, en el valle del Nilo se retroalimenta en función de la forma en que se simboliza el liderazgo estatal, en términos de un rey divino que impone el orden sobre el caos. Lo extranjero, lo que queda por fuera de la organización sociopolítica, es concebido como algo animado por fuerzas caóticas que deben ser atacadas para ser repelidas (Köhler, 2002). Ciertamente, toda expansión genera un nuevo enemigo un poco más lejos. En este sentido, es interesante notar que, hacia comienzos de la fase Nagada III, cuando para el Alto Egipto es posible suponer cierta articulación política a escala supralocal, para el Bajo Egipto comienzan a advertirse núcleos con indicios de diferenciación social, que aparecen algo más tardíamente respecto de los cambios que se generan en el Alto Egipto, y que serán posteriormente subordinados a esa dinámica estatal expansiva procedente del sur (Campagno, 2008). En todo caso, la iconografía del período es enfática respecto del uso de la violencia, tal como se aprecia –entre otros testimonios– en la paleta de Narmer, donde el rey aparece destruyendo una muralla e inspeccionando una fila de cadáveres decapitados, lo que implica su caracterización a través de atributos que lo asocian al ejercicio sistemático de la fuerza (Köhler, 2002: 499-500; Heagy, 2014: 65-69). Una vez que se completa la unificación sociopolítica del valle y el delta del Nilo, será el momento de la definición simbólica de los tradicionales enemigos de Egipto, que son los vecinos libios, asiáticos y nubios, frecuentemente representados durante la Dinastía I mientras son masacrados por el monarca egipcio (Baines, 1996).

Por cierto, la expansión estatal no implica solamente expansión violenta. Implica también una estructuración político-administrativa que permite canalizar órdenes, como las que veíamos en los decretos respecto de Shemai, o las que Qar recibe del rey y eventualmente transmite en su calidad de funcionario del dispositivo estatal. En este sentido, desde antes de la unificación política tenemos información acerca de la existencia de la escritura como técnica de registro[10], de la extensión de las referencias al nombre del rey a lo largo de Egipto (van den Brink, 1996; 2001; Jiménez-Serrano, 2003) y de las menciones de una variada serie de funcionarios e instituciones copiosamente referidos en la evidencia disponible, que indican que ya para la Dinastía I existe un dispositivo administrativo capaz de estructurar y hacer efectivas las decisiones tomadas por el rey y su entorno (Wilkinson, 1999: 109-149; Engel, 2013; Baines, 2019: 254-256).

Ahora bien, más allá de la lógica del Estado propiamente dicha, se abre un espacio que permite pensar en la presencia de esas otras dos lógicas sociales que considerábamos previamente. Respecto de la lógica del parentesco, ante todo vale la pena volver a mencionar que se trata del articulador social por excelencia en contextos no-estatales, en donde es compatible con la formación de cierto tipo de liderazgos y de élites locales que no se separan del resto de la sociedad, toda vez que no disponen del monopolio de la coerción. La lógica del parentesco genera un sentido de pertenencia al grupo que implica que se es miembro del grupo en la medida en que se es pariente. Si se proyecta esta cuestión al momento en que comienza a tener lugar la prevalencia de unos grupos sobre otros por la vía de la lógica estatal, esa capacidad de cohesión del parentesco puede haber sido fundamental para la articulación interna de esos grupos. Es decir, cualquier grupo del Alto Egipto que, siquiera temporariamente, se hubiera revelado capaz de ejercer cierta capacidad coercitiva sobre otros grupos, podría basar su cohesión interna en el principio preexistente de articulación social (Campagno, 2002: 238-239). Esto permite explicar, por ejemplo, las secuencias de sobra conocidas –aunque no tanto pensadas– de reyes en dinastías que se estructuran en términos de una sucesión de monarcas articulada a través de un principio de parentesco: en efecto, el principal criterio que califica

---

10   Para la Tumba U-j, Dreyer (1998); en general, ver Cervelló-Autuori (2005); Baines (2006: 95-145).

a un individuo para ser rey es el de ser el hijo del rey anterior[11]. Esto, que nos resulta obvio, implica en rigor la prevalencia de un criterio de parentesco para el acceso al ejercicio del poder político estatal. Es decir que no es la propia lógica estatal la que determina quien accede a la máxima jerarquía que ella misma define en tanto modo de estructuración social.

En este punto, vale la pena retomar una reflexión que planteaba Bruce Trigger (1987: 61) acerca del proceso de unificación política del valle del Nilo, el cual, según el autor, pudo haber sido estimulado por alianzas matrimoniales entre distintas élites a lo largo de Egipto. En tal sentido, es posible considerar la situación de Hieracómpolis y Abidos en el marco de tal proceso de unificación. A diferencia de otros núcleos como Nagada, cuya crisis puede ser asociada a su temprana subordinación a fuerzas exteriores, tanto Hieracómpolis como Abidos mantienen su importancia a lo largo y mucho más allá de tal proceso. Algunos autores han pensado que esa circunstancia en la que ninguno de los dos sitios decae, podría interpretarse en términos de una alianza entre las élites de ambos núcleos (Campagno, 2002: 183; Hendrickx & Friedman, 2003). En la misma línea, también se ha sugerido que estas alianzas matrimoniales podrían haber sido claves en la construcción de una élite estatal capaz de controlar regiones cada vez más amplias del valle del Nilo (Hoffman, 1979: 322; Bard, 1994: 109; Cruz-Uribe, 1994: 53).

Ahora bien, en este sentido es importante notar que este tipo de alianzas matrimoniales se puede entablar en términos de paridad pero también en términos de subordinación. En efecto, se trata de un tipo de estrategias políticas muy conocido no solo para períodos posteriores de la historia egipcia sino del Cercano Oriente Antiguo en general, respecto del cual los gobernantes pueden establecer vínculos estables entre sí, que reflejan el estatus equivalente o asimétrico de las partes (Moreno García, 2005; 2009-2010: 38-39; Liverani, 2001: 189-195). Esto es interesante porque, por un lado, en condiciones de paridad, el matrimonio entre integrantes de dos élites puede expresar una alianza entre equivalentes en términos de parentesco. Pero por otro lado, en condiciones de asimetría, un

---

11   Las secuencias de monarcas organizados en grupos dinásticos son bien conocidas desde la propia Dinastía I, en los inicios del III milenio a.C., como permiten notar los sellos de Abidos; Dreyer (1986: 36, fig. 3); Dreyer *et al.* (1996: 72, fig. 26).

Desigualdades antiguas

líder local que pudiera acceder a una princesa secundaria de otro líder más fuerte, podría procurarse la protección de este último a cambio de su propia lealtad, lo que sitúa la cuestión bajo el prisma de la lógica del patronazgo. En este sentido, es significativo que algunos núcleos del Bajo Egipto –particularmente, es el caso de Buto (von der Way, 1997; Wilkinson, 1999: 342-343), en el noroeste del delta del Nilo– que existen con anterioridad a la expansión de la dinámica estatal procedente del Alto Egipto y que terminan subordinados a ella, permanecen posteriormente como centros prestigiosos, lo cual implica que la lógica estatal no interrumpe la existencia de esos núcleos sino que más bien parece articularlos en una escala más amplia.

En similar sentido, una situación particularmente relevante –y que puede operar como ejemplo de la articulación de estas tres lógicas en los momentos de la unificación política del valle del Nilo– es la que corresponde a la fundación de Menfis, el núcleo que operará como asiento del poder político estatal, en torno del 3000 a.C. (Campagno, 2003; Köhler, 2004). La fundación de Menfis implica con toda probabilidad un movimiento del núcleo de la élite sureña hacia el norte. Más allá de las razones económicas y políticas que se pueden esgrimir para la fundación de una capital en el norte, creo que hay algo importante en relación con el efecto que produce ese traslado de una élite de una región a otra. Ese movimiento podría fortalecer los vínculos internos de esa élite al mismo tiempo que podría distender sus obligaciones parentales respecto de una población más amplia en el sur. Al mismo tiempo, ese traslado podría permitir a esa élite ahora instalada en el norte tener más control sobre los territorios recientemente incorporados a la órbita estatal y, por tanto, tal vez la posibilidad de ejercer patronazgo de modo más directo sobre esas poblaciones del norte.

En definitiva, creo que este tipo de cuestiones, tanto las ligadas al fortalecimiento de la cohesión interna como a las capacidades de ejercer patronazgo, no son ajenas a la consolidación de ese grupo en su capacidad de ejercer el monopolio de la coerción a la escala de la unidad política que se estaba construyendo. Así, para pensar en la construcción de un grupo dominante en el Antiguo Egipto a partir del III milenio a.C., es necesario considerar las dinámicas sociopolíticas que se hallan operativas y en coexistencia desde la primera mitad del IV milenio a.C. Es posible destacar, por un lado, el carácter eminentemente expansivo de la lógica estatal que genera la articulación coactiva de espacios sociopolíticos más amplios, y por otro lado, las capacidades de cohesión de las lógicas del parentesco y del patronazgo en tanto dinámicas que colaboran en la consolidación de ese grupo dominante, tanto a la escala restringida del grupo *pʿt* como a la más amplia de todos aquellos que, en la corte menfita o en las provincias, ejercían la supremacía sociopolítica. De este modo, quizás lo más importante para pensar la construcción de ese grupo dominante radique no tanto en la particularidad de cada una de estas lógicas sino en sus acoples y sus intersecciones. En efecto, es en el modo de articulación entre estas tres lógicas coexistentes en donde puede apreciarse la especificidad de la élite que dominaría el valle del Nilo a lo largo del III milenio a.C. y aún mucho tiempo después.

Bibliografía

Adams, B. (1995). *Ancient Nekhen: Garstang in the City of Hierakonpolis*, New Malden.

Allen, J.P. (2005). *The Ancient Egyptian Pyramid Texts*, Atlanta.

Baer, K. (1960). *Rank and Title in the Old Kingdom: The Structure of the Egyptian Administration in the Fifth and Sixth Dynasties*, Chicago.

Baines, J. (1995). "Origins of Egyptian Kingship", en D. O'Connor & D.P. Silverman (eds.), *Ancient Egyptian Kingship*, Leiden, 95-156.

Baines, J. (1996). "Contextualizing Egyptian Representations of Society and Ethnicity", en J.S. Cooper & G.M. Schwartz (eds.), *The Study of the Ancient Near East in the Twenty-First Century*, Winona Lake, 339-384.

Baines, J. (2006). *Visual & Written Culture in Ancient Egypt*, Oxford.

Baines, J. (2019). "Ruler, Court, and Power: The King and Institutions in Early Egypt", en M. Albert, E. Brüggen & K. Klaus (eds.), *Die Macht des Herrschers. Personale und transpersonale Aspekte*, Göttingen, 239-276.

Baines, J. & Yoffee, N. (1998). "Order, Legitimacy, and Wealth in Ancient Egypt and Mesopotamia", en G.M. Feinman & J. Marcus (eds.), *Archaic States*, Santa Fe, 199-260.

Bard, K. (1994). *From Farmers to Pharaohs: Mortuary Evidence for the Rise of Complex Society in Egypt*, Sheffield.

Campagno, M. (2002). *De los jefes-parientes a los reyes-dioses. Surgimiento y consolidación del Estado en el antiguo Egipto*, Barcelona.

Campagno, M. (2003). "Another Reason for the Foundation of Memphis", en Z. Hawass & L. Pinch Brook (eds.),

Desigualdades antiguas

Egyptology at the Dawn of the Twenty-first Century: Proceedings of the Eighth International Congress of Egyptologists, Cairo, vol. 2, 154-159.

Campagno, M. (2004). "In the Beginning Was the War: Conflict and the Emergence of the Egyptian State", en S. Hendrickx, R.F. Friedman, K.M. Ciałowicz & M. Chłodnicki (eds.), *Egypt at its Origins: Studies in Memory of Barbara Adams. Proceedings of the International Conference "Origin of the State. Predynastic and Early Dynastic Egypt" (Krakow, 28th August-1st September 2002)*, Leuven, 689-703.

Campagno, M. (2008). "Dinámicas sociopolíticas en el Bajo Egipto durante Nagada IIIA-B. Un interludio teórico", *Revista del Instituto de Historia Antigua Oriental*, 15, 51-74.

Campagno, M. (2014). "Patronage and Other Logics of Social Organization in Ancient Egypt during the IIIrd Millennium B.C.", *Journal of Egyptian History*, 7, 1-33.

Campagno, M. (2017). "Patronage in Early Egypt?", en Midant-Reynes & Tristant (eds.), 777-790.

Campagno, M. (2018). *Lógicas sociales en el Antiguo Egipto. Diez estudios*, Buenos Aires.

Campagno, M. (en prensa). "Some Remarks on Kinship Determinatives in the Pyramid Texts", en J. Cervelló-Autuori & M. Orriols-Llonch (eds.), *Signs, Language, and Culture: The Semograms of the Pyramid Texts between Iconicity and Referential Reality*, Barcelona.

Carrier, C. (2009-2010). *Textes des Pyramides de l'Égypte ancienne*, Paris, vols. I-IV.

Cervelló Autuori, J. (2005). "Los orígenes de la escritura en Egipto. Entre el registro arqueológico y los planteamientos historiográficos", en G. Carrasco Serrano & J.C. Oliva Mompeán (eds.). *Escrituras y lenguas del Mediterráneo en la Antigüedad*, Cuenca, 191-239.

Clastres, P. (1981). *Investigaciones en Antropología Política* [1980], trad. E. Ocampo, Barcelona.

Cruz-Uribe, E. (1994). "A Model for the Political Structure of the Ancient Egypt", en D. Silverman (ed.), *For His Ka: Essays Offered in Memory of Klaus Baer*, Chicago, 45-54.

Diego Espinel, A. (2006). *Etnicidad y territorialidad durante el Reino Antiguo egipcio*, Barcelona.

Dreyer, G. (1986). "Ein Siegel der frühzeitlichen Königsnekropole von Abydos", *Mitteilungen des Deutschen Archäologischen Instituts: Abteilung Kairo*, 43, 33-43.

Dreyer, G. (1998). *Umm el-Qaab I. Das prädynastische Königsgrab U-j und seine frühen Schriftzeugnisse*, Mainz.

Dreyer, G., Engel, E.M., Hartung, U., Hikade, T., Köhler, E.C. & Pumpenmeier, F. (1996). "Umm el-Qaab. Nachuntersuchungen im frühzeitlichen Königsfriedhof. 7./8. Vorbericht", *Mitteilungen des Deutschen Archäologischen Instituts: Abteilung Kairo*, 52, 11-81.

El-Khadragy, M. (2002). "The Edfu Offering Niche of Qar in the Cairo Museum", *Studien zur Altägyptischen Kultur*, 30, 203-228.

Emery, W. (1958). *Great Tombs of the First Dynasty*, London, vol. III.

Engel, E.M. (2013). "The Organisation of a Nascent State: Egypt until the Beginning of the 4th Dynasty", en J.C. Moreno García (ed.), *Ancient Egyptian Administration*, Leiden, 19-40.

Fischer, H.G. (1978). "Five Inscriptions of the Old Kingdom", *Zeitschrift für Ägyptische Sprache und Altertumskunde*, 105/1, 42-59.

Friedman, R.F. (2005). "Hiérakonpolis. Berceau de la royauté", *Dossiers d'Archéologie*, 307, 62-73.

Friedman, R.F. (2008). "The Cemeteries of Hierakonpolis", *Archéo-Nil*, 18, 8-29.

Friedman, R.F. (2009). "A Tour of the Palace", *Nekhen News*, 21, 4-6.

Friedman, R.F., Maish, A., Fahmy, A.G., Darnell, J.C. & Johnson, E.D. (1999). "Preliminary Report on Field Work at Hierakonpolis: 1996-1998", *Journal of the American Research Center in Egypt*, 36, 1-35.

Friedman, R.F., Van Neer, W. & Linseele, V. (2011). "The Elite Predynastic Cemetery at Hierakonpolis: 2009-2010 Update", en R.F. Friedman & P.N. Fiske (eds.), *Egypt at its Origins, 3: Proceedings of the Third International Conference "Origin of the State. Predynastic and Early Dynastic Egypt" (London, 27th July-1st August 2008)*, Leuven, 157-191.

Friedman, R.F., Van Neer, W., De Cupere, B. & Droux, X. (2017). "The Elite Predynastic Cemetery at Hierakonpolis HK6: 2011–2015 Progress Report", en Midant-Reynes & Tristant (eds.), 231-289.

Gardiner, A.H. (1947). *Ancient Egyptian Onomastica*, Oxford.

Gardiner, A.H. (1961). *Egypt of the Pharaohs: An Introduction*, Oxford.

Gellner, E. & Waterbury, J. (1977) (eds.). *Patrons and Clients in Mediterranean Societies*, London.

Goedicke, H. (1967). *Königliche Dokumente aus dem alten Reich*, Wiesbaden.

Hassan, F.A., van Wetering, J. & Tassie, G. (2017). "Urban Development at Nubt, Naqada Region, Upper Egypt, during the Predynastic - Protodynastic Period", en Midant-Reynes & Tristant (eds.), 81-128.

Hayes, W.C. (1946). "Royal Decrees from the Temple of Min at Coptus", *Journal of Egyptian Archaeology*, 32, 3-23.

Heagy, T.C. (2014). "Who Was Menes?", *Archéo-Nil*, 24, 59-92.

Helck, W. (1987). *Untersuchungen zur Thinitenzeit*, Wiesbaden.

Hendrickx, S. & Friedman, R.F. (2003). "Gebel Tjauti Rock Inscription 1 and the Relationship between Abydos and Hierakonpolis during the Early Naqada III Period", *Göttinger Miszellen*, 196, 95-109.

Hoffman, M.A. (1979). *Egypt before the Pharaohs*, New York.

Hoffman, M.A. (1982). *The Predynastic of Hierakonpolis*, Giza.

Jiménez Serrano, A. (2003). "Chronology and Local Traditions: The Representation of Power and the Royal Name in the Late Predynastic Period", *Archéo-Nil*, 13, 93-142.

Jones, D. (2000). *An Index of Ancient Egyptian Titles: Epithets and Phrases of the Old Kingdom*, Oxford.

Desigualdades antiguas

Kemp, B.J. (1985). "Del Imperio Antiguo al Segundo Período Intermedio", en B.G. Trigger, B.J. Kemp, D. O'Connor & A.B. Lloyd, *Historia del Antiguo Egipto* [1983], trad. J. Faci, Barcelona, 98-230.

Köhler, E.C. (2002). "History or Ideology? New Reflections on the Narmer Palette and the Nature of Foreign Relations in Pre- and Early Dynastic Egypt", en E.C.M. van den Brink & T.E. Levy (eds.), *Egypt and the Levant: Interrelations from the 4th through the Early 3rd Millennium BCE*, London, 499-513.

Köhler, E.C. (2004). "On the Origins of Memphis: The New Excavations in the Early Dynastic Necropolis at Helwan", en B. Midant-Reynes, Y. Tristant, J. Rowlands & S. Hendrickx (eds.), *Egypt at its Origins, 2: Proceedings of the International Conference "Origin of the State. Predynastic and Early Dynastic Egypt" (Toulouse, 5th-8th September 2005)*, Leuven, 297-315.

Liverani, M. (2001). *International Relations in the Ancient Near East, 1600-1100 BC*, Basingstoke.

Martinet, E. (2019). *L'Administration provinciale sous l'Ancien Empire égyptien*, Leiden, 2 vols.

Midant-Reynes, B. & Tristant, Y. (2017) (eds.). *Egypt at its Origins, 5: Proceedings of the Fifth International Conference "Origin of the State. Predynastic and Early Dynastic Egypt" (Cairo, 13th-18th April 2014)*, Leuven.

Moreno García, J.C. (2005). "Élites provinciales, transformations sociales et idéologie à la fin de l'Ancien Empire et à la Première Période Intermédiaire", en C. Berger el-Naggar & L. Pantalacci (eds.), *Des Néferkarê aux Montouhotep. Travaux archéologiques en cours sur la fin de la VIe Dynastie et la Première Période Intermédiaire*, Lyon, 215-228.

Moreno García, J.C. (2009). "El Primer Período Intermedio", en J.M. Parra (ed.), *El Antiguo Egipto*, Madrid, 181-208.

Moreno García, J.C. (2009-2010). "Introduction. Élites et états tributaires: le cas de l'Égypte pharaonique", en J.C. Moreno García (ed.), *Élites et pouvoir en Égypte ancienne (Cahiers de Recherches de l'Institute de Papyrologie et d'Égyptologie de Lille, 28)*, Villeneuve d'Ascq, 11-50.

Moreno García, J.C. (2013) (ed.). *Ancient Egyptian Administration*, Leiden.

Moreno García, J.C. (2013a). "The Study of Ancient Egyptian Administration", en Moreno García (ed.), 1-17.

Moreno García, J.C. (2013b). "The Territorial Administration of the Kingdom in the 3rd Millennium", en Moreno García (ed.), 85-151.

Pavlova, O. (1999). "*Rḫyt* in the Pyramid Texts: Theological Idea or Political Reality", en J. Assmann & E. Blumenthal (eds.), *Literatur und Politik im pharaonischen und ptolemäischen Ägypten*, Le Caire, 91-104.

Petrie, W.M.F. (1900). *The Royal Tombs of the First Dynasty*, London, vol. I.

Römer, M. (1977). *Zum problem von Titulatur und Herkunft bei den ägyptischen 'Königssohnen' des Alten Reiches*, Berlin.

Sahlins, M. (2011). "What Kinship Is (Part One)", *Journal of the Royal*

Anthropological Institute, n.s. 17/1, 2-19.

Sethe, K. (1908-1910). *Die altägyptische Pyramidentexte*, Leipzig, vol. I-II.

Sethe, K. (1933). *Urkunden des Alten Reiches*, Leipzig, vol. I.

Strudwick, N. (1985). *The Administration of Egypt in the Old Kingdom: The Highest Titles and their Holders*, London.

Strudwick, N. (2005). *Texts from the Pyramid Age*, Atlanta.

Trigger, B.G. (1987). "Egypt: A Fledgling Nation", *Journal of the Society for the Study of Egyptian Antiquities*, 17/1-2, 58-66.

van den Brink, E.C.M. (1996). "The Incised Serekh-Signs of Dynasties 0-1, Part I: Complete Vessels", en A.J. Spencer (ed.), *Aspects of Early Egypt*, London, 140-158.

van den Brink, E.C.M. (2001). "The Pottery-Incised Serekh-Signs of Dynasties 0-1, Part II: Fragments and Additional Complete Vessels", *Archéo-Nil*, 11, 24-100.

van Wettering, J. (2017). "The Cemeteries of Nubt, Naqada Region, Upper Egypt", en Midant-Reynes & Tristant (eds.), 521-549.

Vaudou, E. (2008). "Les sépultures subsidiaires des grandes tombes de la Ire dynastie égyptienne", *Archéo-Nil*, 18, 148-165.

von der Way, Th. (1997). *Tell el-Fara'în - Buto I. Ergebnisse zum frühen Kontext. Kampagnen der Jahre 1983-1989*, Mainz.

Weber, M. (1992). *Economía y Sociedad* [1922], trad. J. Medina Echavarría, J. Roura Farella, E. Ímaz, E. García Máynez, J. Ferrater Mora, México.

Westbrook, R. (2005). "Patronage in the Ancient Near East", *Journal of the Economic and Social History of the Orient*, 48/2, 210-233.

Wilkinson, T.A.H. (1999). *Early Dynastic Egypt*, London.

Wilkinson, T. (2010). *The Rise and Fall of Ancient Egypt: The History of a Civilisation from 3000 BC to Cleopatra*, London.

(DES)IGUALDADES ATENIENSES.
LA DEMOCRACIA Y LOS LÍMITES A LA DOMINACIÓN DE LA ÉLITE

Diego Paiaro[1] - Mariano J. Requena[2]

— I —

Resulta evidente que en el mundo contemporáneo se han profundizado la concentración de la riqueza y la desigualdad social a la vez que, paradójicamente (¿o no?[3]), las repúblicas liberales, que prometían el reino de la libertad y la igualdad, no han sido capaces de contrarrestar estas tendencias[4]. En este

---

1   Universidad Nacional de General Sarmiento-CONICET-Universidad de Buenos Aires.

2   Universidad Nacional de General Sarmiento-Universidad de Buenos Aires-Universidad Nacional de San Martín.

3   Recuérdese que para la crítica marxista el régimen liberal republicano –por deseable y progresivo que fuera frente a otros tipos estatales– resultaba ser la forma política específica más idónea para garantizar el dominio del capital; Engels (2006: 186); cf. Lenin (2009: 36). La bibliografía sobre la concepción marxista del Estado y los regímenes políticos es demasiado abundante para ser abarcada aquí. En todo caso remitimos a los ya clásicos trabajos de Miliband (1969; 1980) y Poulantzas (1968; 1974; 1978), así como los debates que se suscitaron entre ellos; cf. Tarcus (1991). Para una actualización de la discusión se pueden consultar los trabajos de Barrow (1993) y Jessop (2008). Por último, para una perspectiva renovada que desde el marxismo plantea el antagonismo entre democracia y capitalismo, son útiles los escritos de Abensour (1998) y Wood (2000).

4   La obra de Piketty (2014) ha reactualizado el debate acerca de las tendencias de acumulación del capital y las dificultades de las democracias modernas para garantizar una distribución equitativa de los ingresos que aseguren no solamente el desarrollo y el progreso de las naciones sino, y sobre todo, ciertos niveles de bienestar para las grandes masas de la población mundial. Al respecto, Scheidel (2018: 21-22) señala que en el año 2015, 72 personas eran propietarias de una riqueza personal igual a la mitad más pobre de la humanidad (¡unos 3.500 millones de personas!), y afirmaba que el 1% de las familias más ricas del mundo poseían prácticamente la mitad de la riqueza privada global neta.

sentido, la *demokratía* ateniense se vuelve una experiencia histórica relevante puesto que allí las "masas" parecen haber puesto límites a los poderosos. Esto ha generado que, durante bastante tiempo, el régimen político de los atenienses no haya gozado de una consideración positiva en el pensamiento occidental[5]. En efecto, este aspecto puede vincularse al hecho de que la democracia de Atenas ha sido aprehendida, con valoraciones disímiles y desde perspectivas frecuentemente enfrentadas, como un régimen "populista" e, incluso, como una "dictadura del proletariado"[6].

Ahora bien, de un tiempo a esta parte la historiografía ha intentado, vía métodos cuantitativos y estudios comparativos, establecer los niveles de igualdad y desigualdad que existieron en el mundo griego en general y en la democracia de Atenas en particular. De tales trabajos parece desprenderse cierto consenso que implica reconocer profundas tendencias igualitarias en el interior del cuerpo cívico ateniense[7]. Al respecto, dos elementos pueden ser tomados en cuenta como muestra de estas tendencias. Por una parte, con respecto a la distribución de la tierra, los cálculos realizados tienden a resaltar que habría una pauta relativamente equitativa en la medida en que más de la mitad de la población cívica dispondría de lotes agrícolas suficientes para garantizar de forma autónoma su reproducción (es decir, de entre 3,5 y 5 ha, aproximadamente). El resto de la tierra de labranza se repartiría entre el décimo más rico de la población (que dispondría de la mayor parte de ese resto) y el cuarto más pobre que o bien no accedía a la tierra de labranza

---

5   Cf. Wood (1996); Roberts (1994; 1996). Sobre la evolución de la valoración de la democracia ateniense en el desarrollo del pensamiento occidental y de la democracia moderna, ver también: Guerci (1979: 167-192); Wood (1988: 5-41); Mossé (1989); Saxonhouse (1996); Loraux & Vidal-Naquet (1978); Rhodes (2003: 27-33); Nelson (2004); Hansen (1992; 2005: 5-43); Canfora (2006); Piovan (2008); Cartledge (2009: 166-172); Wagner (2013).

6   Para "democracia populista", ver los trabajos de Sancho Rocher (2008); cf. Gallego (2014; 2018: 204-225). Para "dictadura del proletariado" –con diferentes matices– puede consultarse: Rosenberg (2006); Ste. Croix (1988: 96); Wood (1996: 121); Cartledge (2007: 158); Dabdad Trabulsi (2006: 16; 2009: 35); cf. Paiaro (2018a).

7   Cf. Ober (2010; 2018). Es necesario indicar, y esto es válido para los argumentos que desarrollamos en este trabajo, que en general las referencias son a los varones adultos de la comunidad que constituían el cuerpo cívico. Como plantea Ober (2010, 271; cf. 2018: 29): "No Greek community was ever rule-egalitarian 'all the way down' –women, foreigners, and slaves were never treated as true equals. But among native males, the level of equality was remarkable when compared to other premodern (indeed pre-twentieth century) societies".

        Desigualdades antiguas

en absoluto o bien lo hacía de forma insuficiente para garantizar su reproducción. Si bien las interpretaciones pueden diferir con respecto al grado de concentración de la tierra por parte de los sectores más ricos, el hecho de que al menos dos tercios de la población hayan tenido acceso a lotes agrícolas que garantizaban su reproducción autónoma resulta un dato importante[8]. Por otra parte, varios estudiosos han tratado de aplicar el coeficiente de Gini a la Atenas democrática. Según distintas estimaciones, éste podría haber oscilado entre 0,38 y 0,44 algo que daría cuenta de un grado de igualitarismo bastante sorprendente, sobre todo, si se compara ese dato con los que proporcionan otras sociedades tanto preindustriales como modernas[9]. Ahora bien, más allá de

---

8   Foxhall (1992) y Osborne (1992) concluían que entre el 7,5 y 9% de los ciudadanos poseían cerca de un 30-35% de la tierra; el 70-75% de la población cívica restante disponía de un 60-65% de los campos de labranza, quedando cerca de un 20% de los ciudadanos con muy poca o nada de tierra; van Wess (2001) presenta sus cálculos de la siguiente manera: ente el 3,4 y el 5% de los ciudadanos poseían el 25% de la tierra; alrededor del 70% de la población cívica disponía de, aproximadamente, el 75% de los campos de labranza; por último, cerca del 25% de los ciudadanos carecería de posesiones agrícolas. Por su parte, Gallego (2017) calcula que un 10% de los ciudadanos tendrían un 49% de la tierra, mientras que un 73% de la población cívica retendría el 51% restante; de ese modo, un 17% de los miembros del cuerpo cívico no dispondría de tierra. En cualesquiera de los casos, Morris (1998: 236) está en lo cierto cuando afirma que el punto principal radica en la tenencia de la tierra fue inusualmente igualitaria en la Atenas de época clásica, cf. Ober (2010: 259; 2018: 21).

9   Para las estimaciones del coeficiente de Gini sobre el caso ateniense, Morris (1998; 2000: 140-141; 2009: 120) lo calcula en 0,382-0,386, Gallego (2017) en 0,44 y Ober (2018) lo sitúa en 0,38-0,40. El caso de Kron (2011) es particular ya que este autor sitúa en 0,708 el coeficiente de Gini para Atenas. Si bien su estimación es la más elevada (y por tanto la que daría cuenta de una situación más desigual), según su argumento, Atenas tendría menos desigualdad que el mejor momento del Estado de Bienestar en Estados Unidos (*ca.* 1953-1954) cuando su coeficiente de Gini era de 0,71. En cuanto a las sociedades precapitalistas, Kron hace la comparación entre Atenas y la ciudad de Florencia y las ciudades toscanas (*ca.* 1427) que habrían tenido un coeficiente de 0,788 y 0,747 respectivamente. Por su parte Ober (2018: 21 ss.) sostiene que es un poco inferior a los 0,42-0,44 del Alto Imperio Romano (cf. Scheidel & Friesen, 2009), y a su vez sugiere que la curva de Lorenz para Atenas muestra que la mayoría cae en el rango medio y no tanto en los extremos de ricos y pobres. A esto se podría sumar los cálculos de Scheidel (2010) acerca de los salarios atenienses cuya capacidad adquisitiva oscilarían entre 8,7 y 15,6 litros de trigo, que superan con creces a los salarios mesopotámicos, egipcios y romanos. En todo caso, como plantea Gallego (2017: 95 ss.), más allá de las comparaciones, la cuestión radica en determinar "cuánto es mucho y cuanto es poco" lo cual dependerá, en la práctica, de cómo se interprete el desarrollo histórico de Atenas y el impacto de su democracia.

estas tendencias igualitarias, no hay dudas de la existencia de desigualdades económicas entre los ciudadanos de la democracia. Nociones tales como "élite", "aristocracia" o "clases dominantes" son categorías de uso regular en la bibliografía y, pese a sus diferencias conceptuales, tienen por objetivo común el de identificar a aquellos grupos del conjunto social que sobresalían por ciertas ventajas materiales y simbólicas[10]. Las fuentes dan cuenta de ellos a través de una pluralidad de vocablos que pueden listarse en los siguientes ejemplos sin la pretensión de ser exhaustivos: *agathós, áristos, beltíon, dynatós, eugenés, eúpatris, gnórimos, khrestós, ploúsios, olígos*. Tales expresiones buscan establecer y marcar una jerarquía signada por la riqueza, la influencia, el linaje y el prestigio. Sin embargo, resulta interesante el planteo de Donlan (1978) para quien tales términos parecen proliferar a lo largo del siglo V a.C. como respuesta al creciente poder del *dêmos*, constituyendo una estrategia de propaganda, auto-reconocimiento y legitimación frente a la erosión de su estatus político y social. Tal apreciación resulta por demás significativa puesto que se puede deducir que mientras más democrática se volvía Atenas más necesario se hacía para estos sectores el poder diferenciarse y distinguirse frente al resto del cuerpo cívico[11].

Por consiguiente, más allá de cómo se los defina, para nosotros el problema consistirá en entender si tales grupos fueron capaces de establecer una relación de dominación sostenida, puesto que la terminología, ya sea "élite", "aristocracia" o "clase dominante", no solamente sugiere que un grupo concreto se diferenciaba del resto del *dêmos* sino que también, y por esa misma razón, detentaba una condición de supremacía sobre el resto de sus conciudadanos. Es a raíz de esta cuestión que sugeriremos que la *demokratía* produjo una *impasse* sobre las capacidades de dominación de aquellos

---

10   Para una lectura que complejiza el acercamiento al concepto de "aristocracia", ver la introducción a un volumen colectivo recientemente publicada por van Wees & Fisher (2015). Solo a modo de ejemplo pueden verse los siguientes trabajos: Ober (1989: 11-17) para "élite"; Ste. Croix (1988: 140-6) para "clases dominantes" o "clases de los propietarios"; y Fouchard (1997: 11-20) y Duplouy (2006: 12-23) para "aristocracia".

11   En este mismo sentido puede tomarse como elemento significativo la recuperación del linaje (*génos*) como elemento distintivo de la aristocracia que parece construirse de modo retrospectivo a partir del siglo IV a.C.; cf. Ober (1989: 252-3 y n. 13); véase el aporte de Derks (1995). Recientemente, Lambert (2015).

          Desigualdades antiguas

sectores que, a pesar de esta estructura social signada por un cierto grado de igualdad, disponían de una mayor potencialidad económica.

— II —

Ahora bien, en relación a este último planteo, creemos que conviene comenzar trayendo a cuenta una serie de testimonios que, a primera vista, pueden resultar paradójicos. Analizando el sistema ateniense, el Viejo Oligarca sostenía que "allí constituye un derecho el que los pobres y el pueblo tengan más poder (*pléon ékhein*) que los nobles y los ricos (*tôn gennaíon kaì plousíon*)". La conclusión que obtenía de ese postulado era que, en ese contexto, "el pueblo no quiere ser esclavo…sino ser libre y mandar (*eleútheros eînai kaì árkhein*)" (Pseudo-Jenofonte, *República de los atenienses*, 1.2, 1.8).

Por otro lado, el personaje de Filocleón defendía la autoridad de los jurados diciendo que "nuestro poder (*arkhês*) no es inferior a ninguna realeza (*basileías*)"; y, acto seguido, afirmaba que éstos disponían de un "poder enorme (*megále arkhé*) que puede burlarse de la riqueza (*toû ploútou katakhéne*)". Es en función de esto último que líderes como Cleón o Teoro buscaban adular al *dêmos* (cf. MacDowell, 1971: 133). Finalmente, Filocleón sostiene que el "gran poder" (*megálen arkhén*) de los jueces en "nada era inferior al de Zeus (*toû Diòs oudèn elátto*)" haciendo que "los ricos" les tengan miedo (*kagkekhódasín m'hoi ploutoûntes*) (Aristófanes, *Avispas*, 549, 575, 596-600, 619, 626).

Aristóteles ha señalado en más de una ocasión que la democracia no era otra cosa que el poder de los pobres, la multitud y el pueblo (*Política*, 1279b 8-9, 18-19, 39-41, 1280a 2-3, 1290b 17-19, 1293a 3-6, 9-10, 1298a 31-33, 1312b 5-6). En la misma dirección, en el cierre de la parte histórica de su *Constitución de los atenienses* (41.1-2), afirmaba que el *dêmos* se había hecho a sí mismo "dueño (*kýrion*)" gobernando a través de la asamblea y los tribunales "en los que el pueblo es soberano (*ho dêmos estin ho kratôn*)".

Más allá del estado de situación y las características de la democracia que se derivan de las afirmaciones de estos tres documentos, sin embargo, también pueden invocarse otras imágenes que parecerían argumentar en un sentido contrario. Por ejemplo, Tucídides (2.65.8-9) afirmaba que Pericles "gozaba de autoridad (*dynatós*) gracias a su prestigio y su talento", que "tenía a la multitud en su mano (*kateîkhe tò plêthos*)", que "no pretendía halagarla con sus discursos (*pròs hedonén ti légein*)" pero que si "los veía confiados… los espantaba con sus palabras (*légon katéplessen*)…, y, al contrario, cuando los veía dominados por el miedo… los hacía retornar a la confianza". De esta manera, según el historiador, el régimen ateniense bajo el liderazgo pericleo era "de nombre una democracia, pero en la práctica un gobierno del primer ciudadano (*prótou andròs arkhé*)". En un sentido similar el hijo de Filocleón le recriminaba a su padre el no darse cuenta de que vivían dominados por los líderes políticos: "Pero tú no te das cuenta [de] que eres un esclavo (*allà douleúon lélethas*)"; "Tú no mandas, sino que sirves (*all' hypereteîs*), creyendo que mandas (*oiómenos árkhein*)" (Aristófanes, *Avispas*, 515, 520). Finalmente, con una ironía por demás filosa, Platón describía a la democracia de la siguiente manera:

> …el gobierno de los mejores (*aristokratía*), que actualmente nos rige… Unos lo llaman gobierno del pueblo (*demokratían*), otros le dan otro nombre… pero es, en realidad (*ésti dè tê aletheía*), un gobierno de los mejores con la aprobación de la mayoría (*met' eudoxías pléthous aristokratía*)… (*Menéxeno*, 238c-d).

Si bien los documentos citados anteriormente surgen de un recorte escueto de las fuentes disponibles y, a la vez, su interpretación resulta bastante compleja, permiten, más allá de todo, ver que existirían, para el mismo régimen político, al menos dos formas contrapuestas de interpretar la relación entre el poder y la asimetría. En el caso del primer conjunto de documentos, el *dêmos* (en su acepción restringida de multitud, populacho, etc.) opera como el elemento jerárquico, poseedor de la *arkhé* y/o del *krátos*, una especie de *kýrios* que lo asimilaría a una suerte de *basileús*. Por el contrario, la mirada reflejada en el segundo conjunto de fuentes privilegia la posición de los dirigentes, depositarios en la práctica de la *arkhé*, manteniendo al *dêmos* bajo una situación de subordinación y utilizándolo como masa de arrastre de los *áristoi*. Sin embargo, por más de que se trate de posiciones aparentemente antitéticas, no deja de ser un elemento constante y que se refleja en ambas posturas, la presencia de la influencia popular y la representación determinante del *dêmos* en el sistema político. En cuanto al comentario tucidideo, aun cuando Pericles gobierne

Desigualdades antiguas

como el primer ciudadano, lo hace, fundamentalmente, gracias a su capacidad de persuadir al pueblo. Por otro lado, en la crítica aristofánica, el *dêmos* sería esclavo pero sin reconocerse como tal. Por último, en la ironía platónica, los "mejores" necesariamente –puesto que según el autor así era en verdad (*aletheía*)– debían de contar con la opinión (*dóxa*) de la multitud. Es sobre este dilema, sobre esta tensión entre el poder del *dêmos* y la dominación de la élite que nos interesa trabajar en lo que sigue.

— III —

Constituye un hecho que, más allá de las polémicas suscitadas al respecto, la mayoría de los dirigentes políticos de la *demokratía* provenían de los sectores (al menos medianamente) acomodados del cuerpo cívico tanto en lo que respecta a su fundamento material como simbólico y familiar[12]. Ahora bien, para abarcar la

---

12   A este respecto, conviene traer a cuenta la ya tradicional tesis de Connor (1992) según la cual hasta la muerte de Pericles predominaría en el liderazgo político ateniense el sector compuesto por los ciudadanos acaudalados procedentes de las familias tradicionales, una suerte de "vieja aristocracia". Siguiendo a este autor, la muerte del Alcmeónida daría lugar a un cambio signado por el ascenso de aquellos que denominó como "los nuevos políticos"; así, los líderes de las últimas décadas del siglo V a.C. procederían de una extracción social económicamente más modesta y mucho menos tradicional o prestigiosa en cuanto a lo familiar; cf. Finley (1981: 28); Davies (1981: 114-5). El fundamento principal de este modo de pensar puede proceder de Tucídides (2.65.5-13) que, a su vez, aparece replicado en multiplicidad de fuentes (por ejemplo: Lisias, 30.28; Isócrates, 8.124-8 y 15.230-6). Por su parte, Aristóteles, *Constitución de los atenienses*, 28.1, 28.3-4, también enuncia de modo explícito que la muerte de Pericles implica un cambio de época y enumera algunas de las características de esos "nuevos políticos"; cf. Rhodes (1981: 344-351). Esto aparece también, de modo cómico, en Aristófanes, *Caballeros*, 180-222; cf. Éupolis, fr. 117 Kock. Hace no demasiado tiempo, Mann (2007: 45-96) ha planteado una crítica a este modelo argumentando que existieron políticos de importancia antes de la década del 420 a.C. (es decir, en pleno predominio del modelo de los "viejos" políticos de extracción aristocrática) que no pertenecieron a la élite tradicional. Para Mann (2007: 97-190), si bien la riqueza era un elemento importante del liderazgo en tanto permitía el ocio necesario para dedicarse a la política, no constituía una herramienta eficaz en la arena pública en la que los líderes buscaban presentarse lo más cercanos posible al *dêmos*. En definitiva, desde su perspectiva, la distinción entre "viejos" y "nuevos" líderes sería más un espejismo que una realidad. Dabdab Trabulsi (2006: 169) ha explicado de forma convincente la ilación que se da, en el pensamiento de Tucídides y de los conservadores posteriores, entre la consideración de la época de Pericles y el momento posterior a su muerte. Así el tiempo de Pericles estaría signado por el predominio del estratego sobre el *dêmos* (y no habría una verdadera democracia) mientras que, el momento que sigue a la desaparición del Alcmeónida, se caracterizaría como una

relación entre esta cuestión y lo planteado por las fuentes citadas en la parte precedente acerca de la dominación sobre y por el *dêmos*, en lo que sigue, proponemos optar por un enfoque que quizás pueda ser calificado como "primitivista" en tanto se orienta a retomar la propuesta de Loraux (2007: 243) de pensar a la Grecia antigua a través del prisma otorgado por la antropología política de Pierre Clastres[13].

Al respecto, es claro que Atenas no era una sociedad "primitiva" ya que la existencia de esclavos, metecos, *átimoi* y sometidos al imperio, junto con la particular situación de las distintas clases de mujeres, impiden cumplir con ese requisito básico para el antropólogo francés que es la ausencia de "dominadores y dominados" en ese tipo de sociedades[14]. Sin embargo, nuestra propuesta no busca pensar las relaciones que hacen a la estructuración general del conjunto social sino que se limita a las relaciones particulares que se daban entre esos atenienses, varones y adultos que conformaban el cuerpo político. Y esas relaciones, enmarcadas por la *isonomía*, por la igualdad política de los miembros del grupo cívico, son las que dotaron a la ciudad democrática de un régimen que, desde nuestra perspectiva, limitaba la dominación de la élite.

En este sentido, creemos que puede pensarse a los *polîtai* atenienses –al conjunto de los integrantes del cuerpo cívico– como

---

etapa decadente y sin la grandeza de los líderes previos, en definitiva, una verdadera democracia marcada por la hegemonía del *dêmos*.

13   Cf. Paiaro (2014). Ciertamente se trata de una opción teórica y metodológica no exenta de posibles críticas; en efecto, contamos con que, como decía Dodds (1980: 12), "se me recuerde, en primer lugar, que 'los griegos no eran salvajes'". Junto con el artículo ya citado, hemos desarrollado este enfoque en diversos trabajos en los que el punto central de interés era la problemática del Estado en relación con la *polis* de los atenienses: Paiaro (2011a; 2012b; 2018b). Por otra parte, en los últimos años Ismard (2014; 2015) ha intentado también volver sobre el modelo clastreano para interpretar la democracia ateniense y, en particular, el rol que los esclavos públicos (*demósioi*) desarrollaron en ella. Sobre las funciones "policiales" de los esclavos públicos, ver nuestro trabajo: Requena & Paiaro (2020). Por último, de Oliveira Gomes (2007) hace uso de la antropología política de Clastres para dar cuenta del "momento tiránico" como eje de la construcción de sistemas coercitivos en las ciudades del arcaísmo griego.

14   Según Clastres (2001: 111-112, 115, 122, 143, 158, 175-176), aquello que llamaba de modo crítico "sociedades primitivas", se caracterizarían por ser "sociedades sin Estado" que carecían de un "órgano de poder político separado" y no presentaban una "separación entre dominadores y dominados"; en síntesis, se trata de sociedades "homogéneas en su ser, indivisas".

                                        Desigualdades antiguas

una *comunidad indivisa* (cf. Paiaro, 2018b; 2018c) en tanto que, entre ellos, imperó durante la democracia aquella *isonomía* que los habilitó a la participación política de forma igualitaria como ciudadanos activos sin que sus diferencias económicas fueran *a priori* un criterio limitante. En nuestro planteo, la idea de "indivisión" (y no de "indiferenciación") surge de considerar que existió, por parte de esa comunidad, una voluntad activa de evitar escisiones basadas en el poder al interior del grupo cívico[15].

Es necesario señalar que estas características de la comunidad cívica estaban enmarcadas por una situación de cierta excepcionalidad: la diferenciación jurídica y/o política que es común, definitoria y fundamental para las sociedades precapitalistas –en tanto es ese tipo de escisiones la que estructura sus divisiones clasistas y sus relaciones de dependencia, dominación, coacción y explotación (Wood, 2000: 211-276; Plácido, 1989: 66-76)– no existió *entre los ciudadanos* de Atenas luego de la actuación de Solón y las reformas posteriores. Quedó vedada así la posibilidad de que entre los ciudadanos se ejerciera alguna forma de coerción extraeconómica[16] por lo que las relaciones entre los líderes y el *dêmos* pueden ser abarcadas sin la necesidad de apelar a pensarlas en el contexto de relaciones de dominación (o de ejercicio de la coacción) más allá de que el liderazgo político constituía una función "estructural" en la ciudad democrática (Finley, 1981: 31-32; cf. Sinclair, 1999: 76; Dabdab Trabulsi, 2006: 168).

---

15 Como plantea Clastres (2001: 202): "la sociedad no permite que el poder se separe de su ser, que se establezca una división entre el que manda y los que obedecen"; cf. Lefort (2007: 288-291, 303-307); Loraux (2007: 256-257). Por supuesto, como lo explicamos al comienzo del capítulo, existieron diferenciaciones dentro del grupo de los ciudadanos, primeramente, de tipo económico pero también, de acuerdo con las fuentes, por estructura generacional (viejos y jóvenes), por lugar de residencia (rurales y urbanos), por función militar (caballeros, hoplitas, remeros y soldados de infantería ligera), por situación socioeconómica (ricos, medios y pobres), etc. Epstein (2011) analiza de forma convincente la ideología democrática sobre la unidad de intereses de los miembros del *dêmos* y su oposición a las fuentes críticas de la democracia que privilegian los diversos antagonismos.

16 Para la excepcionalidad ateniense en el contexto de las sociedades precapitalistas como resultado de las reformas de Solón, ver Paiaro (2011b). Para una discusión conceptual sobre dominación, explotación y dependencia en relación con el caso ateniense, ver Paiaro (2012a).

Ahora bien, en su análisis sobre la jefatura indígena, Clastres (2001: 112-116, 123, 127-128, 144; 2008: 11, 26-28, 33, 41, 175-176) proponía que quienes ejercían el liderazgo no eran capaces de articular las relaciones de mando y obediencia a través del ejercicio (o la amenaza del uso) de la violencia. La autoridad que disponían dependía, en definitiva, de la buena voluntad del grupo, de su generosidad en el reparto de bienes y de su talento en el uso de la palabra. Tales condiciones le aseguraban cierto ascendente en la comunidad pero de ninguna manera una dominación o el ejercicio de poder sobre ella. En efecto, si esa voluntad de poder del jefe se mostraba evidente para la comunidad, operaban mecanismos para neutralizarla (Gledhill, 2000: 31-35, 54-58).

A este respecto, podemos ver que en la democracia ateniense operaban circunstancias y mecanismos que se asemejan bastante a este cuadro. En efecto, allí los líderes políticos carecían de la capacidad de ejercer la violencia para imponerse ya que no contaban con ningún derecho que los pusiera por encima de los ciudadanos comunes (cf. Ober 1989: 108; Gil Fernández 2009: 77). A la vez, el liderazgo político no daba lugar a la disposición de un aparato coercitivo útil para forzar la sumisión u obtener la obediencia del *dêmos*[17].

Por otro lado, resultó algo habitual que los líderes políticos accedieran a algunas magistraturas (especialmente las militares, cf. Mossé, 1995: 131-153; Connor, 1992; Sinclair, 1999: 239-240); sin embargo, se debe destacar que el grueso de su actividad política tenía lugar en o dependía de las instituciones colectivas de toma de decisiones tales como ser la asamblea o los tribunales. Incluso quienes eran seleccionados magistrados disponían de unos atri-

---

17   Cf. Finley (1979: 34-35); Berent (2000a: 262; 2000b: 8; 2004, 111); Rhodes (2000: 467). Tal como señala Hunter (1994: 186), Atenas contaba con una serie de magistraturas que servían al mantenimiento del orden público y al cumplimiento de la ley (cf. Aristóteles, *Constitución de los atenienses*, 50-54) para lo cual disponían de cierta capacidad represiva. En particular, los "Once" (cf. Aristóteles, *Constitución de los atenienses*, 52.1) que, acompañados de esclavos, estaban encargados de ciertas tareas vinculadas al mantenimiento del orden como ser llevar adelante arrestos y ejecuciones. Sin embargo, más allá de este "aparato represivo", el "Estado ateniense no tenía un monopolio en el uso de la fuerza legítima". Cf. nuestra perspectiva en Requena & Paiaro (2020).

butos muy limitados (Rhodes, 1995: 154, 157). Comparados con los magistrados romanos y su ejercicio de la *coercitio* (cf. Finley, 1986: 34-35), sus pares atenienses no disponían de nada parecido respecto de sus conciudadanos (cf. Allen, 2000: 40-45; Herman, 2006: 229-246). En este sentido, según Osborne (1985: 9) no existiría algo semejante a un poder ejecutivo en tanto los magistrados no se diferenciaban del resto de los ciudadanos (cf. Berent, 2000a: 260; 2000b: 8; 2004: 111). Y para Sinclair (1999: 237-238) una magistratura tan importante como el arcontado se encontraba despojada de todo poder en términos de influencia política (cf. Hansen, 1991: 225-245; Gil Fernández, 2009: 70-71).

Inclusive los estrategos –una de las pocas magistraturas electivas y sin límites de reelección (Plutarco, *Pericles*, 16.3; cf. Piérart, 1974)– tenían un poder institucional muy pequeño (Rhodes 2000: 466). Si bien durante las campañas los generales podían tomar decisiones por cuenta propia[18], luego debían refrendarlas frente a la asamblea o los tribunales, pudiendo sufrir algún tipo de condena por su accionar (cf. Tucídides, 4.65, 5.26; Knox, 1985: 135, 146). Al respecto, resultan paradigmáticas las consecuencias sufridas por los generales victoriosos en la batalla de las Arginusas quienes, incapacitados de rescatar a los náufragos debido a una tormenta, fueron encontrados culpables y condenados a muerte[19]. En un sentido similar puede tomarse el caso de Nicias durante la expedición a Sicilia quien se cuidaba de informar a la asamblea sus decisiones y de la dificultad para disciplinar a la tropa por miedo a las represalias que pudieran pesar sobre él[20].

---

18   Coincidentemente el jefe indígena tenía un poder casi absoluto en tiempos de guerra; Clastres (2008: 27, 177).

19   Aristóteles, *Constitución de los atenienses*, 34.1; Jenofonte, *Helénicas*, 1.6.35 ss.; 7.1-35. Aunque no todos fueron ejecutados: Protómaco y Aristógenes huyeron al exilio, o Terámenes quien junto a Trasíbulo tenía la orden de rescatar a los náufragos, se convirtió en el principal instigador del proceso judicial. Ciertamente el proceso fue irregular y todo parece indicar que fue una maniobra de Terámenes para descabezar a varios líderes democráticos, lo que favorecía a quienes querían acabar con la guerra y pactar con Esparta, cf. Sancho Rocher (2004: 87).

20   Tucídides, 7.8, 7.11-15. No desconocemos el tópico respecto de la "pusilanimidad" de Nicias, cf. Sapere (2014); aunque Westlake (1941) ya cuestionaba esta imagen. Pero más allá de su personalidad y las dificultades que le tocó afrontar en una expedición con la que no estaba de acuerdo, y que terminó en un desastre que le costó la vida, su apreciación de "vuestro carácter es difícil de gobernar" (*khalepaì gàr haí hyméterai phýseis árxai*) refiriéndose a sus soldados –pero que podemos intuir

Como afirmábamos más arriba, la actuación principal de los dirigentes se realizaba en espacios institucionales tales como la asamblea, los tribunales y, en menor medida, el consejo. A este respecto, resulta importante destacar que dicha actuación se desarrollaba en un contexto signado por la *isegoría*, esto es, por una igualdad estricta en el acceso a la "palabra política"[21] entre los ciudadanos. Como consecuencia, todo aquel que aspiraba al liderazgo político dependía para alcanzar sus objetivos de su carisma personal y de su capacidad oratoria para convencer a los *polîtai* que tomaban las decisiones en dichos ámbitos institucionales. Un político era, ante todo, un buen orador. La persuasión, la habilidad argumentativa resultaba central para una acción política que encontraba su lugar en los espacios públicos de debate oral (Finley, 1981: 29; Gallego, 2003: 116-117, 149-152). Por ello los miembros de la élite que quisieran ejercer el liderazgo tenían que acceder a un determinado tipo de instrucción que les garantizara esas habilidades en la oratoria[22].

A su vez, junto con la capacidad retórica, la generosidad y el prestigio que derivaba de ella eran rasgos definitorios del liderazgo político en la *demokratía*. Sin embargo, se debe señalar que la situación de poder en la que se encontraba el *dêmos* le permitía hacer funcionar tales características y prácticas en su propio favor[23]. En efecto, en Atenas existían mecanismos tanto voluntarios (evergetismo) como obligatorios (liturgias) para el desarrollo de la "generosidad" de los ciudadanos ricos con la comunidad (cf. Rhodes 1982; Plácido 2006). El caso de Cimón permite comprender la existencia de prácticas de munificencia "privada" y se puede

---

como una reflexión sobre los atenienses en general– constituye todo un síntoma de las dificultades que tenían los "dirigentes" para controlar a sus "dirigidos".

21   En efecto, *isegoría* acabó por transformarse casi en un sinónimo de *demokratía* a lo que debe sumarse la noción de *parrhesía* que designaba a la capacidad de "decir cualquier cosa" o de "hablar francamente" en el ámbito político. Cf. Heródoto, 5.78; Nakategawa (1988); Hansen (1991: 81-85); Griffith (1967: 115-26); Lewis (1971); Raaflaub (2004: 96, 222-223); asimismo, Ober (1989: 78-79, 108); Loraux (2012: 180-181).

22   Cf. Ober (1989: 156-191); Rhodes (2000: 467); Kennedy (1963: 125-133, 154-157, 203-204). De forma solidaria, el talento oratorio constituía para Clastres (2008: 28) "una condición y también un medio del poder político" entre los líderes primitivos.

23   Requena (2013). Para Clastres (2001: 111-116, 144-148, 202; 2008: 27-37, 175-176) este rasgo de las "sociedades primitivas" es una "explotación del rico por la comunidad" en tanto la "generosidad" a la que están obligados constituye una "servidumbre".

                                     Desigualdades antiguas

estimar que se trató de una forma de comportamiento recurrente entre los miembros de la élite[24]. De hecho, la introducción de la *misthophoría* parece haber sido, según las fuentes, parte de una estrategia desarrollada por Pericles para contrarrestar el despliegue de riqueza hecho por Cimón (Aristóteles, *Constitución de los atenienses*, 27.4; Plutarco, *Pericles*, 9.2), lo que supone que el Alcmeónida participaba de tales conductas; al menos así lo sugiere Plutarco (*Pericles*, 16.7).

Es así que, si bien la generosidad desarrollada tanto de modo privado como público constituía una forma de legitimación y consecución de prestigio asociada al mando (cf. Mossé, 1994; 1994/1995), las cargas económicas que el *dêmos* exigía suponían un efecto nivelador y eran percibidas como un sometimiento por el pensamiento oligárquico. Por ejemplo, para el Viejo Oligarca el pueblo (*ho dêmos*) se enriquecería con las coregías, gimnasiarquías y trierarquías, mientras que los ricos (*hoi ploúsioi*) se volvían pobres (*penésteroi gígnontai*) (Pseudo-Jenofonte, *República de los atenienses*, 1.13; cf. Tamiolaki, 2013). Cármides afirmaba con ironía que cuando él era rico (*ploúsios*) la *polis* le imponía (*prosetátteto*) toda clase de gastos, convirtiéndolo en un esclavo (*doûlos*) (Jenofonte, *Banquete*, 4.30-32). Aristipo señalaba una idea similar cuando acusaba a la ciudad de servirse de los que gobiernan (*árkhontas*) para que les proporcionen la mayor cantidad de bienes (*pleîsta agathá*), como si fueran sus esclavos (*oikétais*) (Jenofonte, *Recuerdos de Sócrates*, 2.1.9). Aristóteles (*Política*, 1309a 14-20, 1320b 4) indicaba que en las democracias debiera ser necesario respetar a los ricos (*tôn eupóron pheídesthai*) sin hacer reparto de sus propiedades (*tàs ktéseis*) ni tampoco de sus frutos (*toùs karpoús*), para que no tuvieran que costear "cargas públicas inútiles" (*mè khresímous leitourgías*) como los coros, carreras de antorchas y demás.

Sin embargo, pese a estas críticas, no debemos perder de vista el carácter agonístico que este modo de uso de la riqueza tenía para el sector acaudalado de la ciudadanía ya que constituía un mecanismo para la consecución de estima social y prestigio que

---

24   Ver Aristóteles, *Constitución de los atenienses*, 27.3-4; Plutarco, *Cimón*, 10.1-6; cf. Plutarco, *Alcibíades*, 16.4; *Nicias*, 3.1-2, 4.2-3; Jenofonte, *Recuerdos de Sócrates*, 2.3.16, 2.6.13, 2.9, 2.10; Isócrates, 7.26-35 (*Areopagítico*); Zelnick-Abramovitz (2000); Plácido & Fornis (2011).

daba lugar al reconocimiento (*kháris*) del pueblo[25]. Es claro, por tanto, que estas formas de usufructuar la riqueza eran funcionales a la búsqueda de una superioridad social por parte de la élite ya que las contribuciones de los *ploúsioi* repercutían positivamente en su "prestigio" y los habilitaban para presentarse como un personal políticamente útil (*khrestós*) y como los más aptos para ser de provecho para la ciudad (Fouchard, 1997: 261). Es innegable, entonces, que quienes aparecían como "benefactores" utilizaban el "prestigio" obtenido por la "generosidad" para influir políticamente. Sin embargo, dicha influencia se encontraba muy lejos de constituir una forma de dominación[26].

Por consiguiente, más allá de todas estas cualidades (oratoria, riqueza, prestigio) el *rhétor* no podía contar con que su política triunfara siempre. Por más que el líder se hubiera encontrado cargado de "prestigio", este nunca se transformaba en "un discurso de poder" (Clastres, 2001: 114) ya que el punto de vista del líder solo sería escuchado cuando expresara el punto de vista de los ciudadanos como totalidad (Gallego, 2003: 151). Ni siquiera las más importantes figuras políticas de Atenas podían asegurarse que sus objetivos se cumplieran siempre (Rhodes, 2000: 474; cf. Finley, 1979: 34; Herman, 2006: 221). Tal vez uno de los ejemplos más trágicos sea el de Nicias quien no solamente se opuso a la expedición a Sicilia, sino que en repetidas oportunidades buscó renunciar a su mando sin conseguirlo (cf. Tucídides, 6.8.4; 6.23.4; 7.15.1). Pero, aun con todas estas restricciones que regían para los líderes y magistrados, la *demokratía* contaba con toda una serie de mecanismos que servían para evitar la concentración del poder, orientándose a la vigilancia de los magistrados, de los líderes políticos y de los sectores ricos de la ciudadanía (Finley 1979, 34-38; Roberts, 1982).

---

25   Cf. Ober (1989: 226-230); Hansen (1991: 110-112); Fouchard (1997: 134); Sinclair (1999: 120); Dabdab Trabulsi (2006: 223-225).

26   Cf. Gallego (2008), Plácido (2008) y Plácido & Fornis (2011), para quienes las liturgias y el evergetismo habilitarían nuevas formas de dependencia, sobre todo a partir del siglo IV a.C. Desde nuestra perspectiva, en contraste, se trataría de prácticas propias del sistema democrático cuyo mantenimiento se orientaba a sostener formas de distribución de la riqueza y financiamiento de la ciudad sin que ello implicase para los ciudadanos una merma en sus derechos o libertades ni una capacidad de dominación coercitiva para la élite, cf. Requena (2013); Paiaro & Requena (2018).

    Desigualdades antiguas

En definitiva, continuando con la analogía de las "sociedades primitivas", podemos decir que la democracia funcionó *en el plano de la ciudadanía* bajo una lógica de "sociedad contra el Estado" (cf. Paiaro, 2011a; 2012b; 2018b) en tanto existieron mecanismos que de forma deliberada buscaron evitar la división entre gobernantes y gobernados, esto es, la escisión del cuerpo político que hemos definido como una *comunidad indivisa*. En síntesis, lo que podemos definir como el poder cívico se usaba, principalmente, para neutralizarse en tanto era la comunidad la que lo ejercía sobre los líderes y la élite y no viceversa (Vernant, 2008: 135-138, 143).

Una pluralidad de dispositivos buscaba mantener la *isonomía* evitando las escisiones del cuerpo político y la concentración del poder en un ciudadano o en un grupo reducido de ellos (cf. Finley, 1981: 33; Musti, 2000: 16-7). En cuanto a los magistrados, estaban sometidos a una inspección previa al asumir (*dokimasía*) y a la rendición de cuentas al final de su mandato (*euthýna*)[27]; y podían sufrir multas, confiscaciones de propiedad, pérdida de los derechos de ciudadanía (*atimía*), exilio, ejecución y otro tipo de penas[28]. El ostracismo funcionó no solamente como parte de la disputa facciosa entre los líderes, sino como herramienta del *dêmos* creada para custodiar la *isonomía* y evitar el surgimiento de potenciales tiranos en las figuras de sujetos que concentrasen un poder considerado excesivo (Paiaro, 2012c; cf. Forsdyke, 2005: 144-204). Posteriormente, la introducción de la *graphè paranómon* tuvo también la función de limitar las mociones de los dirigentes en la asamblea y asegurar un mecanismo de control contra cambios radicales en el orden democrático[29]. Asimismo, existieron otros mecanismos, no institucionales, que ayudaban al control sobre los líderes: los "rumores públicos" (Larran, 2011; cf. Hunter, 1994, 102-116), la "justicia popular" (Forsdyke, 2012: 144-170), la construcción de la figura del héroe trágico en las representaciones teatrales (cf. Sancho Rocher, 2009: 33-34; Gallego & Iriarte, 2009: 106-118), y los llamados "sicofantas", interpretados como un dispositivo de regulación política al servicio de la democracia (Osborne, 1990).

---

27   Roberts (1982); cf. MacDowell (1978: 170-172); Hansen (1991: 222-224); Landauer (2019: 25-58).

28   Cf. Finley (1981: 33); Knox (1985); Rhodes (1995: 157-158); Sinclair (1999: 237-280, 291-301); Gil Fernández (2009: 88-89, n. 28).

29   Cf. Ostwald (1986: 111-129); Hansen (1991: 205-212); Eder (1998); Harris (2016).

— **V** —

En conclusión, creemos que lo desarrollado hasta aquí permite argumentar que la élite ateniense nunca pudo constituirse en un elemento dominante con respecto al resto de los ciudadanos durante la democracia. Si bien resulta innegable el hecho de que existieron diferencias en la distribución de las riquezas y que se puede claramente identificar un sector cívico privilegiado –al menos desde lo económico–, ese privilegio no pudo constituirse en una base capaz de habilitar estructuras o mecanismos estables de superioridad jurídica y/o política que se tradujeran en una distinción entre dominantes y dominados. A pesar de que la mayoría de los dirigentes políticos provenían de dicho sector, su situación se encontraba sujeta a la necesidad de responder a las demandas del *dêmos*, con los riesgos que esto implicaba. En este sentido, creemos que el liderazgo político en la democracia ateniense se encontraba, en varios aspectos, cercano a las pautas descritas por la antropología política para las llamadas "sociedades primitivas". Así, el grupo de los ciudadanos puede ser pensado como una *comunidad indivisa* en donde predominaba un principio igualitario que, más allá de las diferencias sociales, funcionaba con una lógica orientada a preservar su indivisión.

Sin embargo no hay que hacerse una idea equivocada de lo que esto significaría. La cuestión tal como la había planteado Clastres radicaba en que la capacidad de coerción de un grupo generaba una división entre "dominados y dominadores". Pero el hecho de que entre los *polîtai* tal coerción no pudiera ser ejercida, esto no significaba que no hubiera diferenciaciones y jerarquías. Consideramos útil la distinción hecha por Foucault (1994: 109-110) entre *relaciones de poder* y *estados de dominación* como conceptos pertinentes para enmarcar estas prácticas y la *indivisión* de la comunidad que postulamos. Según el autor francés las *relaciones de poder* son vínculos atravesados por la asimetría entre los sujetos pero tienen un carácter inestable y reversible lo que permite un espacio en el que los individuos pueden desplegar diferentes estrategias, con cierta libertad. Por el contrario, los *estados de dominación* son relaciones jerárquicas, fijas y estables en el tiempo, que bloquean e impiden la posibilidad de transformar las relaciones de poder por parte de los individuos y grupos. En la medida en que las relaciones de liderazgo pudieron mantenerse como formas asimétricas pero laxas y sometidas a control por parte de la comunidad, correspondería pensarlas como *relaciones de poder* mas no como *estados de dominación*. En este sentido, los postulados de Clastres para las "sociedades primitivas" parecen asemejarse a la unidad (solo conmovida por las situaciones de *stásis*) sostenida por la democracia ateniense de época clásica.

Por ende, no podemos evitar el uso de ciertas categorías que por necesidad de economía lingüística resultan eficientes a la hora de hablar de los vínculos entre los sectores socioeconómicos jerarquizados del cuerpo cívico, que como ya señalamos, aparecen bajo el rótulo de "élite", "aristocracia" o "clase dominante". Pero, como venimos argumentando, el fenómeno democrático tuvo la capacidad de limitar los efectos que la riqueza, el carisma, el prestigio y otros atributos pudieran producir en el seno de la comunidad transformando esos vínculos de *relaciones de poder* a *estados de dominación*, manteniendo lo que para Clastres implicaba la *indivisión* en el seno del cuerpo cívico. Es por ello que sostenemos que la diferenciación socioeconómica entre los ciudadanos pudo ser contrarrestada por las fuertes tendencias niveladoras que la *isonomía* imponía en la participación política y el poder ejercido por el *dêmos*.

A modo de cierre, creemos útil referirnos a unas palabras que Plutarco (*Demóstenes*, 26.4-5) le atribuye al orador ateniense y que nos parecen ilustrativas de las tendencias niveladoras a las que nos hemos referido: "Reina, y señora de Atenas, ¿por qué te complaces en tres terribles bestias (*theríon*): la lechuza, la serpiente y el pueblo (*dêmo*)?". Desde una mirada conservadora, se nos presenta al *dêmos* como a uno de los monstruos de Atenas pero, en la práctica, tal monstruosidad no es más que el poder político que la multitud supo conquistar. De este modo, el pueblo pudo impedir su explotación y subordinación a manos de la élite, es decir, de aquellos que gozaban de una situación que, en ciertos aspectos, resultaba privilegiada. Se trata, en definitiva, de un escenario que, en el contexto contemporáneo, tal vez convendría recordar para que la historia no se transforme en una mera repetición –como tragedia o como farsa– en la que siempre los mismos resultan victoriosos.

Bibliografía

Abensour, M. (1998). *La democracia contra el Estado* [1997], trad. E. Rinesi, Buenos Aires.

Abensour M. (2007) (ed.). *El espíritu de las leyes salvajes. Pierre Clastres o una nueva antropología política* [1987], trad. C. Battaglia, Buenos Aires.

Allen, D. (2000). *The World of Prometheus: The Politics of Punishing in Democratic Athens*, Princeton.

Barrow, C.W. (1993). *Critical Theories of the State: Marxist, Neo-Marxist, Post-Marxist*, Madison.

Berent, M. (2000a). "Anthropology and the Classics: War, Violence and the Stateless Polis", *Classical Quarterly*, 50/1, 257-289.

Berent, M. (2000b). "Sovereignty: Ancient and Modern", *Polis*, 17/1-2, 2-34.

Berent, M. (2004). "In Search of the Greek State: A Rejoinder to M.H. Hansen", *Polis* 21/1-2, 107-146.

Canfora, L. (2006). *Democracy in Europe: A History of an Ideology*, Malden.

Cartledge, P. (2007). "Democracy, Origins of: Contribution to a Debate", en K.A. Raaflaub, J. Ober & R.W. Wallace *et al.*, *Origins of Democracy in Ancient Greece*, Berkeley, 155-169.

Cartledge, P. (2009). "Hellenism in the Enlightenment", en B. Graziosi, P. Vasunia & G. Boys-Stones (eds.), *The Oxford Handbook of Hellenic Studies*, Oxford, 166-172.

Clastres, P. (2001). *Investigaciones en Antropología política* [1980], trad. E. Ocampo, Barcelona.

Clastres, P. (2008), *La sociedad contra el Estado* [1974], trad. A. Pizarro, Buenos Aires.

Connor, W.R. (1992). *The New Politicians of Fifth-Century Athens*, Cambridge.

Dabdab Trabulsi, J.A. (2006). *Participation directe et démocratie grecque. Une histoire exemplaire?*, Besançon.

Dabdab Trabulsi, J.A. (2009). *L'Antique et le Contemporain. Études de tradition classique et d'historiographie moderne de l'Antiquité*, Besançon.

Davies, J.K. (1981). *Wealth and the Power of Wealth in Classical Athens*, New York.

de Oliveira Gomes, C. (2007). *La Cité tyrannique. Histoire politique de la Grèce archaïque*, Rennes.

Derks, H. (1995). "A Note on Ὁμογάλακτες in Aristotle's Πολιτικά", *Dialogues d'Histoire Ancienne*, 21/2, 27-40.

Dodds, E. (1980), *Los griegos y lo irracional* [1951], trad. M. Araujo, Madrid.

Donlan, W. (1978). "Social Vocabulary and its Relationship to Political Propaganda in Fifth-Century Athens", *Quaderni Urbinati di Cultura Classica*, 27, 95-111.

Duplouy, A. (2006). *Le prestige des élites. Recherches sur les modes de reconnaissance sociale en Grèce entre les Xe et Ve siècles avant J.-C.*, Paris

Eder, W. (1998). "Aristocrats and the Coming of Athenian Democracy", en Morris & Raaflaub (eds.), 105-114.

Engels, F. (2006). *El origen de la familia, la propiedad privada y el Estado* [1884], trad. Fundación F. Engels, Madrid.

Epstein, S. (2011). "Direct Democracy and Minority Rule: The Athenian Assembly in its Relation to the Demos", en G. Herman (ed.), *Stability and Crisis in the Athenian Democracy*, Stuttgart, 87-102.

Finley, M.I. (1979). *Vieja y nueva democracia* [1973], trad. A. Pérez Ramos, Barcelona.

Finley, M.I. (1981). "Demagogos atenienses" [1962], en M.I. Finley (ed.), *Estudios sobre historia antigua* [1974], trad. R. López, Barcelona, 11-36.

Finley, M.I. (1986), *El nacimiento de la política* [1983], trad. T. Sempere, Barcelona.

Fisher, N. & van Wees, H. (2015) (eds.). *"Aristocracy" in Antiquity: Redefining Greek and Roman Elites*, Swansea.

Fordsyke, S. (2005). *Exile, Ostracism, and Democracy: The Politics of Expulsion in Ancient Greece*, Princeton.

Forsdyke, S. (2012). *Slaves Tell Tales and Other Episodes in the Politics of Popular Culture in Ancient Greece*, Princeton.

Fouchard, A. (1997). *Aristocratie et démocratie. Idéologies et sociétés en Grèce ancienne*, Besançon.

Foucault, M. (1994). *Hermenéutica del Sujeto*, trad. F. Álvarez-Uría, Madrid.

Foxhall, L. (1992). "The Control of the Attic Landscape", en Wells (ed.), 155-159.

Gallego, J. (2003). *La democracia en tiempos de tragedia. Asamblea ateniense y subjetividad política*, Buenos Aires.

Gallego, J. (2008). "Control social, participación popular y patronazgo en la Grecia clásica", *Circe de Clásicos y Modernos*, 12, 187-206.

Gallego, J. (2014). "La soberanía popular, entre la democracia y la república. De la Grecia antigua a la modernidad", en C. Ames & M. Sagristani (eds.), *Estudios Interdisciplinarios de Historia Antigua IV*, Córdoba, 74-92.

Gallego, J. (2017). "Riqueza y desigualdad en la Atenas del siglo IV a.C.", en M. Campagno, J. Gallego & C. García Mac Gaw (eds.), *Capital, deuda y desigualdad. Distribuciones de la riqueza en el Mediterráneo Antiguo*, Buenos Aires, 79-102.

Gallego, J. (2018). *La anarquía de la democracia. Asamblea ateniense y subjetivación del pueblo*, Buenos Aires.

Gallego, J. & Iriarte, A. (2009). "La tragedia ática: política y emotividad", en L. Sancho Rocher (ed.), *Filosofía y democracia en la Grecia antigua*, Zaragoza, 103-126.

Gil Fernández, L. (2009). *Sobre la democracia ateniense*, Madrid.

Gledhill, J. (2000). *El poder y sus disfraces. Perspectivas antropológicas de la política* [1999], trad. F.J. Ramos, Barcelona.

Griffith, G. (1967). "*Isegoria* in the Assembly at Athens", en E. Badian (ed.), *Ancient Society and Institutions: Studies Presented to Victor Ehrenberg on his 75th Birthday*, Oxford, 115-138.

Guerci, L. (1979). *Libertà degli antichi e libertà dei moderni. Sparta, Atene e i "philosophes" nella Francia del 700*, Napoli.

Hansen, M.H. (1991). *The Athenian Democracy in the Age of Demosthenes: Structure, Principles, and Ideology*, Oxford.

Hansen, M.H. (1992). "The Tradition of the Athenian Democracy AD 1750-1990", *Greece & Rome*, 39/1, 14-30.

Hansen, M.H. (2005). *The Tradition of Ancient Greek Democracy and its Importance for Modern Democracy*, Copenhagen.

Harris, E.M. (2016). "From Democracy to the Rule of Law? Constitutional Change in Athens during the Fifth and Fourth Centuries BCE", en C. Tiersch (ed.), *Die Athenische Demokratie im 4. Jahrhundert. Zwischen Modernisierung und Tradition*, Stuttgart, 73-88.

Herman, G. (2006). *Morality and Behavior in Democratic Athens: A Social History*, Cambridge.

Hunter, V. (1994). *Policing Athens: Social Control in the Attic Lawsuits, 420-320 BC*, Princeton.

Ismard, P. (2014). "Le simple corps de la cité. Les esclaves publics et la question de l'État grec", *Annales*, 69/3, 723-751.

Ismard, P. (2015). *La démocratie contre les experts. Les esclaves publics en Grèce ancienne*, Paris.

Jessop, B. (2008). "States, State Power, and State Theory", en J. Bidet & E. Kouvélakis (eds.), *Critical Companion to Contemporary Marxism*, Leiden, 413-429.

Kennedy, G. (1963). *The Art of Persuasion in Greece*, Princeton.

Knox, R. (1985). "'So Mischievous a Beast?' The Athenian *Demos* and its Treatment of its Politicians", *Greece & Rome*, 32/2, 132-161.

Kron, G. (2011). "The Distribution of Wealth at Athens in Comparative Perspective", *Zeitschrift für Papyrologie und Epigraphik*, 179, 129-138.

Lambert. S. (2015). "Aristocracy and the Attic *Genos*: A Mythological Perspective", en Fisher & van Wees (eds.), 169-202.

Landauer, M. (2019). *Dangerous Counsel: Accountability and Advice in Ancient Greece*, Chicago.

Larran, F. (2011). *Le bruit qui vole. Histoire de la rumeur et de la renommée en Grèce ancienne*, Paris.

Lefort, C. (2007). "La obra de Clastres", en Abensour (ed.), 279-315.

Lenin, V. I. (2009). *El Estado y la revolución* [1918], trad. Fundación F. Engels. Madrid.

Lewis, J. (1971), "*Isegoria* at Athens: When Did it Begin?", *Historia*, 20/2-3, 129-140.

Loraux, N. (2007). "Notas sobre el Uno, el Dos y lo múltiple", en Abensour (ed.), 243-264.

Loraux, N. (2012). *La invención de Atenas. Historia de la oración fúnebre en la "ciudad clásica"* [1993^2], trad. S. Vassallo, Buenos Aires.

Loraux, N. & Vidal-Naquet, P. (1978). "La formation de l'Athènes bourgeoise. Essai d'historiographie, 1750-1850", en R.R. Bolgar (ed.), *Classical Influences on Western Thought, AD 1650-1870*, Cambridge, 169-222.

MacDowell, D. (1971). *Aristophanes: Wasps*, Oxford.

MacDowell, D. (1978). *The Law in Classical Athens*, New York.

Mann, C. (2007). *Die Demagogen und das Volk. Zur politischen Kommunikation im Athen des 5 Jahrhundert v. Chr.*, Berlin.

Miliband, R. (1969). *The State in Capitalist Society*, London.

Miliband, R. (1980). *Class Power and State Power*, London.

Morris, I. (1998). "Archaeology as a Kind of Anthropology (A Response to David Small)", en Morris & Raaflaub (eds.), 229-239.

Morris, I. (2000). *Archaeology as Cultural History: Words and Things in Iron Age Greece*, Malden.

Morris, I. (2009). "The Greater Athenian State", en I. Morris & W. Scheidel (eds.), *The Dynamics of Ancient Empires: State Power from Assyria to Byzantium*, Oxford, 99-177.

Morris, I. & Raaflaub, K.A. (1998) (eds.). *Democracy 2500? Questions and Challenges*, Dubuque.

Mossé, C. (1989). *L'Antiquité dans la révolution française*, Paris.

Mossé, C. (1994). "Peut-on parler de patronage dans l'Athènes archaïque et classique?", en J. Annequin & M. Garrido-Hory (eds.), *Religion et anthropologie de l'esclavage et des formes de dépendance. XXᵉ Colloque GIREA (Besançon 4-6 novembre 1993)*, Besançon, 29-36.

Mossé, C. (1994/1995). "Les relations de 'clientèle' dans le fonctionnement de la démocratie athénienne", *Mètis*, 9-10, 143-150.

Mossé, C. (1995). *Politique et société en Grèce ancienne. Le "modèle" athénien*, Paris.

Musti, D. (2000). *Demokratía. Orígenes de una idea* [1995], trad. P. Linares, Madrid.

Nakategawa, Y. (1988). "*Isegoria* in Herodotus", *Historia*, 37/3, 257-275.

Nelson, E. (2004). *The Greek Tradition in Republican Thought*, Cambridge.

Ober, J. (1989). *Mass and Elite in Democratic Athens: Rhetoric, Ideology and the Power of the People*, Princeton.

Ober, J. (2010). "Wealthy Hellas", *Transactions of the American Philological Association*, 140/2, 241-286.

Ober, J. (2018). "Institutions, Growth, and Inequality in Ancient Greece", en G. Anagnostopoulos & G. Santas (eds.), *Democracy, Justice, and Equality in Ancient Greece: Historical and Philosophical Perspectives*, Cham, 15-37.

Ober, J. & Hedrick, C. (1996) (eds.). *Demokratia: A Conversation on Democracies, Ancient and Modern*, Princeton.

Osborne, R. (1985). *Demos: The Discovery of Classical Attika*, Cambridge.

Osborne, R. (1990). "Vexatious Litigation in Classical Athens: Sycophancy and the Sycophant", en P. Cartledge, P. Millett & S. Todd, S. (eds.), *Nomos: Essays in Athenian Law, Politics and Society*, Cambridge, 83-102.

Osborne, R. (1992). "'Is it a Farm?' The Definition of Agricultural Sites and Settlements in Ancient Greece", en Wells (ed.), 21-27.

Ostwald, M. (1986). *From Popular Sovereignty to the Sovereignty of Law: Law, Society and Politics in Fifth-Century Athens*, Berkeley.

Paiaro, D. (2011a). "Las ambigüedades del Estado en la democracia ateniense", en M. Campagno, J. Gallego & C. García Mac Gaw (eds.), *El Estado en el Mediterráneo Antiguo*, Buenos Aires, 223-242.

Paiaro, D. (2011b). "Las reformas de Solón y los límites de la coacción extraeconómica en la Atenas arcaica", *Sociedades precapitalistas*, 1/1, https://www.sociedadesprecapitalistas.fahce.unlp.edu.ar/arti-cle/view/v1n1a3.

Paiaro, D. (2012a). "Relaciones de dependencia en la Atenas clásica, entre la explotación y la dominación", *Trabajos y Comunicaciones*, 38, 153-183.

Paiaro, D. (2012b). "*Ándres gàr pólis*. Algunas reflexiones acerca de los debates recientes en torno a la esta-talidad de la ciudad griega antigua a la luz del caso ateniense", en E. Dell'Elicine, H. Francisco, P. Miceli & A. Morin (eds.), *Pensar el Estado en las sociedades precapitalistas*, Los Polvorines, 51-77.

Paiaro, D. (2012c). "Defendiendo la libertad del *dêmos*. Control popular y ostracismo en la democracia ateniense", *Anales de Historia Antigua, Medieval y Moderna*, 44, 33-62.

Paiaro, D. (2014). "Salvajes en la ciudad clásica. Pierre Clastres y la antropología política de la democracia ateniense", en M. Campagno (ed.), *Pierre Clastres y las sociedades antiguas*, Buenos Aires, 119-140.

Paiaro, D. (2018a). "Entre el 'gobierno de la muchedumbre' y la 'dictadura del proletariado'. La historiografía de la democracia ateniense frente al espejo de la Revolución", en Á. Moreno Leoni & A. Moreno (eds.), *Historiografía moderna y mundo antiguo (1850-1970)*, Córdoba, 93-134.

Paiaro, D. (2018b). "La *polis*, el Estado y los ciudadanos de la democracia ateniense como una comunidad indivisa", *Mare Nostrum*, 9/2, 1-39.

Paiaro, D. (2018c). "Relaciones, lógicas y prácticas que configuran (o resisten) lo estatal. Comentarios sobre la democracia ateniense y la comunidad indivisa", *Mare Nostrum*, 9/2, 97-108.

Paiaro, D. & Requena, M. (2018). "Entre la 'masa ociosa' y la 'explotación económica': los ciudadanos pobres de la democracia ateniense. Nuevas reflexiones sobre un viejo problema", en J. Cortadella i Morral, O. Olesti Vila & C. Sierra Martín (eds.), *Lo viejo y lo nuevo en las sociedades antiguas: homenaje a Alberto Prieto. XXXVI Coloquio GIREA*, Besançon, 159-176.

Piérart, M. (1974). "À propos de l'élection des stratèges athéniens", *Bulletin de Correspondance Hellénique*, 98/1, 125-146.

Piketty, T. (2014). *El capital en el siglo XXI* [2013], trad. E. Cazanave & T. Isoard, Buenos Aires.

Piovan, D. (2008). "Criticism Ancient and Modern: Observations on the Critical Tradition of Athenian Democracy", *Polis*, 25/2, 305-329.

Plácido, D. (1989). "'Nombres de libres que son esclavos…' (Pólux, III, 82)", en M. Garrido-Hory (ed.), *Esclavos y semilibres en la Antigüedad clásica*, Madrid, 55-79.

Plácido, D. (2006). "Liturgias, evergetismo y mistoforía. Los modos de redistribución de la ciudad democrática", en F. Marco Simón, F. Pina Polo & J. Remesal Rodríguez (eds.), *Repúblicas y ciudadanos. Modelos de participación cívica en el mundo antiguo*, Barcelona, 41-54.

Plácido, D. (2008). "Las relaciones clientelares en la evolución de la democracia ateniense", *Circe de clásicos y modernos*, 12, 225-42.

Plácido, D. & Fornis, C. (2011). "Evergetismo y relaciones clientelares en la sociedad ateniense del siglo IV a.C.", *Dialogues d'Histoire Ancienne*, 37/2, 19-47.

Poulantzas, N. (1968). *Pouvoir politique et classes sociales de l'État capitaliste*, Paris.

Poulantzas, N. (1974). *Les classes sociales dans le capitalisme aujourd'hui*, Paris.

Poulantzas, N. (1978). *L'État, le pouvoir, le socialisme*, Paris.

Raaflaub, K.A (2004). *The Discovery of Freedom in Ancient Greece*, Chicago.

Requena, M. (2013). "¿Se puede hablar de un 'patronazgo estatal'? Liturgias y *misthophoría* en la Atenas Clásica", *Sociedades Precapitalistas*, 2/2, https://www.sociedadesprecapitalistas.fahce.unlp.edu.ar/article/view/SPv02n02a04.

Requena, M. & Paiaro, D. (2020). "Los *demósioi* de la democracia. La función policial y la identidad de los esclavos públicos en Atenas", en F. Reduzzi Merola, M.V. Bramante & A. Caravaglios (eds.), *Le realtà della schiavitù. Identità e biografie da Eumeo a Frederick Douglas*, Napoli, 129-149.

Rhodes, P.J. (1981). *A Commentary on the Aristotelian* Athenaion Politeia, Oxford.

Rhodes, P. (1982). "Problems in Athenian *Eisphora* and Liturgies", *American Journal of Ancient History*, 7/1, 1-19.

Rhodes, P.J. (1995). "The 'Acephalous' *Polis*?", *Historia*, 44/2, 153-167.

Rhodes, P.J. (2000). "Who Ran Democratic Athens?", en P. Flensted-Jensen, T. Nielsen & L. Rubinstein (eds.), *Polis & Politics: Studies in Ancient Greek History Presented to Mogens Herman Hansen on his 60th Birthday*, Copenhagen, 465-77.

Rhodes, P.J. (2003). *Ancient Democracy and Modern Ideology*, London.

Roberts, J.T. (1982). *Accountability in Athenian Government*, Madison.

Roberts, J.T. (1994). *Athens on Trial: The Antidemocratic Tradition in Western Thought*, Princeton.

Roberts, J.T. (1996). "Athenian Equality: A Constant Surrounded by Flux", en Ober & Hedrick (eds.), 187-203.

Rosenberg, A. (2006). *Democracia y lucha de clases en la Antigüedad* [1921], trad. J. Mirás Albarrán, rev. M.J. Bartomeu, Barcelona.

Sancho Rocher, L. (2004). "Los 'moderados' atenienses y la implantación de la oligarquía. Corrientes políticas en Atenas entre el 411 y 403 a.C.", *Veleia*, 21, 73-98.

Sancho Rocher, L. (2008). "Democracia frente a populismo en Isócrates", *Klio*, 90/1, 36-61.

Sancho Rocher, L. (2009). *¿Una democracia "perfecta"? Consenso, justicia y* demokratía *en el discurso político de Atenas (411-322 a.C.)*, Zaragoza.

Sapere, A. (2014). "Descripción externa e introspección subjetiva en la *Vida de Nicias* de Plutarco", *Florentia Iliberritana*, 25, 139-155.

Saxonhouse, A.W. (1996). *Athenian Democracy: Modern Mythmakers and Ancient Theorists*, Notre Dame IN.

Scheidel, W. (2010). "Real Wages in Early Economies: Evidence for Living Standards from 1800 BCE to 1300 CE", *Journal of the Economic and Social History of the Orient*, 53/3, 425-462.

Scheidel, W. (2018). *El gran nivelador. Violencia e historia de la desigualdad desde la Edad de Piedra hasta el siglo XXI* [2017], trad. É. del Valle, Barcelona.

Scheidel, W. & Friesen, S.J. (2009). "The Size of the Economy and the Distribution of Income in the Roman Empire", *Journal of Roman Studies*, 99, 61-91.

Sinclair, R.K. (1999). *Democracia y participación en Atenas* [1988], trad. M.-M. Rubio Esteban, Madrid.

Ste. Croix, G.E.M. de (1988). *La lucha de clases en el mundo griego antiguo* [1981], trad. T. de Lozoya, Barcelona.

Tamiolaki, T. (2013). "A Citizen as a Slave of the State? Oligarchic Perceptions of Democracy in Xenophon", *Greek, Roman and Byzantine Studies*, 53, 31-50.

Tarcus, H. (1991). *Debates sobre el Estado capitalista*, Buenos Aires.

van Wees, H. (2001). "The Myth of the Middle-Class Army: Military and Social Status in Ancient Athens", en T. Bekker-Nielsen & L. Hannestad (eds.), *War as a Cultural and Social Force: Essays on Warfare in Antiquity*, Copenhagen, 45-71.

van Wees, H. & Fisher, N. (2015). "The Trouble with 'Aristocracy'", en Fisher & van Wees (eds.), 1-57.

Vernant, J-P. (2008). *Atravesar fronteras. Entre mito y política II* [2004], trad. H.F. Bauzá, Buenos Aires.

Wagner, P. (2013). "Transformations of Democracy: Towards a History of Political Thought and Practice in Long-Term Perspective", en P. Arnason, K.A. Raaflaub & P. Wagner (eds.), *The Greek Polis and the Invention of Democracy: A Politico-Cultural Transformation and its Interpretations*, Chichester, 47-68.

Wells, B. (1992) (ed.). *Agriculture in Ancient Greece: Proceedings of the Seventh International Symposium at the Swedish Institute of Athens (16-17 May 1990)*, Stockholm.

Westlake, H.D. (1941). "Nicias in Thucydides", *Classical Quarterly*, 35/1-2, 58-65.

Wood, E.M. (1988). *Peasant-Citizen and Slave: The Foundations of Athenian Democracy*, London.

Wood, E.M. (1996). "Demos versus 'We, the People': Freedom and Democracy Ancient and Modern", en Ober & Hedrick (eds.), 121-138.

Wood, E.M. (2000). *Democracia contra capitalismo. La renovación del materialismo histórico* [1995], trad. J. Anaya, México.

Zelnick-Abramovitz, R. (2000). "Did Patronage Exist in Classical Athens?", *L'Antiquité Classique*, 69, 65-80.

Desigualdades antiguas

DANDO FORMA AL NOBLE SABIO.
MODOS CICERONIANOS DE CREAR DESIGUALDADES RELIGIOSAS Y FILOSÓFICAS[1]

Claudia Beltrão[2]

El estudio de la obra de Cicerón exige que nos movamos en un laberinto de referencias cruzadas provenientes de los campos filosófico, político, legal y oratorio, campos que se superponen y cuyos límites llegan a volverse borrosos. Esta obra, que cubre cuarenta años de la historia romana en el siglo I a.C., nos permite estudiar el poder del orador, político y filósofo para modelar y crear un lenguaje en los campos filosófico, retórico, político y jurídico. El trabajo de Cicerón requiere también que nos adentremos en el viejo debate –siempre presente y siempre renovado– sobre su visión del mundo, su percepción del mismo y su rol en la construcción de la acción y el pensamiento romanos. El impresionante *corpus* de su obra, por razones cuya discusión está fuera del alcance de este estudio, es el más completo que haya llegado al presente y uno de los que más peso tienen en la tradición occidental.

Cicerón reflexiona también sobre el pasado romano y sus complejas tradiciones en los campos de la política y la religión y lo hace de una manera muy innovadora. La verdadera naturaleza y el alcance del trabajo de Cicerón convierten a sus textos en un laboratorio único e invalorable para quienes se dedican a analizar la Época Clásica: los géneros literarios que propone y desarrolla permiten una amplia variedad de problemáticas y enfoques interpretativos. Por ejemplo, la exploración de un tema en las

---

1   Traducción: Márgara Averbach.
2   Universidade Federal do Estado de Rio de Janeiro.

cartas es claramente diferente de lo que se pone en juego sobre el mismo tema en los diálogos y discursos filosóficos. La tensión entre la necesidad de analizar y discutir cada obra en su propio contexto literario e intelectual, y el deseo de lograr un buen grado de comparabilidad son dos de los mayores desafíos a los que se enfrentan los académicos interesados en el estudio de Cicerón. En realidad, su trabajo es central en lo que sabemos sobre los desarrollos políticos, sociales e intelectuales de la República romana tardía. Hasta los clasicistas que interpretan su trabajo desde una mirada sesgada y opositora, están de acuerdo en que Cicerón provee un cuerpo grande de material importante, ya sea sobre *Realien* o sobre la interpretación de los contenidos de ese *corpus*. Precisamente porque Cicerón es tan central en cualquier intento de comprender la República romana tardía, cada generación ha producido y sigue produciendo sus propias imágenes de Cicerón y sus propias preguntas centrales sobre su obra y la interpretación de la misma. Las imágenes de Cicerón son tanto diacrónicas como sincrónicas y hay interpretaciones contrastantes y opuestas de todas ellas en cada era, en cada generación.

Por lo tanto, desde mi punto de vista, en la exploración de la obra de Cicerón, el estudio de la manera en que se lo recibió es todavía más relevante que lo que suele ser en el estudio de la mayor parte de los autores clásicos. Ciertamente, no siempre es productivo postular conexiones definitivas entre los debates académicos, los contextos culturales y los usos populares de la obra de Cicerón, pero es significativo que, a principios del siglo XXI, una de las áreas de estudio ciceroniano más grandes y más vitales haga foco en la autorrepresentación del autor, en sus interacciones con sus pares y en su uso de la ironía. La imagen de "Cicerón" que surge de los estudios académicos de los últimos treinta años es más irónica, más escéptica y está más preocupada por los ítems de estatus y autorrepresentación que ninguna otra en el pasado[3].

Durante la República romana tardía, Cicerón participó activamente en un medio intelectual creativo que determinó la aparición de una producción literaria notable que estaba en un diálogo vital

---

3   Los estudios ciceronianos ofrecen un número de contribuciones valiosas y es imposible hacer justicia a todas en este capítulo. Algunas de las más influyentes para este estudio son: May (1988); Fantham (2004); Dugan (2005); Steel (2005); Fox (2007); Gildenhard (2011).

Desigualdades antiguas

con la filosofía helenística de su misma era[4]. En su trabajo teórico, Cicerón afirma una y otra vez que está tratando de ofrecer a sus contemporáneos un entrenamiento filosófico y un lenguaje sofisticados y bien desarrollados (*e.g. Academica*, 1.11; *De finibus*, 1.10; *Tusculanae*, 1.3). En realidad, dedicó gran parte de su atención y de su tiempo a esos puntos y creó así un trabajo teórico vasto y coherente[5].

Los temas filosóficos son abundantes incluso en los discursos que Cicerón da en público y habla constantemente a favor de la filosofía como actividad apropiada para sus pares romanos. Sin embargo, su trabajo muestra una tensión real entre la filosofía y el comportamiento esperado de un noble romano[6]. A veces, su esfuerzo para "naturalizar" el pensamiento griego en Roma deriva de esa tensión y expresa ese esfuerzo en la escritura de diálogos en los cuales aparecen prominentes figuras públicas que debaten en sus *villae* y que restan importancia a cualquier objeción al pensamiento filosófico porque su comportamiento y sus ambiciones difieren de la vida y el comportamiento de los pensadores griegos. Sus personajes no son filósofos de tiempo completo ni conferencistas ni maestros como los griegos de la época. Son senadores, magistrados, sacerdotes públicos, personas altamente recomendadas en el contexto de la élite de la República romana. Todos son nobles y, en Roma, importa mucho *quién* habla y *cómo* habla[7]. En casi todos sus diálogos, Cicerón se alinea con firmeza detrás de Platón en cuanto a la necesidad de que los nobles sean

---

4   Para profundizar en el prolífico medio intelectual de la Roma del siglo I, ver Moatti (1997); Feeney (1999); Rüpke (2012); Woolf (2015); Maso (2015).

5   Las referencias esenciales para la reevaluación filosófica de Cicerón son Glucker (1988); Lévy (1992); Powell (1995); Mansfeld (1999). Sobre la reevaluación de la *philosophica* de Cicerón, ver Görler (1995); Woolf (2015); Annas (2016); Brittain (2016). Para leer una crítica coherente de la idea actual de un Cicerón escéptico, ver Lévy (2017).

6   Ver especialmente Gildenhard (2007). Sobre el proyecto filosófico de Cicerón, ver Baraz (2012); Bishop (2019).

7   Los estudios de Krostenko (2001: 202-232) sobre el vocabulario de Cicerón son sobresalientes; hablan de lo que él llama un "lenguaje de performance social". Ver también Stroup (2010), sobre el alfabetismo y la producción de textos escritos dentro del medio elitista de Cicerón, y Van der Blom (2010), que hace un análisis excelente de los modelos elegidos por Cicerón para hablar del comportamiento del pasado.

intelectuales, con entendimiento y decoro de alta calidad[8]. Sus personajes son *amici* y figuras de autoridad y, a pesar de que nunca se dejan de lado los asuntos políticos, relacionan sus conversaciones filosóficas con momentos de *otium* en los que –voluntariamente o no– están a distancia de la *urbs*[9]. Ellos son un grupo selecto de individuos que sirve como guía moral e intelectual en cuanto a liderazgo y pensamiento.

Casi todos los diálogos de Cicerón incluyen apologías de los intentos ingeniosos del autor para replantear el lugar de la filosofía en la vida del noble romano. Si en sus textos de la década del 50 presenta a sus lectores un Estado amenazado que podía reforzarse a través de esfuerzos intelectuales y morales, en los diálogos de la década posterior se declara que la *res publica* está perdida pero se afirma que podría reconstruirse a través de la filosofía latina. Además, desde el punto de vista de Cicerón, las causas del derrocamiento de la *libera res publica* tienen que buscarse no en la naturaleza superior de los romanos (de la que jamás se duda) sino en las malas influencias culturales que están amenazando el *mos maiorum* y llevando hacia una búsqueda equivocada de cosas que son indeseables para el futuro de Roma[10]. Esa situación puede corregirse con la filosofía[11]. Pero, ¿qué filosofía?

El pensamiento de Cicerón es inherentemente político y pone énfasis en virtudes como *pietas, concordia, iustitia, fides*[12] y otras de ese mismo tipo, con matices que escapan al tema de este capítulo.

---

8   Por ejemplo, *De officiis*, 3.13-15, 3.77, 3.81. Ver Hine (2016: 11-19), sobre las formas en que Cicerón usa el término *philosophus* y los muchos matices que aparecen al respecto en sus trabajos filosóficos.

9   Los personajes de Cicerón nunca se convencen de que están cometiendo errores en sus posiciones; ninguno de ellos termina "derrotado" en el debate ya que sus diferencias de opinión se reconcilian o se dejan abiertas para "conversaciones futuras" en los epílogos, y esto es así incluso en los casos en que Cicerón explica sus propias ideas y posiciones. Sobre este tema, ver especialmente Gildenhard (2007); Schofield (2013); Zetzel (2016).

10   Los *maiores* jugaron un rol central en la cultura política romana en general y también en la percepción que Cicerón tenía de ella. Sobre la cultura política romana, ver Hölkeskamp (2010).

11   Sobre las ideas de Cicerón en cuanto al tema de la educación como política y la forma de acabar con las influencias culturales corruptoras, ver Gildenhard (2007: 74-78, 176-178).

12   *E.g. De re publica*, 1.2; *Tusculanae disputationes*, 1.2. Sobre el lugar y los significados religiosos de estas virtudes en la cultura romana, ver Clark (2007).

Todas ellas son virtudes sociales: tienen que ponerse en práctica o mueren[13]. Cicerón defiende la idea de un noble sabio que combina la búsqueda de la sabiduría y la verdad (no dogmática) con un sólido compromiso político. Así, para mantener la concisión, este capítulo trata de recoger elementos para contestar la pregunta ¿qué filosofía?, y pone el foco en uno de los personajes más intrigantes de Cicerón, C. Aurelio Cota, en *De natura deorum*. Más allá de lo que hace o no hace Cota para expresar las opiniones del propio Cicerón, puede verse a este personaje como un modelo de noble sabio en términos políticos, filosóficos y religiosos. En el centro aparece también la feroz crítica de Cicerón al epicureísmo porque, desde su punto de vista, esa doctrina no se adapta al esquema de valores de la élite de Roma. Sus comentarios alertan a los lectores contra ese pensamiento filosófico y, de esa forma, crean desigualdades religiosas y filosóficas en la propia élite romana.

Las líneas generales del debate en *De natura deorum*

De natura deorum, diálogo filosófico de mediados de la década 40 a.C., tiene como temas la religión y la teología. Cicerón ubica la escena en el año 76, durante las *Feriae Latinae*; el anfitrión es Cota, que es *pontifex* y representante académico[14]. Cota, el epicúreo C. Veleyo y el estoico L. Balbo son los interlocutores activos de un debate sobre importantes temas teológicos que giran alrededor de la naturaleza de los dioses, y hay un joven académico Cicerón como espectador atento[15]. En general, Cota desafía el dogmatismo tanto del epicúreo como del estoico, que aparecen como la antítesis de la posición académica[16]. La forma y la naturaleza de los dioses

---

13   Esto también es un ataque a las pretensiones gentilicias que tenían los romanos nobles en cuanto a la transmisión hereditaria de las *virtutes*. Se trata de un ataque del *novus* Cicerón en esta cultura política bastante conservadora. Para ese punto, ver especialmente Steel (2005: 107-109), que defiende la idea de que Cicerón crea una red de interlocutores políticos e intelectuales para construir su *persona* política. Ver también Dugan (2005: 87-104); Van der Blom (2010: 35-59).

14   Para un análisis excelente de la forma dialógica de la *philosophica* de Cicerón, ver Schofield (2013).

15   Sobre las cuidadosas opciones de los personajes en los diálogos de Cicerón, ver Beard (1986); Gildenhard (2007).

16   Para los epicúreos y los estoicos, el conocimiento humano está basado en la experiencia y su fuente son las percepciones sensoriales pero difieren en cuanto al grado

eran asuntos relevantes en los debates intelectuales de la República tardía[17]. Los epicúreos sostenían que habían liberado a los seres humanos del miedo religioso; los estoicos tenían que enfrentarse con el problema de hacer que sus postulados fueran compatibles con la tradición religiosa y política de Roma[18]. Por lo tanto, esos debates teológicos no eran solamente una cuestión teórica sino también una urgente preocupación práctica ya que contribuían a dar forma a las actitudes políticas y religiosas en Roma[19].

Cota está cerca de la Nueva Academia y declara que no ha "aprendido nada" de Filón de Larisa[20]. Observemos las líneas generales del argumento de Cicerón. En el Libro 1, Veleyo pasa de una antología del debate sobre la naturaleza, la forma y acción de los dioses –en realidad, una refutación vigorosa de las opiniones de los filósofos sobre las deidades– a la presentación de la doctrina positiva de los epicúreos sobre la física y la naturaleza de los dioses, de la cual derivan los temas de los dioses antropomórficos y la (in)actividad divina[21].

Los dioses de Veleyo son conjuntos atómicos perfectamente balanceados con forma humana; son inmortales y no se ocupan de la creación del mundo ni lo gobiernan porque viven en una

---

en el que podemos confiar en esas percepciones. Para los académicos, las percepciones sensoriales no son totalmente confiables ya que los seres humanos pueden tener falsas impresiones de las cosas. Por lo tanto, los académicos no creen en la certeza de las percepciones sensoriales debido a la naturaleza misma de los objetos de conocimiento o por los defectos en las capacidades humanas de percepción; sin embargo, aceptan que los sentidos podrían dar una imagen correcta de las cosas. Por lo tanto, el académico será libre de tener opiniones aunque sepa que tal vez esas opiniones no sean totalmente verdaderas, ver *Lucullus*, 19-20, 43, 46-53, 78-86. Ver, por ejemplo, Lévy (1992); Algra (2007).

17 Siguiendo la explicación de Balbo en *De natura deorum*, 2, Mansfeld (1999: 142-143) señaló tres temas principales en las cuestiones teológicas helenísticas: 1) el problema de la existencia de los dioses y sus atributos; 2) la cuestión de la divina providencia y las relaciones entre los dioses, el mundo y los seres humanos; 3) el conocimiento de lo divino. En realidad, esas cuestiones sintetizan los problemas teológicos de la tradición occidental tal como está configurada: la existencia de los dioses, sus atributos y el conocimiento de lo divino.

18 Para una visión general de la teología epicúrea, ver Asmis (1999); Algra (2007). Sobre la epistemología estoica y la teología, ver Long (1996); Mansfeld (1999).

19 Sobre las creencias y actividades religiosas en la élite romana y lo que significaban para los que las practicaban, ver el panorama reciente de Champion (2017).

20 *De natura deorum*, 1.17; Filón fue uno de los maestros más importantes de Cicerón.

21 Sobre la naturaleza de dios y la inactividad divina, ver especialmente Balaudé (2004).

                                    Desigualdades antiguas

felicidad y tranquilidad absolutas (*De natura deorum*, 1.53). Es más: la mente humana los comprende inmediatamente a través de la vívida percepción del *eidola* emitido por el cuerpo de los dioses[22]. Sin embargo, para Cota, los postulados de la teología epicúrea son defectuosos desde la lógica y tampoco pasarían el examen del sentido común[23]. Si la mente comprende la forma de los dioses, esa forma deriva no directamente de la naturaleza sino de un proceso lógico que depende de las impresiones derivadas de los sentidos humanos, especialmente la visión, que depende de lo que cada uno puede experimentar en el mundo (por ejemplo, *De natura deorum*, 1.77). Es un hecho innegable que hay múltiples imágenes divinas, con diferentes formas y figuras en todo el mundo. Entonces, Cota ataca la afirmación de Veleyo según la cual la imagen antropomórfica de los dioses es universal y discute la dificultad de armonizar esa evaluación y la gran variedad de nociones e imágenes de los dioses en el mundo, imágenes y nociones que un senador romano no podía ni debía ignorar (*De natura deorum*, 1.100-101).

La posición de Cota parece entender la teología epicúrea como una imposibilidad, dadas las dificultades de presentar explicaciones racionales y lógicamente válidas de los contenidos religiosos tradicionales y los argumentos no concluyentes de su oponente. Para un académico, todo conocimiento basado en los sentidos está relacionado con varias circunstancias, como diferentes costumbres y hábitos que prevalecen entre diversos individuos y grupos humanos. Así, hablar de la crítica de Cota como un ataque al antropomorfismo divino *in toto* es ignorar la fuerte posición académica del personaje, además del punto de vista del propio Cicerón[24]. Es necesario observar el rechazo que hace el académico de toda posición dogmática y no dejar de lado su estilo polémico: considera todos los argumentos posibles a favor y en contra de toda doctrina, el equilibrio de probabilidades de verosimilitud y la adopción de algunos argumentos plausibles en contexto –sea uno estoico o uno epicúreo– en cuanto a este u otro punto. Cota

---

22 Por ejemplo, *De natura deorum*, 1.47, y Lucrecio, *De rerum natura*, 5.1169-1178. Ver también Long & Sedley (1987: 146-148); Schiesaro (1990).

23 *De natura deorum*, 1.60: *non modo philosophia dignem esset sed mediocri prudentia.*

24 Ver *contra*, por ejemplo, Ando (2008: 51), que afirma: "…como parte de un ataque general contra el antropomorfismo, él [Cota] enfatiza el poder paradójico y la contingencia de la representación".

pregunta a Veleyo por los argumentos racionales sobre la naturaleza de los dioses[25].

Cota declara que la multitud inculta tiene más sabiduría que los filósofos epicúreos porque la persona común asigna uso y actividad a los miembros y cuerpos divinos[26]. Eso es obviamente una crítica feroz a la *ataraxía* divina de los epicúreos. Como argumento final, los dioses teriomorfos egipcios enfatizan el tema de la función de los dioses y el beneficio que pueden dar a los seres humanos. Cota argumenta, entonces, que incluso los "bárbaros" tienen opiniones mucho más coherentes que los epicúreos. En ese punto, se trata de un reconocimiento de las creencias y religiones tradicionales, y para Cota, ese es un aspecto importante del debate. Por lo tanto, el personaje muestra que atribuir actividad a los dioses es una conclusión lógica de la propia prolepsis epicúrea de los dioses: en realidad, el epicureísmo parece pensar en la prolepsis como producto de la cultura humana pero Cicerón oculta ese punto[27].

Cota indica que la prolepsis epicúrea con sus dioses antropomórficos derivados es restrictiva y no consigue incluir los diversos datos históricos y culturales que generan diferentes maneras de concebir a los dioses. Peor todavía, según él, la teología epicúrea socava la religión romana con esos dioses ociosos. En otras palabras, Cota favorece los contactos entre la idea de los dioses y la experiencia humana en el mundo[28].

Es posible que la tradición religiosa de Roma llevara a que a Cicerón le fuera más fácil simpatizar con el concepto estoico de

---

25   Para un análisis más detallado de la crítica que hace Cota de la teología epicúrea, ver Beltrão (2018).

26   Cicerón hace la misma relación entre el *vulgus* y los filósofos en *De natura deorum*, 1.77, y vuelve a dejar mal parados a los filósofos.

27   Este no es el momento para discutir las formas en las que Cicerón construye –y a veces también distorsiona– la teología epicúrea para beneficio de sus argumentos. Podemos deducir que la crítica de Cota explora problemas epistemológicos de la teología epicúrea –por ejemplo, si los dioses son idénticos o no, si son solo un constructo mental y así– pero es bastante difícil concluir que los dioses epicúreos son solamente entidades conceptuales. Como la física epicúrea es empírica, el concepto de prolepsis no parece permitir constructos puramente mentales; pero ese debate, que es tema de controversia entre los académicos modernos, excede el objeto de este capítulo. Ver, por ejemplo, Kleve (1978); Long & Sedley (1987); Mansfeld (1999).

28   Cicerón entonces pone el acento en el rechazo epicúreo del involucramiento del sabio en política y de la intervención divina en el mundo. Ver el contraste entre los epicúreos y Catón en *De re publica*, 1.1 y 1.9.

acción divina en el mundo. Sin embargo, Cota también critica la tesis estoica que, aunque repite ideas de virtud y de acción apropiadas, ideas que podrían satisfacer al público romano, no define rigurosamente *la forma* en que podrían ocurrir esas acciones virtuosas en la práctica. El discurso de Balbo en el Libro 2 es sin duda más adecuado con respecto a las expectativas del público romano, sobre todo por su defensa de una providencia divina y por poner a Roma en el centro de los intereses de los dioses. Sin embargo, Cota rechaza los elementos fatalistas de la física estoica dogmática y sus dioses alegóricos.

A diferencia de los dioses epicúreos, la divinidad providencial de los estoicos no tiene forma humana y esto es algo que se afirma explícitamente; aunque Balbo admite que las imágenes de los dioses pueden ayudar al *vulgus* a tener alguna comprensión de la deidad, pero una comprensión pueril. Además, como los epicúreos, los estoicos argumentan que la idea "natural" de los dioses está contaminada por errores irracionales y conceptos erróneos que llegaron a través de los mismos poetas y artistas que trajeron también algunas ideas correctas sobre la divinidad (*De natura deorum*, 2.5). Para él, los mitos y las imágenes no pueden ser buena base para un conocimiento correcto de lo divino pero, cuando se las purga de las falsedades a través de la interpretación estoica de los mitos y los nombres divinos, pueden dar a los no educados algún apoyo para conocer mejor a los dioses (Long, 1996; Algra, 2003; Van Nuffelen, 2011). A través del método etimológico y alegórico del estoicismo, sería posible distinguir los elementos beneficiosos y maléficos de las imágenes divinas. A su vez, eso podría ayudar a los seres humanos a conocer correctamente a los dioses y superar las *superstitiones* (*De natura deorum*, 2.66-72).

Después, Cota ataca especialmente el concepto estoico de los dioses, según el cual no son más que personificaciones de fuerzas o aspectos de la naturaleza, aspectos que son beneficiosos para la sociedad; en suma, el ataque es porque los dioses tradicionales quedan descalificados desde lo religioso. Aunque pudieran justificarse como apoyo para que el *vulgus* no educado y los bárbaros adquirieran el conocimiento de las deidades, los dioses romanos no serían dioses vivos si se los considera alegorías. Y en ese punto, también hay que rechazar la teología estoica. Según Cota, las dos, tanto la estoica como la epicúrea, son dogmáticas, restrictivas e inadecuadas para abarcar la gran diversidad religiosa del mundo, diversidad imperativa para un senador romano destinado a regir el mundo. Además, ni las deidades antropomórficas epicúreas ni las divinidades alegóricas estoicas pueden reconocerse como dioses romanos y no consiguen justificar ni explicar racionalmente la religión romana. La experiencia humana es la verdadera base y origen de las formas de concebir a los dioses. Así que examinemos a Cota con atención para ver hasta qué punto está relacionado con el ideal de hombre sabio de Cicerón.

Construcción del noble sabio romano

Cota acepta una autoridad ancestral según la cual los dioses existen y desea que se lo persuada de que esa afirmación es una verdad. Es conservador y adopta el contenido y las creencias de la tradición romana. Pero al mismo tiempo, no se ve compelido por ningún argumento racional ni a favor ni en contra de esas creencias (*De natura deorum*, 2.9-10). Es pontífice, miembro de un colegio mayor de sacerdotes en Roma. Los *pontifices* regulaban aspectos importantes de la vida pública y privada de Roma y las decisiones del colegio se tomaban apelando a la tradición y el precedente, no a cuestiones teológicas. La tensión entre la falta de certidumbres teológicas de Cota y su autoridad religiosa no es algo que sus oponentes pasen por alto. Cuando ellos reaccionan, Cota desarrolla la forma en que se relacionan su posición escéptica y su oficio sacerdotal. Sin embargo, su modelo intelectual no es romano: es el poeta griego Simónides, que aparece en *De natura deorum* (1.60). Cuando Hierón le pregunta sobre el ser y la naturaleza de dios, Simónides multiplica los días requeridos para pensarlo. Finalmente, se niega a elegir una posición *desperasse omnem veritatem*. Según Cota, eso no es para decir que no hay ninguna verdad sobre los dioses sino porque Simónides no consigue decidir cuál de los puntos es el más verdadero y no termina de elegir ninguna posición. A Simónides se lo llama *doctus et sapiens,* y el pasaje evoca el tratamiento de la memoria en *De oratore* (3.350-360), momento en el que se atribuye a Simónides el método mnemotécnico de los "lugares". Como su modelo, el Cota de Cicerón también es *doctus et sapiens.* Usa argumentos guardados en la mente desde su entrenamiento retórico y filosófico, y consigue igualar punto por

Desigualdades antiguas

punto a sus oponentes. Como orador ideal de Cicerón, tiene una memoria muy bien entrenada y es un buen ejemplo de la educación amplia que Cicerón asocia con la Academia en el prefacio (*De natura deorum*, 1.11-12). Es un orador bien entrenado, educado en filosofía, que no maneja solamente una escuela de pensamiento sino que más bien es capaz de argumentar a favor y en contra de cualquier planteamiento, siguiendo lo que es plausible en cada caso. Por lo tanto, se puede considerar a Cota el noble sabio ideal de Cicerón[29]. Es interesante analizar la respuesta de Cota al desafío de Balbo cuando ese personaje le dice que debería recordar que "es un filósofo, un pontífice y un Cota"[30], es decir, un noble y un sacerdote de Roma: según Balbo, eso está en conflicto con su posición escéptica que es *errantem et vagam*.

Cota rebate a Balbo señalando que, "como Cota y pontífice", considera a la religión romana, no a la filosofía, como la base de su piedad (*De natura deorum*, 3.5). Y eso no es todo. Cota declara: "…por mi parte, un único argumento hubiera sido suficiente: que nos la han legado nuestros antepasados" (*De natura deorum*, 3.9). Así, Cota declara su absoluta confianza en la autoridad de los antepasados, esa autoridad que está presente en los preceptos de la religión romana. ¿Podríamos entender esa afirmación como una posición antifilosófica de Cota?[31] No, para nada. Desde mi punto de vista, esa interpretación simplista olvida el sólido contexto escéptico de la afirmación de Cota. La apelación a la autoridad de los *maiores* también es un arma teórica contra Balbo. La religión no es lo mismo que la teología; más aún: en el campo de la religión, la tradición es la autoridad[32]. Para un pensador académico, la teología solamente puede admitir argumentos racionales y coherentes sin contradicciones internas. Así, poniendo el énfasis en la tradición y no en la teología, Cota, como pontífice sabio y noble romano, defiende a la religión romana de lo que, desde su punto de vista, son tonterías de las doctrinas filosóficas sin defectos. Por otra parte, Cota se rige por una metodología escéptica rigurosa.

---

29 Sobre este punto, ver especialmente Schofield (2013: 82).

30 *De natura deorum*, 2.2: … *et philosophi et pontificis et Cotae*.

31 Esa es la interpretación de, por ejemplo, Van der Blom (2010:1): en la apertura de su libro, ella describe la "almost dogmatic confidence in ancestral tradition" que ve en Cota pero esa descripción es debatible, basta con mirar más allá de las estrategias políticas inmediatas de Cicerón y enfocarse en sus filiaciones filosóficas.

32 Cf. Mansfeld (1999: 452-454).

No hace énfasis en las doctrinas mismas sino en su escrutinio a través de los lentes rigurosos de la argumentación académica. Según el punto de vista escéptico de Carneades y Filón de Larisa, la tarea del pensamiento racional es descubrir, después del riguroso escrutinio de todas las opiniones, lo que se parece más a la verdad (*veri simile*) o, según el concepto de Cicerón, lo que es *probabile*[33]. Sin embargo, cuando lo *probabile* es imposible de alcanzar, el hombre sabio decide según la tradición. En realidad, tanto para los neoacadémicos como para neopirronistas, es imposible tener un conocimiento epistemológico verdadero de los dioses, y por lo tanto, los argumentos estoicos y epicúreos no son válidos. Así, lo mejor, lo más sabio es seguir "la costumbre de la tierra" y actuar de acuerdo con las creencias religiosas tradicionales[34].

Sobre todo, debería recordarse que Cota suprime la palabra "filósofo", que le había aplicado Balbo en su respuesta. Sin embargo, "filósofo" es la forma en que Cota llama a Balbo, de quien dice que se está comportando como un *philosophus*[35]. Un romano sabio no puede ser igual a un filósofo griego profesional: no puede perderse en una actitud doctrinaria puntillosa. En realidad, Cota pide no una confianza epistemológica en la religión romana sino una confianza histórica. Las creencias religiosas, los dioses, los rituales y las costumbres tienen un lugar necesario en el argumento de Cota, y así, se señalan los límites del pensamiento teológico griego en la vida religiosa romana. Para Cota, la religión puede ser sujeto de escrutinio racional pero lo que hacen los epicúreos y los estoicos es socavar la identidad distintiva de la religión romana. Sin embargo, con el énfasis que pone en la virtud y la participación política, el estoicismo parece cumplir mejor que el epicureísmo con la cultura política romana. Definitivamente, la doctrina de Epicuro es el blanco principal de la crítica de Cicerón por sus implicancias más amplias y su potencial disruptivo para la élite romana; en el caso de Cota, a veces la crítica se convierte en invectiva pura: "Epicuro habla de tal manera que creo que realmente invita al ridículo"[36].

---

33 Sobre el concepto de *probabile* de Cicerón, ver, por ejemplo, Auvray-Assayas (2006).

34 Para una lectura comparada de los *Academici libri* de Cicerón y de *De natura deorum* y *Adversus mathematicos* de Sexto Empírico, ver Mansfeld (1999: 475-478).

35 Agradezco enormemente a Hine (2016) por esta observación sutil.

36 Cf. *Tusculanae disputationes*, 2.17: *Epicurus vero ea dicit, ut mihi quidem risus captare videatur*. Maso (2015) hace un análisis sugerente de la relación tipo "entiendo y disiento" que tiene Cicerón con las doctrinas epicúreas.

Desigualdades antiguas

Un examen de *De finibus*, un diálogo escrito unos pocos meses antes de *De natura deorum*, puede ayudar a aclarar las críticas de Cicerón al epicureísmo[37]. En el Libro 1, el Torcuato epicúreo ofrece una explicación bien diseñada para probar que el placer es el *summum bonum* (1.29-36); esa explicación incluye una definición del placer epicúreo como ausencia de dolor (1.37-41). Esa es una presentación dogmática de un bien natural basado en algún tipo de prolepsis innato, un bien compartido por humanos y animales recién nacidos, del mismo modo en que los hombres adultos tienen falsas creencias adquiridas a través de la educación y la socialización. Esas creencias adquiridas interfieren con la búsqueda de los bienes naturales, búsqueda que produce dolor y sufrimiento[38].

Hoy en día, es imposible estar en desacuerdo con quienes afirman que Cicerón se toma con mucha seriedad al epicureísmo. Tampoco puede dudarse de que esa doctrina es una herramienta útil para el punto que quiere marcar el autor sobre el rol de la filosofía en la vida de la élite romana, punto que se desarrolla en una atmósfera de debate. En otras palabras, para Epicuro, el conocimiento humano está basado absolutamente en la experiencia de las percepciones sensoriales, es decir, en una epistemología empírica. Para Cicerón, como para toda la Nueva Academia, las percepciones sensoriales no son del todo confiables por la naturaleza de los objetos de conocimiento, y por la imprecisión en las capacidades humanas de percepción, si bien es posible lograr una imagen plausible de esos objetos sobre la base de los sentidos. Ese es un punto relevante del debate intelectual[39]. Torcuato insiste en

---

37 El epicureísmo tuvo mucho éxito en el final de la República y Cicerón tenía un conocimiento profundo de la doctrina. Además de estudiarla con Fedro en Roma, tal vez Cicerón sea la fuente más importante para afirmar el éxito del epicureísmo en la Roma de esa época, ciertamente con algo de exageración retórica como en *Tusculanae*, 4.7, escrito en el cual afirma que los epicúreos invadieron Italia (*Italiam totam occupaverunt*). Otros sitios en que aparece la popularidad del epicureísmo en Italia: *De finibus*, 2, 12, 28, 44, 49. Sobre la vivacidad considerable de algunas doctrinas filosóficas en Roma y las formas en que Cicerón desarrolla ese tema, ver especialmente Zetzel (2016).

38 Sobre las líneas generales de *De Finibus*, ver Lévy (2002: xli-xlvi). Ver también Warren (2016) para un análisis de la crítica que hace Cicerón al argumento de Torcuato en defensa del placer, crítica en la que discute las inconsistencias epistemológicas en la teoría, Libro 1, especialmente la forma en que no se consigue establecer una distinción sólida entre placer y falta de dolor como *summum bonum*.

39 Cf. especialmente *Lucullus* 19-20, 43, 46-53, 78-86. Ver también Algra (2007).

el rol del pensamiento racional y el estudio del universo natural para beneficio de la vida humana y Cicerón usa el mismo núcleo del argumento epicúreo para socavar esa doctrina en *De finibus* (2). La pregunta sobre si las explicaciones que hace Cicerón de la doctrina epicúrea son o no exactas no es nuestra preocupación principal en este capítulo[40]. Como conoce bastante bien la doctrina epicúrea, Cicerón presenta el debate en un vocabulario epicúreo cuidadoso y su conclusión es que los epicúreos terminan rechazados por sus propias afirmaciones[41]. Sin embargo, afina la crítica en un debate intensamente personal y un capítulo que es bastante relevante para nuestros propósitos:

> O tienes que denigrar las acciones (de tus antepasados), Torcuato, o tienes que abandonar tu defensa del placer. ¿Qué tipo de defensa es esa, qué tipo de caso sostiene al placer si no hay ningún testigo ni defensor entre los de mayor renombre? De mi lado del registro histórico, hay personas que se pasaron toda la vida luchando por la gloria y fueron sordos frente al llamado del placer. En tu argumento, la historia está en silencio. Nunca oí que Licurgo mencionara la escuela de Epicuro, ni Solón, ni Milcíades, ni Temístocles ni Epaminondas, que recibieron, todos, el reconocimiento debido de otros filósofos. Ahora que nosotros, los romanos, empezamos también a filosofar, nuestro amigo Ático puede suministrarnos una vasta cantidad de nombres heroicos que aparecen en sus archivos. ¿No es mejor hablar de ellos que llenar incontables volúmenes que alaban a Temista? Dejemos eso a los griegos. Estamos en deuda con ellos por la filosofía y por todo el conocimiento de alto nivel, pero hay cosas que ellos pueden hacer y nosotros no deberíamos siquiera intentar. Piensa en la disputa entre los estoicos y los peripatéticos. Los estoicos afirman que no hay nada bueno excepto lo que es moral; los peripatéticos sostienen que hay ciertos bienes dentro y fuera del cuerpo, aunque atribuyen mayor valor (y por mucho) a la moralidad. Ahí tenemos un debate verdaderamente honorable, una disputa espléndida. Todo el conflicto se centra en la virtud y su valor. En cambio, con los epicúreos, las formas

---

40   Sobre la cuestión de la exactitud de Cicerón cuando discute la tesis epicúrea, ver, por ejemplo, Maso (2015); Morel (2016); Warren (2016).

41   Ver, por ejemplo, *De finibus*, 2.45, y *Tusculanae disputationes*, 4.7, en los cuales Cicerón presenta al epicureísmo como una doctrina diminuta, popular entre las multitudes de los no educados.

                                                     Desigualdades antiguas

más obscenas del placer son las que parecen dominar la discusión y el mayor culpable es Epicuro mismo[42].

En términos de Cicerón, la doctrina de Epicuro lleva necesariamente al noble Torcuato a socavar los hechos de sus antepasados y su propio *cognomen*. Implícitamente en este capítulo hay una expectativa de imitación de las acciones de los antepasados que llevaron a Cicerón a esta pintura altamente despectiva y moralizante del Jardín de Epicuro. Además, la referencia al amigo de Cicerón, Ático, es muy inteligente: como romano y amante de Atenas, Ático es capaz de recordar muchos casos de heroísmo cívico cuando, como epicúreo, debería rechazarlos como equivocados en beneficio de la coherencia teórica.

Al regular la conducta moral sobre el placer, principio inaceptable para Cicerón porque lleva a una forma individualista de vida, el epicureísmo se burla de los valores políticos y socava la moral romana. Por lo tanto, el epicureísmo es inadecuado para un noble romano y debe rechazarse no solo por sus doctrinas sino también por las acciones de quienes lo practican[43].

Para volver a *De natura deorum*, puede notarse con facilidad que la crítica de Cota es mucho más hiriente contra el epicureísmo que contra el estoicismo. Lo que sigue es un ejemplo:

---

42   *De finibus*, 2.67-68: *Aut haec tibi, Torquate, sunt vituperanda aut patrocinium voluptatis repudiandum. quod autem patrocinium aut quae ista causa est voluptatis, quae nec testes ullos e claris viris nec laudatores poterit adhibere? ut enim nos ex annalium monimentis testes excitamus eos, quorum omnis vita consumpta est in laboribus gloriosis, qui voluptatis nomen audire non possent, sic in vestris disputationibus historia muta est. numquam audivi in Epicuri schola Lycurgum, Solonem, Miltiadem, Themistoclem, Epaminondam nominari, qui in ore sunt ceterorum omnium philosophorum. nunc vero, quoniam haec nos etiam tractare coepimus, suppeditabit nobis Atticus noster e thesauris suis quos et quantos viros! nonne melius est de his aliquid quam tantis voluminibus de Themista loqui? sint ista Graecorum; quamquam ab iis philosophiam et omnes ingenuas disciplinas habemus; sed tamen est aliquid, quod nobis non liceat, liceat illis. Pugnant Stoici cum Peripateticis. alteri negant quicquam esse bonum, nisi quod honestum sit, alteri plurimum se et longe longeque plurimum tribuere honestati, sed tamen et in corpore et extra esse quaedam bona. et certamen honestum et disputatio splendida! omnis est enim de virtutis dignitate contentio. at cum tuis cum disseras, multa sunt audienda etiam de obscenis voluptatibus, de quibus ab Epicuro saepissime dicitur.* Traducción al inglés en Annas & Woolf (2001). (*Nota de trad.*: La traducción al español se realiza a partir de la versión inglesa).

43   Ver Prost (2003), para quien la furiosa oposición de Cicerón al epicureísmo en *De finibus* pone en juego la noción de *persona* que quiere promocionar Cicerón. Ver también Auvray-Assayas (2006: 87-139).

¿Fueron sueños de este tipo los que no solo alentaron a Epicuro, Metrodoro y Hermarco a contradecir a Pitágoras, Platón y Empédocles sino que también llevaron a una mujer desatada como Leontia a escribir un libro refutando a Teofrasto? Sin duda, el estilo de Leontia es más prolijo que el de Ático pero ¡de todos modos!... Así fue el libertinaje que prevaleció en el Jardín de Epicuro… Y sin embargo, ustedes también están susceptibles: de hecho Zenón solía invocar la ley. Y no necesito mencionar a Albucio. Fedro, aunque él es el más refinado y cortés de los antiguos caballeros, también perdía la paciencia si yo hablaba con demasiada aspereza; aunque Epicuro atacó a Aristóteles de la manera más insultante, insultó al discípulo de Sócrates, Fedón, de una manera bastante indignante, dedicó volúmenes enteros a una arremetida contra Timócrates, el hermano de su propio asociado Metrodoro, porque aunque difería de él en algún punto filosófico u otro, no mostró ninguna gratitud hacia Demócrito, cuyo sistema adoptó; y trató muy mal a su propio maestro Nausífanes, de quien había aprendido muchísimo. En cuanto a Zenón, el hombre apuntó los rayos de su ataque no solo contra sus contemporáneos, Apolodoro, Silo y el resto sino también contra Sócrates mismo, el padre de la filosofía; declaró que Sócrates había sido el equivalente ático de nuestros bufones romanos; y siempre aludió a Crisipo como Crisipa[44].

Aunque, en la introducción, Cicerón había declarado su compromiso con el principio académico según el cual no debe considerarse el peso de la autoridad personal sino el valor de

---

44   *De natura deorum*, 1.93: *Istisne fidentes somniis non modo Epicurus et Metrodorus et Hermarchus contra Pythagoram Platonem Empedoclemque dixerunt, sed meretricula etiam Leontium contra Theophrastum scribere ausast —scito illa quidem sermone et Attico, sed tamen: tantum Epicuri hortus habuit licentiae. Et soletis queri; Zeno quidem etiam litigabat; quid dicam Albucium; nam Phaedro nihil elegantius nihil humanius, sed stomachabatur senex si quid asperius dixeram, cum Epicurus Aristotelem vexarit contumeliosissime, Phaedoni Socratico turpissime male dixerit, Metrodori sodalis sui fratrem Timocraten, quia nescio quid in philosophia dissentiret, totis voluminibus conciderit, in Democritum ipsum quem secutus est fuerit ingratus, Nausiphanem magistrum suum, a quo non nihil didicerat, tam male acceperit. Zeno quidem non eos solum qui tum erant, Apollodorum Sillim ceteros, figebat maledictis, sed Socraten ipsum parentem philosophiae Latino verbo utens scurram Atticum fuisse dicebat, Chrysippum numquam nisi Chrysippam vocabat.* Traducción al inglés: Rackham (1933). (*Nota de trad.*: La traducción al español se realiza a partir de la versión inglesa).

        Desigualdades antiguas

los argumentos[45], este es un ataque muy personal. Se trata de un capítulo violento y misógino de la invectiva de Cota contra Epicuro en persona; un capítulo en el que cae hasta el antes amado maestro de Cicerón, el epicúreo Fedro. Cota habla no solo de los vulgarismos de Epicuro –especialmente la ingratitud hacia sus propios maestros–, sino también del libertinaje del Jardín. Epicuro y sus seguidores reciben un ataque por ser desagradecidos, groseros, libertinos y arrogantes y esos *exempla* son un elemento importante en las argumentaciones de Cicerón[46].

De la misma forma, la presentación que hace Veleyo de la teología positiva de Epicuro ocupa solamente unos pocos capítulos del discurso[47]. Eso es muy poco si se lo compara con la larga explicación sobre la teología estoica en boca de Balbo en el Libro 2. Esa diferencia en la extensión de la explicación significa que, como miembro del Jardín de Epicuro, el Veleyo de Cicerón se dedica más bien a atacar a otros pensadores de su vasta antología que a presentar una teología positiva. En suma, las menciones que hace Cota de filósofos pasados y contemporáneos no son para nada agradables y aparecen siempre como malos ejemplos para los romanos. Cota desaprueba en ellos el intelectualismo vacío y la chatura que, para él, no tienen otra consecuencia práctica que una vida egoísta y socialmente irresponsable[48]. Se ve con claridad a Cicerón haciendo frente al elitismo intelectual de Platón contra la enseñanza sofista para llegar así a su grupo de interés, el grupo al que se dirige, sus *optimates*, pero, cuando lanza un ataque contra Epicuro y sus seguidores dentro de la misma élite romana[49], todo adquiere un sesgo diferente.

---

45   *De natura deorum*, 1.10. Classen (2010) hace excelentes preguntas sobre la forma y la función de la antología filosófica y la exposición de Cicerón en *De natura deorum*. Para ese estudio, incluso en sus diálogos filosóficos, Cicerón sigue el estilo de composición de sus discursos forenses. El objeto principal de Classen es preguntarse por la forma retórica de Cicerón en la enseñanza de la filosofía y también por la función que dio el autor a esa forma en su argumentación.

46   Ver Cairo (2020), sobre el uso de los adjetivos moralizantes que construyen el argumento de Cicerón. Ver también Steel (2007).

47   *De natura deorum*, 1.43-52, *circa* un quinto de la explicación de Veleyo.

48   Ver Zetzel (2003) sobre la forma en que trata Cicerón a la filosofía griega y a los filósofos de ese origen.

49   Ver también *Tusculanae disputationes*, 1.1-2.

Conclusión

Hagamos un resumen de la pregunta que es el centro de este capítulo: ¿qué filosofía? Para sus pares, Cicerón pone en escena debates entre miembros de la élite romana. Los personajes más importantes son del tipo del noble sabio que Cicerón recomienda como ideal y poseen y demuestran una combinación equilibrada de habilidades intelectuales, experiencia religiosa y práctica política, como su ideal, Cota. Cicerón presenta a Cota de la misma manera que se presenta a sí mismo: como un hombre educado, sofisticado. Para él, el pensamiento crítico es para pocos y lo crean pocos; ese es el tipo de pensamiento que da forma a su noble sabio, pero la filosofía que importa tiene fuentes y agentes bien claros: Sócrates, Platón, Aristóteles y la tradición académica. En *Tusculanae disputationes* (1.55), por ejemplo, Cicerón llama *plebeii philosophi* a aquellos (epicúreos) con quienes no está de acuerdo. En cambio, la tradición de la Academia es *nobilissima*. En cierto sentido, Cicerón aplica a los filósofos el estatus de rango y conciencia de los *consularis* romanos[50]. Los pensadores griegos funcionan como ejemplos buenos y malos para la construcción del argumento[51]. Su hombre sabio perfecto no es solo el que es capaz de ponderar las cuestiones teóricas más relevantes sino también el que, como Cota[52], sabe expresar su pensamiento en un habla ornamentada sin perder de vista la *res publica*. Del mismo modo, la Nueva Academia es apropiada para debatir cuestiones teológicas porque sus métodos no invalidan la religión romana.

En suma, Cicerón defiende un noble sabio que combina la búsqueda de la sabiduría y la verdad (no dogmática) con un sólido compromiso político a favor del conservadurismo; la meta es un campo para la argumentación libre en Roma: por lo tanto, la verdad tiene que ser abierta y tiene que ser el fruto de un debate no

---

50   Cf. *De re publica*, 2.3, 2.21-22, 2.59; *De oratore*, 1.224; *Orator*, 9-10; *De optimo genere oratorum*, 6; *Tusculanae disputationes*, 1.7, 1.20, 5.34.

51   Por ejemplo, *De re publica* 2.55, en el que hace que Escipión afirme: "Y tampoco te estoy recitando esas cosas tan obsoletas y viejas sin razón: quiero dar ejemplos de hombres y acciones que usan hechos y personas famosas como base para el resto de mi discurso" (*Neque ego haec nunc sine causa tam vetera vobis et tam obsoleta decanto, sed inlustribus in personas temporibusque exempla hominum rerumque definido, ad quae reliqua oratio derigatur mea*).

52   Cf. *De inventione*, 1.1; *De oratore*, 1.142-3, 3.60-1; *De natura deorum*, 1.6.

    Desigualdades antiguas

dogmático entre pares educados. Con sus controversias, Cicerón lucha por sacar a su noble ideal de lo que considera pensamiento y acción inferiores. Al hacerlo, establece un pensamiento con compromiso cívico como remedio para los círculos "hedonistas" y egoístas de seguidores de Epicuro ya que esos círculos no encajan con el noble ideal de Cicerón y tampoco satisfacen sus criterios de rigor teórico.

La recreación de la *libera res publica* que desea Cicerón vendría entonces de una pequeña élite de nobles educados en filosofía. Su noble sabio está muy alejado de dos multitudes: el *vulgus imperitorum* y la masa de epígonos griegos y latinos y filósofos inferiores, notablemente los epicúreos, que son maestros atractivos para los no educados y, sobre todo, pensadores peligrosos para la juventud de la élite romana.

Cicerón desestima una gran *multitudo* de autores griegos y romanos que escribieron "un número infinito de libros repetitivos e inútiles"[53] y recluta un grupo selecto de personajes altamente dotados, no dogmáticos y de educación amplia, personajes que se expresan en discursos refinados; eso crea desigualdades intelectuales y así quedan dos tipos de grupos en lucha: la *multitud romana* –aunque en este punto, Cicerón no hace más que seguir el elitismo filosófico de sus fuentes griegas– y un montón de filósofos que agitan lo que Cicerón considera trabajos derivativos, dogmáticos, problemáticos y moralmente inferiores en griego o en latín. Las desigualdades creadas, entonces, son antiguas (y modernas). Para James Zetzel (2016: 62), esto es un espejo del entrenamiento académico moderno y jerárquico. Por lo tanto, podemos preguntarnos cuánto deben a Cicerón los programas de nuestros cursos y el moderno estudio de la filosofía.

Bibliografía

Algra, K. (2007). *Conceptions and Images: Hellenistic Philosophical Theology and Traditional Religion*, Amsterdam.

Algra, K., Barnes, J., Mansfeld, J. & Schofield, M. (1999) (eds.). *The Cambridge History of Hellenistic Philosophy*, Cambridge.

Ando, C. (2008). *The Matter of the Gods: Religion and the Roman Empire*, Berkeley-Los Angeles.

---

53   Cicerón, *Tusculanae disputationes*, 2.6: *eadem enim dicuntur a multis ex quo libris omnia referserunt.*

Annas, J. (2016). "Introduction", en Annas & Betegh (eds.), 1-11.

Annas, J. & Betegh, G. (2016) (eds.). *Cicero's* De finibus: *Philosophical Approaches*, Cambridge.

Annas, J. & Woolf, R. (2001) (ed.) (trad.). *Cicero: On Moral Ends*, Cambridge.

Asmis, E. (1999). "Epicurean Epistemology", en Algra, Barnes, Mansfeld & Schofield (eds.), 260-294.

Auvray-Assayas, C. (2006). *Cicéron*, Paris.

Balaudé. J.-F. (2004). "La vérité des images selon Épicure: perception, rêve et désir", *Mètis*, n.s. 2, 193-215.

Baraz, Y. (2012). *A Written Republic: Cicero's Philosophical Politics*, Princeton.

Beard, M. (1986). "Cicero and Divination: The Formation of a Latin Discourse", *Journal of Roman Studies*, 76, 33-46.

Bishop, C. (2019). *Cicero, Greek Learning, and the Making of a Roman Classic*, Oxford.

Beltrão, C. (2018). "Imágenes de los dioses en Cicerón. Límites y contradicciones de la teología epicúrea sobre la imagen divina en *De natura deorum* I", *Auster*, 23: https://doi.org/10.24215/23468890e042.

Brittain, C. (2007). "Middle Platonists on Academic Scepticism", en R.W. Sharpies & R. Sorabji (eds.), *Greek and Roman Philosophy, 100 BC-200 AD*, London, vol. 2, 297-315.

Brittain, C. (2016). "Cicero's Sceptical Methods: The Example of *De finibus*", en Annas & Betegh (eds.), 12-40.

Cairo, M.E. (2020). "A Reading of Cicero's *De haruspicum responso*: Some Reflections on Roman Identity", en C. Beltrão & F. Santangelo (eds.), *Cicero and Roman Religion*, Stuttgart, 73-86.

Champion, C.B. (2017). *The Peace of the Gods: Elite Religious Practices in the Middle Roman Republic*, Princeton-Oxford.

Clark, A. (2007). *Divine Qualities: Cult and Community in Republican Rome*, Oxford.

Classen, C.J. (2010). "Teaching Philosophy, a Form or Function of Roman Oratory", en D.H. Berry & A. Erskine (eds.), *Form and Function in Roman Oratory*, Cambridge, 195-297.

Dugan, J. (2005). *Making a New Man: Ciceronian Self-fashioning in the Rhetorical Works*, Oxford.

Fantham, E. (2004). *The Roman World of Cicero's* De oratore, Oxford.

Feeney, D. (1999). *Literature and Religion in Rome: Cultures, Contexts and Beliefs*, Cambridge.

Fox, M. (2007). *Cicero's Philosophy of History*, Oxford.

Gildenhard. I. (2007). *Paideia Romana: Cicero's* Tusculan Disputations, Cambridge.

Gildenhard, I. (2011). *Creative Eloquence: The Construction of Reality in Cicero's Speeches*, Oxford.

Glucker. J. (1988). "Cicero's Philosophical Affiliations", en J.M. Dillon & A.A. Long (eds.), *The Question of "Eclecticism": Studies in Late Greek Philosophy*, Berkeley, 34-69.

Görler. W. (1995). "Silencing the Troublemaker: *De legibus* 1.39 and the

Continuity of Cicero's Scepticism", en Powell (ed.), 85-113.

Griffin, M. (1997). "The Composition of the *Academica*: Motives and Versions", en B. Inwood & J. Mansfeld (eds.), *Assent and Argument: Studies in Cicero's Academic Books*, Leiden, 1-27.

Hine, H. (2016). "Philosophy and *philosophi*: From Cicero to Apuleius", en Williams & Volk (eds.), 13-29.

Hölkeskamp, K.-J. (2010). *Reconstructing the Roman Republic: An Ancient Political Culture and Modern Research*, Princeton.

Kleve, K. (1978). "On the Beauty of God: A Discussion between Epicureans, Stoics and Sceptics", *Symbolae Osloenses*, 69-83.

Krostenko, B.A. (2001). *Cicero, Catullus and the Language of Social Performance*, Chicago.

Lévy, C. (1992). *Cicero Academicus. Recherches sur les* Académiques *et sur la philosophie cicéronienne*, Rome.

Lévy, C. (2002). "Supplément à l'Introduction", *Des termes extrêmes des biens et des maux. Livres I et II*, Paris, xxxii-xlvi.

Lévy, C. (2017). "Cicéron était-il un 'Roman sceptique'?", *Ciceroniana Online*, 1/1, 9-24.

Long, A.A. (1996). *Stoic Studies*, Cambridge.

Long, A.A. & Sedley, D. (1987). *The Hellenistic Philosophers*, Cambridge, vol. 1.

Mansfeld, J. (1999). "Theology", en Algra, Barnes, Mansfeld & Schofield (eds.), 452-478.

Maso, S. (2015). *Grasp and Dissent: Cicero and Epicurean Philosophy*, Turnhout.

May, J.M. (1988). *Trials of Characters: The Eloquence of Ciceronian Ethos*, Chapel Hill.

Moatti, C. (1997). *La raison de Rome. Naissance de l'esprit critique à la fin de la République*, Paris.

Morel, P.-M. (2016). "Cicero and Epicurean Virtues (*De finibus* 1-2)", en Annas & Betegh (eds.), 77-95.

Powell, J.G.F. (1995) (ed.). *Cicero the Philosopher: Twelve Papers*, Oxford.

Prost, F. (2003). "Aspects de la critique cicéronienne de l'épicurisme en *De finibus* 2", *Quaderni del Dipartimento di Filologia Linguistica e Tradizione Classica* (Torino), 2, 87-111.

Rackham, H. (1933) (ed.) (trad.). *Cicero in Twenty-Eight Volumes, XIX: De natura deorum-Academica*, Cambridge MA-London.

Rüpke. J. (2012). *Religion in Republican Rome: Rationalization and Ritual Change*, Philadelphia.

Schiesaro, A. (1990). *Simulacra et imago. Gli argomento nel* De rerum natura, Pisa.

Schofield, M. (2013). "Ciceronian Dialogue", en S. Goldhill (ed.), *The End of the Dialogue in Antiquity*, Cambridge, 63-84.

Steel, C. (2005). *Reading Cicero: Genre and Performance in Late Republic*, London.

Steel, C. (2007). "Name and Shame? Invective against Clodius and Others in the Post-Exile Speeches", en J. Booth (ed.), *Cicero on the Attack:*

Invective and Subversion in the Orations and beyond, Swansea, 105-128.

Stroup, S.C. (2010). *Catullus, Cicero and a Society of Patrons: The Generation of the Text*, Cambridge.

Van der Blom, H. (2010). *Cicero's Role Models: The Political Strategy of a Newcomer*, Oxford.

Van Nuffelen, P. (2011). *Rethinking the Gods: Philosophical Readings of Religion in the Post-Hellenistic Period*, Cambridge.

Warren. J. (2016). "Epicurean Pleasures in Cicero's *De finibus*", en Annas & Betegh (eds.), 41-76.

Williams, G.D. & Volk, K. (2016) (eds.). *Roman Reflections: Studies in Latin Philosophy*, Oxford.

Woolf, R. (2015). *Cicero, the Philosophy of a Roman Sceptic*, London.

Zetzel, J.E. (2003). "Plato with Pillows: Cicero on the Uses of Greek Culture", en D. Braund & C. Gill (eds.), *Myth, History and Culture in Republican Rome: Studies in Honour of T. P. Wiseman*, Exeter, 119-138.

Zetzel, J.E. (2016). "Philosophy Is in the Streets", en Williams & Volk (eds.), 50-82.

Desigualdades antiguas

ACUMULACIÓN DE CAPITAL, REDES DE SUMINISTRO Y LA COMPOSICIÓN DEL SENADO ROMANO, 14-235 D.C.[1]

John Weisweiler[2]

En un día de la primavera del año 80 d.C., en la ciudad de Cirta (Constantina, en la moderna Argelia), al borde de una llanura de piedra caliza frente a los campos de grano de la Numidia central, tuvo lugar una celebración. Las festividades estaban organizadas por una joven mujer llamada Pactumeya, perteneciente a una influyente familia local[3]. Como muchos terratenientes de la región, los Pactumeyos habían adquirido tierras en Cirta durante las guerras civiles de la República tardía: así, cuando en el 46 a.C. soldados del líder mercenario Publio Sitio de Campania establecieron una colonia en la ciudad, uno de los ancestros de Pactumeya se encontraba entre ellos[4]. Pero más recientemente, varios miembros de la familia habían regresado a Italia, siendo el más importante de ellos Quinto Aurelio Pactumeyo Frontón (*PIR*² P 36). Probablemente en el 73 o 74 d.C., Pactumeyo llegó a ser

---

1   Traducción: Carlos García Mac Gaw.

2   Ludwig-Maximilians-Universität München.
Agradezco a las audiencias de los seminarios en Buenos Aires, Cambridge, Durham y Pretoria por la inspiración crucial para las primeras instancias de este proyecto, y a Kim Bowes, Lisa Eberle, Myles Lavan y Peter Thonemann por sus incisivos comentarios en los primeros bocetos de este capítulo. Este trabajo se publicó originalmente en inglés en *Past & Present*, vol. 253 (nov. 2021), pp. 3-44; agradezco a los editores de la revista la posibilidad de publicar la traducción al español.
(Abreviaturas utilizadas: *PIR*²: *Prosopographia Imperii Romani*, 2ª ed. Berlin, 1933-2015, 8 vols., con *index* y *addenda* en http://pir.bbaw.de [acceso 10/09/2020]. Las abreviaturas de los *corpora* epigráficos siguen la base de datos de Clauss-Slaby en http://db.edcs.eu/epigr/hinweise/abkuerz.html [acceso 10/09/2020]).

3   Sobre Pactumeya, ver *PIR*² P 44; Raepsaet-Charlier (1987: I, 487, no. 596).

4   La historia temprana de la familia está investigada en Le Glay (1982); Bertrandy (2007).

senador y *fetialis*, un miembro del antiguo colegio de sacerdotes responsable de las declaraciones de guerra y las ratificaciones de los tratados internacionales (Rüpke, 2008: 563, no. 856). Poco después fue nombrado a la cabeza del *aerarium militare*, el tesoro del ejército (Corbier, 1974: 370-372, no. 8). Para un recién llegado de las provincias estos eran logros excepcionales, pero la razón de las celebraciones en su ciudad de origen era que Pactumeyo había alcanzado un éxito aún más impresionante. Mientras Pactumeya arreglaba las celebraciones que se realizarían en el foro de Cirta, su padre era investido como cónsul en el Capitolio en Roma[5]. Para celebrar esta distinción, Pactumeya le dedicó una estatua, que en su base proclamaba orgullosamente que Pactumeyo era el primer hombre de su provincia en haber alcanzado el nivel más alto de las magistraturas del estado romano: "el primer cónsul de África" (*consuli ex Africa primo*)[6].

La carrera de Pactumeyo pone el foco en el tema de este capítulo. Los senadores eran la élite gobernante del Imperio Romano. Tenían casi un monopolio sobre los puestos de gobierno, eran los consejeros más cercanos del emperador, y controlaban las mayores fortunas del mundo romano[7]. El senado no era una aristocracia hereditaria: para asegurar su nombramiento en la magistratura romana, se requería que los miembros aspirantes alcanzaran una cualificación económica de un millón de sestercios, lo que los colocaba confortablemente entre los diez mil más ricos del imperio[8]. Bajo el sistema legal romano de división de la herencia y un régimen demográfico premoderno de alta fertilidad y alta mortalidad, esto significaba que la mayor parte de las familias permanecían en el senado solo por una o dos generaciones (Hopkins & Burton, 1985; Weisweiler, 2020). Hasta fines del siglo I a.C. casi todos los senadores provenían de Italia[9]. Pero en los primeros dos siglos y

---

5   Las fechas del consulado de Pactumeyo están determinadas en Scheid (1998: 126).

6   *CIL* VIII. 7058 y 19427 = *ILS* 1001 = *ILAlg* II. 644. Barnes (1971) afirma que la inscripción no estaba dedicada a Frontón, sino a su hermano Quinto Aurelio Pactumeyo Clemente; *PIR²* P 37. Eck (1974: 196, n. 174) demuestra que esto es un error.

7   La historia institucional del senado en la época del imperio temprano está delineada por Talbert (1984); Chastagnol (1992); Duncan-Jones (2016: parte I).

8   La distribución de la riqueza en el imperio romano está delineada en Scheidel & Friesen (2009: 80-82).

9   Sobre la composición del senado republicano, ver Wiseman (1971); Beck (2005); Farney (2007).

Desigualdades antiguas

medio de la monarquía romana, cientos de notables provinciales como Pactumeyo se trasladaron a Roma y se unieron al senado, transformando a la élite gobernante romana de una asamblea de terratenientes itálicos a un grupo multirregional.

Los académicos modernos han tomado usualmente esta transformación como un síntoma de la habilidad remarcable de Roma para integrar a las poblaciones sometidas: "La élite de los conquistadores gradualmente se fusionó con la élite de los conquistados", en palabras de Keith Hopkins y Graham Burton (1985: 198; cf. Talbert,1984: 31-33; Duncan-Jones, 2016: 72). Se ha pensado que este proceso culminó a fines del siglo II; como ha observado el prominente historiador moderno Werner Eck (2000: 220): "Desde el reino de Marco Aurelio y Cómodo en adelante, la mayor parte de las regiones del imperio estaban al menos representadas por una familia en el senado". Es verdad que el senado estaba más abierto a los forasteros que muchos otros grupos gobernantes premodernos: el hecho de que los senadores necesitaran alcanzar cargos y cumplir con un alto requerimiento de propiedades aseguraba una rotación sostenida entre ellos. No obstante, al enfatizar la apertura del senado, los académicos modernos han logrado que la incorporación de las élites provinciales pareciera un proceso natural e inevitable[10]. Como resultado, las fuerzas impulsoras detrás de esta transformación nunca han sido investigadas sistemáticamente. Este capítulo trata de colmar ese vacío.

Comienzo por demostrar la composición geográfica del senado desde la muerte de Augusto en el año 14 d.C. hasta el fin de la dinastía de los Severos en el 235 d.C. Un nuevo análisis de la evidencia existente muestra que la participación política de las familias no itálicas se incrementó mucho más rápidamente de que lo que tradicionalmente se piensa. Luego examino en qué provincias se originaron los nuevos senadores. Esto nos conduce a una nueva sorpresa. La enorme mayoría de los senadores no-itálicos provenía solo de cuatro provincias: Bética en el sur de Hispania, Asia en Anatolia del oeste, África en el norte de África y Galia Narbonense en la Provenza. En el paso siguiente, trato de explicar esta disparidad. Para ese propósito, examino las historias

---

10   Para una historia comparativa de la integración de las élites en los imperios antiguos, ver Lavan, Payne & Weisweiler (2016).

de estas cuatro provincias. Sugeriré que la participación desigual de las élites locales en el gobierno imperial fue un producto de su diferente integración en las redes económicas romanas. Una clase de terratenientes ultrarricos solo surgió en un pequeño grupo de regiones que mantenían vínculos de larga duración con el centro imperial y estaban íntimamente integradas en redes regionales de transporte interregional. Concluyo explorando las implicancias de esta distribución desbalanceada. El aumento agudo en el número de senadores provinciales no puede leerse incuestionablemente como evidencia para una amplia participación de los grupos conquistados en el gobierno imperial. Por el contrario, esto fue principalmente un producto de las nuevas oportunidades para la acumulación de riqueza generada por las instituciones del imperio.

Reconstruyendo la composición del senado

Desde fines del siglo XIX, nuestro conocimiento de la composición geográfica de la clase gobernante romana avanzó enormemente. Miles de nuevas inscripciones que registran las carreras de los funcionarios superiores han sido descubiertas. El número de los senadores conocidos se ha multiplicado, y nuestra información sobre sus orígenes y vínculos familiares se ha incrementado significativamente[11]. En estudios pioneros, Pierre Lambrechts (1936; 1968), Mason Hammond (1957) y Richard Duncan-Jones (2016: cap. 6) sintetizaron este cuerpo de información, y su trabajo nos ha dado una amplia comprensión de cómo cambió a lo largo del tiempo la composición geográfica de la clase gobernante romana. Pero, mientras estos historiadores y los estudios prosopográficos sobre los cuales se basaron en general han sido cuidadosos en la determinación individual de los orígenes de los senadores, existen problemas con la interpretación global de los datos.

Lo que es más importante es que Lambrechts, Hammond y Duncan-Jones no tienen totalmente en cuenta las formas en las que la pérdida de evidencia distorsiona nuestro conocimiento. Entre el 14 y el 235 d.C. hubo alrededor de 5.500 senadores en total

---

11   Los textos compilados en Panceira (1982) y Caldelli & Gregori (2014) analizan la distribución geográfica de los senadores. La *Prosopographia Imperii Romani* ofrece una prosopografía amplia. Otras colecciones relevantes de datos prosopográficos a los que conduce este capítulo incluyen Alföldy (1971); Leunissen (1989); Okoń (2017).

Desigualdades antiguas

(veinte cuestores elegidos cada año, más un número desconocido de hombres añadidos a través de nombramientos especiales del emperador)[12]. Conocemos los nombres de más de la mitad de ellos, pero podemos determinar su origen geográfico solo para una minoría: mi registro contiene 1.267 de estos hombres. Esto significa que podemos asignar solamente alrededor de uno de cada cinco senadores a una región en particular. Esto en sí mismo no resulta un problema: si el número total de los senadores conocidos de una región particular fuera lo suficientemente alto, y si pudiéramos estar seguros de que ellos fueron elegidos azarosamente, entonces podrían constituir una muestra representativa. Sin embargo, significativamente, aquellos senadores cuyos nombres sobreviven son el producto de un proceso de selección que no es aleatorio: nuestra información sobre ellos deriva de inscripciones levantadas en su honor o (más raramente) de textos literarios que tratan sobre sus vidas. No resulta una sorpresa, entonces, que los funcionarios más exitosos, en particular los cónsules, fueran registrados con una frecuencia desproporcionada en tales tipos de evidencia; en contraste, los miembros ordinarios del senado están subrepresentados.

Las formas en que la falta de evidencia ha distorsionado nuestra imagen de la élite imperial romana se aclara si se compara el perfil social de los senadores conocidos con la composición original de la asamblea. Llamativamente, entre todos los senadores cuyos orígenes hoy pueden conocerse, solo el 37% no logró alcanzar la magistratura más alta del estado romano, el consulado, mientras que en realidad sabemos que aquellos senadores que nunca llegaron a cónsules representaban el 67% de todos los miembros del senado. Pero es posible compensar estas distorsiones. Si deseamos realizar un modelo de la composición original del senado, se debe asignar menos peso a los funcionarios más altos que a sus pares menos exitosos. De esta forma, podemos ajustar por el hecho de que los miembros de la base resultaban originalmente mucho más numerosos de que lo que la evidencia existente sugiere. La Figura 1 muestra los resultados de estos cálculos. Allí se miden los orígenes de los senadores conocidos, sopesados según su rango.

---

12   La diferencia entre la realidad y el registro en nuestro conocimiento del senado es examinada por Eck (1973: 382-385).

Esta imagen de la composición geográfica del senado difiere en aspectos importantes de los avanzados en estudios previos. Al revisar el total de los senadores cuyo lugar de origen puede ser determinado para la época, Lambrechts (1968) y Hammond (1957: 77) estimaron que solo en el reinado de Septimio Severo (193-211) y Caracalla (211-17) los provinciales constituían la mayoría en la asamblea. De acuerdo con Duncan-Jones (2016: 63 y tabla 6.1), la composición del senado cambió incluso más lentamente; basado en los análisis de 452 senadores cuyas carreras están excepcionalmente atestiguadas, concluye que los italianos sobrepasaban a los provinciales incluso en el siglo III. La Figura 1 sugiere que estas reconstrucciones subestimaron severamente la participación provincial senatorial. Sobre la base de la evidencia disponible, parece que alrededor del año 100 d.C., los itálicos ya no formaban la mayoría de los senadores.

La despareja distribución de los senadores

A primera vista, estos cálculos parecen indicar que la élite romana estaba remarcablemente abierta a los foráneos. Hacia fines del siglo II a más tardar, o así parece, todas las regiones principales del imperio estaban representadas en el senado romano. Sin embargo, esta impresión es equívoca. Hasta ahora he seguido la tradición académica de asignar los senadores provinciales a tres grandes regiones: el "oeste", el "este" y "África". Pero estas categorías son modernas, no antiguas. No existen palabras latinas ni griegas que denoten habitantes de las partes "occidental", "oriental" o "africana" del imperio. De manera más problemática aún, al asignar los senadores a estas vastas regiones se obscurece las diferencias existentes *dentro de* ellas. Da la impresión de que los senadores estaban distribuidos uniformemente a lo largo del territorio del imperio, cuando en realidad se concentraban en un pequeño grupo de localidades.

Para alcanzar una imagen más matizada de la composición geográfica del senado, tiene más sentido investigar las provincias de origen (ver Tabla 1). Observemos primero la columna que registra el número de senadores de acuerdo a su provincia de origen conocida. El resultado es remarcable. Resulta que la mayoría de los senadores provinciales provenía solo de tres provincias: Áfri-

   Desigualdades antiguas

ca, Asia y Bética. Tomados en conjunto, constituyen más de tres quintos (327 sobre 541) de todos los senadores no itálicos cuyos orígenes pueden determinarse. Los miembros de la élite romana imperial no estaban distribuidos homogéneamente a lo largo del territorio del imperio, sino que estaban concentrados en Italia y tres provincias excepcionalmente integradas.

¿Acaso esta despareja distribución es el resultado del dispar tamaño de las provincias romanas? Se podría postular que África, Asia y Bética estaban más ampliamente representadas en el senado porque eran excepcionalmente grandes. Para poner a prueba esta hipótesis, vayamos a la segunda y la tercera columnas de la derecha en la Tabla 1, en las que el número de senadores conocidos está dividido por la población estimada. Ya que resulta incierta la determinación del número de los habitantes de las provincias romanas, estas figuras no se pueden entender como precisas, pero nos permiten explorar la medida en la que la distribución desigual de los senadores se puede atribuir a las diferencias del tamaño de la población. (Excluyo las provincias con menos de un millón de habitantes de la discusión debido a las incertidumbres involucradas en evaluar adecuadamente su éxito político; en tales casos, pequeñas modificaciones en el número de los senadores conocidos o en el tamaño de la población cambiarían inmediatamente su lugar en la clasificación. La única provincia pequeña que tenía la misma densidad de senadores que Bética, África, Narbonense y Asia era Licia y Panfilia. Con veinticinco senadores conocidos y una población estimada de 0,8 de millón, esta provincia habría tenido treinta y un senadores por millón de habitantes. Ver Tabla 2).

Las estimaciones mostradas en la Tabla 1 refinan nuestra imagen de la distribución geográfica de la élite imperial romana de dos maneras. Primeramente, enfatizan la posición excepcional de la Bética, que tuvo casi el doble de senadores por millón de habitantes que África, la segunda provincia más exitosa. En segundo lugar, si observamos la columna derecha de la Tabla 1 (senadores estimados por millón de habitantes), es claro que había al menos otra provincia cuyas familias destacadas participaron intensamente en la política imperial. Con alrededor de veintidós senadores por millón de habitantes, Narbonense estaba casi tan bien representada en la élite imperial como Asia. Pero de otro modo, al ajustar la distribución de los senadores de acuerdo al tamaño de la población no se altera mi diagnóstico inicial. Resulta claro que el tamaño de la población no era la razón de las agudas diferencias en la participación política.

¿La desigual conservación de la evidencia puede proveer una explicación? Si la distribución desbalanceada de los senadores refleja patrones de los hallazgos epigráficos, cabrá esperar que las provincias más exitosas políticamente también tuvieran la mayor densidad de inscripciones. Pero este no es el caso. La base de datos Clauss-Slaby, que recopila todas las inscripciones latinas publicadas, nos permite estimar el número de textos disponibles provenientes de diferentes regiones en la parte occidental del imperio. (Ver Tabla 3). Resulta que Bética en realidad no es una provincia particularmente bien documentada. Incluso teniendo en cuenta el reducido tamaño de su población, tuvo uno de los números más bajos de inscripciones del Imperio Romano. La vecina provincia de Hispania Citerior (de la cual hay seis veces menos de senadores conocidos) presenta significativamente más textos; y se conoce un número mucho más alto de inscripciones provenientes de las provincias a lo largo de las fronteras del Danubio y el Rin. Como ha indicado Eck (1982: 542), la documentación es tan extensa que si hubiesen existido números significativos de senadores en esas regiones, seguramente sabríamos de ellos.

No existen datos equivalentes para las provincias orientales, en la medida en que la base de datos Packard (la más amplia colección de inscripciones griegas) no especifica el número de textos que provienen de las regiones en particular. Pero, por supuesto, el Mediterráneo oriental ha ofrecido una mayor densidad de epigrafía que la parte occidental del imperio. Por ejemplo, William Harris estimó que la Grecia romana quintuplica la cantidad de textos por kilómetro cuadrado respecto de la que se dispone para la provincia de África[13]. Sin embargo, como hemos visto en la Tabla 1, se conocen siete veces menos senadores de Acaya que de la Bética, mucho más escasamente documentada. El bajo número de senadores conocidos de las provincias orientales, por lo tanto, no se debe a la falta de evidencia. Por supuesto, no estoy afirmando

---

13   Harris (1989: 482) estima una densidad de 561 inscripciones por cada mil kilómetros
      cuadrados.

                                        Desigualdades antiguas

que la distribución de senadores conocidos refleja precisamente las antiguas realidades: nuestra evidencia es demasiado fragmentaria como para permitir algo más que una grosera aproximación a la composición original de la élite imperial romana. Pero es claro que la posición especial de la Bética, Narbonense, África y Asia no es meramente un producto del tamaño de la población o de los patrones de los hallazgos epigráficos, sino una consecuencia de las diferencias reales en la intensidad de la participación política. La división más significativa de la geografía política imperial no es, entonces, entre sus partes oriental, occidental y africana; sino, más bien, entre cuatro provincias, cada una de las cuales contribuyó con docenas de familias a la élite imperial, y las restantes, las cuales están apenas representadas en el senado.

Si este análisis es correcto, plantea un nuevo problema. ¿Por qué Bética, Narbonense, África y Asia fueron tan excepcionalmente exitosas? Para responder esta pregunta, es necesario observar más de cerca las historias de estas cuatro provincias.

La próspera Bética

Bética es la provincia cuya élite participó más activamente en la política imperial[14]. Desde la muerte de Augusto en el 14 d.C. hasta fines del siglo II, proveyó cerca de un décimo de todos los senadores cuyo origen se puede determinar. Durante el reinado del emperador Adriano (117-138 d.C.), cuya familia provenía de la provincia, esta relación aumenta a más de un quinto (ver Mapa 1 y Figura 2).

Este nivel de éxito político es llamativo. Con un territorio de alrededor de 80.000 kilómetros cuadrados, Bética era una de las provincias menores en el imperio. Su población estaba concentrada en una fina faja de tierra que se extendía desde el río Betis (Guadalquivir) hasta el puerto fluvial de Híspalis (Sevilla) y desde allí hacia las antiguas ciudades púnicas portuarias de Gades (Cádiz) y Malaca (Málaga) en los litorales Atlántico y Mediterráneo. ¿Qué hizo a las élites de este corredor agrícola tan exitosas?

---

14   La evidencia de los senadores de la Bética está recogida por Castillo (1982); Caballos Rufino (1990).

Una razón, sin duda, es que el valle del Guadalquivir había mantenido vínculos estrechos con Italia. En los siglos II y I a.C., se establecieron varias colonias de veteranos. Pero no fue solo por razones militares que el sur de Iberia se volvió el área de mayor migración itálica en la Europa occidental. La mayor atracción de la región era la riqueza mineral acumulada en la Sierra Morena. Estas minas de plata eran propiedad del estado romano y las municipalidades locales (Domergue, 1990: partes III-IV; Hirt, 2010). La fuerza de trabajo consistía en una mezcla de esclavos, convictos y trabajadores migrantes, pero eran explotadas por sociedades de hombres de negocios, compuestas por élites locales y migrantes itálicos (Holleran, 2016). Inicialmente, el influjo de riqueza mineral tuvo un impacto poco visible en la producción agrícola. El cultivo de villa romana no apareció en el sur de Hispania durante la República, y el uso de la tierra siguió estrechamente los patrones establecidos durante el gobierno cartaginés[15]. Solamente durante el reinado de Augusto (27 a.C.-14 d.C.) y en el período Julio-Claudio (14-68 d.C.) el paisaje de Bética comenzó a cambiar gradualmente. Como ha mostrado el trabajo pionero de Michel Ponsich (1974), y como ha confirmado más recientemente la arqueología, en los siglos I y II d.C. la región fue testigo de un movimiento desde la agricultura de subsistencia a formas de producción de alimentos más orientadas hacia la ganancia (cf. Teichner & Peña Cervantes, 2012). Se multiplicaron las salazones para la producción de *garum* (salsa de pescado fermentada)[16]. Pero el cambio más importante fue la masiva expansión de la industria del aceite de oliva. Ponsich encuentra cientos de prensas en la región, y David Mattingly (1988b: 41) estimó, como es conocido, que el aceite producido por ellas podría haber cubierto las necesidades de subsistencia de por lo menos un millón de personas.

¿Por qué recién a comienzos del imperio el aceite de oliva se comenzó a producir masivamente? Es cierto que la oleicultura es un negocio lento y de trabajo intensivo, pero una vez que los árboles han crecido completamente, estos son inmensamente rentables: bajo las regulaciones impositivas de Diocleciano, los

---

15   La historia de la Península Ibérica durante el período republicano es examinada de manera excelente en Richardson (1996: caps. 2-3); Lowe (2009: cap. 3).

16   Sobre la industria del *garum* en el sur de España, ver Ponsich (1988); Etienne & Mayet (2002); Marzano (2013b).

olivares estaban valuados hasta doce veces por encima del valor de otra tierra agrícola[17]. Claramente, durante la República, los terratenientes del valle del Guadalquivir ya tenían suficiente capital para cultivar olivos y para comprar el equipo de prensa necesario, pero los mercados locales no proveían una base de consumo de tamaño suficiente para garantizar una inversión de amplia escala en oleicultura. Quisiera sugerir que la razón de que la intensificación no haya ocurrido hasta el reinado de Augusto fue que las reformas militares y los proyectos coloniales abrieron un mercado de exportación para los cultivadores de olivos en el valle del Guadalquivir. Por causa de los acuartelamientos permanentes de soldados en nuevas bases a lo largo de las fronteras del Rin y del Danubio, y la fundación de varias ciudades romanas nuevas en Galia e Iberia, se relocalizaron hacia el noroeste de Europa varios cientos de miles de consumidores de aceite de oliva, vino, *garum* y otros accesorios del estilo de vida mediterráneo[18]. La adopción de la cultura itálica por las poblaciones dominadas expandió más el mercado para tales productos (Woolf, 1998; MacMullen, 2000).

En la década del 20 a.C. los contenedores de aceite provenientes de la Bética alcanzaron la recientemente fundada ciudad de Lugdunum (Lyon), desde donde eran administradas las provincias del noroeste del imperio (Desbat & Lemaître, 2001). Poco después, el aceite de oliva hispánico apareció en las guarniciones del Rin (Ehmig, 2003; González Cesteros & Berni Millet, 2018: 22-23). Hacia mediados del siglo I d.C., la nueva ánfora Dressel 20 (el embalaje de producción masivo en el cual el aceite de oliva de la Bética era ahora transportado) fue el contenedor más frecuentemente encontrado en Europa occidental (Remesal Rodríguez, 1997; Panella, 2001). Notablemente, los soldados romanos no recibían aceite como parte de sus raciones, pero al crear nuevas infraestructuras para proveer al ejército, la administración imperial permitió a los comerciantes privados transportar otros productos a lo largo de las mismas rutas[19]. Desde el período augusto tardío en adelante,

---

17   Ver Sachau (1907-1908: I, 134-135), junto con la importante discusión de Duncan-Jones (1990: 202-203).

18   La expansión de la diáspora romana bajo Augusto está trazada por Hatzfeld (1919: cap. 4); Salmon (1969: caps. 7-9); Purcell (2005).

19   La mejor exposición del nuevo consenso de que el comercio del aceite de oliva era dirigido por el comercio privado a caballo del abastecimiento del estado la ofrece Tchernia (2002).

el aceite de oliva de la Bética alcanzó Roma y Ostia. Hacia mediados del siglo I d.C., había alcanzado una posición dominante en esos mercados; el 85% de los fragmentos cerámicos del Monte Testaccio, la pila de desechos de la orilla este del Tíber, consiste en Dressel 20 (Rodríguez Almeida, 1984: 117). Notablemente, en este período el aceite no formaba parte de la distribución de alimentos para el *populus Romanus*; sin embargo, al mantener la distribución estable de minerales de la Bética hacia Roma, el estado romano cumplió un rol crítico en el negocio del aceite: permitió a los mercaderes privados transportar bienes de consumo a bajo precio y sin riesgo al mismo destino.

El aumento en la demanda permitió a los productores incrementar la producción y el beneficio de las economías de escala. Como ha demostrado Annalisa Marzano (2013a: 122-123), el comienzo del siglo I d.C. fue testigo de una súbita explosión de mega factorías de aceite que hicieron posible el efectivo procesamiento de olivas de grandes propiedades o de múltiples productores. Al mismo tiempo, a lo largo del río Guadalquivir, se construyeron nuevas factorías de ánforas. Estas estaban colocadas a cierta distancia de los sitios de producción: un síntoma de la creciente división del trabajo (Carreras Monfort & Funari, 1998: 275, fig. 37). La introducción de nuevos regímenes de trabajo hizo posible más ahorros. La inscripción de un contrato por la venta de un esclavo descubierta en los alrededores de Cádiz y arreglos de préstamos registrados en el *Kalendarium Vegetanium* (un grupo de inscripciones de una propiedad imperial previamente en manos de la familia senatorial de los Valerii Vegeti) muestra una utilización sofisticada de la ley romana por parte de los terratenientes para explotar efectivamente la mano de obra en sus tierras[20].

¿Qué rol jugaron los senadores en la industria oleícola? Algunos de ellos, como el futuro emperador Adriano, aparecen en sellos de ánforas[21]. También es importante recordar que los senadores simplemente constituyeron el estrato políticamente activo de una

---

20 Para el contrato, ver *CIL* II. 5042 = *IrpCadiz* 521. Sobre el *Kalendarium*, véanse los textos discutidos por Manacorda (1977); Lomas & Sáez (1981).

21 La participación de la familia de Adriano en la oleicultura está tratada por Chic García (1992). La edición estándar de sellos de ánfora es Chic García (1985-1988); Edmonson (2015: 685-687) realiza una introducción accesible a estos complejos materiales.

clase mucho mayor de grandes terratenientes (Hopkins & Burton, 1985; Weisweiler, 2020). Si, al menos durante la mayor parte de los siglos I y II, cincuenta hombres de Bética se sentaron en el senado (ver Figura 2), debe haber habido cientos de grandes terratenientes en la provincia que eran igualmente ricos pero no políticamente activos. Más aún, el negocio del olivo tuvo un impacto en amplios sectores de la población rural. La oleicultura requiere una considerable fuerza de trabajo durante la cosecha aunque no durante el resto del año, por lo tanto, estos grandes terratenientes deben haber dependido significativamente de arrendatarios y trabajadores asalariados libres, quienes presumiblemente continuaron labrando sus propias parcelas de tierra. Como ha observado Astrid Van Oyen (2020), estas formas indirectas de gerenciamiento del trabajo resultaron una manera efectiva para los propietarios absentistas de aprovechar las mejoras e innovaciones logradas por los pequeños cultivadores. Algunos campesinos deben haber tenido sus propios olivos; como han señalado Peregrine Horden y Nicholas Purcell (2000: 210-213), la naturaleza rápidamente cambiante de los ecosistemas mediterráneos hizo de la oleicultura una estrategia atractiva de diversificación para cultivadores de una gama de ambientes diferentes. A la vez, otros grupos no pertenecientes a la élite transportaban y procesaban el aceite; los sellos de las cerámicas proveen los nombres de los notables, libertos y libertas envueltos en la producción de la oliva y su comercio (cf. Chic García, 1985-1988: 685-687).

Sobre la base de esta evidencia, Evan Haley concluyó que este estrato "medio" jugó un papel dominante en la economía de la provincia (Haley, 2003: cap. 6). Esto puede ser una lectura demasiado optimista. Incluso si solo una minoría de los olivares era administrada directamente por los senadores o grandes terratenientes, estos podían aprovechar el trabajo de los productores nominalmente independientes de muchas formas. Es notorio que los libertos y libertas debían pesadas obligaciones a sus anteriores amos (Mouritsen, 2011: cap. 3). El *Kalendarium Vegetianum* es un recordatorio útil de que la deuda era otro medio por el cual los terratenientes se apropiaban del excedente ganado por los trabajadores en sus propiedades. Finalmente, los senadores obtenían beneficios financieros por su rol como patronos de los mercaderes de oliva. El Imperio Romano estaba dividido en múltiples territorios aduaneros, controlados por sociedades de cobradores de impuestos. Los sellos de las ánforas registran los nombres de los oficiales de aduana que controlaban el peso del producto, revelando la ajustada supervisión ejercida por las instituciones del estado sobre el negocio de la oliva. Aquí los senadores cumplían una función vital. Proveían protección para la gente de negocios que navegaba por las complejidades de la administración romana, por ejemplo permitiéndoles el transporte a cuestas de los abastecimientos para el estado romano, los que estaban exentos de impuestos[22]. Al final, resulta claro que los senadores estaban envueltos en el negocio de la oliva y lo aprovechaban de diversas formas.

Al mismo tiempo, la dependencia de los grandes terratenientes de la red de distribución del estado también los exponía a riesgos. A fines del siglo II, la participación de la Bética en el mercado del aceite declinó drásticamente. En Ostia, el repositorio de cerámicas mejor estudiado del Imperio Romano, la cantidad de contenedores provenientes de la Bética se incrementó agudamente en el siglo I, alcanzando más del 60% durante los reinados de Trajano y Adriano. Pero a fines del siglo II y durante el III, la participación en el mercado del aceite hispano cayó repentinamente a cerca del 20% (Rizzo, 2018: 236, 242, 244). No es una coincidencia que este patrón siga estrechamente el ritmo de la participación política trazado en la Figura 2. Mattingly sugirió que la crisis pudo haber sido causada por el agotamiento de las minas de plata en la Sierra Morena (Mattingly, 1988b: 56, quien sigue a Jones, 1980: 161-163), aunque pueden haber contribuido otros factores, como la competencia del norte de África, desde donde los mercados del centro y del este del Mediterráneo podían alcanzarse con mayor facilidad que desde la Bética.

La historia de la Bética nos permite comenzar a aislar algunos factores que determinaban el acceso al senado del imperio temprano. El hecho de que las familias más importantes de la provincia mantuvieran durante centurias lazos estrechos con Roma fue un importante requisito para el éxito. También lo fue la riqueza que obtuvieron de la minería, que proveyó el capital necesario para transformar el corredor del Guadalquivir en el mayor productor

---

22   El rudo ambiente social en el cual el comercio se realizaba está reconstruido en Bang (2008: parte II).

de aceite de oliva en el mundo romano. Pero el factor clave que hizo posible el despegue económico de la Bética fue la formación de nuevos sistemas de abastecimiento bajo Augusto. Los senadores de la provincia se transformaron en el grupo más rico y poderoso de terratenientes del Imperio Romano al conectarse con las redes logísticas organizadas por los primeros emperadores para abastecer el ejército y la capital imperial con alimentos.

Los viñedos de Narbonense

Como Bética, la provincia de Galia Narbonense estaba ampliamente integrada en las redes comerciales romanas. Desde el siglo II a.C. el valle del Ródano había sido la vía por la cual el vino y otros bienes de lujo se exportaban al norte de Europa (Tchernia, 2009; Dietler 2010). De forma similar a la Bética, Provenza fue un destino mayor para la migración itálica; durante la República, muchos granjeros italianos, rancheros y comerciantes ya se habían trasladado allí (Wilson, 1966: 64-66). Pero había importantes diferencias; la más notable es que se conocen tres veces menos senadores de Narbonense que de Bética[23]. Las élites de ambas provincias también presentan un contraste en términos del origen. Los senadores de la Bética frecuentemente llevan nombres etruscos, oscos o ilirios, que muestran con claridad que descendían de colonos del período temprano de la colonización itálica en la Península Ibérica. En contraste, los *gentilicia* (la segunda parte de los nombres romanos, que denota el origen familiar) más frecuentes entre los senadores narbonenses son Julio, Valerio y Pompeyo. Estos nombres evocan a los hombres cuyo patronazgo permitió a sus ancestros recibir el derecho al voto: los políticos del período tardo-republicano Julio César, Valerio Flaco y Pompeyo Magno y los emperadores Augusto y sus sucesores Julio-Claudios (todos los cuales llevan el *gentilicium* de César, Julio). Claramente estos hombres descendían de las élites nativas anteriores a la conquista y de la Galia temprana imperial (Syme, 1958: II, 590-591; Burnand, 2005-2010: III, caps. 2-4).

---

23   El mejor registro de senadores galos es Burnand (2005-2010), en forma abreviada en Burnand (1982).

Esto está confirmado por sus ciudades de origen (ver Mapa 2 y Figura 3). Los primeros senadores galos no provenían de la antigua colonia de Narbo, la que ya se había establecido en el siglo II a.C.; más bien tenían sus raíces en asentamientos indígenas que habían sido recientemente elevados a la categoría de ciudades romanas: Vienna (Viena), el *oppidum* de los Alóbroges y Nemausus (Nimes), la anterior capital de los Volcas Arecómicos. La administración romana otorgó a cada una de estas nuevas ciudades un gran territorio interior. Como ha notado Ronald Syme, la correlación entre el tamaño del territorio cívico y el número de senadores es sugestiva de los mecanismos predatorios por medio de los cuales adquirieron sus fortunas. Al someter el territorio circundante a su control y al expropiar a sus anteriores propietarios, las élites locales fueron capaces de desarrollar grandes posesiones con excepcional velocidad y eficiencia (Syme, 1977; Corbier, 1991). Esto resalta otro contraste con la Bética. Mientras que la riqueza de sus senadores frecuentemente derivaba de la minería, las fortunas de las élites galas parecen haber sido construidas predominantemente por la apropiación de tierras en el período temprano de la provincialización.

Sus formas de inversión también diferían. Los fríos inviernos provenzales no son propicios para el cultivo en gran escala del olivo, pero la viticultura se volvió un gran negocio en la Narbonense del período temprano imperial[24]. Se crearon nuevas instalaciones gigantescas dedicadas específicamente a la producción de este cultivo comercial. A mediados del siglo I d.C., en Donzera, en el bajo valle del Ródano, se construyó una nueva villa cuyas bodegas podían albergar hasta 250.000 litros de vino (Jung *et al.*, 2001: 115-117). Otra propiedad, en Vareilles, ubicada cerca de la Via Domitia, que conectaba Italia y la Península Ibérica, tenía instalaciones de almacenamiento aún mayores, de alrededor de 850.000 litros. Incluso si asumimos que estas bodegas almacenaban más bien las cosechas de dos años antes que de uno, habría sido necesario un territorio de cerca de 1,25 kilómetros cuadrados para producir tanto vino (Muane, 2003). La producción de grano también se expandió. A comienzos del siglo II d.C., en Barbegal,

---

24 La evidencia para la viticultura en la Narbonense está estudiada de manera excelente en Brun (2005). Los restos dispersos de la oleicultura en la provincia están recogidos por Leveau (2003); Brun (2005: 78-104).

   Desigualdades antiguas

11 kilómetros al este de Arelate (Arles), se construyó el mayor complejo conocido de molinos de agua del mundo romano (Leveau, 1996). Graneros excavados en Vienna (Viena) cubrían un área de 50.000 metros cuadrados, más del doble de los de Ostia (Gaudineau, 2000: 480; Anderson, 2013: 141-142). Sin lugar a dudas la demanda local contribuyó a esta ola de inversiones –el asentamiento de colonos itálicos y la adopción de la cultura romana por las élites locales debe haber incrementado la demanda de bienes de consumo del Mediterráneo– pero el estímulo clave para la intensificación agrícola parece haber sido que las nuevas redes de abastecimiento habían desarrollado mercados interregionales para los productores locales. No es un accidente que la mayor parte de los viñedos se encontraban a lo largo de las dos rutas de comercio más importantes: la Via Domitia y, en particular, el valle del Ródano. Bajo Augusto, la mayor parte del vino consumido por los soldados romanos de la Europa del noroeste ya provenía de la Narbonense; para el período Julio-Claudio, los productores galos también comenzaron a dominar los mercados itálicos[25].

Es imposible determinar exactamente cuántos senadores contribuyeron a esta intensificación agrícola. Las ánforas de vino galo no identifican al productor de vino. La literatura y la epigrafía son prácticamente mudas sobra las fuentes de la riqueza de la élite. Sin embargo, hay claros indicios de que los senadores jugaron un rol para facilitar este giro a nuevas formas de agricultura orientada a la exportación. El padre de Agrícola, Julio Grecino (cuyas propiedades estaban situadas en Fréjus en el límite oriental de la provincia), era un miembro prominente del senado bajo Calígula pero también era conocido por ser uno de los principales expertos en viticultura en el Imperio Romano (*PIR*[2] I.344; Burnand, 2005-2010: II, 96-99, no. 36). Y, a pesar de que los propietarios de los viñedos de Donzera y Vareilles no se pueden determinar, su enorme tamaño hace verosímil que el capital requerido para desarrollarlos proviniera en última instancia de los cofres de familias riquísimas que participaban en la política de Roma. En el caso de los molinos de Barbegal, la carencia de evidencia epigráfica también hace imposible determinar a su propietario, pero

---

25   Para la Narbonense como la fuente de vino en Europa noroccidental, ver Laubenheimer (1992). Para un resumen de la evidencia para los productores galos que comenzaban a dominar los mercados itálicos, ver Panella (1989).

resulta interesante que el complejo estuviera dividido en dieciséis unidades de molienda independientes. Peter Bellamy y Bruce Hitchner (1996: 172-173) han sugerido que este diseño implica que el complejo estaba en manos no del municipio sino de una *societas* de individuos privados extremadamente ricos. A pesar de que no se pueda probar que entre ellos se contaran algunos de los varios senadores atestiguados en la cercana Arles, es justamente el tipo de estructura que se habría adaptado a las necesidades de inversión orientadas a la ganancia de los grandes terratenientes.

La distribución geográfica de los senadores también sugiere que estos proveyeron capital para la intensificación agrícola. El Mapa 2 muestra que el área principal de reclutamiento era el valle del Ródano, la ruta principal a través de la cual se aprovisionaba el ejército del Rin. Cuatro quintos de los senadores narbonenses provienen de los tres municipios de Nemausus, Arelate y Vienna; en contraste, apenas se conocen miembros de la élite imperial provenientes de Tolosa (Toulouse), a pesar de su extenso territorio[26]. Esta excepción a la regla general de que las ciudades con amplios territorios produjeron muchos senadores es reveladora. Como en Bética, en Narbonense la habilidad de conectarse con las redes de suministro del estado fue un prerrequisito importante para adquirir la gran riqueza necesaria para entrar en la élite imperial.

De manera similar a la Bética, la dependencia del poder del estado hizo a la riqueza de la élite vulnerable a disrupciones súbitas. Los molinos de Barbegal quedaron fuera de uso antes del siglo III, como ha mostrado Philippe Leveau (1996: 149), y a fines del siglo II las grandes bodegas entraron en un período de crisis. La participación del vino narbonense en el mercado de Italia y en la frontera del Rin declinó, y de acuerdo a Marzano (2013a: 114 y fig. 5.3), después de alrededor de 150 d.C. no se construyeron nuevas instalaciones de prensas múltiples. A la vez, como indican los análisis de polen, varios grandes viñedos fueron abandonados y se reconvirtieron para la cría de ganado. Jean-Pierre Brun (2005: 72-73) ha sugerido que esta crisis fue causada por la plaga de Antonino. Esta es una interpretación posible: en la medida en que la viticultura industrial depende del empleo de grandes

---

26 El tamaño de los territorios cívicos en Narbonense está relevado en Bermond *et al.* (2013: 84, fig. 1).

                                    Desigualdades antiguas

números de recolectores de uvas durante el tiempo de la cosecha, la plaga no solo habría reducido la fuerza de trabajo disponible, sino que puede haber incrementado los niveles salariales entre los sobrevivientes (cf. Scheidel, 2002; Harper, 2016). Aunque con el estado actual de los conocimientos, es imposible estar en lo cierto sobre las razones de la caída de la producción de vino en escala. Lo que es claro es que desde fines del siglo II en adelante, no se registran más senadores de esta región (Figura 3).

La historia de la Narbonense nos permite refinar un poco más nuestro entendimiento sobre los patrones de la formación de la élite en el Imperio Romano. Provenza no era rica en minerales como el sur de Iberia, por lo tanto, el pillaje jugó un lugar mayor en las primeras fases de acumulación de riqueza que en la Bética; pero en otros aspectos, las estrategias empleadas por los terratenientes en la Narbonense recuerdan a aquellas de sus pares en el valle del Guadalquivir. Las fuentes gemelas del éxito fueron la intensificación de la agricultura y el acceso a las redes de abastecimiento del estado.

El auge del aceite en la provincia de África

Al igual que el valle del Guadalquivir y Provenza, desde el siglo II d.C. la provincia romana de África (a lo largo de las costas de las actuales Argelia, Túnez y Libia) resultó un foco de migración y colonización itálicas y un eje de la economía imperial (Lassère, 1977: caps. 1-3). Así como el estado romano se basó en las minas de la Sierra Morena para la plata, dependió igualmente del grano del norte africano para alimentar la capital imperial (Garnsey, 1988: cap. 12). Pero la formación de la élite en la provincia siguió un ritmo diferente de la de la Bética y la Narbonense. Las familias norafricanas comenzaron a participar en la política imperial durante el período Flavio (69-96 d.C.) y se transformaron en el grupo regional dominante en el senado a fines del siglo II[27] (ver Mapa 3 y Figura 4).

¿Por qué fue más lento el paso de la formación de la élite en África del Norte que en los casos de Bética y Narbonense? A tra-

---

27 Corbier (1982) y Le Glay (1982) ofrecen excelentes resúmenes, actualizados por Mastino & Ibba (2014).

vés de los períodos de Augusto y los Julio-Claudios, el estado romano estuvo comprometido en conflictos con grupos nómades en la zona fronteriza de la provincia (Bénabou, 1976: 67-100; Whittaker, 1996: 590-600; Guédon, 2018: 17-94). Las estructuras de propiedad dilataron más la acumulación de riquezas. África estaba mucho más cerca de Italia que la Bética: el viaje de Ostia a Cartago era aproximadamente tres veces más corto que a Gades. Como resultado, hacia la época de la República, amplias franjas de tierra habían sido adquiridas por políticos y financistas en Roma (Garnsey,1978: 224; Hobson, 2015: cap. 2). Al igual que en otras provincias situadas en las cercanías de Italia, como Sicilia, Cerdeña y Dalmacia, la dominación de los propietarios absentistas parece haber hecho más difícil que las élites locales pudieran penetrar las filas de los ultrarricos.

Fue durante las últimas décadas del siglo I d.C. que recién empezó a cambiar esta constelación de poder. Al menos tres factores contribuyeron a este desarrollo. Primero, de acuerdo con Plinio el Viejo (*Historia natural*, 18.35), Nerón ejecutó a seis hombres que supuestamente poseían la mitad de la tierra en la provincia. Desde ese momento en adelante tales propiedades fueron cultivadas por arrendatarios, que recibían en alquileres perpetuos, y administradas por *conductores*, reclutados entre las élites locales (Kehoe, 1988; Kolendo, 1991). En segundo lugar, en el período tardío de los Julio-Claudios se estableció un nuevo compromiso con los grupos nómades en el Sahara. Los habitantes de la provincia de África entraron en relaciones comerciales altamente redituables con el reino de los Garamantes, lo que generó una base consumidora completamente nueva para las mercancías mediterráneas. A cambio de ello, los terratenientes de la provincia obtuvieron acceso a materias primas y esclavos importados del África subsahariana (Mattingly, 2017: 18-22). El tercer factor que transformó el balance de poder en el territorio fue una agresiva reafirmación del poder terrateniente (Bénabou, 1976: 416-425; Gascou, 1972; Lassère, 1977: cap. 4). Como ha argumentado Leslie Dossey (2010: caps. 1-2), a fines del siglo I y a comienzos del II las élites urbanas destruyeron las organizaciones políticas autónomas en las zonas rurales, se apropiaron de sus tierras y limitaron drásticamente el acceso de las poblaciones rurales a las cerámicas de alta calidad y otros bienes de lujo.

El resultado de estos tres desarrollos fue la emergencia gradual de una clase local de terratenientes riquísimos. Las dos ciudades con el mayor número de senadores son un ejemplo de estrategias diferentes de acumulación de riqueza. La primera es Cirta, en la que se pueden encontrar veintiocho senadores. La ciudad fue la capital de una federación urbana que englobaba uno de los territorios cívicos más grandes del imperio, extendiéndose desde Tibilis en el este (hogar de otros siete senadores conocidos) hasta el límite oeste de la provincia. En esta *respublica III coloniarum Cirtensium*, el paisaje rural agrícola estaba dominado por grandes propiedades que se especializaban en la producción de granos; raramente se han encontrado allí equipos para prensas de olivas (Baroni, 2014; cf. Gsell, 1911: folio 17). Una red de caminos, cuidadosamente mantenida por las élites locales y la administración imperial, facilitaba el transporte de grano hacia las ciudades portuarias de Rusicade y Collo (Briand-Ponsart, 2012). Una serie de estatuas, en la que los senadores de Cirta y los gobernadores de la provincia eran honrados unos junto a otros como *patroni* de la ciudad, expresa netamente la comunidad de intereses que ligaba a las familias terratenientes del norte de África con el estrato superior de la administración imperial romana (*ILAlg* II.1.566, 630, 633, 645-646, 658-659).

Una segunda ciudad otorgó casi el mismo número de hombres a la élite imperial; son conocidos cerca de veinticinco senadores provenientes de la ciudad de Lepcis Magna en Tripolitania. Sin embargo, las estructuras sociales diferían radicalmente. Mientras todos los senadores conocidos de Cirta llevan nombres de colonos itálicos, Lepcis era gobernada por familias cuyo poder era anterior a la conquista romana. Desde el siglo I en adelante, estas empezaron a colonizar el desierto con granjas dedicadas al cultivo del olivo. Las inscripciones de las ánforas conservadas sugieren el ajustado control ejercido por las firmas familiares en cada uno de los pasos del proceso productivo. Mientras las Dressel 20 hispanas presentan frecuentemente anotaciones administrativas complejas (que nos dan no solo el propietario, sino también el mercader, el peso del producto, la aduana oficial y las instalaciones de producción), las vasijas grabadas Tripolitania 3 llevan simplemente los nombres de los dueños de las propiedades, muchos de los cuales pueden identificarse con senadores conocidos de Lepcis (Manacorda, 1983; Di Vita-Évrard, 1983). La recolección, el prensado y el envasado se realizaban en el mismo sitio. Las prensas del tipo "megalito" de más de tres metros de alto se alzaban amenazantes sobre el paisaje (Mattingly, 1988a), simbolizando acertadamente el extremo nivel de integración económica vertical y la concentración sin paralelo del poder de la élite (Mattingly, 1995: 138-144).

Las partes centrales de la provincia de África presentaban muchos menos senadores ultrarricos. Notablemente, de cada una de las grandes metrópolis de Cartago, Hadrumeto y Útica, se conoce menos de una docena de senadores, incluso a pesar de que en el norte de Túnez, desde el período Flavio en adelante, la oleicultura y la viticultura se expandieron (de Vos Raaijmakers & Attoui, 2013; de Vos, 2013). Pero, como ha mostrado Dennis Kehoe (1988), la intensificación estaba basada principalmente en el trabajo y el capital provistos por arrendatarios de propiedades privadas e imperiales (Kolendo, 1991). Al tercerizar el riesgo a estos cultivadores en pequeña escala, las élites costeras y el fisco imperial se aseguraron la obtención de rápidos retornos de estas propiedades, aunque renunciaron a las oportunidades de extraer excedentes mayores. Formas de arriendo similares parecen haber existido más al sur en la alta estepa tunecina, una región ocupada por cultivadores de olivo desde el siglo II en adelante (Hitchner, 1988). Aquí, parte de la fuerza de trabajo estacional puede haber estado provista por los grupos nómades recientemente sometidos. Mientras el aceite era producido localmente, era distribuido a los mercados interregionales en ánforas producidas en Cartago, Hadrumeto y Útica[28].

De igual manera que en Bética y Narbonense, el prerrequisito para la formación de una agroindustria orientada hacia la exportación fue la integración de la provincia en las redes de provisión del estado. Desde tiempos de Augusto, el emperador había ofrecido incentivos fiscales a los navieros que transportaban granos para el *populus Romanus*[29]. Este sistema de suministro, la *annona*, se convirtió en la vía a través de la cual el aceite de oliva y otros productos de lujo eran vendidos en los mercados interregionales.

---

28   Se puede encontrar un buen resumen en Hobson (2015: 83-89, 103-112).

29   La organización de la *annona* está claramente dilucidada en Sirks (1991).

       Desigualdades antiguas

A través de la evidencia cerámica se puede trazar el ritmo por medio del cual se intensificaron la producción y el comercio. La vajilla de cerámica roja africana (*African Red Slip Ware*) es el tipo de alfarería más frecuente descubierto en los sitios romanos. Casi indestructible, fácilmente reconocible por su color rojo brillante, y exhibiendo una variedad de formas de vasijas, es usada para datar las colecciones cerámicas a lo largo del Mediterráneo. Basándose en prospecciones de alta calidad en las provincias de África y Sicilia, e Italia, un grupo conducido por Elizabeth Fentress (2004: 149, fig. 11.3) rastreó la producción de vajilla de cerámica roja africana a lo largo del tiempo. De acuerdo con sus datos, los productos africanos comienzan a aparecer lentamente en el registro cerámico a partir del período Flavio; en el período Antonino la proporción aumenta bruscamente; y a fines del siglo II y comienzos del III, alcanza un nivel que se mantiene hasta el fin de la Antigüedad. Como lo demuestra la comparación con la Figura 4, esta distribución cronológica es paralela a la participación de las familias locales en el senado. Como en la Bética y la Narbonense, la formación de la élite y la emergencia de una agroindustria exportadora fueron de la mano.

Todo esto no niega las importantes diferencias que separan a África de Bética y Narbonense. África era mucho más fértil y casi tres veces más grande que ambas provincias europeas. Además, estuvo en guerra durante un período más extenso. Por último, no tenía una fuente inagotable de riqueza como las minas de plata de Bética. Estos tres factores hicieron imposible que el paisaje de África se transformara tan rápida y profundamente como el corredor del Guadalquivir. Lepcis Magna fue la única región en la que la inversión de capital pudo haber rivalizado con la Bética. Pero en formas más fundamentales, las pautas de la construcción de la élite africana se asemejan a aquellas de los valles del Ródano y el Guadalquivir. Mientras la riqueza de la élite provincial provenía originalmente de la desposesión de la población rural y de la intensificación agrícola, los sistemas de distribución del estado fueron nuevamente cruciales para facilitar la diseminación de los productos locales a través del mundo mediterráneo.

Dinastas nativos y colonos itálicos en el Asia romana

El paisaje social temprano imperial de la provincia de Asia estuvo moldeado por dos momentos de la formación de la élite. El primero ocurrió antes de la ocupación romana de la provincia en el 133 a.C. Como muestra Peter Thonemann (2011: 242-251; 2013), la economía política del estado atálida estaba basada en la alianza entre la dinastía real y los magnates locales. Permitir a la dirigencia ciudadana de las ciudades griegas la construcción de enormes propiedades en las áreas circundantes rurales fue la única forma para que Eumenes II (quien gobernó entre 197 y 159 a.C.) y su corte establecieran el control sobre los dispersos territorios recibidos de parte de sus aliados romanos. En segundo lugar, cuando el reino atálida se incorporó en la República Romana, los comerciantes itálicos establecieron una fuerte presencia en la provincia recientemente formada. Muchos se volvieron ricos otorgando préstamos con altos intereses a los municipios incapaces de cumplir las demandas fiscales romanas; notoriamente, en represalia, entre ochenta mil y ciento cincuenta mil italianos fueron masacrados en el año 88 a.C. (cf. Apiano, *Guerras mitridáticas*, 22-23; Plutarco, *Sila*, 24.4; Delplace, 1977). Menos conspicuamente, aunque de forma igualmente significativa, los itálicos adquirieron enormes superficies de tierra en la provincia, que usaron para producir vino, lana y aceite de oliva para exportar (Eberle & Le Quéré, 2017). Como en Narbonense y África, la depredación, la intensificación agrícola y la expansión comercial fueron de la mano.

Los efectos de largo plazo de estos desarrollos pueden verse en los orígenes de los senadores de Asia (ver Mapa 4 y Figura 5). Como ha mostrado Helmut Halfmann (1979: cap. 2; 2007), las primeras familias en unirse a la élite imperial caen en dos categorías. Algunas eran descendientes de príncipes locales y magnates atálidas que habían preservado sus haciendas después de la conquista romana, como Lucio Servenio Emilio Cornuto de Acmonea en Frigia, cuya madre pertenecía a la familia real gálata (Halfmann, 1979: 102, no. 5). Otras eran descendientes de colonos itálicos que habían adquirido grandes propiedades territoriales en los períodos republicano y augusto, como los Caristanios, una familia empresaria del sur de Etruria cuyo nombre también se halla en sellos de ánforas del período augusto a lo largo del Mediterráneo occidental (Wypijewski & Pietruszka, 2014). Ambos grupos tenían la mayor parte de sus tierras en el interior de la península, en las tierras altas que se extienden desde las costas del este del Meandro (ahora el Büyük Menderes) a través de la frontera oriental de la provincia de Galatia. Las haciendas estaban dirigidas por una compleja jerarquía de administradores, que iban desde contables basados en oficinas familiares en Roma, pasando por gerentes medios en el depósito de Laodicea Catacaumene, hasta mayorales que distribuían raciones a los trabajadores agrícolas en el lugar en la Anatolia central[30].

En contraste, las ciudades costeras como Éfeso produjeron inicialmente escasos senadores. Dado que la tierra agrícola era un recurso escaso en las áreas costeras egeas, y se dividía entre una multitud de ciudades-estado que competían, puede haber sido más difícil para las élites urbanas adquirir propiedades transregionales, pero a través del matrimonio y la lenta acumulación de tierras a través de generaciones, las familias importantes de las metrópolis griegas lentamente se unieron a las filas de los superricos (Halfmann, 1979: 58; 2004: caps. 4-6). Hacia fines del siglo II y en el III, una nueva clase de grandes terratenientes había cristalizado en Asia Menor, que se unió a los descendientes de los príncipes locales, los colonos itálicos y las élites urbanas griegas y cuyos miembros tenían haciendas a lo largo de la península[31].

La carencia de trabajos de campo dificulta evaluar hasta qué punto la construcción de valores en propiedades transregionales estuvo acompañada por la adopción de nuevas estrategias económicas. Como se ha mencionado más arriba, durante los períodos helenístico y republicano la élite terrateniente comenzó a desplegar formas de agricultura más orientadas a la obtención de beneficios. Pero hay signos de que el período romano fue testigo de una posterior intensificación. El estudio de la cerámica del Mediterráneo oriental indica que en el Asia Menor, a fines del siglo I, las cerámicas itálicas fueron progresivamente reemplazadas por

---

30   Ver, por ejemplo, *CIL* VI.9148 = *ILS* 7333: *Hermeroti arcario* (contadores en Roma); *MAMA* I.xiii-xiv: Laodicea como un centro administrativo; *MAMA* VII.322: *tabellarius* (mensajero) y *sitometres* (repartidor de raciones). Sobre el paisaje agrícola en Anatolia interior, ver de manera más general Mitchell (1995: I, cap. 10).

31   El surgimiento de una élite translocal en Asia Menor es tratado por Halfmann (1979: 609-613); Thonemann (2011: cap. 6).

ánforas producidas en Pérgamo, que contenían vino y aceite de oliva locales (cf. Bes, 2015). En Ostia, la participación en el mercado del vino del Mediterráneo oriental aumentó desde el siglo II en adelante; hacia mediados del siglo III, este había alcanzado una posición dominante (Rizzo, 2018: 239, 244). Esta evidencia muestra que la emergencia de una nueva clase de terratenientes transregionales en Asia había comenzado a reformar el paisaje productivo a partir de formas que nos resultan familiares. Esta tendencia habría continuado en la Antigüedad tardía, cuando Anatolia se volvió el territorio interior dependiente de la nueva ciudad capital de Constantinopla y una de las áreas primarias de inversión para la clase gobernante de la mitad oriental del Imperio Romano (cf. Harper 2008: 88-90, 116; Thonemann, 2011: 251-259).

A la vez, la formación de la élite en el Asia temprano imperial parece haber seguido una dinámica diferente de la ocurrida en el Mediterráneo occidental. No existen signos de que los terratenientes se apoyaran en los sistemas de abastecimiento del estado para vender sus productos en los mercados interregionales, no hay menciones de la *annona* en las inscripciones en las cuales los comerciantes indicaran orgullosamente sus viajes a la Europa del oeste, ni tampoco hay evidencia de la cerámica que sugiera que las guarniciones en el Danubio y el Éufrates fueran abastecidas desde el Asia Menor[32]. Por supuesto, los magistrados principales del estado romano jugaron un rol importante en el control del comercio interregional; las elaboradas regulaciones aduaneras de Éfeso son un recordatorio útil de los conflictos y gastos enfrentados por los comerciantes que cruzaban las fronteras entre diferentes territorios aduaneros (Cottier *et al.*, 2008). Sin embargo, el hecho de que el comercio interregional en Asia no estaba ligado estrechamente a las redes de abastecimiento estatal como en la Bética, Narbonense y África, puede explicar por qué la formación de la élite en Asia siguió un ritmo ligeramente diferente.

La trayectoria de la formación de la élite en Asia difiere entonces en dos aspectos de los modelos que hemos observado previamente en este capítulo. Primero, el número de los senadores no escaló súbitamente, como lo hizo en la Bética y la Narbonense en

---

32   La evidencia de los mercaderes en Asia romana está recogida y discutida en Pleket (1984). Sobre el aprovisionamiento del ejército de las fronteras del Danubio y el Éufrates, ver Bezeczky (1995); Pollard (2000: 188-190).

    Desigualdades antiguas

el período Julio-Claudio, y en el África a fines del siglo I y durante el II, sino que subió lentamente a lo largo del tiempo (ver Figura 5). Esto tiene sentido si la acumulación de riqueza en esta región dependió básicamente de la lenta construcción de propiedades a través de los matrimonios y de la aplicación de la ley de Piketty de que las ganancias del capital superaban el ingreso de los trabajadores asalariados. En segundo lugar, la Figura 5 presenta ascensos y descensos más agudos que en las figuras equivalentes para la Bética, Narbonense y África. Esta mayor volatilidad puede sugerir que el aumento en el número de senadores provenientes de Asia no era exclusivamente el resultado de factores económicos, sino también el producto de desarrollos culturales y políticos más amplios, como los estrechos vínculos establecidos por Vespasiano, Adriano y Septimio Severo con las élites del Mediterráneo oriental.

Si esta interpretación es correcta, Asia permanece de alguna manera aparte de las otras provincias consideradas en este capítulo. Como en la Narbonense y el África, el poder de los grandes terratenientes en Anatolia estaba basado en su reinversión en la intensificación agrícola de los recursos obtenidos por el saqueo. Pero, puesto que las familias principales de Asia se basaban principalmente en canales privados para la distribución de sus productos en los mercados interregionales, la participación en la alta política puede no haber jugado totalmente el mismo rol en la acumulación y preservación de la riqueza como lo tuvo en las otras provincias consideradas en este capítulo.

Modelos de la conformación de la élite en el Imperio Romano

La distribución de los senadores a través de las provincias se muestra en el Mapa 5. Este provee un útil punto de partida para una discusión de cierre, que ampliará la lente y se moverá desde las historias discretas de la Bética, Narbonense, África y Asia a una consideración más general de las formas de constitución de la élite en el imperio. ¿Cómo modifica nuestra comprensión de la economía política romana la desigual distribución de los senadores?

De manera inmediata, el mapa muestra que el efecto de la geografía en la composición de la élite imperial romana fue limitado. Walter Scheidel (2014: 21-24; 2019: 106-109) recientemente ha modelado el impacto de los patrones de conectividad en la historia romana. Sugiere que, debido a la lentitud del viaje terrestre, las masas continentales de la Europa occidental, Anatolia y el Cercano Oriente (que estaba a varias semanas de distancia de Roma) estaban integradas menos ajustadamente en el imperio que las costas mediterráneas de Iberia, África del Norte y Galia (que podían ser alcanzadas por un corto viaje marítimo). Su modelo provee una explicación atractiva de por qué las regiones marítimas del Mediterráneo central fueron los primeros territorios fuera de Italia conquistados por los ejércitos romanos y los últimos que se perdieron cuando el imperio se desintegró. Pero esto no puede dar cuenta de la distribución de los senadores. Sorprendentemente, de todos los espacios considerados en este capítulo, solo la Narbonense y las regiones costeras de África podían ser alcanzadas en un viaje de menos de tres semanas desde la capital imperial. En contraste, la travesía hacia el Asia tomaba de tres a cuatro semanas, y a la Bética de cuatro a cinco semanas, incluso en verano (Scheidel, 2014: 17, fig. 2). Parece que las instituciones del estado romano eran lo suficientemente robustas como para permitirles a los propietarios absentistas mantener el control sobre sus propiedades a largas distancias. Claramente la proximidad con Roma no era un factor primario para modelar la conformación del senado.

Tampoco fue la cultura el determinante clave del éxito político. El geógrafo Estrabón (*Geografía*, 3.2.15), que escribió durante el reinado de Tiberio (14-37 d.C.), afirmaba que los habitantes del valle del Guadalquivir habían "cambiado completamente hacia un estilo de vida romano". De forma similar, a fines de la década del 70 d.C., Plinio el Viejo (*Historia natural*, 3.4.31) sostenía que la Narbonense era "no tanto una provincia romana sino una parte de Italia". ¿Pero fue la percepción de que estas regiones eran particularmente "romanas" la causa o el resultado del éxito político de sus élites? Notablemente, Plinio invoca explícitamente en el mismo pasaje el "renombre de sus hombres" (*uirorum... dignatione*) como una de las razones por las cuales veía a la Narbonense como una parte de Italia. En cualquier caso, los autores romanos no hicieron afirmaciones similares para África o Asia. Más aún, es importante recordar que las élites nativas estaban al menos tan bien representadas en el senado como los descendientes de los colonos. Todo esto sería difícil de explicar si la adopción de la cultura romana proveyera la razón mayor para la distribución desigual de los senadores. Más que la geografía o la cultura, la integración en las redes económicas y sociales fue el indicador clave del éxito político. Las periferias del Atlántico y del Cercano Oriente del imperio otorgaron tan pocos senadores por el hecho de que fueron abiertas a la capital romana y a la colonización en las últimas décadas de la República Romana. Como resultado, la densidad de los vínculos con Italia fue más baja que en las regiones centrales del Mediterráneo. En contraste, Bética, Narbonense, África y Asia fueron durante mucho tiempo los destinos principales para la inversión itálica y la migración: los financistas romanos, mercaderes y colonos habían operado en esas regiones desde mediados del siglo II a.C. Como han mostrado Lisa Eberle y Enora Le Quéré (2017), muchos de ellos adquirieron tierras en la cuales producían bienes de lujo para un mercado interregional. Estos desarrollos republicanos prefiguran los patrones de la formación de la élite bajo los emperadores. El rápido despegue económico de la Bética, Narbonense, África y Asia en el imperio temprano solo fue posible porque los grandes terratenientes en esas provincias eran capaces de basarse en contactos, capital y conocimiento adquirido en los siglos previos del imperialismo romano. La integración de larga data en las redes imperiales resulta así el primer factor que distingue a las élites políticas exitosas analizadas en este capítulo de sus pares en otras regiones. Sin embargo, el imperio temprano supuso un cambio sustancial comparado con períodos anteriores. Mientras los "agricultores comerciantes" analizados por Eberle y Le Quéré estaban preocupados por la exportación de bienes de lujo para una selecta clientela de consumidores locales e itálicos, los grandes terratenientes provinciales en el imperio temprano dominaron mercados masivos con sus mercancías. ¿Qué hizo posible este aumento de la producción? De todas las áreas en que los inmigrantes itálicos y el capital penetraron durante la República, solo algunas se volvieron campos mayores de reclutamiento para los senadores durante el imperio temprano. En regiones inmediatamente próximas a Italia, como Sicilia, Cerdeña, Córcega y Dalmacia, la dominación durante largo tiempo de los terratenientes absentistas impidió la cristalización de una clase indígena de propietarios ultrarricos (Manganaro, 1982; Šašel, 1982). En Grecia la división en cientos de ciudades-estado autónomas volvió dificultosa la conformación de una clase de terratenientes transrregionales[33]. En el interior de Egipto las ciudades carecieron de instituciones cívicas reconocidas como legítimas por el estado romano[34]. En contraste, en las cuatro provincias consideradas en este capítulo, no existieron restricciones políticas o institucionales de este tipo para la formación de la élite. En Narbonense, África y Asia la desposesión de las poblaciones rurales posibilitó a las oligarquías urbanas adquirir vastas propiedades; en la Bética la minería volvió ricos a los terratenientes locales. De todas maneras, el acceso al capital excedente que se podía reinvertir en la intensificación es el segundo rasgo que separa a las provincias políticamente más integradas de las otras regiones.

Pero incluso estas condiciones no alcanzaron para la formación de una clase de propietarios riquísimos. Las poblaciones locales no proveyeron una base de consumo lo suficientemente amplia para la producción en masa. En la Bética, la Narbonense y África la expansión del cultivo de la oliva y el vino solo fue posible porque los terratenientes fueron capaces de apoyarse en los sistemas de abastecimiento del estado para vender sus productos en el extranjero; en Asia el comercio privado parece haber sido la vía más importante por medio de la cual se alcanzaron los mercados de exportación. Entonces, la tercera y última condición para la conformación de la élite fue la capacidad de movilizar redes de transporte interregionales. El acceso a estas redes permitió a las élites locales acumular las extraordinarias cantidades de riqueza necesarias para alcanzar el senado. Al mismo tiempo, esto otorgó un fuerte incentivo para participar en la política, porque solo los magistrados de rangos más altos podían ofrecer el patronazgo y la protección necesaria para salvaguardar el flujo constante del comercio interregional.

En aquellas regiones en las cuales se alcanzaron estas condiciones, la acumulación de riqueza se volvió un proceso autorreforzado. Una vez garantizado el acceso a los mercados interregionales, fue posible una expansión de la producción. Los grandes

---

33 La evidencia literaria y epigráfica sobre los senadores de Grecia continental está recogida en Halfmann (1979: 64-66); Oliver (1982). La interpretación más sofisticada de la arqueología es ofrecida por Alcock (1993).

34 Ver Reynolds (1982: 680). Notablemente, había senadores provenientes de la *polis* griega de Alejandría, y después de que Septimio Severo estableciera consejos en la provincia, están atestiguados los primeros senadores de otras partes de Egipto.

                                                    Desigualdades antiguas

terratenientes aprovecharon las economías de escala que hicieron más difícil la competencia de las élites de otras regiones. Aquellos fueron capaces de agrupar recursos y apoyarse en infraestructuras compartidas para procesar los productos cosechados en sus propiedades, como puede verse en las facilidades para la producción masiva de aceite en Bética y Lepcis Magna, las enormes bodegas vinarias y los molinos descubiertos en Provenza, y las complejas estructuras de gerenciamiento de las propiedades atestiguadas en las inscripciones de Asia Menor. La integración de estas provincias en las redes de abastecimiento también extendió las relaciones de mercado en los territorios circundantes dependientes y envolvió a las unidades domésticas campesinas en la producción de mercancías para obtener beneficios. Estas transformaciones estructurales en las economías locales pueden explicar por qué la Bética, la Narbonense, África y Asia fueron capaces de mantener su ascendencia durante largos períodos de tiempo.

Finalmente, la participación desigual de las diferentes provincias en el senado también arroja nueva luz sobre el rol jugado por la burocracia imperial en la integración de las poblaciones sometidas. En general se piensa que los emperadores colocaron en los altos cargos a funcionarios que no provenían de Italia con el objetivo de obtener el apoyo de las élites dependientes; como señalaron Hopkins y Burton (1985: 186-188): "los miembros de la élite provincial fueron elevados a la élite central del imperio, es decir, en el senado de Roma, por causa de su importancia para el gobierno romano". Pero en vista del hecho de que la mayoría de las regiones del imperio no proveyeron senadores en absoluto, es difícil creer que el nombramiento de los terratenientes provinciales en los altos cargos fuera una contribución clave para la promoción de la lealtad en el sistema imperial. Otros factores, como la propagación de una ideología de buen gobierno, la expansión de la cultura de consumo romana, y la intransigente defensa de los derechos de propiedad por la administración romana, fueron probablemente más importantes para obtener la colaboración de los terratenientes locales para el proyecto imperial que la participación de un grupo selecto de no-itálicos en la alta política[35].

---

35 Sobre el buen gobierno, ver Ando (2000); sobre la cultura de consumo, ver Woolf (1988), Hingley (2005); sobre los derechos de propiedad, ver Ste. Croix (1981: 372-408).

Figuras

Figura 1. Orígenes estimados de los senadores, 14-235 d.C.

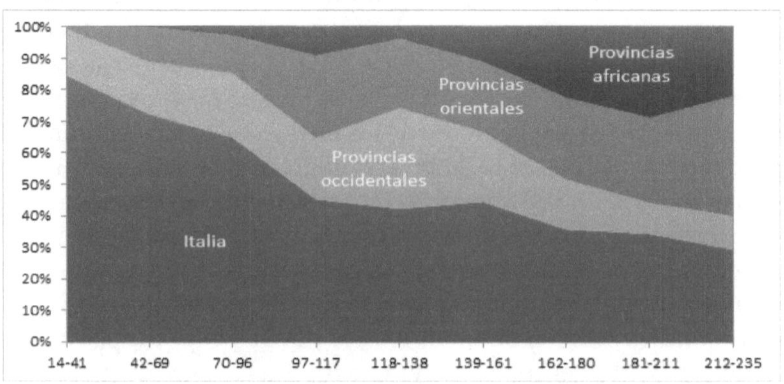

Figura 2: Senadores conocidos de la provincia de Bética, 14-235 d.C. (como porcentaje de todos los senadores con orígenes conocidos)

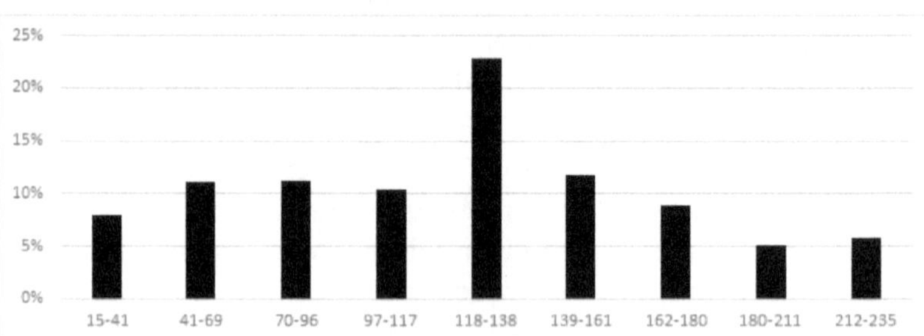

Figura 3: Senadores conocidos de la provincia Narbonense, 14-235 d.C. (como porcentaje de todos los senadores con orígenes conocidos)

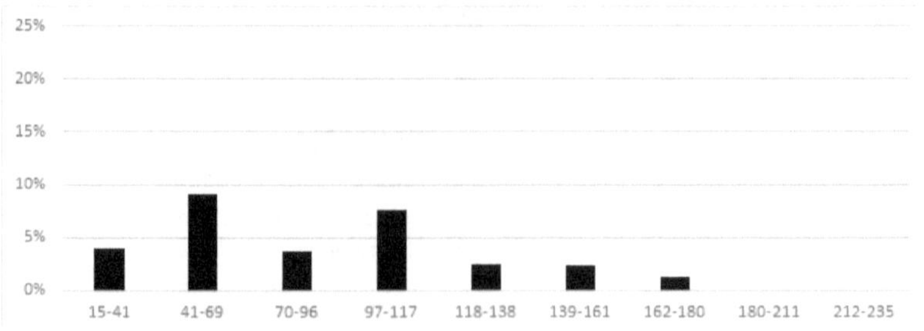

Desigualdades antiguas

Figura 4: Senadores conocidos de la provincia de África, 14-235 d.C. (como porcentaje de todos los senadores con orígenes conocidos)

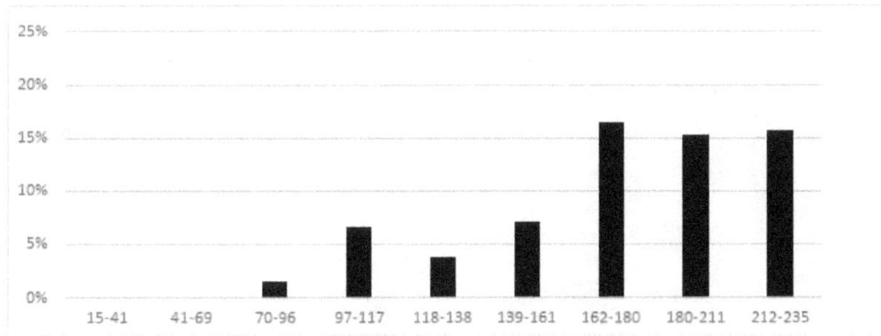

Figura 5: Senadores conocidos de la provincia de Asia, 14-235 d.C. (como porcentaje de todos los senadores con orígenes conocidos)

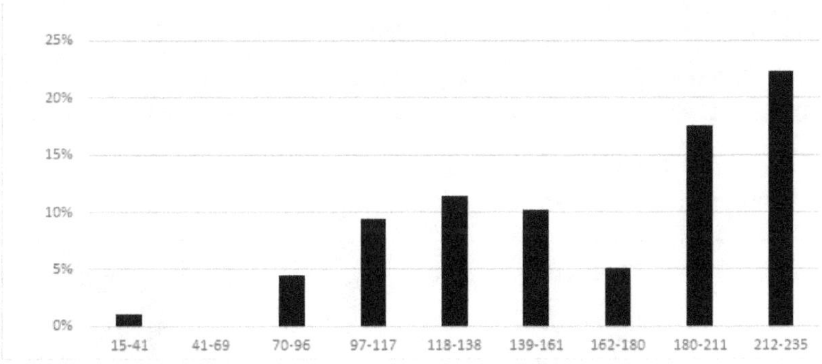

Mapas

Mapa 1. La provincia de Bética con las ciudades de origen de los senadores y las áreas de cultivo conocidas[36]

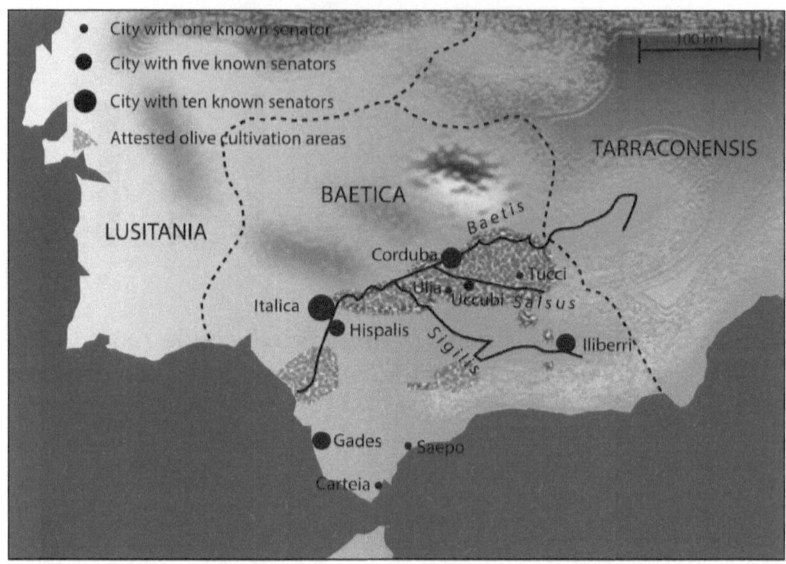

Mapa 2. La provincia de Galia Narbonense con las ciudades de origen de los senadores y los viñedos conocidos[37]

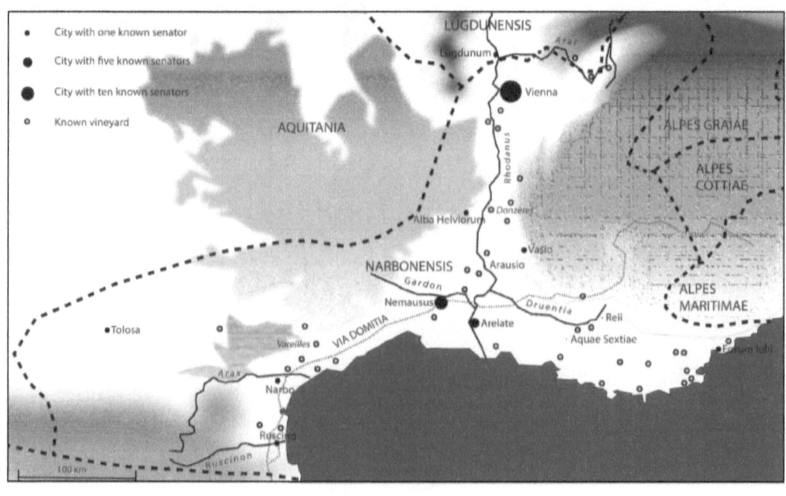

<hr>

36   Las zonas de cultivo del olivo se basan en Teichner & Peña Cervantes (2012: 409, fig. 24).

37   Las instalaciones vitivinícolas conocidas se basan en Brun (2005: 122).

Desigualdades antiguas

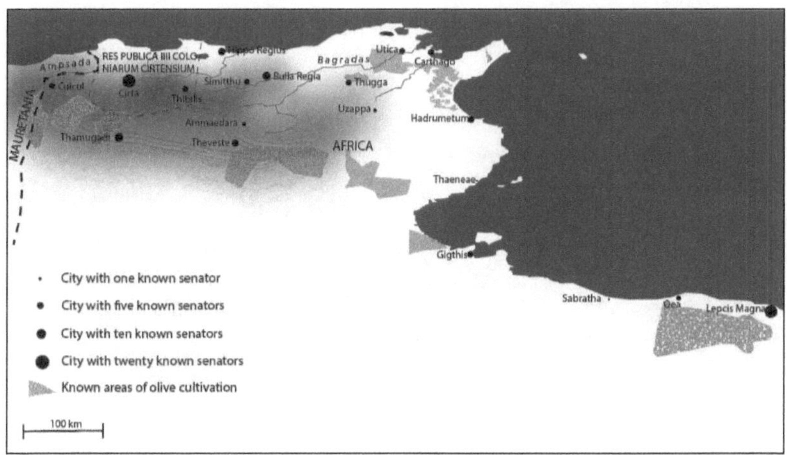

Mapa 4. La provincial de Asia con las ciudades de origen de los
senadores y las áreas de cultivo de olivo conocidas[39]

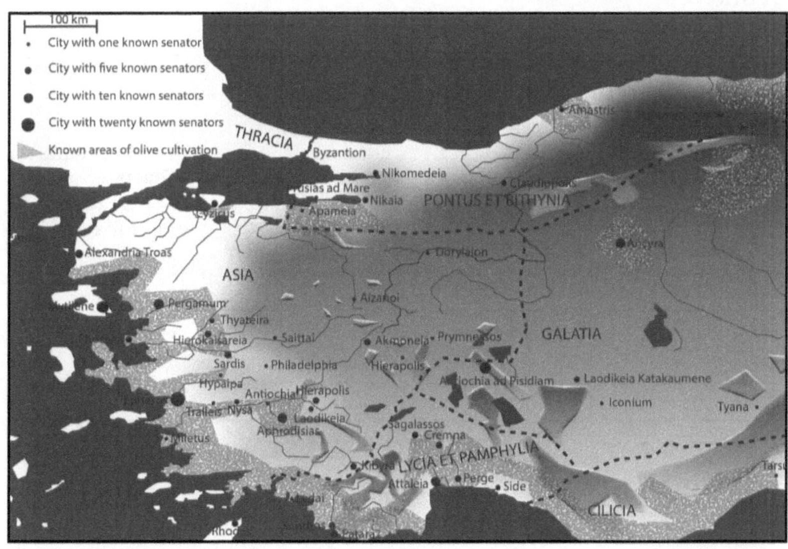

---

38   Las zonas de cultivo del olivo se basan en Camps-Fabrer (1985: 23, fig. 1); Mattingly
(1988b: 36, fig. 1).

39   Las zonas de cultivo de olivo se basan en Mitchell (2005: 90, fig. 1).

Mapa 5. El Imperio Romano con las provincias de origen de los senadores

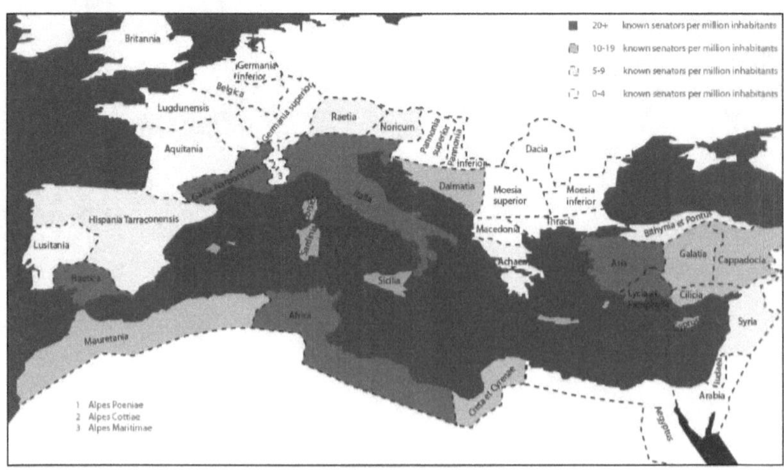

Tablas

Tabla 1. Número de senadores atestiguados y poblaciones estimadas para grandes provincias, 14-235 d.C.[40]

Provincia	Cantidad de senadores conocidos	Población estimada (millones de habitantes)	Número estimado de senadores (por cada millón de habitantes)
África	137	4.0	34
Asia	95	3.4	28
Bética	95	1.5	63
Narbonense	33	1.5	22
Siria	28	4.9	6
Galacia	23	1.6	14

---

40   Los números para senadores conocidos son propios. Las poblaciones estimadas están basadas en el trabajo de Beloch (1886), hasta ahora la única reconstrucción por provincias. Estimaciones más recientes de la población imperial toman los cálculos de Beloch como punto de partida: ver, por ejemplo, Lo Cascio (1994: 40); Scheidel (2007: 48).

Desigualdades antiguas

Hispania Citerior	16	3.3	5
Acaya	14	3.0	5
Ponto y Bitinia	14	2.8	5
Egipto	4	5.0	1
Lugdunense	4	1.3	5
Lusitania	4	1.2	3
Aquitania	4	1.1	4
Judea	0	2.1	0
Mesopotamia	0	1.0	0

Tabla 2. Número de senadores atestiguados y poblaciones estimadas para pequeñas provincias, 14-235 d.C.[41]

Provincia	Cantidad de senadores conocidos	Población estimada (millones de habitantes)	Número estimado de senadores (por cada millón de habitantes)
Licia y Panfilia	25	0.8	31
Creta y Cirenaica	13	0.7	19
Capadocia	7	0.7	10
Mauritania	7	0.5	14
Sicilia	4	0.6	7
Dalmacia	4	0.4	10
Tracia	2	0.6	3
Panonia	2	0.5	4
Recia	2	0.4	5
Nórico	2	0.3	8
Dacia	1	0.6	2
Germania Inferior	1	0.5	2
Chipre	0	0.6	0
Arabia	0	0.5	0
Germania Superior	0	0.5	0
Mesia Superior	0	0.2	0
Mesia Inferior	0	0.2	0

---

41   Al igual que en la Tabla 1, los números para los senadores son propios y las estimaciones de la población se basan en Beloch (1886).

Tᴀʙʟᴀ 3. Senadores y densidad de inscripciones en regiones de habla latina en el Imperio Romano[42]

Provincia	Cantidad de senadores conocidos	Cantidad de inscripciones latinas	Población estimada (en millones de habitantes)	Cantidad de inscripciones (por cada millón de habitantes)
Bética	63	7.278	1.5	4.852
África	23	50.286	4.0	12.572
Narbonense	22	22.364	1.5	14.909
Hispania Citerior	5	22.544	3.3	6.832
Lugdunense	4	15.002	1.3	12.002
Aquitania	4	16.881	1.1	15.346
Lusitania	3	7.840	1.2	6.533
Dacia, Tracia, Mesia, Dalmacia, Panonia	2	35.183	4.0	8.796
Nórico, Recia, Germania	1	42.913	1.4	30.652

Bibliografía

Alcock, S.E. (1993). *Graecia Capta: The Landscapes of Roman Greece*, Cambridge.

Alföldy, G. (1971). *Konsulat und Senatorenstand unter den Antoninen. Prosopographische Untersuchungen zur senatorischen Führungsschicht*, Bonn.

Anderson Jr., J.C. (2013). *Roman Architecture in Provence*, Cambridge.

Ando, C. (2000). *Imperial Ideology and Provincial Loyalty in the Roman Empire*, Berkeley-Los Angeles.

Bang, P.F. (2008). *The Roman Bazaar: A Comparative Study of Trade and Markets in a Tributary Empire*, Cambridge.

Barnes, T.D. (1971). "The First African Consul", *Classical Review*, 21/3, 332.

Baroni, A.F. (2014). "Les propriétés foncières sénatoriales en Numidie sous le Haut-Empire", en Caldelli & Gregori (eds.), 388-400.

Beck, H. (2005). *Karriere und Hierarchie: die römische Aristokratie und die Anfänge des cursus honorum in der mittleren Republik*, Berlin.

---

42   El número de inscripciones latinas está tomado de Beltrán Lloris, F. (2015: 138-139). Los datos de las provincias menores están agregados. Para los senadores y la población estimada ver las tablas previas.

Bellamy, P.S. & Hitchner, R.B. (1996). "The Villas of the Vallée des Baux and the Barbegal Mill: Excavations at la Mérindole Villa and Cemetery" (app. J.I. McKinley), *Journal of Roman Archaeology*, 9, 154-176.

Beloch, J. (1886). *Die Bevölkerung der griechisch-römischen Welt*, Leipzig.

Beltrán Lloris, F. (2015). "The 'Epigraphic Habit' in the Roman World", en Bruun & Edmonson (eds.), 131-148.

Bénabou, M. (1976). *La résistance africaine à la romanisation*, Paris.

Bermond, I. *et al.* (2013). "Nîmes en Narbonnaise. Essai sur la géographie des territoires à l'échelle de la cité", en J.-L. Fiches, R. Plana-Mallart & V. Revilla-Calvo (eds.), *Paysages ruraux et territoires dans les cités de l'Occident romain*. Gallia *et* Hispania, Montpellier, 83-98.

Bertrandy, F. (2007). "Les Pactumeii de la 'confédération cirtéenne' sous le Haut-Empire", en J. Dalaison (ed.), *Espaces et pouvoirs dans l'Antiquité de l'Anatolie à la Gaule*, Grenoble, 73-103.

Bes, P. (2015). *One upon a Time in the East: The Chronological and Geographical Distribution of Terra Sigillata and Red Slip Ware in the Roman East*, Oxford.

Bezeczky, T. (1995). "Roman Amphora Trade in Pannonia", en G. Hajnóczi (ed.), *La Pannonia e l'Impero romano. Atti del convegno internazionale "La Pannonia e l'Impero romano". Accademia d'Ungheria e l'Istituto Austriaco di Cultura (Roma, 13-16 gennaio 1994)*, Milano, 155-175.

Bowman, A., Garnsey, P. & Rathbone, D. (2000) (eds.). *The Cambridge Ancient History, XI: The High Empire, AD 70-192*, 2ª ed. Cambridge.

Bowman, A. & Wilson, A. (2013) (eds.). *The Roman Agricultural Economy: Organization, Investment, and Production*, Oxford.

Briand-Ponsart, C. (2012). "Le pouvoir et la Confédération cirtéenne: priorité au ravitaillement", *L'Africa Romana*, 19/1, 623-635.

Brun, J.-P. (2005). *Archéologie du vin et de l'huile en Gaule romaine*, Paris.

Bruun, C. & Edmonson, J. (2015) (eds.). *The Oxford Handbook of Roman Epigraphy*, Oxford.

Burnand, Y. (1982). "Senatores romani ex provinciis Galliarum orti", en Pancera (ed.), II, 387-437.

Burnand, Y. (2005-2010). Primores Galliarum. *Sénateurs et chevaliers romains originaires de Gaule de la fin de la République au IIIe siècle*, Bruxelles, 5 vols.

Caballos Rufino, A. (1990). *Los senadores hispanorromanos y la romanización de Hispania (siglos I-III)*, Écija, 2 vols.

Caldelli, M.L. & Gregori, G.L. (2014) (eds.). *Epigrafia e Ordine Senatorio: 30 anni dopo*, Roma.

Camps-Fabrer, H. (1985). "L'olivier et son importance économique dans l'Afrique du Nord Antique", en M.-C. Amouretti & G. Comet (eds.), *L'huile d'olive en Méditerranée. Histoire, anthropologie, économie de l'Antiquité à nos jours*, Aix-en-Provence, 53-78.

Carreras Monfort, C. & Funari, P.P.A. (1998). *Britannia y el Mediterráneo. Estudios sobre el abastecimiento de aceite bético y africano en Britannia*, Barcelona.

Castillo, C. (1982). "Los senadores béticos: relaciones familiares y sociales", en Pancera (ed.), II, 465-519.

Chastagnol, A. (1992). *Le Sénat romain à l'époque impériale. Recherches sur la composition de l'Assemblée et le statut de ses membres*, Paris.

Chic García, G. (1985-1988). *Epigrafía anfórica de la Bética*, Écija-Sevilla, 2 vols.

Chic García, G. (1992). "Los Aelii en la producción y difusión del aceite bético", *Münstersche Beiträge zur antiken Handelsgeschichte*, 11/2, 1-22.

Corbier, M. (1974). *L'aerarium saturni et l'aerarium militare. Administration et prosopographie sénatoriale*, Rome.

Corbier, M. (1991). "City, Territory and Taxation", en J. Rich & A. Wallace-Hadrill (eds.), *City and Country in the Ancient World*, London, 214-243.

Corbier, M. (1982). "Les familles clarissimes d'Afrique proconsulaire, Ier-IIIe siècles", en Pancera (ed.), II, 685-754.

Cottier, M. *et al.* (2008) (eds.). *The Customs Law of Asia*, Oxford.

de Vos, M. (2013). "The Rural Landscape of Thugga: Farms, Presses, Mills, and Transport", en Bowman & Wilson (eds.), 143-218.

de Vos Raaijmakers, M. & Attoui, R. (2013). Rus Africum. *Le paysage rural antique autour de Dougga et Téboursouk*, Bari, 2 vols.

Delplace, C. (1977). "Publicains, trafiquants et financiers dans les provinces d'Asie Mineure sous la République", *Ktèma*, 2, 233-252.

Desbat, A. & Lemaître, S. (2001). "Les premières importations d'amphores de Bétique à Lyon", en D. Bernal & E. García Vargas (eds.), *Congreso internacional* ex Baetica amphorae. *Conservas, aceite y vino de la Bética en el Imperio romano*, Écija, III, 793-815.

Di Vita-Évrard, G. (1983). "Notes sur quelques timbres d'amphores de Tripolitaine", *Bulletin Archéologique du Comité des Travaux Historiques et Scientifiques: Antiquités Nationales*, n.s. 19, 147-159.

Dietler, M. (2010). *Archaeologies of Colonialism: Consumption, Entanglement, and Violence in Ancient Mediterranean France*, Berkeley.

Domergue, C. (1990). *Les mines de la Péninsule Ibérique dans l'Antiquité romaine*, Rome.

Dossey, L. (2010). *Peasant and Empire in Christian North Africa*, Berkeley.

Duncan-Jones, R. (1990). *Structure and Scale in the Roman Economy*, Cambridge.

Duncan-Jones, R. (2016). *Power and Privilege in Roman Society*, Cambridge.

Eberle, L.P. & Le Quéré, E. (2017). "Landed Traders, Trading Agriculturists? Land in the Economy of the Italian Diaspora in the Greek East", *Journal of Roman Studies*, 107, 27-59.

Eck, W. (1973). "Sozialstruktur des römischen Senatorenstandes der hohen Kaiserzeit und statistische Methode", *Chiron*, 3, 375-394.

Eck, W. (1974). "Beförderungskriterien innerhalb der senatorischen Laufbahn, dargestellt an der Zeit von 69 bis 138 n. Chr.", en H. Temporini *et al.* (eds.), *Aufstieg und Niedergang der römischen Welt*, Berlin, II/i, 158-228.

Eck, W. (1982). "Senatoren aus Germanien, Raetien, Noricum?", en Pancera (ed.), II, 539-552.

Eck, W. (2000). "Emperor, Senate and Magistrates", en Bowman, Garnsey & Rathbone (eds.), 214-237.

Edmonson, J. (2015). "Economic Life in the Roman Empire", en Bruun & Edmonson (eds.), 671-696.

Ehmig, U. (2003). *Die römischen Amphoren aus Mainz*, Möhnesee.

Etienne, R. & Mayet, F. (2002). *Salaisons et sauces de poisson hispaniques*, Paris.

Farney, G.D. (2007). *Ethnic Identity and Aristocratic Competition in Republican Rome*, Cambridge.

Fentress, E. *et al.* (2004). "Accounting for ARS: Fineware and Sites in Sicily and Africa", en S.E. Alcock & J. Cherry (eds.), *Side-by-Side Survey: Comparative Regional Studies in the Mediterranean World*, Oxford, 147-162.

Garnsey, P. (1978). "Rome's African Empire under the Principate", en P.D.A. Garnsey & C.R. Whittaker (eds.), *Imperialism in the Ancient World*, Cambridge, 223-254.

Garnsey, P. (1988). *Famine and Food Supply in the Graeco-Roman World: Response to Risk and Crisis*, Cambridge.

Gascou, J. (1972). *Septime Sévère*, Rome.

Gaudineau, C. (2000). "Gaul", en Bowman, Garnsey & Rathbone (eds.), 462-495.

González Cesteros, H. & Berni Millet, P. (2018). *Roman Amphorae in Neuss: Augustan to Julio-Claudian Contexts*, Oxford.

Gsell, S. (1911). *Atlas archéologique de l'Algérie*, Algiers.

Guédon, S. (2018). *La frontière romaine de l'Africa sous le Haute-Empire*, Madrid.

Haley, E.W. (2003). Baetica felix: *People and Prosperity in Southern Spain from Caesar to Septimius Severus*, Austin.

Halfmann, H. (1979). *Die Senatoren aus dem östlichen Teil des Imperium Romanum bis zum Ende des 2. Jh. n. Chr.*, Göttingen.

Halfmann, H. (2004). *Éphèse et Pergame. Urbanisme et commanditaires en Asie Mineure romaine*, Paris.

Halfmann, H. (2007). "Italische Ursprünge bei Rittern und Senatoren aus Kleinasien", en G.-P. Urso (ed.), *Tra oriente e occidente. Indigeni, Greci e Romani in Asia Minore. Atti del convegno internazionale (Cividale del Friuli, 28-30 settembre 2006)*, Pisa, 165-187.

Hammond, M. (1957). "Composition of the Senate, AD 68-235", *Journal of Roman Studies*, 47, 74-81.

Harper, K. (2008). "The Greek Census Inscriptions of Late Antiquity", *Journal of Roman Studies*, 98, 83-119.

Harper, K. (2016). "People, Plagues, and Prices in the Roman World: The Evidence from Egypt", *Journal of Economic History*, 76/3, 803-839.

Harris, W.V. (1989). *Ancient Literacy*, Cambridge MA.

Hatzfeld, J. (1919). *Les trafiquants italiens dans l'Orient hellénique*, Paris.

Hingley, R. (2005). *Globalizing Roman Culture: Unity, Diversity and Empire*, London.

Hirt, A.M. (2010). *Imperial Mines and Quarries in the roman World: Organizational Aspects, 27 BC-AD 235*, Oxford.

Hitchner, R.B. (1988). "The Kasserine Archaeological Survey, 1982-1986", *Antiquités Africaines*, 24/1, 7-41.

Hobson, M.S. (2015). *The North African Boom: Evaluating Economic Growth in the Roman Province of Africa Proconsularis (146 BC-AD 439)*, Portsmouth RI (Journal of Roman Archaeology Suppl., 100).

Holleran, C. (2016). "Labour Mobility in the Roman World: A Case Study of Mines in Iberia", en L. de Ligt & L.E. Tacoma (eds.), *Migration and Mobility in the Early Roman Empire*, Leiden, 95-137.

Hopkins, K. & Burton, G. (1985). "Ambition and Withdrawal: The Senatorial Aristocracy under the Emperors", en K. Hopkins, *Death and Renewal: Sociological Studies in Roman History*, 2, Cambridge, 120-200.

Horden, P. & Purcell, N. (2000). *The Corrupting Sea: A Study of Mediterranean History*, Oxford.

Jones, G.D.B. (1980). "The Roman Mines at Riotinto", *Journal of Roman Studies*, 70, 146-165.

Jung, C. *et al.* (2001). "La viticulture antique dans le Tricastin (moyenne vallée du Rhône)", *Gallia*, 58, 113-128.

Kehoe, D.P. (1988). *The Economics of Agriculture on Roman Imperial Estates in North Africa*, Göttingen.

Kolendo, J. (1991). *Le colonat en Afrique sous le Haut-Empire*, 2ª ed. Paris.

Lambrechts, P. (1936). *La composition du sénat romain de l'accession au trône d'Hadrien à la mort de Commode (117-192)*, Anvers.

Lambrechts, P. (1968). *La composition du sénat romain de Septime Sévère à Dioclétien (193-284)*, 2ª ed. Rome.

Lassère, J.-M. (1977). Ubique populus. *Peuplement et mouvements de population dans l'Afrique romaine de la chute de Carthage à la fin de la dynastie des Sévères (146 av. J.-C.-235 ap. J.-C.)*, Paris.

Laubenheimer, F. (1992) (ed.). *Les amphores en Gaule, production et circulation. Table ronde internationale (Metz, 4-6 octobre 1990)*, Paris.

Lavan, M., Payne, R.E. & Weisweiler, J. (2016). "Cosmopolitan Politics: The Assimilation and Subordination of Elite Cultures", en M. Lavan, R.E. Payne & J. Weisweiler (eds.), *Cosmopolitanism and Empire: Universal Rulers, Local Elites, and Cultural Integration in the Ancient Near East and Mediterranean*, Oxford, 1-28.

Le Glay, M. (1982). "Sénateurs de Numidie et des Maurétanies", en Pancera (ed.), II, 755-781.

Leunissen, P.M.M. (1989). *Konsuln und Konsulare in der Zeit von Commodus bis Severus Alexander (180-235 n. Chr.). Prosopographische Untersuchungen zur senatorischen Elite im römischen Kaiserreich*, Amsterdam.

Leveau, P. (1996). "The Barbegal Water Mill in its Environment: Archaeology and the Economic and Social History of Antiquity", *Journal of Roman Archaeology*, 9, 137-153.

Leveau, P. (2003). "L'oléiculture en Gaule Narbonnaise: données archéologiques et paléoenvironnementales. Présentation-Interprétation", *Revue Archéologique de Picardie*, 1-2, 299-308.

Lo Cascio, E. (1994). "The Size of the Roman Population: Beloch and the Meaning of the Augustan Census Figures", *Journal of Roman Studies*, 84, 23-40.

Lomas, F.J. & Sáez, P. (1981). "El *Kalendarium Vegetianum*, la *annona* y el comercio del aceite", *Mélanges de la Casa Velázquez*, 17, 55-84.

Lowe, B. (2009). *Roman Iberia: Economy, Society and Culture*, London.

MacMullen, R. (2000). *Romanization in the Time of* Augustus, New Haven.

Manacorda, D. (1977). "Il *Kalendarium Vegetianum* e le anfore della Betica", *Mélanges de l'École Française de Rome*, 89/1, 313-332.

Manacorda, D. (1983). "Prosopografia e anfore tripolitane: nuove osservazioni", en J.M. Blázquez Martínez & J. Remesal Rodríguez (eds.), *Producción y comercio del aceite en la Antigüedad. Segundo Congreso Internacional (Sevilla, 24-28 febrero 1982)*, Madrid, 483-500.

Manganaro, G. (1982). "I senatori di Sicilia e il problema del latifondo", en Pancera (ed.), II, 369-385.

Marzano, A. (2013a). "Capital Investment and Agriculture: Multi-Press Facilities from Gaul, the Iberian Peninsula, and the Black Sea Region", en Bowman & Wilson (eds.), 107-141.

Marzano, A. (2013b). *Harvesting the Sea: The Exploitation of Marine Resources in the Roman Mediterranean*, Oxford.

Mastino, A. & Ibba, A. (2014). "I senatori africani: aggiornamenti", en Caldelli & Gregori (eds.), 353-385.

Mattingly, D.J. (1988a). "Megalithic Madness and Measurement: or, How Many Olives Could an Olive Press?", *Oxford Journal of Archaeology*, 7.2.

Mattingly, D.J. (1988b). "Oil for Export: A Comparison of Libyan, Spanish and Tunisian Olive Oil Production in the Roman Empire", *Journal of Roman Archaeology*, 1, 33-56.

Mattingly, D.J. (1995). *Tripolitania*, London.

Mattingly, D.J. (2017). "The Garamantes and the Origins of Saharan Trade: State of the Field and Future Agendas", en D.J. Mattingly *et al.* (eds.), *Trade in the Ancient Sahara and Beyond*, Cambridge, 1-52.

Mitchell, S. (1995). *Land, Men, and Gods in Asia Minor*, Oxford, 2 vols.

Mitchell, S. (2005). "Olive Cultivation in the Economy of Asia Minor", en S. Mitchell & C. Katsari (eds.), *Patterns in the Economy of Roman Asia Minor*, Swansea, 83-113.

Mouritsen, H. (2011). *The Freedman in the Roman World*, Cambridge.

Muane, S. (2003). "La villa gallo-romaine de 'Vareilles' à Paulhan (Hérault; fouille de l'autoroute A75). Un centre domanial du Haut-Empire spécialisé dans la viticulture?", *Revue Archéologique de Picardie*, 1-2, 309-337.

Okoń, D. (2017). *Album senatorum, I. Senatores ab Septimi Severi aetate usque ad Alexandrum Severum (193-235 AD)*, Szczecin.

Oliver, J.H. (1982). "Roman Senators from Greece and Macedonia", en Pancera (ed.), II, 583-602.

Pancera, S. (1982) (ed.). *Atti del colloquio internazionale AIEGL su Epigrafia e Ordine Senatorio (Roma, 14-20 maggio 1981)*, Roma, 2 vols.

Panella, C. (1989). "Le anfore italiche del II secolo D.C.", en M. Lenoir, D. Manacorda & C. Panella (eds.), *Amphores romaines et histoire économique. Dix ans de recherche. Actes du colloque de Sienne (22-24 mai 1986)*, Rome, 139-178.

Panella, C. (2001). "Le anfore di età imperiale del Mediterraneo occidentale", en P. Lévêque, J.-P. Moret & É. Geny (eds.), *Céramiques hellénistiques et romaines III*, Paris-Besançon, 177-276.

Pleket, H.W. (1984). "Urban Elites and the Economy in the Greek Cities of the Roman Empire", *Münstersche Beïtrage zur Antiken Handelsgeschichte*, 3/1, 3-36.

Pollard, N. (2000). *Soldiers, Cities, and Civilians in Roman Syria*, Ann Arbor.

Ponsich, M. (1974). *Implantation rurale antique sur le Bas-Guadalquivir*, Madrid, vol. I.

Ponsich, M. (1988). *Aceite de oliva y salazones de pescado. Factores geo-económicos de Bética y Tingitania*, Madrid.

Prosopographia Imperii Romani, 2ª ed. Berlin, 1933-2015, 8 vols.

Purcell, N. (2005). "Romans in the Roman World", en K. Galinsky (ed.), *The Cambridge Companion to the Age of Augustus*, Cambridge, 85-105.

Raepsaet-Charlier, M.-T. (1987). *Prosopographie des femmes de l'ordre sénatorial (Ier-IIe siècles)*, Leuven, 2 vols.

Remesal Rodríguez, J. (1997). *Heeresversorgung und die wirtschaftlichen Beziehungen zwischen der Baetica und Germanien. Materialien zu einem Corpus der in Deutschland veröffentlichten Stempel auf Amphoren der Form Dressel 20*, Stuttgart.

Reynolds, J. (1982). "Senators Originating in the Provinces of Egypt and of Crete and Cyrene", en Pancera (ed.), II, 671-683.

Richardson, J. (1996). *The Romans in Spain*, Oxford.

Rizzo, G. (2018). "Ostia, le anfore e i commerci mediterranei. Un bilancio preliminare", *Archeologia Classica*, 69, n.s. 2/8, 223-266.

Rodríguez Almeida, E. (1984). *Il Monte Testaccio. Ambiente, storia, materiali*, Roma.

Rüpke, J. (2008). *Fasti sacerdotum: A Prosopography of Pagan, Jewish, and Christian Religious Officials in the City of Rome, 300 BC to AD 499*, trad. D.M.B. Richardson, Oxford.

Sachau, E. (1907-1908). *Syrische Rechtsbücher*, Berlin, 2 vols.

Salmon, E.T. (1969). *Roman Colonization under the Republic*, London.

Šašel, J. (1982). "Senatori ed appartenenti all'ordine senatorio provenienti dalle province romane di Dacia, Tracia, Mesia, Dalmazia e Pannonia", en Pancera (ed.), II, 553-581.

Scheid, J. (1998). *Commentarii Fratrum Arvalium qui supersunt. Les copies épigraphiques des protocoles annuels de la confrérie arvale (21 av.-304 ap. J.-C.)*, Rome.

Scheidel, W. (2002). "A Model of Demographic and Economic Change in Roman Egypt after the Antonine Plague", *Journal of Roman Archaeology*, 15, 97-114.

Scheidel, W. (2007), "Demography", en W. Scheidel, I. Morris & R.P. Saller (eds.), *The Cambridge Economic History of the Graeco-Roman World*, Cambridge, 38-86.

Scheidel, W. (2014). "The Shape of the Roman World: Modelling Imperial Connectivity", *Journal of Roman Archaeology*, 27, 7-32.

Scheidel, W. (2019). *Escape from Rome: The Failure of Empire and the Road to Prosperity*, Princeton.

Scheidel, W. & Friesen, S.J. (2009). "The Size of the Economy and the Distribution of Income in the Roman Empire", *Journal of Roman Studies*, 99, 61-91.

Sirks, B. (1991). *Food for Rome: The Legal Structure of the Transportation and Processing of Supplies for the Imperial Distributions in Rome and Constantinople*, Amsterdam.

Ste. Croix, G.E.M. de (1981). *The Class Struggle in the Ancient Greek World: From the Archaic Age to the Arab Conquest*, London.

Syme, R. (1958). *Tacitus*, Oxford, 2. vols.

Syme, R. (1977). "La richesse des aristocraties de Bétique et de Narbonnaise", *Ktèma*, 2, 373-380.

Talbert, R.J.A. (1984). *The Senate of Imperial Rome*, Princeton.

Tchernia, A. (2002). "L'arrivée de l'huile de Bétique sur le limes germanique: Wierschowski contre Remesal", en L. Rivet & M. Sciallano (eds.), *Vivre, produire et échanger: reflets méditerranéens. Mélanges offerts à Bernard Liou*, Montagnac, 319-324.

Tchernia, A. (2009). "L'exportation du vin: interprétations actuelles de l'exception gauloise", en J. Carlsen & E. Lo Cascio (eds.), *Agricoltura e scambi nell'Italia tardo-repubblicana*, Bari, 91-113.

Teichner, F. & Peña Cervantes, Y. (2012). "Archaologisches zur Herstellung von Olivenöl und Wein im romischen Hispanien", *Bonner Jahrbücher*, 210-211, 375-458.

Thonemann, P. (2011). *The Maeander Valley: A Historical Geography from Antiquity to Byzantium*, Cambridge.

Thonemann, P. (2013). "The Attalid State, 188-133 BCE", en P. Thonemann (ed.), *Attalid Asia Minor: Money, International Relations and the State*, Oxford, 1-47.

Van Oyen, A. (2020). "Innovation and Investment in the Roman Rural Economy through the Lens of Marzuolo (Tuscany, Italy)", *Past & Present*, 248, 3-40.

Weisweiler, J. (2020). "The Heredity of Senatorial Status in the Principate", *Journal of Roman Studies*, 110, 29-56.

Whittaker, C.R. (1996). "Roman Africa: Augustus to Vespasian", en A.K. Bowman, E. Champlin & A. Lintott (eds.), *The Cambridge Ancient History*,

X: *The Augustan Empire, 43 BC-AD 69*, 2a ed. Cambridge, 586-618.

Wilson, A.J.N. (1966). *Emigration from Italy in the Republican Age of Rome*, Manchester.

Wiseman, T.P. (1971). *New Men in the Roman Senate, 139 BC-AD 14*, Oxford.

Woolf, G. (1998). *Becoming Roman: The Origin of Provincial Civilization in Gaul*, Cambridge.

Wypijewski, I. & Pietruszka, W. (2014). "*CIL* XI 3254 (II. 18): C. Caristanius Fronto from Sutrium?", *Tyche*, 28, 191-202.

PARTE II

LA DESIGUALDAD Y LOS ESTATUS (DEPENDIENTES):

DE LAS APROXIMACIONES LEGALES A LAS ECONÓMICAS

DESIGUALDAD Y JUSTICIA:
COLECCIONES DE LEYES Y LITIGIOS DEL PERÍODO PALEOBABILÓNICO

Andrea Seri[1]

Comentarios introductorios[2]

A partir del ensayo de Rousseau sobre "el origen de la desigualdad entre los hombres", escrito en 1754, la búsqueda de las raíces más profundas y de las trayectorias de la desigualdad social ha producido enfoques diferentes[3]. El estudio de la desigualdad es, entonces, una preocupación moderna. Puede rastrearse en las inquietudes de teóricos occidentales interesados en las disparidades socio-económicas del capitalismo y en la institución de la democracia en lo que entonces eran los Estados-nación en ciernes. El interés por el tema continúa porque la brecha entre sociedades privilegiadas y desfavorecidas se profundiza y porque, en el mundo actual, los regímenes autoritarios están lejos de haber desaparecido. Como se señala en un libro publicado recientemente, en su mayoría, los teóricos de la desigualdad se han ocupado del Occidente capitalista reciente y, por esa razón,

---

1   Universidad Nacional de Córdoba.

2   En el texto se utilizan las siguientes abreviaturas: Boyer Contrib.: ver Boyer (1928); CAD = *Chicago Assyrian Dictionary*, University of Chicago; CT = *Cuneiform Texts in the British Museum*, London; Ha = rey Hammurabi de Babilonia; MSL = *Materials for the Sumerian Lexicon*; Riftin: ver Riftin (1937); s.f. = sin fecha; Si = rey Samsu-iluna de Babilonia; RS = rey Rīm-Sîn de Larsa; Sm = rey Sîn-muballiṭ de Babilonia; Ṣa = rey Ṣabium de Babilonia; OLA = *Orientalia Lovaniensia Analecta*; TCL = *Textes Cunéiformes du Louvre*, Paris; VAS = *Vorderasiatische Schriftsdenkmäler*; Waterman Bus.: ver Waterman (1916); YOS = *Yale Oriental Studies*.

3   Ver Rousseau (2004 [1755]). Ejemplos recientes incluyen, *e.g.* Midlarsky (1997); Tilly (1999; 2001); Milanovic (2011); Stiglitz (2012); Scheidel (2017).

sus argumentos no siempre son relevantes para las sociedades antiguas, de menor escala (Kohler *et al.*, 2018: 312). Sin embargo, arqueólogos e historiadores están ahora investigando y encarando los desafíos que presenta el análisis de la desigualdad en sociedades antiguas y preindustriales[4].

Los estudios sobre la desigualdad en la Mesopotamia antigua son escasos. El trabajo más reciente es un artículo de Elizabeth Stone publicado en 2018 e intitulado "La trayectoria de la desigualdad social en la Mesopotamia antigua", donde la autora aplica el método de coeficiente Gini para estudiar los restos de casas y tumbas mesopotámicas desde mediados del IV hasta mediados del I milenio a.C.[5]. Stone compara la información de los períodos cronológicos mejor documentados, a saber, Uruk y Jemdet Nasr (desde mediados del IV hasta principios del III milenio), Dinástico Temprano tardío (mediados del III milenio), Paleobabilónico (desde principios hasta mediados del II milenio), y Neobabilónico/Aqueménida (desde mediados hasta finales del I milenio) (Stone, 2018: 245-246). Su conclusión señala que los datos sobre viviendas "sugieren un nivel de desigualdad de bajo a moderado"[6]; en tanto la información proveniente de los enterramientos genera, de manera consistente, coeficientes de Gini elevados, a excepción del ejemplo neolítico de Eridu. ¿Pero es posible pensar que "el surgimiento de la realeza y el movimiento de gente hacia los centros urbanos a finales del período Dinástico temprano estuviera acompañado de un descenso significativo de la diferenciación social", como infiere Stone[7]? ¿Y es posible que el cuadro que surge de las áreas paleobabilónicas muy excavadas y de los documentos cuneiformes privados sugiera "poca diferenciación social en esas ciudades"[8]? Además, me pregunto si el análisis de la arquitectura

---

4   Por ejemplo, Flannery & Marcus (2012); Porčić (2012); Smith *et al.* (2014); Kohler & Smith (2018).

5   Para la aplicación del método de coeficiente de Gini para medir la desigualdad en arqueología, ver Peterson & Drennan (2018).

6   Stone (2018: 246): "… suggest a low to moderate level of inequality in Mesopotamia".

7   Stone (2018: 249): "… the rise of kingship and the movement of people into urban centers at the end of the Early Dynastic period was accompanied by a significant decrease in social differentiation".

8   Stone (2018: 251): "… suggests little in the way of social differentiation within these cities". Sin embargo, Keith (1999) demuestra que gente que vivía en las ciudades podía tener propiedades en las áreas agrícolas circundantes, así como también en

      Desigualdades antiguas

de ladrillos y de las tablillas cuneiformes asociadas a ella es representativo de la condición de otros miembros de la sociedad, especialmente de aquellos que pudieron haber vivido en casas precarias y no participaban de las transacciones inmobiliarias registradas en tablillas cuneiformes. ¿Es confiable la utilización de fórmulas de coeficiente modernas cuando se las aplica a los restos arqueológicos de la Mesopotamia antigua?

Los problemas de estudiar la desigualdad de manera diacrónica y sincrónica en la Mesopotamia antigua son múltiples. Trabajar sobre la desigualdad comporta diferentes grados de comparación. Idealmente, se debería poder contrastar los medios socio-económicos y los derechos de los actores privilegiados y desfavorecidos. Pero, para ello, encontramos serias limitaciones, tales como: 1) la distribución despareja de las fuentes, lo que prácticamente imposibilita evaluar la evidencia proveniente de diferentes áreas geográficas, períodos y grupos sociales, y 2) la escasa evidencia material y textual necesaria para estimar las condiciones de vida de los pobres, lo que constituye el obstáculo principal para cualquier intento de realizar un enfoque cuantitativo.

La literatura especializada muestra diferentes clases de desigualdad: la desigualdad económica (cuyos extremos son la riqueza y la pobreza), la desigualdad social (reflejada en la posición privilegiada y desfavorecida dentro de la sociedad), la desigualdad de género (que incluye el acceso limitado a ciertos recursos y actividades de las mujeres en general y de las mujeres pobres y marginadas en particular), la desigualdad étnica (que por lo general se construye para ser percibida como alteridad), la desigualdad etaria (que suele afectar a los más jóvenes y a los más viejos), y la desigualdad legal (relacionada a los derechos y privilegios que las autoridades otorgan a sectores socio-económicos, algo particularmente relevante en las sociedades antiguas, donde no todas las personas nacían libres e iguales). También existe la desigualdad dentro de grupos específicos, lo que a veces hace que sea posible trazar grados de desigualdades endógenas y exógenas. Pero, cualquiera sea el tipo de desigualdad que se considere, permanece el hecho de que la desigualdad implica un acceso diferencial a los

---

las aldeas. Esto significaría, entonces, que considerar solo el tamaño de las casas no necesariamente es un indicador de la desigualdad económica en las ciudades.

recursos y a los derechos y, por consiguiente, una posición diferencial dentro del entramado social.

Teniendo en cuenta esas dificultades y limitaciones, en este trabajo investigo aquellas desigualdades que aparecen en las colecciones de leyes y en los litigios de la Mesopotamia que datan de la primera mitad del II milenio a.C. No discutiré los orígenes y las trayectorias de la desigualdad durante el período Paleobabilónico porque, por entonces, la desigualdad ya estaba profundamente arraigada en la sociedad. Tampoco me detendré en las variaciones de la desigualdad, a las que Scheidel (2017) llama los "cuatro jinetes" de la nivelación, es decir, guerra, revolución, colapso del Estado y pandemias, puesto que creo que semejante enfoque –necesario para estimar los grados de cambios y continuidades– requiere información que no está totalmente disponible en el caso de la guerra y el colapso del Estado; en tanto la evidencia de pandemias es inexistente y el concepto de revolución es una categoría anacrónica para el período Paleobabilónico. Soy consciente de que mi enfoque es arbitrario y parcial, ya que se basa en registros escritos por el Estado o relativos a la(s) élite(s). Este corpus, sin embargo, es lo más cercano que tenemos para aproximarnos a una perspectiva *emic* (la de los nativos de la Mesopotamia) de la desigualdad. Me refiero a la visión que surge de la tersa explicación narrativa de los antiguos escribas, como opuesta a las conclusiones que se originan de la lectura de documentos archivísticos. En otras palabras, en este trabajo rastrearé la manera en la que se expresaba la desigualdad, de forma consciente o no, en los documentos escritos por y para las élites. También exploraré el modo en el que puede percibirse la desigualdad en los litigios provenientes del mismo período.

Colecciones de leyes

Durante el período Paleobabilónico (*ca.* 2000-1595 a.C.) se compilaron tres colecciones de leyes: Las leyes del rey Lipit-Ištar de Isin (*ca.* 1930 a.C.), las leyes de Dāduša de Ešnuna (*ca.* 1770 a.C.) y las leyes de Hammurabi de Babilonia (*ca.* 1755 a.C.) (cf. Roth, 1997). Cubren un período de unos 180 años. La primera está escrita en sumerio y las otras dos en acadio, pero claramente provienen de la misma tradición legal e intelectual que se remonta

   Desigualdades antiguas

a las llamadas leyes de Ur-Namma, originadas en el período de Ur III (*ca.* 2100-2000 a.C.). Desde un punto de vista histórico, las colecciones paleobabilónicas surgen de situaciones políticas muy distintas. Las leyes de Lipit-Ištar y las de Ešnuna provienen de dos reinos independientes que actuaban en un contexto regional donde había varios Estados territoriales que competían por la hegemonía, en tanto las leyes de Hammurabi datan del período en el que Babilonia ya había derrotado a todos los otros rivales y había establecido un Estado territorial dominante.

Esas tres colecciones de leyes han sido discutidas meticulosamente, tanto de manera individual como temática y filológicamente. Pero no han sido estudiadas teniendo en mente el problema de la desigualdad. Existen interpretaciones antagónicas en cuanto a si las colecciones mesopotámicas se utilizaban en la resolución de disputas legales, o si eran solo inscripciones conmemorativas que tenían la finalidad de resaltar la función del monarca como rey de justicia (*šar mīšari*), o si eran tratados "científicos" estrechamente relacionados con la formación de escribas (*e.g.* Westbrook, 1995). La de Hammurabi fue la primera colección en ser descubierta entre 1901-1902 y de inmediato se la etiquetó de "Código de Leyes". La *editio princeps* se publicó en 1902 bajo el título *Code des lois de Hammurabi* (Scheil, 1902). Desde principios del siglo XX hasta los años sesenta, el punto de vista común era que los códigos de leyes mesopotámicos servían para administrar justicia. Finkelstein (1961) y otros (cf. *e.g.* Westbrook, 1990; Bottéro, 1992) desafiaron esa interpretación. En la actualidad, con muy pocas excepciones, la mayoría de los estudiosos considera que, aunque posiblemente basada en la ley consuetudinaria, las colecciones de leyes mesopotámicas no se empleaban para dictar veredictos en disputas reales[9]. La posición que se tome en relación con estos problemas condicionará, sin duda, las interpretaciones referidas a la importancia de las colecciones en el funcionamiento de la justicia y también influirá en la comprensión de la relación entre Estado y sociedad.

Las categorías en las que las colecciones de leyes clasifican a la gente continúan siendo un asunto irresuelto. Por comparación, la

---

9   Para una síntesis de las diferentes interpretaciones sobre el tema de la aplicabilidad de las colecciones de leyes en situaciones de la vida cotidiana, ver Démare (1987) y, más recientemente, Claassens (2010).

menos problemática es la de los esclavos[10]. En el caso de las leyes de Ešnuna y de Hammurabi, existen desacuerdos con respecto al rol y al estatus socio-económico del *awīlu* y del *muškēnu*, así como también sobre la relación y el grado de dependencia que tenían con el Estado. La mayoría de las interpretaciones está basada en nociones imprecisas tales como "ciudadanía" y "libertad". En sentido estricto, sin embargo, "ciudadanía" y "libertad", sin más especificaciones, son confusas puesto que son conceptos connotados históricamente y, por consiguiente, no son universalmente válidos. En la Mesopotamia antigua, la libertad es significativa cuando se la opone a la esclavitud y al cautiverio. El punto de partida de las discusiones contemporáneas puede remontarse, a pesar de las diferencias de opinión, a las interpretaciones de Kraus (1958; 1973). En términos breves, aunque el razonamiento es complejo, *muškēnu* representa a la población libre y *awīlu* a la élite de la administración del palacio. Solo mencionaré dos opiniones disonantes a modo de ejemplo. Para Van De Mieroop (1999: 146), el *muškēnu* es dependiente de otro individuo, del templo o del palacio; en tanto el *awīlu* es el hombre libre. Más recientemente, Dassow (2014: 307) argumentó que *awīlu* y *muškēnu* comparten las siguientes características: son libres, pueden ser ricos o pobres, deben prestar servicios al Estado, y se diferencian por el hecho de que el *muškēnu* está subordinado a la autoridad que ejerce el *awīlu*.

Todas las interpretaciones que han sido propuestas contienen argumentos elocuentes, pero presentan pocas evidencias para sustentar posturas de manera sólida[11]. Parte del problema se debe a que los documentos que se preservan por fuera de las colecciones de leyes, y que podrían utilizarse para ayudar a comprender cada categoría, brindan poca información sobre las actividades y las prerrogativas de la gente caracterizada en las leyes como *awīlu* y *muškēnu*. Las discusiones sobre las categorías de personas –fundamentales para estudiar la administración de justicia y las diferenciaciones sociales– tienen menos relevancia cuando se trata

---

10   Aunque es de señalar que el término arad/*wardu* también se utiliza para indicar una posición de subordinación, por ejemplo, la de un funcionario que se refiere a sí mismo como "esclavo" o "servidor" del rey.

11   Dassow (2014) ha revisado recientemente las categorías *awīlu* y *muškēnu*. Su artículo incluye también una síntesis de los enfoques previos, en donde señala los errores y las inconsistencias de aquellos estudios.

                                        Desigualdades antiguas

de analizar la manera en la que los actores sociales influyentes, tales como los burócratas reales y los escribas, concebían la justicia y la sociedad.

Las leyes de Lipit-Ištar

Los manuscritos existentes preservan un prólogo, un epílogo y unas cincuenta leyes. La mayoría de las fuentes para las leyes de Lipit-Ištar provienen de la ciudad de Nippur (Steele, 1948). Las leyes comienzan con la cláusula "Si un hombre..." (tukum-bi lu$_2$)[12], y todas las provisiones se refieren a situaciones hipotéticas relacionadas con la categoría de hombre lu$_2$[13]. El término "hombre" se traduce, por lo general, como "hombre libre", en oposición al "esclavo" (arad), otra clase de personas mencionada en las leyes de Lipit-Ištar. Aparecen, además, las categorías de hombre "dependiente" (miqtum) e "hijo nativo" o "ciudadano" (dumu-ĝir$_{15}$)[14]. Los alcances socio-económicos y legales de estos términos, así como el rol, las funciones y la filiación de cada uno de ellos continúan siendo poco claros. Desde el punto de vista económico, es evidente que, en las leyes de Lipit-Ištar, el hombre lu$_2$ es el agente de todas las transacciones: puede alquilar bueyes (§ a; § 34-37), barcos (§ 5), huertos (§ 7); puede asignar tierras para que se cultiven huertos (§ 8); pagar tributos y tomar posesión de un inmueble (§ 18); sus hijos (varones o mujeres) heredan sus propiedades y las de su esposa (§§ b; 22; 24-27; 31-32); puede dar a su hija en matrimonio (§ 23); asignar el regalo de compromiso (nig$_2$-mi$_2$-us$_2$-sa$_2$) de su hijo mayor (§ 32); poseer propiedades (§§ 7; 11; 18; 19), incluyendo esclavos (§ 12; 14); y si su hija es golpeada

---

12 Los términos en sumerio o en escritura logográfica se transcriben con la fuente en espaciado expandido. Los términos en acadio se transcriben en cursiva.

13 La formulación casuística de las leyes mesopotámicas, presentadas como arreglo secuencial de una prótasis (que comienza con una cláusula-*si*) y de una apódosis, es también característica de los presagios y de los textos médicos. Ver Kraus (1950).

14 Roth (1997: 271) parece interpretar *miqtum* como un sustantivo en acadio (así también en CAD M p. 103 significado 7) y explica que el término se refiere a "A member of a social or economic class of persons, possibly under royal patronage". La palabra aparece en la Serie lu$_2$ = *ša* 785 (MSL 12: 61). Ver también Molina (2000: 94, n. 21). Lo que está claro es que, jerárquicamente, el miqtum está por debajo del lu$_2$ ("hombre") y por encima del arad ("esclavo"). Para dumu-ĝir$_{15}$ como "ciudadano libre" ("free citizen"), ver *e.g.* Wilcke (2003: 51, n. 135); Westbrook (2003); para la traducción "nativo nacido libre" ("native free-born"), Roth (1997: 31).

y pierde su feto, él recibe más compensación que si la golpeada es su esclava (por la hija recibe 30 siclos de plata [§ d] y por la esclava solo 5 siclos [§ f]; un siclo de plata pesaba 8,3 gramos).

Al esclavo se lo menciona en relación con un beneficio económico solo cuando puede heredar propiedades, específicamente, en el caso de ser hijo de un hombre lu$_2$ que se haya casado con una esclava después de que la primera esposa muriera. En las leyes de Lipit-Ištar, el miqtum no aparece realizando ningún tipo de actividad económica que le reporte retribuciones. Desde el punto de vista legal, el lu$_2$ claramente disfruta de todos los beneficios: tiene independencia y privilegios económicos. A pesar de que los esclavos no tienen libertad, el esclavo puede disputar su estatus y, eventualmente, ser liberado (§ 14). También puede ser liberado en caso de ser el hijo de una esclava y su amo (§ 25). La categoría miqtum aparece mencionada solo dos veces en las leyes de Lipit-Ištar, una vez como regalo real que no puede ser apropiado (§ 15) y otra como alguien que no puede ingresar al servicio de un hombre lu$_2$ por su propia voluntad (§ 16). Por último, el término dumu-ĝir$_{15}$ ocurre solo una vez (§ 26) y se usa para afirmar que después de que muera la primera esposa de un hombre lu$_2$, el hijo que nazca de él con una esclava será considerado como un hijo nativo nacido libre (dumu-ĝir$_{15}$).

Las leyes de Lipit-Ištar también mencionan a las mujeres, pero, por lo general, están vinculadas con un hombre lu$_2$ en tanto esposa (§§ 24-29), esposa esclava (§ 12; 25-26), madre de sus hijos (§ 24-25), hija (§§ b-d; 22-23), o prostituta (kar-kid, § 27; 30). Pero existe un caso en el que una mujer aparece como propietaria (nin) de un inmueble (§ 18). Los privilegios de las esposas e hijas de los hombres lu$_2$ contrastan con los de la prostituta, quien, aparentemente, no puede casarse con un hombre joven (guruš, § 30). Sin embargo, los hijos que una prostituta tenga con un hombre lu$_2$ tienen derecho a heredar parte de los bienes de su padre. Por su parte, los hijos de una esclava y un hombre lu$_2$ pueden ser liberados y heredar, dadas las debidas circunstancias (§§ 25-26).

Las leyes de Ešnuna

No se preservan ni el prólogo ni el epilogo de esta colección. Los manuscritos existentes contienen 60 provisiones. Las fuentes

Desigualdades antiguas

provienen de Tell Ḥarmal (Šaduppûm) y Tell Haddad (Mê-Turran) (Yaron, 1988). La mayoría de las leyes, aunque no todas, comienzan con la cláusula condicional "Si un hombre...". En las leyes de Ešnuna, el equivalente acadio de lu₂ es *awīlu*. Esta clase de hombres parece tener prerrogativas económicas, legales y sociales similares a las mencionadas en las leyes de Lipit-Ištar, sobre todo, en lo que concierne a los derechos de propiedad (*e.g.* §§ 36-37), préstamos (§§ 19-21) y asuntos familiares, como casamiento (§§ 25-30) y divorcio (§ 59). La categoría *awīlu* está opuesta a la del esclavo (*wardu*). Aparte de la independencia y de los privilegios económicos, la vida del *awīlu* es más valiosa que la del esclavo. Así, por ejemplo, en caso de que un buey o un perro cause la muerte de un *awīlu*, el dueño del animal tiene que pagar 40 siclos de plata, pero si el que muere es un esclavo, deberá pagar solo 15 siclos (§§ 54-57). Sin embargo, otra ley estipula que se le niega un préstamo tanto al hijo de un *awīlu* que no haya recibido su herencia como a un esclavo (§ 16). El criterio parece ser insolvencia económica. A diferencia de las leyes de Lipit-Ištar, ningún párrafo se refiere a los derechos de herencia de un hijo nacido de un *awīlu* y una esclava, aunque el *awīlu* que desflora a una esclava tiene que compensar a su dueño con 20 siclos de plata y la esclava continuará siendo propiedad de su amo (§ 31).

Las leyes de Ešnuna no mencionan al miqtum. En su lugar, se encuentra la categoría *muškēnu*, que tambіén es una especie de "dependiente"[15]. El *muškēnu* aparece dos veces en relación con el palacio: 1) en caso de que una esclava del palacio le entregue su hijo a un *muškēnu* para que lo críe, en cuyo caso el palacio le sacará al niño que entregó (§ 34), y 2) en caso de que una persona en posición de autoridad capture a un esclavo o a una esclava, a un buey o a un burro extraviado que pertenezca al palacio o a un *muškēnu* y que deje pasar más de un mes sin devolver el bien capturado, en cuyo caso el palacio lo acusará de robo (§ 50). Por consiguiente, ser dependiente no parece haber impedido que aquellos hombres poseyeran esclavos, bueyes o burros. Los derechos del *muškēnu* son claros, por ejemplo, cuando el *awīlu* que entra sin autorización al campo o a la casa de un *muškēnu* debe

---

15 El término *muškēnu* literalmente significa "el que se somete", "sujeto"; ver Stol (1997).

compensarlo. Las sanciones van desde los 10 siclos de plata hasta la muerte, dependiendo de si el delito se cometió al mediodía o durante la noche (§§ 12-13). Algo similar ocurre si un *awīlu* toma a la esposa o al hijo de un *muškēnu* sin tener ningún derecho sobre ellos y les causa la muerte: se lo castiga con la muerte (§ 24). Esto demuestra que cualquiera haya sido la naturaleza de su relación con el palacio, en estos casos, el *muškēnu* tiene propiedades y su vida es tan valiosa como la del *awīlu*.

Las mujeres mencionadas en las leyes de Ešnuna son esposas o hijas de un *awīlu*, de un *muškēnu* o bien esclavas. Es interesante que, a diferencia de las leyes de Lipit-Ištar, las de Ešnuna no mencionan a las prostitutas. Además, un rasgo ausente de las leyes de Lipit-Ištar, pero presente en las de Ešnuna, es el peinado (*abbuttu*) con el que se marcaba la condición de esclavo (§§ 51-52). Esta marca se imponía tanto a los esclavos como a las esclavas.

Las leyes de Hammurabi

Contienen prólogo, epílogo y entre 275 y 300 provisiones legales. Es la colección de leyes más larga y mejor organizada. Las leyes de Hammurabi se preservan gracias a numerosos manuscritos. La versión más completa es la famosa estela del Louvre, encontrada en Susa (Irán) y que originalmente habría estado emplazada en la ciudad de Sippar.

Las leyes de Hammurabi mencionan las mismas tres categorías de hombres que aparecen en las leyes de Ešnuna, es decir, *awīlu*, *muškēnu* y *wardu*. Y otra vez aquí, las provisiones se refieren sobre todo al *awīlu* en relación con otros hombres y mujeres. En ciertas transacciones económicas, el *awīlu* parece quedarse con la mejor parte. Por ejemplo, si un *awīlu* le entrega su parcela a un jardinero para que plante un huerto de palmeras datileras, después de 4 años el dueño del huerto y el jardinero se dividirán la producción en partes iguales y el propietario de la parcela tendrá derecho a elegir su parte primero (§ 60). Y si un *awīlu* le entrega su huerto a un jardinero para polinizar las palmeras datileras, el jardinero deberá darle al dueño dos tercios del rinde mientras esté en posesión del huerto (§ 64).

Al igual que el *awīlu*, el *muškēnu* también puede tener propiedades tales como casas (§ laguna h) y esclavos (§§ 15-16; 175;

　　　　　　　　　　　　　　　　Desigualdades antiguas

219-220). En algunos casos, al *awīlu* se lo considera de mayor rango que al *muškēnu*. Por ejemplo, si un *awīlu* deja ciego a otro *awīlu*, a él también se lo dejará ciego (§ 196). Y si un *awīlu* le rompe un hueso a otro *awīlu*, como castigo se le fracturará un hueso al agresor (§ 197). Sin embargo, si un *awīlu* le causa esas mismas lesiones a un *muškēnu*, deberá pagarle 60 siclos de plata (§ 198). Que el *muškēnu* recibe menos compensación que un *awīlu* aparece de manera aún más clara cuando la víctima de la ceguera o del hueso fracturado es un esclavo de un *awīlu*, en cuyo caso el agresor deberá entregar la mitad del valor del esclavo. Tanto el dueño del esclavo como el *muškēnu* reciben una compensación en plata. En algunos casos, la *lex talionis* se aplica a las ofensas entre *awīlus*, en tanto las compensaciones en plata resarcen las ofensas de los otros grupos[16].

Existen, sin embargo, ciertas excepciones al tratamiento igualitario dentro de la misma clase legal. Tal disparidad está estipulada para la situación en la que un *awīlu* golpea la mejilla de un *awīlu* de mayor estatus[17]. Por esa acción, el agresor deberá ser azotado en público (*ina puḫri*) y recibirá 60 golpes con un látigo de buey (§ 202). Esto demuestra, además, que no todos los *awīlus* eran iguales y que había diferencias de rango dentro de una misma categoría. Cuando la misma agresión la recibe un *awīlu* de igual estatus (*ša kīma šuāti*, literalmente, "que es como él"), la multa es de 60 siclos de plata (§ 203). Ahora bien, las diferencias entre los distintos grupos vuelven a aparecen en caso de agresiones físicas. Así, si un *awīlu* golpea a otro durante una reyerta y le ocasiona una herida, el agresor deberá jurar que el daño no fue intencional y deberá pagar los honorarios del médico (§ 206); si la víctima (un *awīlu*) muere a causa de los golpes, el agresor deberá pagar 30 siclos de plata (§ 207). Pero si quien fallece es un *muškēnu*, el victimario deberá desembolsar solo 20 siclos (§ 208). En el caso de que un esclavo golpee la mejilla de un *awīlu*, al esclavo se le cortará la

---

16   Los párrafos 200-201 se refieren a un *awīlu* que le saca los dientes a otro *awīlu* y a un *muškēnu*. En el primer caso, el *awīlu* pierde su propio diente; en el segundo, deberá pagar 20 siclos. Si se comparan esos artículos con el § 198, puede verse que la cantidad que se le paga a un *muškēnu* por diferentes heridas tiene que ver con el tipo de lesión. Ver Renger (1977: 71).

17   "Mayor estatus" se expresa con la frase *ša elīšu rabû*; cf. Roth (1997: 121). La palabra *rabû* significa, literalmente, "grande" y también "viejo". En el contexto de este párrafo, Westbrook (2009 [1988]: 43, n. 81) entiende que la palabra expresa una diferencia de edad: "más viejo".

oreja (§ 205). Sin embargo, si la bofetada es de un *muškēnu* a otro, el castigo consiste en 10 siclos de plata (§ 204).

Cuando la agresión física es de un *awīlu* hacia una mujer del mismo grupo y la mujer tiene un aborto espontáneo, el hombre deberá pagar 10 siclos de plata por el feto (§ 209). Sin embargo, si la mujer muere, la hija de ese *awīlu* será ejecutada (§ 210). Que el *muškēnu* es considerado menos que el *awīlu*, desde un punto de vista legal, vuelve a ser evidente a partir de casos similares en donde la víctima es una mujer de la categoría *muškēnu*. En efecto si un *awīlu* golpea a una mujer *muškēnu* y le ocasiona el aborto espontáneo de su feto, el hombre deberá pagar 5 siclos de plata (§ 211), es decir, la mitad del precio que tendría que pagar por el feto de una mujer *awīlu*. Y si la mujer *muškēnu* llegara a morir, el *awīlu* deberá pagar 30 siclos (§ 212) en lugar de que su propia hija sea ejecutada. Si lo mismo le ocurre a una esclava, el aborto espontáneo le costará al *awīlu* solo 2 siclos de plata (§ 213). Y si la esclava muere, entonces paga 20 siclos de plata (§ 214).

Los honorarios médicos varían dependiendo del grupo de pertenencia específico del cliente. A saber, si un médico le realiza una cirugía con un escalpelo de bronce a un *awīlu* y lo cura o si le abre la sien con el mismo instrumento y le cura el ojo, cobrará 10 siclos de plata (§ 215). Si le realiza el mismo procedimiento a un *muškēnu*, el médico recibirá 5 siclos (§ 216), pero si el paciente es el esclavo de un *awīlu*, recibirá como honorario 2 siclos de parte del amo (§ 217)[18]. Ahora bien, si el *awīlu* muere debido a esa misma intervención, al médico se le cortará la mano (§ 218). Pero si el que muere es el esclavo, el médico deberá reemplazar al esclavo por uno de valor comparable (§ 219). En el supuesto caso de que un médico le practique una cirugía al esclavo de un *muškēnu* y lo deje ciego, deberá pagar en plata el equivalente a la mitad de su valor (§ 220).

La desigualdad también es manifiesta en la cantidad que debe pagar el dueño de un buey que se sabe es corneador (cf. Finkelstein, 1981). Si el buey mata a un *awīlu*, el dueño tendrá que pagar

---

18   Los diferentes pagos por los honorarios de un médico aparecen, además, en §§ 221-223. En cuanto al tratamiento de un hueso roto o de un músculo dañado, si el paciente es un *awīlu*, el médico recibe 5 siclos de plata, pero si el paciente es un *muškēnu*, recibe 3 siclos. Por un esclavo recibe 2 siclos de parte del amo.

Desigualdades antiguas

30 siclos de plata (§ 251), pero si el animal mata al esclavo de un *awīlu*, pagará solo 20 siclos (§ 252).

Las leyes de Hammurabi también contemplan la posibilidad de que un esclavo del palacio o el esclavo de un *muškēnu* se case con una mujer *awīlu* y que ambos tengan hijos. Si eso ocurre, el dueño del esclavo no tendrá ningún derecho a reclamar como esclavos a los hijos de la mujer *awīlu* (§ 175). En caso que se realice un matrimonio similar y la esposa se vaya a vivir a la casa del esclavo, lleve su dote con ella y junto con su esposo esclavo establezcan una unidad doméstica y acumulen posesiones, pero si luego el esposo muere, la mujer *awīlu* puede quedarse con su dote. Además, las posesiones que había acumulado con su esposo se dividirán en mitades: una mitad irá al dueño del esclavo, en tanto la mujer tomará la otra mitad para sus hijos (§ 176a). Es importante destacar que el esclavo en cuestión pertenece al palacio o a un *muškēnu*. Esto parecería ocurrir solo cuando un esclavo se casa con una mujer *awīlu* y acumula propiedades (*bīšu*).

Los esclavos en las leyes de Hammurabi, al igual que en las leyes de Ešnuna, usan el *abbuttu*, un peinado característico que marca su condición. Se lo menciona en el caso de que un barbero le corte el *abbuttu* a un esclavo sin el consentimiento del amo (§ 226) o en caso de que el barbero sea engañado para que así lo hiciera (§ 227). Sin embargo, según otro artículo, daría la impresión de que no todos los esclavos usan el *abbuttu*. Así, cuando una mujer *nadītu* le da una esclava a su esposo y ésta tiene hijos con él, pero luego esa esclava aspira a tener el mismo estatus que su ama porque ella tuvo hijos con su amo, su ama no la venderá, sino que le impondrá el peinado de esclava y la contará entre sus esclavas (§ 146). Aquí, entonces, la marca de esclavitud (*abbuttu*) es el resultado de la imposición de un castigo y no una marca que la esclava llevara antes de ser penalizada. La esclavitud se diferencia, además, en términos de si el estatus de esclavo es transitorio o permanente. Por ejemplo, si un *awīlu* contrajo una deuda y no puede cancelarla, puede vender o entregar como servicio por la deuda a su esposa, a su hijo o a su hija, quienes volverán a obtener la libertad luego de servir al acreedor durante tres años (§ 117). Este es un claro ejemplo de esclavitud por deudas (cf. Chirichigno, 1993). Pero si el *awīlu* cubre la obligación entregando a un esclavo o a una esclava en servicio por la deuda, el mercader puede extender el período a más de tres años o incluso vender al esclavo (§ 118). Por último, dos artículos de las leyes de Hammurabi distinguen al esclavo nativo (*mār mātim*, "hijo del territorio") (§ 280) del esclavo de otro territorio (*mār mātim šanītim*) (§ 281).

Litigios

A diferencia de las colecciones de leyes, que brindan un conjunto rígido e ideal de castigos para situaciones igualmente rígidas y demasiado específicas, los litigios proporcionan información sobre conflictos que ocurrían en la vida cotidiana (cf. *e.g.* Joannès, 2000). Por cierto, un número de documentos procedentes de distintas áreas, todos con fechas del período Paleobabilónico, registran la resolución de varios tipos de disputas provenientes de los miembros de las élites (*e.g.* Dombradi, 1996; Fortner, 1996). Esos documentos son excepcionales, puesto que en ellos se manifiestan desacuerdos en torno a bienes y propiedades. Es evidente que las disputas que tenían por protagonistas a sectores sociales desfavorecidos no se ponían por escrito. Los litigios que se preservan dan cuenta de problemas tales como robos, secuestros, herencias, y varias demandas sobre propiedades. Los documentos muestran desigualdades relativas a aquellos que son propietarios. Quizás sea por esa razón que los registros de litigios, excepto muy rara vez, no distinguen entre categorías de personas como lo hacen las colecciones de leyes. De hecho, solo los esclavos (hombres y mujeres) son señalados como tales. A continuación, presentaré un número selecto de casos a modo de ejemplo.

Los esclavos están enumerados como propiedad de personas identificadas por nombre y filiación paterna o profesión, pero el estatus socio-económico de los amos no se especifica. De este modo, los esclavos y esclavas aparecen en listas junto con una casa, un barco, plata y posesiones que un tal Pala-Šamaš le reclamaba a Apil-ilīšu (CT 2 9, Ha 17); junto con un campo, una casa y un huerto de palmeras datileras como parte de las propiedades que tres personas les disputan a los hijos de Azaliya (CT 2 50, Ṣa 13); junto con un campo y una casa (Waterman Bus. doc. 22/23, Ṣa 11); y junto con el capital, el dinero de una sociedad, el campo, la casa, el huerto y esclavos pertenecientes a Sîn-nāṣir, que son reclamados por sus hijos después de su muerte (CT 48 1, Sm 12). Los esclavos

     Desigualdades antiguas

del acaudalado Balamunamhe aparecen junto con campos, huertos, ganado, ovejas y cabras (YOS 8 42, RS 23). Los esclavos a veces son mencionados por nombres (femeninos y masculinos) como parte de una herencia en disputa (OLA 21 95-96, Si 22).

Los esclavos aparecen también como objeto de reclamos individuales. Tal es el caso de una mujer que le dio una esclava a su madre para que la ayudara, pero luego de que la madre muriera, el antiguo esposo de la fallecida pretende quedarse con la esclava sin tener ningún derecho sobre ella (CT 6 47b, Ha 24). Algo similar ocurre con una esclava y sus hijos cuyo dueño anterior reclama como propios después de haberlos vendido (OECT 13 191, Ha, s.f.). Otra esclava es reclamada por un hombre que tuvo que atestiguar en presencia del propietario anterior, quien había comprado a la esclava en la ciudad de Larsa (TCL 139, s.f.). Asimismo, una niña esclava es el objeto que se disputan un matrimonio y otro hombre (YOS 12 46, Si 2).

Resulta interesante, además, un caso en el que un padre le entrega su hija a una esclava para que la amamante y luego la esposa del dueño de la esclava reclama a la beba (Boyer Contrib. 14, Ha 41). La demandante, a sabiendas o no, trataba de retener a la beba como una esclava nacida en su casa, cuando en realidad no lo era. De manera similar, en otro documento, una mujer y su hermano tratan de quedarse con una esclava que no era de ellos (CT 48 43a, Ha s.f.). Existe, además, un ejemplo en el que un (esclavo) subario es secuestrado y luego asesinado por su secuestrador en la casa de un tabernero (Riftin 46, RS 29/30). Otro de los litigios sobre esclavos incluye el testimonio de los ancianos de Iplaḫi que declaran que un hombre llamado Marduk-apili no es "residente de Sippar" (dumu Zimbir), sino un esclavo nacido en cautiverio (*wilid bītim*) (VAS 13 32).

Los casos que se preservan muestran claramente que, aparte de esclavos y esclavas, por lo general registrados por nombre y por la vinculación a un dueño, los litigios no especifican si una persona pertenece a la categoría de *awīlu* o de *muškēnu*[19]. La falta

---

19   Debe mencionarse, sin embargo, que la categoría *muškēnu* aparece en algunas cartas. Por ejemplo, una carta menciona a una *muškēnetu*, una mujer *muškēnu*. El término aparece dos veces en el estativo *muškēnet* (VAS 16 148: 11-12). Otro ejemplo muy conocido es el de la carta en la que el rey Samsu-iluna menciona las tablillas de deudas de los *rēdû*s, los *bā'iru*s y los *muškēnu*s. Con respecto a la evidencia sobre *muškēnu*

de especificación es inconveniente porque no ayuda a contrastar las estipulaciones sobre diferentes categorías de personas mencionadas en las colecciones de leyes con los veredictos y las disputas registradas en los documentos de la vida cotidiana.

Conclusión

Las colecciones de leyes del período Paleobabilónico clasifican a las personas como independiente (*awīlu*), dependiente (*muškēnu*, leyes de Ešnuna y de Hammurabi; y miqtum, leyes de Lipit-Ištar) o esclavo (*wardu*). A las mujeres se las clasifica con el mismo criterio. Este parece haber sido un parámetro legal o jurídico. Al presente, la correlación entre estatus legal y socio-económico depende de una serie de inferencias que no pueden contrastarse con la información que surge de los documentos archivísticos. Lo que está claro es que el *awīlu* disfrutaba de mayores privilegios que el *muškēnu*. Las colecciones de leyes también mencionan a las personas por medio de una variedad de profesiones, sin especificar, sin embargo, sus grupos de pertenencia. Los individuos con títulos de profesiones aparecen en tanto interactúan, se benefician o perjudican a determinada gente dentro de un grupo dado. Además, los castigos varían dependiendo de la pertenencia del infractor a una de las tres categorías de personas.

La desigualdad es evidente en las sanciones diferenciales por el mismo delito. Había, claro está, disparidades económicas dentro de cada uno de esos grupos. Según las colecciones de leyes, había *awīlus* ricos, pobres y empobrecidos y, como hemos visto, dadas las circunstancias, los *muškēnus* y los esclavos podían tener propiedades. Las leyes de Ešnuna y Hammurabi contemplan la posibilidad de que las esclavas tengan hijos con sus amos; en ese caso los hijos nacen libres y pueden heredar. Ambas colecciones mencionan que una mujer perteneciente al grupo *awīlu* puede casarse con un esclavo del palacio o de un *muškēnu* y puede, además, acumular propiedades con su esposo esclavo.

------

y *awīlu* en Mari, ver Durand (2000: 199), Reculeau (2008; 2009) y Dassow (2014), aunque no me convence la tendencia a interpretar los problemas de Babilonia con documentación proveniente de Mari.

Las colecciones de leyes muestran variaciones endógenas y exógenas dentro de cada uno de los tres grupos (*awīlu*, *muškēnu* y *wardu*) en situaciones hipotéticas, en tanto los litigios muestran disputas reales de personas bastante acaudaladas con respecto a diferentes propiedades, tales como inmuebles y bienes muebles, incluyendo a los esclavos. Tanto las colecciones como los litigios muestran que las decisiones legales están basadas en las categorías de las personas que cometen las faltas (aunque en los litigios, la especificación es solo para los esclavos), en los tipos de delitos y también en castigar las demandas sin fundamentos, cosa que, llegado el caso, puede marcarse físicamente cortándole la mitad del cabello al querellante[20].

Los documentos legales incluidos en este trabajo muestran destellos de desigualdad social, económica, etaria y de género. Es interesante que ninguno de ellos mencione lo que en términos modernos denominamos grupos étnicos o individuos de etnias específicas. Lo más parecido que podemos encontrar con respecto a una diferenciación que podría considerarse étnica está relacionado con los esclavos. Así, la única referencia a un "hijo nativo" (dumu-ĝir$_{15}$) se usa solo una vez en las leyes de Lipit-Ištar para aclarar que, después de la muerte de la esposa principal, el hijo de una esclava y su amo será considerado como un hijo nativo nacido en libertad. Por su parte, las leyes de Hammurabi diferencian al esclavo nativo (*mār mātim*) del que no lo es (*mār mātim šanītim*) (§§ 280-281); en tanto uno de los litigios menciona, por ejemplo, a un esclavo subario[21]. Como puede apreciarse, estas referencias geográficas son insuficientes para que se las pueda considerar como indicadores étnicos.

En suma, la falta de evidencia cualitativa y cuantitativa para realizar comparaciones deja muchas preguntas sin responder. La insuficiente documentación de términos claves en contextos significativos deja muchos problemas filológicos sin resolver. Lo que sí queda claro, sin embargo, es que en las colecciones de leyes la justicia significa desigualdad.

---

20   Ver, por ejemplo, CT 8 45b, Sm; CT 47 31, Ha; VAS 8 102, Ha; también CT 45 18, Sm, donde al querellante le hacen, además, un agujero en la nariz.

21   El esclavo subario está mencionado en Riftin 46 (RS 29/30). Para las connotaciones de Šubartu en diferentes períodos y contextos, ver Michel (2012); Michalowski (2013).

Bibliografía

Bottéro, J. (1990). *Mesopotamian Writing, Reasoning, and the Gods*, Chicago.

Boyer, G. (1928). *Contribution à l'histoire juridique de la première dynastie babylonienne*, Paris.

Chirichigno, G. (1993). *Debt-Slavery in Israel and the Ancient Near East*, Sheffield.

Claassens, S.J. (2010). "The So-called 'Mesopotamian Law Codes': What Is in a Name?", *Journal for Semitics*, 19/2, 461-478.

Durand, J.-M. (2000). *Les documents épistolaires du palais de Mari*, Paris, vol. III.

Dassow, E. von (2014). "*Awīlum* and *Muškēnum* in the Age of Hammurabi", en L. Marti (ed.), *La famille dans le Proche-Orient ancien. Réalités, symbolismes et images*, Winona Lake, 291-308.

Démare, S. (1987). "La valeur de la loi dans les droits cunéiformes", *Archives de Philosophie du Droit*, 32, 335-346.

Dombradi, E. (1996). *Die Darstellung der Rechtsaustrags in den altbabylonischen Prozessurkunden*, Stuttgart.

Finkelstein, J.J. (1961). "Ammiṣaduqa's Edict and the Babylonian 'Law Codes'", *Journal of Cuneiform Studies*, 15/3, 91-104.

Finkelstein, J.J. (1981). *The Ox that Gored*, Philadelphia.

Flannery, K. & Marcus, J. (2012). *The Creation of Inequality: How Our Prehistoric Ancestors Set the Stage for Monarchy, Slavery, and Empire*, Cambridge MA.

Fortner, J. (1996). *Adjudicating Entities and Levels of Legal Authority in Lawsuit Records of the Old Babylonian Era*, PhD, Hebrew Union College (Cincinnati).

Joannès, F. (2000) (ed.). *Rendre la justice en Mésopotamie. Archives judiciaires du Proche-Orient ancien (IIIe-Ier millénaires avant J.-C.)*, Saint-Denis.

Keith, K. (1999). *Cities, Neighborhoods, and Houses: Urban Spatial Organization in Old Babylonian Mesopotamia*, PhD, University of Michigan (Ann Arbor).

Kohler, T. & Smith, M. (2018) (eds.). *Ten Thousand Years of Inequality: The Archaeology of Wealth Differences*, Tucson.

Kohler, T. *et al.* (2018). "Deep Inequality: Summary and Conclusions", en Kohler & Smith (eds.), 289-317.

Kraus, F.R. (1950). "Ein zentrales Problem des altmesopotamischen Rechtes: Was ist der Codex Hammurabi?", *Geneva*, n.s. 8, 283-296.

Kraus, F.R. (1958). *Ein Edikt des Königs Ammi-ṣaduqa von Babylon*, Leiden.

Kraus, F.R. (1973). *Vom mesopotamischen Menschen der altbabylonischen Zeit und seiner Welt*, Amsterdam.

Michalowski, P. (2013). "Subartu", en R. Bagnall *et al.* (eds.), *The Encyclopedia of Ancient History: Ro-Te*, West Sussex, vol. 11, 6431-6432.

Michel, C. (2012). "Šubartu", *Reallexikon der Assyriologie und Vorderasiatischen Archäologie*, 13, 225-227.

Midlarsky, M. (1997). *Inequality, Democracy, and Economic Development*, Cambridge.

Milanovic, B. (2011). *The Haves and the Have-Nots: A Brief and Idiosyncratic History of Global Inequality*, New York.

Molina, M. (2000). *La ley más antigua. Textos legales sumerios*, Barcelona.

Peterson, C. & Drennan, R. (2018). "Letting the Gini out of the Bottle: Measuring Inequality Archaeologically", en Kohler & Smith (eds.), 39-66.

Porčić, M. (2012). "Social Complexity and Inequality in the Late Neolithic of the Central Balkans: Reviewing the Evidence", *Documenta Prehistorica*, 39, 167-183.

Reculeau, H. (2008). "Tell Hariri-Mari: Textes, II. Les sédentaires", *Supplément au Dictionnaire de la Bible*, Paris, 324-355.

Reculeau, H. (2009). "L'implantation sédentaire dans la vallée de l'Euphrate à l'âge du Bronze. Un modèle centre/périphérie? Le cas du Royaume de Mari (Syrie) au XVIIIᵉ siècle av. n. è.", en J.-M. Durand & A. Jacquet (eds.), *Centre et périphérie. Approches nouvelles des Orientalistes*, Paris, 75-78.

Renger, J. (1977). "Wrongdoing and its Sanctions: On 'Criminal' and 'Civil' Law in the Old Babylonian Period", *Journal of the Economic and Social History of the Orient*, 20/1, 65-77.

Riftin, A. (1937). *Staro-Vavilonskie iuridicheskie I administativnye dokumenty v sobraniiakh. SSSR*, Moskva-Leningrad.

Roth, M. (1997). *Law Collections from Mesopotamia and Asia Minor*, Atlanta.

Rousseau, J.-J. (2004). *Discourse on the Origin of Inequality* [1755], trad. New York.

Scheidel, W. (2017). *The Great Leveler: Violence and the History of Inequality from the Stone Age to the Twenty-First Century*, Princeton.

Scheil, V. (1902). *Code des lois de Hammurabi (Droit Privé), roi de Babylone, vers l'an 2000 av. J.-C.*, Paris.

Smith, M. *et al.* (2014). "Quantitative Measures of Wealth Inequality in Ancient Central Mexican Communities", *Advances in Archaeological Practice*, 2/4, 311-323.

Steele, F. (1948). *The Code of Lipit-Ishtar*, Philadelphia.

Stiglitz, J. (2012). *The Price of Inequality: How Today's Divided Society Endangers our Future*, New York.

Stol, M. (1997). "Muškēnu", *Reallexikon der Assyriologie und Vorderasiatischen Archäologie*, 8, 492-493.

Stone, E. (2018). "The Trajectory of Social Inequality in Ancient Mesopotamia", en Kohler & Smith (eds.), 230-261.

Tilly, C. (1999). *Durable Inequality*, Berkeley.

Tilly, C. (2001). "Relational Origins of Inequality", *Anthropological Theory*, 1/3, 355-372.

Van De Mieroop, M. (1999). "The Government of an Ancient Mesopotamian City", en K. Watanabe (ed.), *Priests and Officials in the Ancient Near East*, Heidelberg, 139-161.

Waterman, L. (1916). *Business Documents of the Hammurapi Period from the British Museum*, London.

Wilcke, C. (2003). *Early Near Eastern Law: A History of its Beginnings. The Early Dynastic and Sargonic Periods*, Munich.

Westbrook, R. (1990). "Adultery in Ancient Near Eastern Law", *Revue Biblique*, 97/4, 542-580.

Westbrook, R. (1995). "Social Justice in the Ancient Near East", en K. Irani & M. Silver (eds.), *Social Justice in the Ancient World*, Westport, 149-163.

Westbrook, R. (2003). "A Sumerian Freedman", en W. Sallaberger, K. Volk & A. Zgoll (eds.), *Literatur, Politik und Recht in Mesopotamien. Festschrift für Claus Wilcke*, Wiesbaden, 333-339.

Westbrook, R. (2009). "The Nature and Origins of the Twelve Tablets" [1988], en B. Wells & F.R. Magdalene (eds.), *Law from the Tigris to the Tiber. The Writings of Raymond Westbrook, 1: The Shared Tradition*, Winona Lake, 21-71.

Yaron, R. (1988). *The Laws of Eshnunna* [1969], 2ª ed. rev., Jerusalem-Leiden.

DEMOGRAFÍA, ARQUEOLOGÍA Y ECONOMÍA EN LA HISTORIOGRAFÍA DE LA ESCLAVITUD ROMANA

Carlos García Mac Gaw[1]

Introducción

El tema convocante de esta publicación, las desigualdades antiguas, encuentra una relación directa con las sociedades esclavistas griega y romana. Más allá de las diferentes formas con las que la historiografía ha pensado su estructura socio-económica, la cuestión de la desigualdad en general es subyacente al análisis desde las visiones más diversas. En este sentido, este capítulo intenta retomar de manera crítica las corrientes del pensamiento dominante sobre el lugar de la esclavitud en la sociedad romana posterior a la segunda guerra púnica. Esta revisión está profundamente ligada a las problemáticas demográficas, las que se articulan con la creciente información arqueológica, que ha planteado una renovación sustancial para la comprensión de la economía antigua.

Las perspectivas sintetizadas durante los años 1970 especialmente por Peter Brunt (2001 [1971]) en *Italian Manpower*, y Keith Hopkins (1978) en *Conquerors and Slaves* sobre la esclavitud romana, han sido aceptadas por la mayor parte de los académicos. Brunt y Hopkins se basaron decididamente en los supuestos avanzados por Karl Julius Beloch (1886), quien a fines del siglo XIX sentó las bases de la moderna demografía histórica a través de la publicación de una serie de textos sobre la demografía del mundo antiguo

---

1   IdIHCS/Universidad Nacional de La Plata-PEFSCEA/Universidad de Buenos Aires.

griego y romano[2]. Esquemáticamente podríamos presentar este modelo socioeconómico de Brunt y Hopkins como la teoría del reemplazo del campesinado libre pequeño propietario por los esclavos en Italia, producto de la expansión militar. El compromiso militar creciente de los romanos luego de las guerras samnitas, su victoria sobre Cartago, especialmente luego de la segunda guerra púnica, y la posterior conquista de los reinos helenísticos, implicaron una presión creciente sobre los campesinos que conformaban el ejército hoplita. La larga ausencia de los *assidui* en los diversos frentes de combate y su mortalidad habrían llevado a una disminución demográfica expresada en los censos romanos, de allí que esta teoría sea conocida como "minimalista" (*low count*). Esta ausencia habría producido una retracción de la unidad doméstica campesina, progresivamente absorbida por las grandes propiedades, las *villae*, en manos de la aristocracia. Este último grupo habría sido el más beneficiado por la expansión porque la riqueza producida por el Imperio terminó en sus manos, disponiendo así de capital para dotar a sus grandes propiedades tanto de herramientas como de fuerza de trabajo esclava para ponerlas en producción. De acuerdo con Hopkins, las mercancías producidas en las villas esclavistas eran orientadas hacia las zonas urbanas donde los campesinos desplazados y las élites proporcionaron un mercado de consumo. La expansión militar resultó en la articulación virtuosa de tierras, esclavos, dinero y el mercado urbano, dando así paso a una sociedad esclavista, una "*slave society*" según Finley (1998), o el "modo de producción esclavista" como señaló la historiografía marxista (Dal Lago & Katsari, 2008: 4-5; García Mac Gaw, 2015: 77-78). La unidad productiva básica de este sistema económico resultaba la villa esclavista, asimilada a la plantación esclavista moderna de los Estados Unidos, las islas del Caribe y Brasil[3]. La tesis de Brunt y Hopkins ha tenido algunos ajustes en

---

2   Especialmente a partir de su libro *Die Bevölkerung der griechisch-römischen Welt*; cf. al respecto Lo Cascio (1994).

3   García Mac Gaw (2015: 79): "The slave plantation is the model on which the exploitation of forced labour in modern America was organised, and this model has also been applied to the ancient world, to the Romans in particular. Thus, Roman slavery has been identified with the slave *villa*, whose productive system would be practically identical to that of the modern plantation. That is to say, the prevailing historiographical perception of the Roman slave system is built from the main economic role played by the modern 'plantation'. *Mutatis mutandis*, in Rome the slave

Desigualdades antiguas

el siglo XXI. Sin entrar aquí en detalles, la posición minimalista ha sido retomada y tratada *in extenso*, entre otros, por Walter Scheidel (2001; 2005; 2008a; 2008b) y Luuk De Ligt (2012)[4].

La arqueología, a partir de las campañas de la British School of Rome sobre Italia central, ha provisto a los historiadores de una masa crítica de datos que, en general, no ha sostenido el modelo historiográfico previamente esbozado[5]. Esta información contribuyó en parte a la consolidación de perspectivas demográficas contrarias a las ideas minimalistas. De esta manera, la fortaleza del modelo se debilitó. Ya Tenney Frank (1924), o A.H.M. Jones (1948) habían expresado ideas distintas respecto de la interpretación de los censos romanos[6]. Igualmente, T.P. Wiseman (1969) publicó un artículo en contra de Arnold Toynbee (1965), quien reafirmaba la teoría de Beloch en su obra *Hannibal Legacy*, y de Brunt poco antes de que éste publicara *Italian Manpower*. Es decir que la cuestión demográfica nunca estuvo resuelta, sino que se impuso una perspectiva por un consenso que actualmente ha comenzado a erosionarse. Probablemente Elio Lo Cascio (1994; 2001; 2008) sea actualmente el investigador que plantea de manera más sistemática la crítica a las posiciones minimalistas, llegando a una interpretación absolutamente inversa.

El autor estima una demografía creciente para el fin de la república alcanzando niveles similares a los de Italia en los inicios de la modernidad (Lo Cascio, 2001: 134). Es por eso que esta teoría es llamada "maximalista" (*high count*). Geoffrey Kron (2005; 2008) ha reforzado las posiciones de Lo Cascio en varios artículos, y Nathan Rosenstein (2004) ha planteado una dinámica demográfica alternativa para las familias campesinas que permite explicar la capacidad de sostener la movilización militar a lo largo del tiem-

---

mode of production is identified with the *villa*". Un ejemplo de ello: de Neeve (1984: 75-78).

4   Cf. Launaro (2011: 11-50), quien presenta un detallado estado de la cuestión.

5   Por ejemplo, cf. Scheidel (2008a: 52).

6   Frank (1924: 329), si bien considera fundamental el análisis de Beloch, critica su método de trabajo con las fuentes: "I wish here to point out briefly that historians are not justified in altering the figures given by Livy for 209 and 194 BC, in rejecting the authoritative statistics of the Sullan period, and in interpreting the figures of the Augustan census on a different system of reckoning from that applied to the republican census". Ver Jones (1948), citado por Lo Cascio (1994: 29, n. 40), y Scheidel (2001: 8). Cf. también una lectura crítica sobre la perspectiva de Beloch sobre los censos del 70/69 y del 29/28 en Wiseman (1969: 69-75).

po, reforzando incluso la estructura de la pequeña propiedad doméstica.

Queda aún una posición intermedia desarrollada por Saskia Hin (2008; 2013), que tal vez resultaría más amable para la mayoría de los historiadores, pero aún no ha sido suficientemente aceptada por la crítica académica. La autora parte de la idea de un incremento moderado de la población itálica durante la república. Por un lado, revaloriza los estudios climatológicos que permiten afirmar la existencia de buenas condiciones para el desarrollo económico en el período. Por el otro, sostiene la posibilidad de entender el modelo demográfico romano integrando en él las prácticas preventivas existentes, es decir las medidas limitativas de la fertilidad, compensadas por una inusualmente baja edad de las mujeres para el primer matrimonio. Propone además una reinterpretación sobre la manera de entender el censo de la época de Augusto, lo que da por resultado una estimación demográfica intermedia entre las teorías minimalista y maximalista ya expuestas[7].

Respecto de la arqueología habría que hacer una extensa enumeración de sus avances, pero también de sus limitaciones. Por ejemplo, los resultados de sitios estudiados con distintas metodologías, como las excavaciones y la arqueología de campo, no son fácilmente equiparables. La diferente visibilidad de los sitios, como una villa o una cabaña, incide en los resultados. Los artefactos encontrados pueden variar o desaparecer a lo largo del tiempo afectando las estimaciones cuantitativas. Buena parte de los repositorios no son accesibles por la roturación, el crecimiento demográfico y el desarrollo urbano o de la vegetación modernos. Dicho esto, de todas maneras los reportes arqueológicos nos han proporcionado una creciente información. A tal efecto solo citaré el libro de Alessandro Launaro (2011), *Peasants and Slaves*. Allí el autor organiza la información proveniente de 27 proyectos de investigación arqueológica, sobre cerca de 5.000 sitios en Italia

---

7 Sin embargo, la autora cree que las objeciones que plantea a la perspectiva minimalista de descenso poblacional no sostienen la perspectiva revisionista maximalista. Según las estimaciones de Hin (2013: 345): "What we can say is that the free population of Italy must have been considerably less than 10 million in Augustan times, could perhaps have been around 8.25 million including slaves under Augustus, and was most likely closer to the current low count than to the current high count. By implication, the free population of Italy grew at a moderate rate over the final two centuries of the Republic".

  Desigualdades antiguas

para el período 200 a.n.e.-100 (subdividido en dos períodos de 150 años). Esta organización puede estar sujeta a una mayor o menor crítica, pero cumple el objetivo de comparar las tendencias de los patrones de asentamiento de tres unidades: villas, granjas y aldeas. Los resultados generales informan un crecimiento del 68% de villas, 34% de granjas y 5% de aldeas, lo que da por resultado un crecimiento total general del 38% de los sitios. En cualquier caso, estos números no pueden reflejar un modelo de disminución demográfica y necesariamente deben acomodarse o a la teoría maximalista o a la intermedia. Saskia Hin ha discutido en profundidad el alcance de las afirmaciones de Launaro. Aun así, la autora reivindica la perspectiva general de su propuesta, a pesar de que retoca sus estimaciones hacia la baja, especialmente al criticar una relación directa entre los hallazgos arqueológicos, relativos a la ocupación de sitios y la concentración de restos, y las tendencias demográficas[8].

Retomaré algunos aspectos parciales de esta problemática para observar las consecuencias que esto tiene sobre nuestra percepción de la esclavitud romana.

Pervivencia de la unidad doméstica campesina

Asumo entonces como válida la idea de que hubo un crecimiento demográfico de la población campesina libre luego de la segunda guerra púnica, como indican los reportes arqueológicos, pero sin detalles sobre su magnitud. ¿Cómo se puede explicar esto teniendo en cuenta el compromiso militar romano desde el s. III a.n.e.? Señalaré cuatro factores: 1) las pautas de matrimonio; 2) el excedente de trabajo en la unidad doméstica, 3) la familia extensa; 4) el papel de las mujeres en las tareas productivas.

---

8   Al apoyar la perspectiva abierta por Launaro, señala Hin (2013: 340-341): "As Launaro emphasized, these findings lend perspective to complaints in the literary sources about the decline of smallholders, and forcefully challenge the notion that the growth of villas came at a numerical cost of smallholders. This is a major contribution to the historical debate, because it fundamentally undermines the intrinsic logic of the 'Brunt/Hopkins' explanatory model". Véase en general su análisis en Hin (2013: 298-341). Sobre las estimaciones indicadas por Launaro y corregidas a la baja, la autora señala: "Correcting for these biases does not alter the direction of the trends. As Table 8.5 shows, the number of farm and villa sites still increases over time. But the 'corrected change' is far less pronounced: farm sites increase by 17% rather than 34%, while villa sites rise by 18% rather than 68%" (p. 338).

1) Pautas de matrimonio. Los estudios demográficos han permitido alcanzar ciertos consensos. Richard Saller (1987: 25-29) indica una edad de casamiento de los hombres en el inicio de sus 30 años para el sur de la Galia, norte de Italia y provincias danubianas, a partir de la evidencia de inscripciones funerarias[9]. Es decir que los hombres estaban disponibles para el matrimonio en la edad en que la mayoría finalizaba con sus obligaciones militares. Para las mujeres la edad fluctuaba entre 15 y 20 años, lo que maximizaba su capacidad reproductiva. Se estima que en promedio tenían 5 hijos, de los cuales llegaban a la adultez entre 2 y 3[10]. Existe igualmente un consenso en que el promedio de la expectativa de vida de los romanos al nacer era de 25 años (Saller, 1994: 22)[11].

2) Excedente de trabajo en la unidad doméstica. Nathan Rosenstein (2004: 63-106) sostiene que el nivel de mortalidad de los soldados romanos no afectó la supervivencia de sus hogares. A partir del modelo familiar anterior, afirma la existencia de un excedente de fuerza de trabajo doméstico. Esto habría permitido la movilización militar de los jóvenes de entre 17 y 30 años, la base de las legiones, durante períodos largos de tiempo. Elabora varios modelos de familias nucleares, partiendo de un grupo doméstico de una pareja con 3 (2M+F), 2 (M+F) y 1 (F) hijos, combinados con distintas cantidades de superficie y tipos de cultivo (Rosenstein, 2004: 71-72)[12]. Concluye que en todos los casos la ausencia de los jóvenes no afectaba la pervivencia de la unidad doméstica[13]. Supone además la exis-

---

9 Saller (1987: 29-30) entiende que este patrón de casamiento no era igual para el orden senatorial cuya edad se habría acercado a los 25 años. Estos registros suponen un sesgo social hacia clases medias y altas urbanas, pero se sobreentiende que patrones similares estaban presentes en los sectores campesinos.

10 Hopkins (1965); Shaw (1987); Scheidel (2001: 33). Shaw (1987: 41): "For purposes of further argument, I will use as the mean age at first marriage for women twenty years and for men thirty years. These numbers are not meant to be exact, but approximations that the evidence supports as against, say, fifteen years for women and twenty-five years for men. In addition, a distinction will be made between the broader inscription-erecting class characterized by these means and the senatorial elite who tended to marry five years or so younger". Sobre la mortalidad infantil, cf. Curchin (2000-2001: 539).

11 Véase Frier (2000; 2001); Scheidel (2001: 21, 29).

12 M = masculino, F = femenino.

13 En el mismo sentido, ver Cadiou (2009: 165-167).

       Desigualdades antiguas

tencia de un número de hombres disponibles para reemplazar a los potenciales maridos que morían en la guerra[14]. Este grupo habría estado constituido básicamente por proletarios, sumado a inmigrantes como los latinos, quienes tenían el derecho de *conubium*, es decir de unión matrimonial, con los ciudadanos romanos (Rosenstein, 2004: 151). Esta cuestión en general ha sido debatida en relación con el alistamiento de los proletarios y con la baja del censo para aumentar la disponibilidad para la leva (Brunt, 2001: 405 ss.). Pero, al margen de ello, se debería insistir en la disponibilidad de este grupo para el matrimonio con mujeres de la quinta clase en adelante. Probablemente su carencia de bienes habría sido un obstáculo, pero en situaciones críticas, como a la salida de la segunda guerra púnica, los proletarios seguramente habrían sido una opción para las mujeres en busca de esposo[15].

3) Familias extensas. También se debe analizar las pautas de residencia al evaluar la capacidad de resistencia de la unidad doméstica campesina a las demandas militares. Los registros censales de Egipto estudiados por Bagnall y Frier (2006: 60-62) muestran una interesante estructura de las casas familiares, de acuerdo a la tipología desarrollada por Peter Laslett (1972: 23-44). El 43% corresponde a familias conyugales en sus varias fases, pero se registra un 15% de familias conyugales "extendidas" (con familiares co-residentes) y un 21% de familias múltiples ligadas usualmente por parentesco, lo que da un total del 36%. Esto se asemeja al modelo del Mediterráneo premoderno que cuenta con una gran proporción de casas con familias extendidas y múltiples[16]. No podemos extender la situación de Egipto para el resto del Imperio Romano, pero tenemos algunos indicios. Leonard Curchin (2000-2001: 537), en contra del estudio de Saller y Shaw (1984) a favor de la prevalencia de la familia nuclear, indica que en Pompeya el número promedio de residentes por casa resulta entre 7 y 8, asumiendo una población urbana de 10.000 habitantes. El 35% de las casas tiene un área menor a 100 m^2, que deberíamos asignarlo a las familias

---

14   Cf. Brunt (2001: 65); Rosenstein (2004: 185-187).
15   Sobre los proletarios, cf. Northwood (2008: 259-260) y Lo Cascio (1994: 126), con posiciones diferentes.
16   Cf. Dixon (1992: 7-8); Curchin (2000-2001: 536).

de menores recursos. El número de residentes es solo un promedio e incluye a los potenciales esclavos, pero es un indicio interesante a pesar de que se restringe al universo urbano. Dale B. Martin (1996) critica el método empleado por Saller y Shaw y llega a un resultado exactamente inverso: 75% de familias extensas en relación con las nucleares para su estudio de inscripciones de Asia (cf. Rosenstein, 2004: 92). La existencia de una familia extensa co-residente supone una mayor fuerza de trabajo disponible en situaciones críticas. Hermanas/os, tías/os y primas/os podían reforzar la capacidad productiva de la unidad doméstica.

4) Mujeres y producción agrícola. Walter Scheidel, en un artículo aparecido en 1995, analiza el trabajo agrícola femenino en el mundo antiguo en comparación con el medioevo y la sociedad colonial esclavista americana (cf. Scott, 1997). En esta última las esclavas debían realizar un trabajo pesado similar al de los hombres: "acarreando troncos, arando con mulas y bueyes, usando la azada, cavando zanjas, esparciendo estiércol, recogiendo algodón y cosechando maíz"; sin embargo, la representación literaria es la de las mujeres en el interior de la casa, mientras que la agricultura es un dominio exclusivo de los hombres (Scheidel, 1995: 209-210)[17]. Esta representación aparece también en el mundo antiguo, pero aunque Varrón (*De re rustica*, 1.17.2) refiere algunas tareas rústicas de las mujeres esclavas, nada dice de las campesinas libres. La disminución del trabajo masculino en la unidad doméstica debe de haber llevado al compromiso de las mujeres en esas tareas, aunque no podamos reconstruirlo en detalle. Scheidel cita a Ester Boserup (1970: 16-23, 27, 31), quien resalta el compromiso de las mujeres en la agricultura intensiva de la azada, aunque estas ocuparían funciones auxiliares en el cultivo con arado, y también indica que en algunas partes del Mediterráneo la azada resultaba la forma predominante del trabajo sobre la tierra. Agregaría a esto que, como el mismo Scheidel argumenta, son dudosos los planteos sobre la incompatibilidad física de las mujeres con las tareas pesadas. Más bien habría que pensar en

---

17   Cf. el fragmento del texto de Thomas Nairne, escrito en 1710, en el cual se detalla el trabajo que las esclavas debían realizar en su propiedad de South Carolina los "30 Negroes, 15 men and 15 women", en Roth (2007: 147-148).

                                              Desigualdades antiguas

las limitaciones impuestas a ellas por la distribución sexual del trabajo en la sociedad, especialmente en relación con la cría de los niños[18]. Es difícil pensar que las esclavas norteamericanas fueran más capaces que las campesinas libres romanas para las tareas rurales. Rosenstein (2004: 95-98), además, plantea entre sus modelos demográficos una unidad doméstica cultivada solo por una mujer y su hija[19].

Todos los elementos analizados refuerzan la teoría de la persistencia de la unidad doméstica campesina. Esto nos lleva a descartar la "necesidad" del reemplazo de los campesinos libres.

Esclavos en Italia

Quisiera realizar dos observaciones preliminares. La primera, es que la mayoría de los esclavos producto de las campañas militares no finalizaba necesariamente en Italia. El ingreso de los cautivos de guerra en el circuito comercial esclavista me lleva a pensar en una distribución local para la venta, siendo el rescate una opción anterior al mercado (cf. Jones, 1956: 191-192). Considero entonces que el porcentaje de esclavos por región se adecua generalmente a los niveles de urbanización. La segunda, es que la sociedad romana era esclavista desde el nacimiento de la república, y creo que es discutible plantear una supuesta transición a una economía basada en los esclavos en el s. II a.n.e.[20].

El número de los esclavos ha sido la variable de ajuste de las teorías demográficas para el mundo romano. La imposibilidad de alcanzar un número verosímil a partir de las fuentes ha permitido

---

18   Cf. Brown (1970: 1076-1077), en relación con las tareas agrícolas femeninas, especialmente de cultivo manual, en distintas sociedades. Véase Roth (2004:18-20), con ejemplos de esclavas norteamericanas exceptuadas del trabajo en el arado por encontrase encinta o amamantando.

19   Véase más arriba. Erdkamp (2015:31-32) compara la situación del campesinado romano con la de inicios del s. XX. Los migrantes estacionales modernos del Mediterráneo abandonaban sus granjas cuando existía un pico de demanda laboral para las cosechas en las grandes propiedades, dejándolas a manos de mujeres, hijos y parientes de mayor edad.

20   García Mac Gaw (2010: 643-644). Véase Bradley (1994: 12-18), en particular me parece central la idea de Bradley de que "en una sociedad esclavista son las instituciones las que definen la importancia estructural de la esclavitud" (p. 18).

manipular la cifra con arbitrariedad. Brunt (2001: 124-125) calcula 3 millones de esclavos, más del 40% sobre el total de 7 millones de habitantes en Italia para el siglo I[21]. Hopkins (1978: 100-102) lo estima en 2 millones, un porcentaje del 30%, que toma de la América esclavista moderna. Lo Cascio (2002) no puede partir de tales números porque alcanzaría cifras irreales para el total de Italia, y estima los esclavos entre el 10 y el 20 % sobre 14 millones, es decir entre 1.5 y 2.5 millones. Como Scheidel (2001: 55-56) reconoce, estas suposiciones, *basadas en nada*, gradualmente han usurpado el estatus de hechos, pero en la medida en que ellas son simplemente una función de las interpretaciones del número de los ciudadanos, tienen poco valor práctico. Las únicas estimaciones reales que tenemos son las estudiadas por Bagnall y Frier (1994: 70-71) para el censo de Egipto, que, a mi entender, aun reconociendo necesarias diferencias entre las provincias del Imperio, resultan más cercanas a la realidad de Italia que los datos de las colonias esclavistas modernas[22]. De acuerdo al censo egipcio, los esclavos constituyen alrededor del 11%, pero con una mayor presencia en las ciudades, 13,5%, frente a un 8,5% en áreas rurales. Por otra parte, la mayor parte de los esclavos declarados son domésticos. Si aplicamos estos porcentajes para el caso de Italia obtendremos los siguientes resultados, según las cuentas maximalista y minimalista. Para la cuenta maximalista (14 millones de habitantes): si calculamos un millón de habitantes en Roma (Morley, 1996: 2), obtenemos 135.000 esclavos; suponemos un 20% para los restantes habitantes urbanos, es decir 2.6 millones, al 13,5% se obtienen 350.000 esclavos, mientras que los rurales llegarían a 880.000, al 8,5%. Con la cuenta intermedia (10 millones de habitantes), llegamos a 375.000 esclavos urbanos (Roma + ciudades de Italia), mientras que los rurales alcanzarían 612.000. Scheidel (2005: 66, 71) estima un total de 500.000 / 600.000 esclavos urbanos (mitad para Roma y mitad para las otras ciudades de Italia) y alrededor de 600.000 rurales para una cuenta minimalista, resultados que no están muy lejanos de los que hemos avanzado. Yo prefiero inclinarme por un balance similar al del profesor Scheidel, en el que los esclavos

---

21   Cf. la crítica de Rosenstein (2004: 10); Scheidel (2005: 64-65).

22   Para muchos historiadores la idea de un sistema de producción esclavista trans-histórico no presenta problemas, aun cuando se cruza el límite entre las sociedades pre-capitalistas y las capitalistas (García Mac Gaw, 2015: 80).

                                        Desigualdades antiguas

urbanos tienen una mayor importancia, pero en el marco de la teoría demográfica intermedia. De todas maneras, esto es solo una suposición burda.

Existe otro aspecto que quisiera destacar, aunque con similares niveles de incertidumbre. De acuerdo con Bagnall y Frier (1994: 93-94) la "sex ratio" entre los esclavos (es decir la población de hombres por cada 100 mujeres) está fuertemente desbalanceada en favor de las mujeres en Egipto. Los amos esperaban que sus esclavas tuvieran niños y por lo general no eran liberadas en edad fértil[23]. El modelo de Scheidel (1999) para la población esclava italiana también destaca la manumisión y la exposición de niños[24]. Estos planteos suponen una "sex ratio" menor a la imaginada tradicionalmente para la economía esclavista de plantación, lo que nos llevaría a considerar una mayor incidencia de la familia esclava en la reproducción (Scheidel, 1999: 112-114; 2005: 72; Martin, 1990: 2 ss.; 1996: 50)[25].

La unidad productiva

La villa esclavista ha sido planteada como la base del modelo económico romano[26]. Trataré aquí algunos aspectos con el fin de

---

23   Véase Treggiari (1979: 187) sobre las esclavas encintas y la forma en que su condición se refleja en el *Digesto*.

24   Patterson (1982: 132) distingue entre la reproducción biológica y la reproducción social de la población esclava. La última se refiere al grado por el cual la población esclava es capaz de reproducirse a sí misma cuando, sumados a los nacimientos y muertes, se tienen en cuenta factores no naturales, siendo los más importantes las tasas de manumisión y de inmigración/emigración.

25   Cf. la crítica de Lo Cascio (2002: 58-59) a esta posición. Cf. Bradley (1998: 25); Roth (2004: 21-33), sobre los agrónomos y (2007: 6) sobre *Digesto* 33.7.12.5. Igualmente véase el capítulo 2 de Roth (2007: 25-52) con un enfoque alternativo a partir de las raciones alimentarias en Catón, para pensar en una presencia regular de esclavas en el espacio agrícola. Referencias a las esclavas en Columela, *De re rustica*, 1.8.19; *Digesto* 33.7.12.7 y 33. Cf. ahora Treggiari (1975) para el ámbito doméstico urbano a partir del análisis de inscripciones funerarias, aunque con un universo reducido. Véase igualmente Treggiari (1979:185-186) sobre la invisibilización de las esclavas a través del uso del lenguaje y, en p. 189, sobre la práctica –de alcance incierto– de enviar a los esclavos nacidos de las esclavas urbanas a las fincas para ser criados. Scheidel (2005: 73) indica lo siguiente sobre el sub-registro de las niñas: "instead of jumping to the radical conclusion that girls were valued so little that they were regularly killed or exposed, we might want to consider the possibility that they were merely undervalued enough to be passed over in silence".

26   Sobre la villa romana la producción académica es inabarcable. Véase Marzano (2007) que reúne bibliografía actualizada sobre el tema, y Carandini (1985) como producción

disminuir su centralidad en la argumentación que se desprende de la historiografía dominante (cf. García Mac Gaw, 2015). La relación directa de la villa con los esclavos rurales (Carandini, 1985: 159) ya ha sido criticada por Dominque Rathbone (1981) entre otros (cf. García Mac Gaw, 2015: 89-95). Igualar villas con trabajo esclavo, así como granjas y aldeas con trabajo libre, es una visión simplista[27]. Los campesinos podían ser propietarios de esclavos, y los terratenientes esclavistas a su vez podían contratar hombres libres, como de hecho lo hicieron. Esto abre la problemática de los colonos arrendatarios, en la que no entraré, pero es probable que la villa tuviera mayor presencia de trabajo libre que esclavo.

Nicola Terrenato (2001: 28) destaca la naturaleza variada de las villas en las distintas regiones de Italia y dice que muchas de ellas son la expresión de la riqueza y la competencia elitista de la aristocracia romana[28]. También destaca que su expansión se corresponde con el último período del siglo I a.n.e., aunque otros autores la retrotraen a la época de Sila. En cualquier caso, agrego, el surgimiento de la villa no se corresponde con el supuesto comienzo de la sociedad plenamente esclavista (Finley, 1998)[29]. Terrenato separa los aspectos arquitecturales de la villa de su uso productivo, y descarta la idea de una evolución desde la granja de tipo helenística del s. III a.n.e., a una primera villa catoniana, pasando al modelo de Varrón y finalizando en un desarrollo completo con Columela. Sin embargo, reconoce una evolución en algunas regiones de Etruria, donde a partir del s. II a.n.e. se da un proceso de reemplazo de la pequeña propiedad por una de tamaño mayor ligada a una agricultura de tipo intensivo (cf. Launaro, 2011: 155-158). Estas no son villas esclavistas sino granjas ligadas a la exportación de vino hacia Galia. Según Purcell (1985: 7-8) la expansión de la producción de vino, cuyo inicio es inmediatamente posterior a la segunda guerra púnica, está basada en pequeños viñedos, como en Pompeya, y está reflejada en la obra de Catón. El cambio en el estatus de los productores de vino hacia los grupos senatoriales ocurrió a partir del comienzo del principado, cuando

---

modélica sobre la investigación arqueológica.

27   Sin embargo, esto ha sido un presupuesto en ciertos estudios orientados a la demografía: Fentress (2009: 147); Witcher (2005: 128).

28   Cf. Witcher (2006: 114-115); Morley (1996: 92).

29   Cf. Morley (1996: 100); Curti *et al.* (1998: 177); Rosenstein (2004: 17).

    Desigualdades antiguas

los sectores municipales aliados con los vencedores de la guerra civil ingresan al Senado (Purcell, 1985: 12-13)[30].

Hopkins (1978) daba por sentado que los terratenientes romanos tenían por objetivo invertir el capital de los botines de guerra de la expansión militar en las villas esclavistas para abastecer el creciente mercado urbano. Si bien parece un planteo lógico, no es una evidencia. Por ejemplo, Brahm Kleinman (2021) observa el uso de los despojos de guerra por parte de los generales del siglo II a.n.e. Estos buscaban reforzar su imagen política orientada a la competencia aristocrática por medio de la donación pública o su atesoramiento para la exposición.

Emilio Gabba (1972: 81-85) sostiene que los testimonios epigráficos y arqueológicos confirman una transformación en la urbanización de Italia recién desde la guerra social hasta el período de César (cf. Rosenstein, 2004: 8). Gabba (1972: 94) destaca que su fundamento es primeramente político, es decir el logro del estatus de municipio de las comunidades aliadas y el otorgamiento de la autonomía en las zonas del *ager romanus*. Yo creo que la urbanización debe de haber derivado en transformaciones económicas cuyo centro fue Roma, junto con las ciudades itálicas, expresadas en una demanda de construcción (piedra, cemento, tejas, mármol, ladrillos), de alimentación –que arrastra a la cerámica–, y del consumo de lujo[31]. La villa como unidad productiva acompaña este proceso. Sin embargo, Jongman (2003: 114-115) calculó que el 2% de la tierra productiva de Italia habría alcanzado para producir el aceite y el vino necesarios para la demanda urbana (minimalista), y alrededor de 250.000 esclavos, de acuerdo a los agrónomos latinos, para trabajar esa tierra (cf. De Ligt, 2012: 159-165). No obstante, Jongman parte de una urbanización del 30%, lo que resulta un índice muy alto para las sociedades preindustriales[32]. Un cálculo

---

30 Purcell (1985: 5). Según el autor (p. 8) la obra de Catón habría estado dirigida a pequeños propietarios similares a los pompeyanos y no hacia la clase senatorial romana que en ningún caso estaba asociada en el siglo II a.n.e. a la producción de vino en el latifundio esclavista. Según Purcell (1985: 11), "A change in the social position of vineyard owners can then be traced during the early Empire. At the same time we begin to find a change in the evidence for the organization of the Italian wine trade". Por otra parte, Jongman (1988: 57 ss.) ha resaltado que en buena parte de la tierra en Pompeya se producía grano y no solo vino en esa época.

31 Cf. Erdkamp (2015: 36). Véase De Ligt (2012: 201) para la estimación del umbral de asentamiento para definir una "ciudad".

32 Cf. Scheidel (2008b: 31); De Ligt (2012: 200).

maximalista (14 millones), a una tasa más ajustada del 20%, necesita menos del 4% de las tierras productivas de Italia. Para la cuenta intermedia (10 millones) es suficiente el 2% de la tierra[33].

Conclusiones

Resumo de forma telegráfica por una cuestión de espacio los aspectos analizados para organizar un esbozo socioeconómico en relación con el lugar de la esclavitud en los dos últimos siglos de la república:

1) Se constata la persistencia de la unidad doméstica campesina de subsistencia. Parte de sus excedentes pueden haber estado orientados a los mercados urbanos como consecuencia de ventajas comparativas (cercanía y buena comunicación)[34]. 2) Se observa un aumento progresivo en algunas regiones, a partir del fin de la segunda guerra púnica, de granjas orientadas a la producción de vino y de talleres de ánforas. Contra De Ligt (2006: 600-601), sugiero que estas granjas, en manos de campesinos enriquecidos, utilizaron fuerza de trabajo esclava. Las unidades domésticas acomodadas igualmente utilizaron esclavos. 3) Se produce un aumento progresivo y sostenido de la esclavitud doméstica que acompañó el enriquecimiento de las élites romanas.

A partir del siglo I a.n.e.:

4) Se produce un rápido desarrollo urbano, lo que llevó a un aumento de la demanda en el área de la construcción en canteras (mármoles y piedras), minería (metalurgia), tejas y ladrillos con presencia importante de fuerza de trabajo esclava en el área rural y en los talleres de artesanos urbanos[35]. 5) Se produce un aumento de la gran propiedad y se multiplican las villas. Algunas de ellas están orientadas a la producción para abastecer a la demanda urbana, especialmente de alimentos (vino, cereales y aceite –también usado como combustible–) y el consumo de lujo, otras son

---

33 Podemos suponer que los esclavos también cultivaban cereales, como de hecho ocurría, y llegaremos a un número mayor. Por ejemplo, De Ligt (2012: 165) estima que alcanzaría los 800.000 esclavos. Cf. también Scheidel (2005: 67-68) sobre este modelo de Jongman.

34 Cf. Kron (2008: 88); Launaro (2015:180).

35 Se debe incluir allí los talleres de producción cerámica de ánforas –contenedores para el aceite, el vino y la salazón de pescado–.

expresión del aumento de la riqueza de las élites (cf. Purcell, 1985: 17). Se observa la coexistencia de fuerza de trabajo esclava y libre en las villas (arrendatarios y campesinos a jornal; cf. Kron, 2008: 90). 6) El desarrollo urbano conlleva un aumento del comercio y de los servicios con presencia en este sector de esclavos y libertos, muchos de ellos también a nivel gerencial. Se produce un aumento de la estratificación laboral (Tran, 2013). 7) En todos los casos supongo una mayor presencia, no cuantificable, de la reproducción esclava a través de las familias. Igualmente sugiero para Italia un asentamiento de esclavos mayor al sugerido por Bagnall y Frier para Egipto, por el desbalance producido por la ciudad de Roma.

Considero necesario realizar una última reflexión económica. El flujo de recursos (moneda atesorada) y la fuerza de trabajo (esclavos) organizados para satisfacer la demanda urbana en Italia se produce debido a las condiciones particulares de la ciudad de Roma, más la inclusión del suburbio. El proceso de expansión urbano está ligado a la difusión de un modelo sociopolítico centrado en la *polis/civitas*, donde residen las élites y desde donde se administra el territorio. Esto tiene una consecuencia mercantil, pero el proceso dinámico de acumulación está centrado en la circulación del tributo y las rentas, no en un sistema de acumulación de capital. La existencia de un sistema de producción mercantil simple, basado en parte en la esclavitud, refuerza la estructura del sistema tributario dominante.

Bibliografía

Bagnall, R.S. & Frier, B.W. (2006). *The Demography of Roman Egypt* [1994], Cambridge.

Beloch, K.J. (1886). *Die Bevölkerung der griechisch-römischen Welt*, Leipzig.

Boserup, E. (1970). *Women's Role in Economic Development*, London.

Bradley, K. (1994). *Slavery and Society at Rome*, Cambridge.

Bradley, K. (1998). *Slavery and Rebellion in the Roman World, 140 BC-70 BC*, Bloomington-Indianapolis.

Brown, J.K. (1970). "A Note on the Division of Labor by Sex", *American Anthropologist*, n.s. 72/5, 1073-1078.

Brunt, P.A. (2001). *Italian Manpower* [1971], Cambridge.

Cadiou, F. (2009). "Le service militaire et son impact sur la société à la fin de l'époque républicaine: un état des recherches récentes", *Cahiers Glotz*, 20, 157-171.

Carandini, A. (1985) (ed.). *Settefinestre. Una villa schiavistica nell'Etruria romana*, Modena.

Curchin, L.A. (2000-2001). "The Roman Family: Recent Interpretations", *Zephyrus*, 53-54, 535-550.

Curti, E., Dench, E. & Patterson, J.R. (1996). "Archaeology of Central and Southern Roman Italy: Recent Trends and Approaches", *Journal of Roman Studies*, 86, 170-189.

Dal Lago, E. & Katsari, C. (2008). *Slave Systems: Ancient and Modern*, Cambridge.

De Ligt, L. (2006). "The Economy: Agrarian Change during the Second Century", en N. Rosenstein & R. Morstein-Marx (eds.), *A Companion to the Roman Republic*, Malden, 590-605.

De Ligt, L. (2012). *Peasants, Citizens and Soldiers: Studies in the Demographic History of Roman Italy, 225 BC-AD 100*, Cambridge.

De Ligt, L. & Northwood, S. (2008) (eds.). *People, Land and Politics: Demographic Developments and the Transformation of Roman Italy 300 BC-AD 14*, Leiden.

De Neeve, P.W. (1984). *Colonus*, Amsterdam.

Erdkamp, P. (2015). "Agriculture, Division of Labour, and the Paths to Economic Growth", en Erdkamp, Verboven & Zuiderhoek (eds.), 18-39.

Erdkamp, P., Verboven, K. & Zuiderhoek, A. (2015) (eds.). *Ownership and Exploitation of Land and Natural Resources in the Roman World*, Oxford.

Fentress, E. (2009). "Peopling the Countryside: Roman Demography in the Albegna Valley and Jerba", en A. Bowman & A. Wilson (eds.), *Quantifiying the Roman Economy: Methods and Problems*, Oxford, 127-162.

Finley, M. (1998). *Ancient Slavery and Modern Ideology* [1980], Princeton.

Frank, T. (1924). "Roman Census Statistics from 225 to 28 BC", *Classical Philology*, 19, 329-341.

Frier, B.W. (2000). "Demography", en *Cambridge Ancient History*, 2ª ed. Cambridge, vol. 11, 787-816.

Frier, B.W. (2001). "More Is Worse: Some Observations on the Population of the Roman Empire", en Scheidel (ed.), 139-159.

Gabba, E. (1972). "Urbanizzazione e rinnovamenti urbanistici nell'Italia centro-meridionale del I sec. a.C.", *Studi Classici e Orientali*, 21, 73-112.

García Mac Gaw, C. (2010). "La economía esclavista romana. Reflexiones sobre conceptos y cuestiones de números en la historiografía del esclavismo", en C. Fornis, J. Gallego, P. López Barja y M. Valdés (eds.), *Dialéctica histórica y compromiso social. Homenaje a Domingo Plácido*, Zaragoza, vol. 2, 631-646.

García Mac Gaw, C. (2015). "The Slave Roman Economy and the Plantation System", en L. Da Graca & A. Zingarelli, *Studies on Pre-Capitalist Modes of Production*, Leiden-Boston, 77-111.

Hin, S. (2008). "Counting Romans", en De Ligt & Northwood (eds.), 187-238.

Hin, S. (2013). *The Demography of Roman Italy: Population Dynamics in an Ancient Conquest Society (201 BCE-14 CE)*, Cambridge.

Hopkins, K. (1965). "The Age of Roman Girls at Marriage", *Population Studies*, 18, 309-327.

Hopkins, K. (1978). *Conquerors and Slaves*, Cambridge.

Jones, A.H.M. (1956). "Slavery in the Ancient World", *Economic History Review*, n.s. 9/2, 185-199.

Jongman, W. (1988). *The Economy and Society of Pompeii*, Amsterdam.

Jongman, W. (2003). "Slavery and the Growth of Rome: The Transformation of Italy in the Second and First Centuries BCE", en C. Edwards & G. Woolf (eds.), *Rome the Cosmopolis*, Cambridge, 100-122.

Kleinman, B. (2021). "¡Parece salido de un museo! Comunicación de élite, artefactos culturales y Escipión Emiliano", en H. Beck, J. Gallego, C. García Mac Gaw y F. Pina Polo (eds.), *Encuentros con las élites del Mediterráneo antiguo. Liderazgo, estilos de vida, legitimidad*, Buenos Aires, 181-200.

Kron, J.G. (2005). "The Augustan Census Figures and the Population of Italy", *Athenaeum*, 93/2, 441-495.

Kron, J.G. (2008). "The Much-Maligned Peasant: Comparative Perspectives on the Productivity of the Small Farmer in Classical Antiquity", en De Ligt & Northwood (eds.), 71-119.

Laslett, P. (1972). "Introduction: The History of the Family", en P. Laslett & R. Wall (eds.), *Household and Family in Past Time*, Cambridge, 1-90.

Launaro, A. (2011). *Peasants and Slaves: The Rural Population of Roman Italy (200 BC-AD 100)*, Cambridge.

Launaro, A. (2015). "The Nature of the Villa Economy", en Erdkamp, Verboven & Zuiderhoek (eds.), 173-186.

Lo Cascio, E. (1994). "The Size of the Roman Population: Beloch and the Meaning of the Augustan Census Figures", *Journal of Roman Studies*, 84, 23-40.

Lo Cascio, E. (2001). "Recruitment and the Size of the Roman Population from the Third to the First Century BCE", en Scheidel (ed.), 111-138.

Lo Cascio, E. (2002). "Considerazioni sul numero e sulle fonti de approvvigionamento degli schiavi in età imperiale", *Antiquitas*, 26, 51-65.

Lo Cascio, E. (2008). "Roman Census Figures in the Second Century BC and the Property Qualification of the Fifth Class", en De Ligt & Northwood (eds.), 239-256.

Martin, D.B. (1990). *Slavery as Salvation: The Metaphor of Slavery in Pauline Christianity*, New Haven-London.

Martin, D.B. (1996). "The Construction of the Ancient Family: Methodological Considerations", *Journal of Roman Studies*, 86, 40-60.

Marzano, A. (2007). *Roman Villas in Central Italy: A Social and Economic History*, Leiden-Boston.

Morley, N. (1996). *Metropolis and Hinterland: The city of Rome and the Italian Economy, 200 BC-AD 200*, Cambridge.

Northwood, S. (2008). "Census and Tributum", en De Ligt & Northwood (eds.), 257-270.

Patterson, O. (1982). *Slavery and Social Death*, Cambridge MA-London.

Purcell, N. (1985). "Wine and Wealth in Ancient Italy", *Journal of Roman Studies*, 75, 1-19.

Rathbone, D. (1981). "The Development of Agriculture in the *Ager Cosanus* during the Roman Republic: Problems of Evidence and Interpretation", *Journal of Roman Studies*, 71, 10-23.

Rosenstein, N. (2004). *Rome at War: Farms, Families, and Death in the Middle Republic*, Chapel Hill-London.

Roth, U. (2004). *The Female Slave in Roman Agriculture: Changing the Default*, PhD thesis, University of Nottingham, http://eprints.nottingham.ac.uk/11181/ (acceso 1/10/2018).

Roth, U. (2007). *Thinking Tools: Agricultural Slavery between Evidence and Models*, London (*Bulletin of the Institute of Classical Studies: Supplement*, 92).

Saller, R.P. (1987). "Men's Age at Marriage and Its Consequences in the Roman Family", *Classical Philology*, 82/1, 21-34.

Saller, R.P. (1994). *Patriarchy, Property and Death in the Roman Family*, Cambridge.

Saller, R.P. & Shaw, B.D. (1984). "Tombstones and Roman Family Relations in the Principate. Civilians, Soldiers and Slaves", *Journal of Roman Studies*, 74, 124-156.

Scheidel, W. (1995). "The Most Silent Women of Greece and Rome: Rural Labour and Women's Life in the Ancient World", *Greece & Rome*, 42/2, 202-217.

Scheidel, W. (1997). "Quantifying the Sources of Slaves in the Early Roman Empire", *Journal of Roman Studies*, 87, 156-169.

Scheidel, W. (1999). "The Demography of Roman Slavery and Manumission", en M. Bellancourt-Valdher & J.-N. Corvisier (eds.), *La demographie historique antique*, Arras, 107-115.

Scheidel, W. (2001) (ed.). *Debating Roman Demography*, Leiden.

Scheidel, W. (2001). "Progress and Problems in Roman Demography", en Scheidel (ed.), 1-81.

Scheidel, W. (2005). "Human Mobility in Roman Italy, II: The Slave Population", *Journal of Roman Studies*, 95, 64-79.

Scheidel, W. (2008a). "Roman Population Size: The Logic of Debate", en De Ligt & Northwood (eds.), 18-70.

Scheidel, W. (2008b). "Demography", en W. Scheidel, I. Morris & R. Saller (eds.), *The Cambridge Economic History of the Greco-Roman World*, Cambridge, 38-86.

Scott, E. (1997). "Roman Agriculture, Gender and Work *or* Harvesting Women's Work from Roman Landscapes", en *Eleanor Scott Archaeology*, https://eleanorscott-archaeology.com/unpublished-papers (acceso 4/3/2019).

Shaw, B.D. (1987). "The Age of Roman Girls at Marriage: Some Reconsiderations", *Journal of Roman Studies*, 77, 30-46.

Terrenato, N. (2001). "The Auditorium site in Rome and the origins of the villa", *Journal of Roman Archaeology*, 14, 5-32.

Toynbee, A. (1965). *Hannibal Legacy*, London.

Tran, N. (2013). Dominus tabernae. *Le statut de travail des artisans et des commerçants de l'Occident romain*, Roma.

Treggiari, S. (1975). "Family Life among the Staff of the Volusii", *Transactions of the American Philological Association*, 105, 393-401.

Treggiari, S. (1979). "Questions on Women Domestics in the Roman West", en M. Capozza (ed.), *Schiavitu, manomissione e classi dipendenti nel mondo antico. Atti del Colloquio Internazionale di Bressanone (25-27 novembre 1976)*, Roma, 185-201.

Wiseman, T.P. (1969). "The Census in the First Century BC", *Journal of Roman Studies*, 59, 59-75.

Witcher, R. (2005). "The Extended Metropolis: *Urbs, suburbium* and Population", *Journal of Roman Archaeology*, 18, 120-138.

Witcher, R. (2006). "Settlement and Society in Early Imperial Etruria", *Journal of Roman Studies*, 96, 88-123.

¿HONOR ENTRE ESCLAVOS?
DESIGUALDAD FRENTE A LA LEY EN EL IMPERIO ROMANO[1]

Nicole J. Giannella[2]

Este capítulo estudia una forma de desigualdad legal[3] que generalmente se pasa por alto: específicamente, el lugar de los esclavos en los debates sobre privilegio legal y situación desventajosa. En general, no se toma en cuenta a los esclavos en los estudios sobre desigualdad legal porque la ley otorgaba muy poca protección a los esclavos tomados como categoría social; en la ley romana privada, los esclavos no tenían una posición determinada. Sin embargo, hay ocasiones en las que los esclavos no aparecen como una categoría unificada de personas frente a la ley: obtienen diferentes resultados según su carácter o puesto de trabajo[4]. En este capítulo, voy a examinar, siempre dentro de los trabajos de los juristas romanos, los sitios en los que se toma en cuenta el carácter moral o el puesto de trabajo del esclavo para la discusión legal, es decir lo que llamamos "reputación". Mi intención es reflexionar sobre lo siguiente: ¿qué información y qué inferencias podemos sacar como conclusión del análisis de esos trabajos? Primero, la atención que se presta a la reputación de un esclavo es de naturaleza procesal; afecta la forma en que se otorgará o no una acción legal a un amo cuyo esclavo ha sido víctima de un ultraje (*iniuria*). Segundo, esa consideración crea

---

1   Traducción: Márgara Averbach.

2   Cornell University.

3   Sobre la desigualdad legal y el estatus social ver el trabajo clásico de Garnsey (1970) y, más recientemente, el de Taylor (2016).

4   Sobre este fenómeno en la España visigoda, ver la contribución de Damián Fernández en este volumen.

una situación en la cual hay un reconocimiento de la reputación del esclavo más allá de la casa de su amo a pesar del estatus legal de los esclavos. Esa forma de desigualdad legal revela jerarquías sociales dentro del estatus legal de "esclavo", jerarquías que, de otro modo, no son fáciles de percibir.

En el mundo romano, los esclavos podían tener un gran número de puestos desde peones y mineros, empleados de comercio y contadores imperiales a cocineros y nodrizas, todo lo cual exigía la existencia de diferentes niveles y formas de trabajo físico, intelectual y psicológico. Eso no es novedad, lo sabemos hace ya mucho tiempo. Junto con esa diversidad de puestos, había también lazos afectivos percibidos o reales entre amo y esclavo; algunos esclavos recibían ciertos beneficios como mejor ropa, *peculia*, o más libertad de movimientos que otros. Podemos entender esos beneficios adicionales como privilegios menores, en el sentido de que se los reconocía primariamente dentro de la casa del amo y sus alrededores. Se puede argumentar que algunas de las diferencias entre esclavos se darían también lejos de la casa del amo a través de una serie de claves económicas y sociales como el lenguaje y el atuendo. Sin embargo, en este capítulo pienso examinar una forma explícita de privilegio en la que el mismo, aunque otorgado por el amo, no solo se reconocía en sociedad sino que era discernible, evidente, en un tribunal.

Ultrajar a un esclavo

Esa calidad de discernible se ve cuando se presenta una acción legal por un ultraje (*actio iniuriarum*), delito que puede rastrearse hasta las Doce Tablas. Aunque se entiende que originariamente la acción contra el ultraje cubría un daño corporal intencional, en el período clásico de la ley romana la acción se expandió e incluyó también un daño intencional a la personalidad[5]. El rango del delito es bastante amplio pero tiende a referirse a los ataques contra la dignidad, la reputación y el bienestar de la persona. Por ejemplo, el jurista Gayo del siglo II de la era cristiana considera que los siguientes son ultrajes: asalto físico, por ejemplo apalear

---

5   Sobre el *actio iniuriarum*, ver Zimmermann (1996: 1050-1061); Nicholas (2008: 215-217); sobre delitos en general, ver Sirks (2015: 246-271).

                                        Desigualdades antiguas

o castigar con un látigo; burlas, por ejemplo cuando se organiza un "griterío" (*convicium*) o escribir notas o canciones difamatorias; riesgos contra el medio de vida y la reputación como alegar que alguien tiene deudas y tratar de venderle la casa por eso; y amenazas a la virtud como perseguir a un joven (*praetextatus*) o a una matrona (*mater familias*)[6]. La protección que se daba a los subordinados de cualquier amenaza potencial a su virtud social y reputación general es un tema común en las fuentes[7]. Esa protección proviene de un deseo de mantener la seguridad y reputación de los subordinados y también la del *pater familias*. Ese interés en los subordinados en relación con el delito o daño intencional de terceros nos permite ver con claridad de qué manera y en qué lugar se vuelve legalmente discernible la reputación de un esclavo.

El jurista severiano Ulpiano describe las disposiciones del delito de ultraje contra los esclavos en un texto largo que empieza con una cita del edicto del pretor y sigue con una interpretación que ofrece un caso en el que se toma en cuenta la reputación de los esclavos:

(34) El pretor dice: "Cuando se dice que un hombre apaleó al esclavo de otro en contra de la moral o lo sometió a tortura sin el consentimiento del amo, voy a otorgar una acción. Del mismo modo, si se dice que se hizo algo más, después de escuchar las circunstancias, voy a otorgar una acción". (35) Si alguien inflige así un ultraje a un esclavo que se hace también al amo, desde mi punto de vista, el amo puede iniciar la acción por ultraje en su propio derecho; pero aunque los golpes no estuvieran dirigidos al amo, el pretor no debe dejar sin castigo un ultraje contra un esclavo, especialmente si ocurriera por golpes o por

---

6   Gayo, *Instituciones*, 3.220: "Se comete ultraje no solo golpeando a un hombre con el puño o un palo o castigándolo con un látigo sino también haciendo nacer un griterío de insultos contra él, o, si sabiendo que no le debe nada a nadie, uno pone en venta la propiedad del otro como se hace con la de los deudores, o escribiendo material difamatorio en prosa o verso contra él o siguiendo a una matrona o a un joven y también de muchas otras formas". (*Iniuria autem committitur non solum, cum quis pugno puta aut fuste percussus vel etiam verberatus erit, sed etiam si cui convicium factum fuerit, sive quis bona alicuius quasi debitoris sciens eum nihil sibi debere proscripserit, sive quis ad infamiam alicuius libellum aut carmen scripserit, sive quis matrem familias aut Praetextatum adsectatus fuerit, et denique aliis pluribus modis*). Traducción al inglés: de Zulueta (1946), con modificaciones. (*Nota de trad.*: La traducción al español se realiza a partir de la versión inglesa).

7   Ver por ejemplo, *Dig.* 47.10.10; 47.10.15.15-22; 47.10.26 (que se analiza más adelante); Gayo, *Instituciones*, 3.221.

tortura; porque es evidente que el esclavo mismo siente esas cosas…
(38) Las palabras "en contra de la moral" son importantes porque no
todos los que golpean son legalmente responsables: solo el que golpea
en contra de la moral. El que lo hace para corregir o reformar no es
legalmente responsable. (39) Por lo tanto, Labeo hace la pregunta: Si
un magistrado municipal da latigazos a mi esclavo, ¿puedo iniciar
la acción contra él porque lo hizo contra la moral? Y dice que el juez
debe investigar lo que estaba haciendo mi esclavo para hacer que el
magistrado le diera latigazos: si lo golpeó por un atentado audaz contra ese funcionario y su insignia, se debe absolver al magistrado. (40)
Cuando una persona golpea a alguien con el puño, también se dice
que lo "apalea". (41) Por tortura queremos significar infligir angustia
y agonía en el cuerpo para extraer la verdad. El interrogatorio simple
o una intimidación moderada no entran en este edicto. La palabra
también incluye lo que se llama "reclusiones privadas". Cuando una
investigación se conduce con fuerza y tormento aplicados contra el
cuerpo, se dice que hay tortura. (42) Pero si, por órdenes del amo,
alguien interroga a un esclavo pero se excede en el límite de violencia,
Labeo dice que entonces es pasible de la acción. (43). El pretor dice: "Si
se hizo algo más, una vez que examine el asunto, voy a otorgar una
acción". Si un esclavo recibe una golpiza o alguien lo interroga bajo
tortura, se puede otorgar una acción contra el acusado sin más; pero
si el esclavo sufriera algún otro ultraje, no se otorgará ninguna acción
sin que el pretor examine el asunto. (44) Así, el pretor no promete
una acción por cada ultraje en nombre del esclavo; si el esclavo recibe
golpes leves o alguien lo abusa moderadamente, el pretor no otorgará
la acción; pero si alguien difama al esclavo a través de un acto o una
sátira o burla, creo que la investigación del pretor en el asunto debería
tomar en cuenta la posición del esclavo; porque es altamente relevante
la clase de esclavo que sea, si es honesto, si es un capataz, o está en
un puesto superior, o es solamente un esclavo común, un obrero sin
jerarquía o lo que fuera. ¿Y qué pasaría si estuviera engrillado o se
supiera que es de mal carácter o está marcado (como malhechor)?
Entonces, el pretor tomará en cuenta tanto al ultraje alegado como a
la persona del esclavo que, según dice, lo sufrió y otorgará o rechazará
la acción según sus conclusiones[8].

---

8 Ulpiano, *Edicto*, libro 77, fr. 1354, 1356-1358 Lenel = *Dig.* 47.10.15.34-44: (34)
   Praetor ait: "Qui servum alienum adversus bonos mores verberavisse deve eo inius-
   su domini quaestionem habuisse dicetur, in eum iudicium dabo. item si quid aliud

                                          Desigualdades antiguas

El edicto del pretor sobre el ultraje contra los esclavos (34) tiene dos partes. La primera es una protección relativamente directa del derecho que tiene el amo, como dueño del esclavo, a interponer una acción legal contra el daño físico que se ha causado a su propiedad. Eso es lo que trataremos primero. Después de citar el edicto, Ulpiano (35) empieza a analizar las formas del ultraje en una declaración programática que pone las bases de la capacidad legal de un esclavo para sufrir un ultraje en su propio nombre. La meditación de Ulpiano sobre formas permitidas e ilícitas de violencia esclava revela mucho porque él toma en cuenta tanto las consecuencias legales como el sentimiento personal del esclavo. El lenguaje que usa para describir los posibles casos es importante. El primero: si una persona comete un ultraje contra un esclavo y el resultado es que el ofensor comete un ultraje contra el amo (*si*

factum esse dicetur, causa cognita iudicium dabo". (35) Si quis sic fecit iniuriam servo, ut domino faceret, video dominum iniuriarum agere posse suo nomine: si vero non ad suggillationem domini id fecit, ipsi servo facta iniuria inulta a praetore relinqui non debuit, maxime si verberibus vel quaestione fieret: hanc enim et servum sentire palam est... (38) Adicitur "adversus bonos mores", ut non omnis omnino qui verberavit, sed qui adversus bonos mores verberavit, teneatur: ceterum si quis corrigendi animo aut si quis emendandi, non tenetur. (39) Unde quaerit Labeo, si magistratus municipalis servum meum loris ruperit, an possim cum eo experiri, quasi adversus bonos mores verberaverit. et ait iudicem debere inquirere, quid facientem servum meum verberaverit: nam si honorem ornamentaque petulanter adtemptantem ceciderit, absolvendum eum. (40) "Verberasse" dicitur abusive et qui pugnis ceciderit. (41) "Quaestionem" intellegere debemus tormenta et corporis dolorem ad eruendam veritatem. nuda ergo interrogatio vel levis territio non pertinet ad hoc Edictoum. quaestionis verbo etiam ea, quam malam mansionem dicunt, continebitur. cum igitur per vim et tormenta habita quaestio est, tunc quaestio intellegitur. (42) Sed et si iussu domini quis quaestionem habeat, modum tamen excesserit, teneri eum debere Labeo ait. (43) Praetor ait: "Si quid aliud factum esse dicetur, causa cognita iudicium dabo". proinde si quidem verberatus sit servus vel tormentis de eo quaestio habita est, sine causae cognitione iudicium in eum competit, si vero aliam iniuriam passus sit, non aliter competit quam causa cognita. (44) Itaque praetor non ex omni causa iniuriarum iudicium servi nomine promittit: nam si leviter percussus sit vel malEdictoum ei leviter, non dabit actionem: at si infamatus sit vel facto aliquo vel carmine scripto puto causae cognitionem praetoris porrigendam et ad servi qualitatem: etenim multum interest, qualis servus sit, bonae frugi, ordinarius, dispensator, an vero vulgaris vel mediastinus an qualisqualis. et quid si compeditus vel male notus vel notae extremae? habebit igitur praetor rationem tam iniuriae, quae admissa dicitur, quam personae servi, in quem admissa dicitur, et sic aut permittet aut denegabit actionem. Sobre este pasaje, ver Fusco (2010: 427-433). Watson (1987: 61) sugiere que tal vez faltan algunos detalles de la segunda mitad del Edicto. Traducción al inglés: Watson (1985), con modificaciones. (*Nota de trad.*: La traducción al español se realiza a partir de la versión inglesa).

quis sic fecit iniuriarum servo, ut domino faceret). En ese caso, el sufrimiento del esclavo no es legalmente importante más que como vehículo para el amo. Con el ultraje del esclavo efectivamente borrado, Ulpiano sugiere que la acción legal sea en nombre del amo y no en el del esclavo (*video dominum iniuriarum agere posse suo nomine*). Como los esclavos y subordinados funcionan como un canal para que el amo los adquiera, aquí la acción por ultraje provee un remedio para cuando ese canal se usa para la malicia en lugar de para la ganancia. Un pasaje del jurista Pablo, activo más o menos en la misma época que Ulpiano, enfatiza ese problema:

> Si alguien se burla de mi esclavo o de mi hijo, incluso con su consentimiento, soy yo el que todos creen que recibe el ultraje, como cuando lo lleva a una taberna o juega a los dados con él. Pero eso es así solamente en los casos en que la persona tiene la intención de perpetrar un ultraje. Porque uno puede dar un mal consejo sin poner ni un pensamiento en el amo; por eso, la necesidad de que la acción sea por corromper al esclavo[9].

Los parecidos legales entre hijos y esclavos en cuanto subordinados a sus *paterfamilias* o amos se ven claramente en el tratamiento unificado que hace Pablo de las dos figuras[10]. Por el hecho de que son subordinados, aunque estén de acuerdo (*consentiens*) con el mal comportamiento, el amo puede iniciar una acción legal por ultraje ya que la ofensa se pensó intencionalmente como ataque al carácter moral de un hijo o un esclavo, y por eso lo llevaron a una taberna o al juego: se hizo específicamente para dañar al padre o al amo. El caso de Pablo no va tan lejos como el de Ulpiano: si la ofensa no fue por ultrajar al amo, entonces habrá posibilidad de una acción pretoriana, una acción porque se ha corrompido a un esclavo (esto se discute más adelante), es decir, el daño al carácter de un esclavo a manos de un tercero. Como vemos entonces, hay

---

9   Pablo, *Edicto*, libro 19, fr. 308 Lenel = *Dig.* 47.10.26: *Si quis servum meum vel filium ludibrio habeat licet consentientem, tamen ego iniuriam videor accipere: veluti si in popinam duxerit illum, si alea luserit. Sed hoc utcumque tunc locum habere potest, quotiens ille qui suadet animum iniuriae faciendae habet. Atquin potest malum consilium dare et qui dominum ignoret: et ideo incipit servi corrupti actio necessaria esse.*

10   Esta es una excentricidad muy conocida de la ley privada romana, ver Watson (1987: 46-47).

                                                      Desigualdades antiguas

algo nuevo en la consideración que hace Ulpiano sobre la capacidad legal de un esclavo para sufrir un ultraje[11].

Si nos interesamos ahora en las ofensas que no están dirigidas contra el amo, en el texto de Ulpiano (35), el ultraje potencial –descripto como una *suggillatio*, literalmente "un moretón"– es físico, lo cual no es sorprendente ya que los juristas tienden a poner el valor del esclavo en su cuerpo. Los ejemplos de abuso físico que se ofrecen son significativos porque son particularmente serviles; Ulpiano argumenta aquí que el pretor no debería dejar el ultraje sin venganza (*iniuria inulta*), en particular, enfatiza, si la violencia llega en forma de una paliza o si es porque se interroga al esclavo bajo tortura (*maxime si verberibus vel quaestione fieret*). Tal vez el jurista romano percibe estos actos relacionados con la esclavitud como más vergonzantes cuando no están sancionados por el amo, o tal vez, porque son vergonzantes, el esclavo no debería tener que tolerarlos a menos que fuera por orden del amo. En el nivel más bajo de la interpretación, un esclavo podría quedar irreparablemente dañado por esa violencia y el amo debería quedar habilitado para pedir reparación por el daño, pero en ese nivel somático hay otras leyes que tratan directamente sobre una pérdida vergonzante de propiedad, específicamente la *lex Aquilia*[12]. Ulpiano termina su declaración programática con las razones por las cuales el pretor debería investigar estas ofensas: "porque es obvio que el esclavo mismo siente esas cosas (*hanc enim et servum sentire palam est*)". Aquí Ulpiano establece la idea de que hay una razón convincente

---

11   La novedad que trae Ulpiano se ve con mayor claridad si se la contrasta con este pasaje del jurista anterior Gayo (*Instituciones*, 3.222): "No se considera que un esclavo sufra ultraje personalmente sino que, a través de él, se comete un ultraje contra su amo, aunque no de todas las maneras en las que se supone que se comete contra nosotros a través de nuestros hijos o nuestras esposas, sino solo si el acto es especialmente escandaloso y obviamente pensado como un insulto al amo, como cuando alguien apalea al esclavo de otro, caso para el cual se publica una *formula* en el Edicto. Pero por crear un griterío contra un esclavo o golpearlo con el puño no hay ninguna *formula* publicada en el Edicto, y no se otorga con facilidad una acción al querellante en esos casos". (*Servo autem ipsi quidem nulla iniuria intellegitur fieri, sed domino per eum fieri videtur; non tamen iisdem modis, quibus etiam per liberos nostros vel uxores iniuriam pati videmur, sed ita, cum quid atrocius commissum fuerit, quod aperte in contumeliam domini fieri videtur, veluti si quis alienum servum verberaverit; et in hunc casum formula proponitur; at si quis servo convicium fecerit vel pugno eum percusserit, non proponitur ulla formula nec temere petenti datur*).

12   Sobre la *lex Aquilia*, ver Zimmermann (1996: 902-1016).

por la cual otorgar una acción por ultraje aunque no estuviera directamente dirigida contra el amo[13]. Como veremos, la primera parte del argumento de Ulpiano termina en una exploración del peso jurídico que tiene el verbo *sentire* en el caso de los ultrajes de violencia física (42, que se discute más adelante). Debemos cuidarnos de adscribir demasiadas consecuencias humanitarias a esto porque, aunque Ulpiano reconoce el significado afectivo real del asunto para un esclavo, ese reconocimiento está siempre al servicio de la recompensa financiera para el amo y solamente para que ella se haga efectiva.

Después de un texto corto sobre las implicancias de procedimiento en el caso de que un esclavo reciba una paliza por parte de dos personas que son sus amos en común o de una persona que tiene derecho a hacer uso de ese esclavo (*fructuarius*) o del amo (*proprietarius*) (36-37)[14], Ulpiano reflexiona sobre el significado de la frase "en contra de la moral" y sobre la forma en que se puede utilizar en la justificación de actos de violencia contra el esclavo de otra persona (38). Aquí, Ulpiano reflexiona sobre ciertos tipos de violencia física que estaban permitidos y se consideraban moralmente correctos: por ejemplo, una corrección y/o un castigo paternalista contra el esclavo, aunque llevara a un daño físico y

---

13   Más adelante, en el largo texto de Ulpiano, el jurista cita a un colega augusto, Mela, que comparte sus sentimientos en el sentido de que a veces un ultraje contra un esclavo puede estar pensado para afectar al amo y a veces no. Los ejemplos de Mela son bastante diferentes de los que utiliza el pensamiento de Ulpiano: Mela considera que un amo no puede sentirse ultrajado si la persona que ultrajó al esclavo no sabía a quién pertenecía el esclavo. Es notable que el jurista mayor ni siquiera se plantea si un esclavo puede recibir un ultraje por sí mismo a menos que estuviera fingiendo ser un hombre libre (en cuyo caso el esclavo no tendría un caso válido, pero tampoco lo tendría su amo). Ulpiano, *Edicto*, libro 77, fr. 1359 Lenel = *Dig.* 47.10.15.45: "Un ultraje contra un esclavo a veces afecta también al amo, a veces no; porque si el esclavo está fingiendo ser libre o si la persona que lo golpea cree que pertenece a otra persona y no lo hubiera hecho si supiera que el esclavo era mío, Mela escribe que el atacante no puede ser denunciado como alguien que me ultrajó a mí". (*Interdum iniuria servo facta ad dominum redundat, interdum non: nam si pro libero se gerentem aut cum eum alterius potius quam meum existimat quis, non caesurus eum, si meum scisset, non posse eum, quasi mihi iniuriam fecerit, sic conveniri Mela scribit*).

14   Ulpiano, *Edicto*, libro 77, fr. 1355 Lenel = *Dig.* 47.10.15.36-37: "Si un hombre apalea a un esclavo que tiene en común, no será legamente responsable por esta acción ya que hizo lo que hizo por derecho de propiedad. Tampoco un fructuario podría proceder contra el amo o el amo contra el fructuario en esas circunstancias". (*Si communem quis servum verberaverit, utique hac actione non tenebitur, cum iure domini id fecerit. Nec si fructuarius id fecerit, dominus cum eo agit, vel si proprietarius fecerit, fructuarius eum conveniet*).

                                   Desigualdades antiguas

psicológico. Para describir las circunstancias particulares en las que una persona podía apalear legalmente al esclavo de otra, en 39, Ulpiano da un ejemplo provisto por el jurista augusto Labeo: el esclavo cometió un acto ultrajante contra el magistrado –intentó atacar el cargo, la investidura y la insignia del magistrado–. En esa instancia, apalear a un esclavo no tiene la intención de ultrajar a nadie; al contrario, se trata justamente de corregir un acto ultrajante. A los ojos del jurista, hacía falta una corrección y, por lo tanto, el caso es antitético a una acción por ultraje.

Pero vale la pena reflexionar un poco más sobre este ejemplo. Primero, la víctima original es un magistrado municipal (*magistratus municipalis*), un funcionario de gobierno en una provincia, no un ciudadano común. Segundo, el ataque está directamente dirigido al cargo, a la investidura del magistrado y a los símbolos de ese cargo. Seguramente no hay forma de que un esclavo ataque a un magistrado sin que ese acto sea *petulanter*, es decir, realizado con insolencia, así que podemos pensar que Ulpiano (o tal vez Labeo) está enfatizando la naturaleza escandalosa del ataque llevado a cabo por el esclavo. En ese punto, el ultraje que lleva a cabo el esclavo está aparentemente determinado en exceso; es un ataque directo contra la administración gubernamental (la investidura del magistrado), el esclavo como agente del ultraje se está comportando de una manera que no se corresponde con su rango y seguramente el magistrado ultrajado tiene alguna reputación. Por lo tanto, la diferencia en estatus entre el responsable del ultraje y la víctima es muy grande[15]. El lenguaje que se usa para plantear el problema de cuándo es aceptable que un magistrado municipal apalee al esclavo de otra persona no es *verbero*, que significa primariamente apalear, pero también puede significar golpear o pegar de una manera más general. Al contrario, el verbo elegido es más directo: *loris rumperit* –literalmente el magistrado rompió al esclavo con un látigo[16]–. Es probable que sea necesario ese nivel de ultraje de parte del esclavo para justificar el castigo y

---

15   Gayo hace notar que una razón por la que un ultraje puede ser más grave (*atrox iniuria*) es por la persona a la que se ultrajó: por ejemplo, si se ultraja a un magistrado (*magistratus*) o a un senador y si el que ultraja es una persona de rango bajo (*senatoribus ab humili persona*). Las otras razones son la severidad del hecho o la locación pública del ataque; ver Gayo, *Instituciones*, 3.225.

16   Hay que hacer notar que *rumpo* es una de las categorías de la *lex Aquilia* sobre la pérdida no aceptada de propiedad, ver *Dig.* 9.2.27.5.

considerarlo dentro de los límites de la moral. Podemos preguntarnos, por ejemplo, si el castigo seguiría siendo justificado en el caso de que el esclavo hubiera atacado físicamente al magistrado pero no hubiera llevado a cabo ningún intento contra la investidura. Sea como fuere, el esclavo tiene un efecto sobre el honor de un hombre libre. Aquí, el nivel extremo de ultraje perpetrado por el esclavo cancela el ultraje potencial que vendría de golpear al esclavo sin permiso del amo. Ni siquiera se debate si el esclavo "siente" el castigo.

Ulpiano continúa sus reflexiones sobre el edicto que trata el caso de un esclavo ultrajado ofreciendo definiciones de *verbero* (40) y *quaestio* (41)[17]. Después de definir *quaestio*, hace notar (42) que Labeo dice que hasta con el permiso del amo, si la persona que tortura al esclavo es excesiva (*modum tamen excesserit*), el amo puede iniciar una acción legal. Ulpiano es cuidadoso cuando delinea los parámetros de *verbero* y *quaestio* y vale la pena detenerse en la razón por la cual ese cambio en el grado de violencia, el paso de la violencia sancionada a la violencia no sancionada, lleva a una acción legal por ultraje. Si la preocupación fuera el daño físico al esclavo, se aplicaría una acción bajo la *lex Aquilia*[18]. La acción contra el ultraje es factible porque el interrogador se excedió: justamente, que una persona lleve sus actos más allá de su cargo o derecho es lo típico en una acción por ultraje. Es posible que se haya faltado el respeto al amo, pero eso depende de si el exceso se hizo con la intención de ultrajarlo, y no hay indicación de que sea así en el texto. En lugar de eso, lo que nos queda es la explicación anterior de Ulpiano en el sentido de que un esclavo siente profundamente la tortura o una golpiza (*maxime si verberibus vel quaestione fieret: hanc enim et servum sentire palam est*). Para que *sentire* tenga algún sentido aquí tenemos que entender su significado: la idea

---

17   Ulpiano, *Edicto*, libro 77, fr. 1357 Lenel = *Dig.* 47.10.15.40-42, citado anteriormente. Es notable que Ulpiano incluya los golpes de puño en su escenario cuando Gayo, *Instituciones*, 3.222, no lo hace.

18   Ver un caso comparable (Ulpiano, *Edicto*, libro 18, fr. 613 = *Dig.* 9.2.5.3) en el que un maestro de escuela ejerce violencia excesiva en la corrección de un estudiante esclavo y en el que, cosa notable, Ulpiano cita un caso propuesto por Juliano (siglo II d.C.). En el caso de Juliano, un maestro propina una golpiza a un estudiante aprendiz (un joven libre) y el muchacho pierde un ojo. Juliano sostiene que no puede otorgarse acción por ultraje porque "lo golpeó no con la intención de ultrajar sino para corregirlo, para enseñarle" (*quia non faciendae iniuriae causa percusserit, sed monendi et docendi causa*).

         Desigualdades antiguas

va más allá de lo físico porque un esclavo sentiría físicamente la violencia aceptada tanto como la no aceptada, y el sentimiento físico no se refiere solo a la tortura o los golpes. Al contrario, deberíamos pensar que el esclavo sentiría en un nivel afectivo y físico esa forma particular de violencia extraordinaria y que, por esa razón, se puede otorgar la acción por ultraje. Lo notable es que no hay distinción entre los esclavos. No hay ninguna discusión como la que veremos en la segunda parte de la interpretación de Ulpiano con respecto al tipo de esclavo al que se puede aplicar esto. Todos los esclavos experimentan la vergüenza de este tipo de violencia. Y sin embargo, aunque en este escenario los esclavos, como categoría, reciben todos el mismo trato, hay sugestivas marcas de posibles jerarquías cuando nos movemos más allá de las manifestaciones de la vergüenza pura.

Con todo esto en mente, Ulpiano se dedica a la segunda parte del edicto, citada por primera vez en 34 y vuelta a citar en 43: "Si se hace algo más, yo, una vez que haya estudiado el asunto, voy a otorgar una acción"[19]. Después de esto, en 44, Ulpiano elabora sobre el asunto: como estas ofensas no estaban dirigidas al amo, no se puede iniciar una acción en el nombre del esclavo (*servi nomine*) a menos que el ultraje sea severo, no menor. En el comentario de Ulpiano sobre esta parte del edicto (43-44) desaparece el lenguaje que describe la violencia contra los esclavos y los ultrajes potenciales se convierten en un hecho o una injuria que tendría la capacidad de manchar la reputación del esclavo (*infamatus sit vel facto aliquo vel carmine scripto*). Ulpiano introduce la cuestión de la reputación y sopesa el ultraje contra el carácter y la posición de trabajo que tiene el esclavo; en cambio, no se dedica tanto a un tipo específico de violencia. Se evalúan los ultrajes *servi nomine*, no solamente por el acto sino por el carácter y tipo de trabajo que lleva a cabo el esclavo.

En 44, Ulpiano examina el carácter y el estatus del esclavo como "la naturaleza del esclavo" (*qualitas servi*); se pregunta "qué tipo de esclavo" (*qualis servus*), y también se cuestiona la "persona del esclavo" (*persona servi*). Esas clasificaciones hablan tanto de la ocupación del esclavo como de su carácter moral. La atención que pone Ulpiano en el *ordinarius*, un tipo de capataz esclavo a

---

19   Ulpiano, *Edicto*, libro 77, fr. 1358 Lenel = *Dig.* 47.10.15.43, citado con anterioridad.

cargo de un *peculium*, y un *dispensator*, un administrador a cargo de las finanzas del amo, resalta la importancia económica que tenía no permitir que ciertos esclavos sufrieran ultrajes. Según el jurista, un *mediastinus, vulgaris* o un esclavo *qualisqualis* –es decir, un esclavo común, un obrero menor y un tipo de esclavo medio, respectivamente–, tienen menos que perder. Cuando distingue a los esclavos por su título o falta de título, Ulpiano está midiendo la reputación del esclavo en relación directa con su posición en la casa del amo.

En términos de carácter, distingue al esclavo *bonae frugi*, un esclavo honesto y productivo, del que está engrillado (*compeditus*), el que tiene mala fama (*mala notus*), o está marcado (*notae extremae*). Así, separa tres niveles de calidad de esclavos: el buen esclavo (*ordinarius, dispensator, bonae frugi*), el esclavo promedio (*mediastinus, vulgaris, qualisqualis*), y el mal esclavo (*compeditus, mala notus, notae extremae*). Aconseja que el pretor permita que se tomen en cuenta estos niveles de calidad y carácter cuando se determina si un esclavo perdió posición o cayó en desgracia por los actos o la burla de otra persona. A los esclavos, se les imponen esos títulos y descripciones: por ejemplo, el esclavo *bonae frugi* es tema recurrente en los textos legales, pero eso significa que esos esclavos son importantes no solamente en la casa del amo sino también en un tribunal.

Estos esclavos –que tienen una reputación que perder– no tienen un buen nombre solamente dentro de la casa de su amo. Si se avergüenza o señala a un *ordinarius* o *dispensator* con una burla maligna, tal vez ese esclavo no consiga llevar a cabo sus deberes con eficiencia. Tal vez podamos pensar también en el tipo de esclavo que recibe adulación de parte de muchas personas libres. En toda la literatura del período imperial hay anécdotas que documentan que algunos hombres libres tratan de adular a ciertos esclavos poderosos. Por ejemplo, Séneca el Joven, en su carta sobre amos y esclavos, pide a sus conciudadanos que vivan en buenos términos con sus esclavos y hace notar que los que sienten vergüenza o asco frente a la idea de cenar con sus propios esclavos, "son los mismos a los que a veces encuentro besando las manos de los esclavos de otros"[20]. Aquí, Séneca se está burlando de esas

---

20   Séneca, *Cartas*, 47.13: "Vive con amabilidad con tu esclavo, hasta en términos afables; deja que hable contigo, planifique contigo, viva contigo. En este punto, todo el

   Desigualdades antiguas

personas, los llama *delicati*, que puede querer decir "buscadores de placer", pero que también es un término que en las inscripciones significa esclavo favorito, en particular un joven esclavo sexual (cf. Fitzgerald, 2000: 47-54). A pesar del desprecio de Séneca, ese tipo de anécdota sugiere que, en la sociedad romana, había algunos tipos de esclavos que tenían una reputación, aunque esa sociedad, según el autor, estuviera moralmente en bancarrota.

Esa forma de desigualdad, evidente en todos los niveles complejos de los derechos del amo, nos señalan la existencia de jerarquías sociales dentro del estatus legal de la esclavitud, jerarquías que no necesariamente son visibles para nosotros de otra forma. Para entender mejor esas jerarquías, es importante comprender con la mayor claridad posible dónde se trazan los límites. En la primera forma de ultraje contra los esclavos, vimos que ciertas formas específicas de ultraje violento afectan a todos los esclavos o que aquí los esclavos aparecen en una condición unificada, como una única clase. Sin embargo, la segunda forma de ultraje es especial y solo tiene significado legal para los amos de esclavos con reputación; desde el punto de vista legal, se ignora a los esclavos que no se consideran de alta posición o carácter especial. Aquí, entonces, la condición de la esclavitud tiene diferencias internas debido a estas jerarquías sociales. El hecho de que el ultraje a esos esclavos especiales fuera discernible socialmente no se debe a lo que pueda o no sentir el amo porque estos casos se presentan en nombre del esclavo. Esta visibilidad social se da en respuesta al reconocimiento del estatus, la posición social y económica del esclavo en los tribunales, bajo la ley que se ocupa del ultraje[21].

---

grupo de *delicati* va a protestar contra mí, diciendo: 'No hay nada más vergonzante, más triste, que eso'. Pero esas son las mismas personas a quienes veo muchas veces besando la mano de los esclavos de otros". (*Vive cum servo clementer, comiter quoque, et in sermonem illum admitte et in consilium et in convictum. Hoc loco acclamabit mihi tota manus delicatorum 'nihil hac re humilius, nihil turpius'. Hos ego eosdem deprehendam alienorum servorum osculantes manum*). Traducción al inglés: Gummere (1917), con modificaciones. (*Nota de trad.*: La traducción al español se realiza a partir de la versión inglesa).

21   Un segundo aspecto tal vez tenga que ver con una idea de control social: si los humillaban en público, los esclavos de mayor reputación y respeto no tenían ningún recurso (aunque fuera a través de sus amos). Y después de una humillación pública, no habría ningún incentivo para que los esclavos quisieran ser honestos y tuvieran algún tipo de futuro en la sociedad.

Un contraejemplo

La reputación del esclavo es de importancia crucial específicamente en casos de ultraje a la dignidad y el carácter. En el texto de Pablo (*Edicto*, libro 19, fr. 308 Lenel = *Dig.* 47.10.26) que ya discutimos brevemente, el jurista hace notar que la acción a favor de un esclavo al que se corrompió (*actio servi corrupti*) sirve para recompensar a un amo cuando un tercero dañó a su esclavo no para ultrajar al amo sino por alguna otra razón (cf. Bonfiglio, 1998). Los ejemplos que da Pablo del daño causado al esclavo tienen que ver con la vergüenza (dedicarse al juego, frecuentar una taberna) y esos ejemplos eran característicos de los tipos de daño que caen bajo el dominio de esta acción; la acción por la corrupción de un esclavo, que seguramente se introdujo en tiempos de la República tardía, es la legislación romana sobre daño o pérdida criminal referida a lo que nosotros consideraríamos carácter o personalidad[22]. Cuando la acción –al igual que la acción por ultraje a los esclavos y la mayor parte de los delitos que involucran a los esclavos– tiene que ver con una intrusión en la relación amo-esclavo, esta no es la legislación primaria que protegía los derechos de propiedad de los amos contra el daño, por lo menos no contra el daño físico: como se hizo notar antes, eso siguió siendo incumbencia de la *lex Aquilia*.

La acción legal por la corrupción de un esclavo es un interesante contraejemplo de la acción por ultraje porque, en general, los esclavos que están involucrados en la primera son esclavos muy valorados por su intelecto, carácter y posición laboral, esclavos en los que confía el amo para producirle ganancias. Como veremos, sin embargo, la reputación de un esclavo no entra en consideración de la misma manera. La porción relevante del edicto afirma que si alguien persuade intencionalmente al esclavo de otro para que haga algo que va a empeorarlo como esclavo, el pretor otorgará una acción por dos veces la diferencia en el valor del esclavo[23].

---

22 Para el desarrollo de este punto, ver du Plessis (2013: 165).

23 Ulpiano, *Edicto*, libro 23 fr. 695 Lenel = *Dig.*11.3.1pr: "El pretor dice: 'Si se alega que un hombre dio refugio a un esclavo o esclava de otro hombre o si, con mala intención, lo persuadió o la persuadió para que hiciera algo que lo corrompe, yo otorgaré la acción contra él por el doble de la suma involucrada'". (*Ait praetor: "Qui servum servam alienum alienam recepisse persuasisseve quid ei dicetur dolo malo, quo eum eam deteriorem faceret, in eum quanti ea res erit in duplum iudicium dabo"*). Para la comparación con el tratamiento de un esclavo que sufre un ultraje,

Desigualdades antiguas

Esa acción no tiene que ver con lo que realizó el esclavo al que convencieron u obligaron (por ejemplo, con el hecho de que jugó o fue a la taberna), sino con el hecho de que lo que hizo lo corrompe como esclavo.

Los juristas que interpretan el edicto enmarcan la discusión alrededor del significado de persuasión: ¿cuánta compulsión se requiere para que un amo pueda presentar la acción legal? ¿En qué sentido cambia esa acción si el esclavo cedió a la primera provocación? A pesar de que se trata de esclavos habilidosos, inteligentes, hay una preocupación real por la susceptibilidad del carácter del esclavo a la persuasión[24]. Esa preocupación por la susceptibilidad o resistencia del esclavo frente a las sugerencias de otras personas es el lugar en el que Ulpiano vuelve a clasificar a los esclavos según su carácter:

> Pero la persona, ¿es responsable solo si ha empujado a un esclavo honesto (*bonae frugi*) a una mala acción, o también es responsable si ha alentado a un esclavo malo o le ha mostrado cómo cometer una ofensa? El mejor punto de vista es que también es responsable si ha mostrado a un esclavo malo cómo cometer una ofensa. En realidad, aunque el esclavo se hubiera escapado o cometido el robo, de todos modos, si la persona alabó la intención del esclavo, es responsable; porque no debería aumentarse la maldad con la aprobación de otros. Así que tanto si uno hace que un buen esclavo se vuelva malo como si hace que un esclavo malo empeore todavía más, uno es culpable de corromper a ese esclavo[25].

---

la parte relevante del Edicto es la segunda. Como fuera, el foco jurídico está más en la cuestión de la persuasión fraudulenta, porque no solo requiere un examen de la motivación que está detrás de las acciones del tercero, sino que en general tiene un rango más amplio y más implicancias que la mera cuestión del dar refugio.

24 Cuando discute el daño hecho a los esclavos en el contexto de la *lex Aquilia*, du Plessis (2013: 158) argumenta que los esclavos que se mencionan y cuyo valor hay que fijar eran seguramente "esclavos de alto nivel" porque tenían una libertad de movimiento que los "esclavos de menor nivel" no hubieran tenido. Este punto importante es verdad en el caso de los esclavos mencionados en la acción por corrupción de un esclavo.

25 Ulpiano, *Edicto*, libro 23 fr. 698 Lenel = *Dig.* 11.3.1.4: *Sed utrum ita demum tenetur, si bonae frugi servum perpulit ad delinquendum, an vero et si malum hortatus est vel malo monstravit, quemadmodum faceret? et est verius etiam si malo monstravit, in quem modum delinqueret, teneri eum. immo et si erat servus omnimodo fugiturus vel furtum facturus, hic vero laudator huius propositi extitit, tenetur: non enim oportet laudando augeri malitiam. sive ergo bonum servum fecerit malum sive malum fecerit deteriorem, corrupisse videbitur.* Hay un consenso relativo en cuanto a que la oración

En este pasaje, hay tres tipos de acción: alentar a un buen esclavo a la delincuencia; alentar a un esclavo malo o mostrarle a uno que ya es malo cómo hacer una mala acción. La tercera persona corruptora empuja (*perpellere*), alienta (*hortari*), y muestra la forma de hacer (*monstrare*) el mal comportamiento. El jurista crea una distinción entre un esclavo honesto (*bonae frugi servus*) y uno malo (*malus servus*) y usa el lenguaje más violento para hablar de lo que se le hace al buen esclavo (*perpellere*)[26]. El elenco de personajes que toma en cuenta Ulpiano para la acción por la corrupción de un esclavo es similar a los que describe en el caso de la acción por ultraje: usa el mismo término para un esclavo bueno, honesto (*bonae frugi*) (ver *Dig.* 47.10.15.44, ya discutido). Luego, continúa (*Dig.* 11.3.1.5) con una lista de ejemplos de persuasión en la que quien persuade sería responsable legalmente de una acción por la corrupción de un esclavo: incluye al esclavo que ejerce un cargo de alto nivel en lo financiero, es decir un esclavo al que se persuade de administrar mal el *peculium* (*peculium intricaret*), y también al esclavo *actor* (gerente de negocios) al que se persuade de falsificar o adulterar las cuentas de su amo (*rationes dominicas intercideret adulteraret*) o hacer confusas las cuentas que se le confían (*rationem sibi commissam turbaret*)[27]. En otras palabras, el mismo tipo de esclavo responsable y dedicado a las finanzas con la suficiente reputación como para ser víctima potencial de un ultraje en su propio nombre[28].

---

immo…malitiam está interpolada, tanto por la súbita mención de *fugere* y *furtum facere* como porque la idea moralizante parece congeniar mejor con el sentimiento del período de Justiniano. Para un resumen de los puntos de vista al respecto, ver Bonfiglio (1998: 58-60).

26 Bonfiglio (1998: 60), sobre el significado de *perpellere* en este caso concreto.

27 Ulpiano, *Edicto*, libro 23 fr. 698 Lenel = *Dig.* 11.3.1.5: "Uno también corrompe a un esclavo si lo persuade para que cometa una injuria o un robo, se escape, incite al esclavo de otro a manejar mal el *peculium*, se convierta en amante, se escape durante un período corto, practique las artes del mal, pase demasiado tiempo en entretenimientos públicos, o se vuelva sedicioso; o si, con argumentos o sobornos, uno persuade a un agente esclavo a manipular o falsificar las cuentas de su amo o a hacer confusas las cuentas que se le confían". (*Is quoque deteriorem facit, qui servo persuadet, ut iniuriam faceret vel furtum vel fugeret vel alienum servum ut sollicitaret vel ut peculium intricaret, aut amator existeret vel erro vel malis artibus esset deditus vel in spectaculis nimius vel seditiosus: vel si actori suasit verbis sive pretio, ut rationes dominicas intercideret adulteraret vel etiam ut rationem sibi commissam turbaret*).

28 En este comentario, Ulpiano nombra específicamente a un *ordinarius* y a un *dispensator*, ver más arriba. Ulpiano, *Edicto*, libro 77 fr. 1358 Lenel = *Dig.* 47.10.15.44.

A pesar de los parecidos entre las acciones legales, aquí, la cualidad y el carácter del esclavo no tienen importancia. A diferencia de lo que sucede en la acción por ultraje, aquí a Ulpiano no le interesa si el acusado corrompió a un buen esclavo o a un esclavo agente de negocios. Los daños de ambos casos se reflejarían en el valor del esclavo; cuando se empeora a un esclavo de alto nivel o a uno con muchas habilidades, eso determinaría una penalidad más alta para el tercero corruptor porque las personas esclavizadas están atadas inherentemente a su valor de mercado. Pero en un sentido, hasta el mal esclavo puede tener su día en los tribunales: el amo podría demandar por daños hechos a un mal esclavo con la acción por corrupción de un esclavo; lo que no queda claro es cuán lejos llegaría ese amo si tratara de conseguir compensación a través de una acción por ultraje aplicada al caso de un esclavo malo.

La acción por ultraje es diferente porque considera la posición o el carácter de un esclavo para otorgar o no la acción. Y aunque esta es una acción que evoluciona y pone el foco directamente en la reputación y el sentido de dignidad de una persona, eso no implica que sea inevitable la consideración del carácter o posición del esclavo involucrado. Los esclavos no tienen personalidad legal en la ley privada romana, es decir que no tienen la habilidad para iniciar acciones en un tribunal. La visibilidad legal de estos esclavos con reputación proviene, como sabemos, del derecho del amo a iniciar acciones en nombre del esclavo, y esta visibilidad está siempre al servicio del amo. Sin embargo, esto tiene lo que podríamos llamar "subproductos", sobre todo el deseo del amo, que quiere proteger la reputación del esclavo, de hecho la protege realmente. Desde la perspectiva del historiador, esa atención prestada a la reputación del esclavo en un tribunal abre una puerta para estudiar las jerarquías sociales que existían entre los esclavos romanos.

¿Honor entre esclavos?

Esta discusión sobre la reputación de los esclavos estaría incompleta si no se analizara brevemente la cuestión del honor y los esclavos. Por eso, como conclusión, me gustaría reflexionar sobre el lenguaje del honor como medio para analizar la jerarquía social entre esclavos, que es la que queda iluminada por esta desigualdad legal. En un sentido, la cuestión es muy directa: la acción por ultraje en general tiene que ver con ofensas a la dignidad y la persona, en otras palabras, se desarrolla en el ámbito general del honor. Y eso trae una complicación en cuanto a cómo se traduce esto en el caso de los esclavos. *Slavery and Social Death* de Orlando Patterson (1982: 13), donde el autor define la esclavitud como "la dominación violenta, permanente de personas alienadas desde el nacimiento y generalmente sin honor", vislumbra con amplitud el fondo de la discusión sobre el honor de los esclavos. Muchos historiadores de Atenas y de Roma han adoptado y también rechazado esa definición, que es la conclusión de una búsqueda de elementos de unidad entre los distintos sistemas de esclavitud de todos los tiempos[29]. Los académicos han discutido también el honor de los esclavos en un sentido microcósmico dentro del tema de la *familia*[30] esclava, pero eso no tiene nada que ver con la situación que discute Ulpiano, en la que se toman en cuenta el carácter, la reputación y el puesto de trabajo del esclavo más allá de la casa del amo.

Además, no puede considerarse una coincidencia o un lapsus el hecho de que Ulpiano utilice un explícito lenguaje de honor. Para volver brevemente a la larga argumentación de Ulpiano, en 39, el ejemplo que ofrece, extraído de Labeo, tiene que ver con el *honor ornamentaque*, la investidura y los símbolos de la investidura, en este caso, de un magistrado municipal. En 44 los ejemplos que da el autor de un ultraje contra un esclavo son un acto o un *carmen scriptum*, una injuria escrita, que difama o convierte al esclavo en *infamatus* (*si infamatus sit vel facto aliquo vel carmine scripto*) (ver *Dig.* 47.10.15.44, ya citado). Este uso del lenguaje del honor no es inocente. Tal como se discutió anteriormente, en el primer caso, un esclavo afecta el honor de un magistrado. En el segundo, un *carmen scriptum* difama al esclavo o lo convierte en *infamatus* o lo hace sufrir por *infamia*. ¿Qué significa que un esclavo se convierta en *infamatus* y cómo era ese esclavo antes de sufrir ese destino? En general, la *infamia* se entiende como un problema para el ciudadano por las pérdidas civiles específicas que crea a través de la

---

29   Ver, por ejemplo, el reciente volumen editado por Bodel & Scheidel (2017).

30   Ver, por ejemplo, Lendon (2005: 97), que reflexiona sobre el capataz esclavo que tiene honor en relación con los esclavos que tienen jerarquía más baja.

　　　　　　　　　　　　　　　　　　Desigualdades antiguas

condena en acciones civiles por delitos, o por tener ocupaciones de baja reputación, pero la *infamia* también es inherente e intrínsecamente social e incluye la pérdida de *fama* (reputación) y de *existimatio* ("el buen nombre") (cf. Greenidge, 1894). Este aspecto social y moral de la *infamia* es similar al que acaba de experimentar el esclavo del ejemplo: una pérdida de reputación o de su buen nombre. El esclavo afectado habría tenido un aspecto diferente del que tendría el ciudadano afectado por algo similar –un esclavo no tenía nada que ver con la mayor parte del contenido legal relacionado con la *infamia* porque era esclavo, pero yo creo que vale la pena tener en mente que el pasaje de Ulpiano parece sugerir que sí podía experimentar alguna forma de consecuencia social–. El lenguaje sobre la *infamia*, que involucra la pérdida de la *fama* y la *existimatio,* nos pone firmemente en un marco relacionado con el honor[31]. Deberíamos entonces pensar aquí en el honor y los esclavos como aplicados al grupo de pares de esos esclavos cuya reputación se extendía más allá de la casa de sus amos.

La interpretación de Ulpiano no debe leerse como un gesto humanitario. Funciona solo en interés del amo, y de quien quiera que esté haciendo negocios con el esclavo, que a su vez actúa en nombre del amo. Tiene que ver con mantener a los esclavos de élite en una posición en la que mantienen su reputación intacta. Si un esclavo, por ejemplo un supervisor, que ejerce un puesto de administración financiera recibe una injuria en público, se lo llama borracho o jugador, puede ser difícil para él seguir obteniendo la firma de contratos o negociar los asuntos financieros de su amo. Vale la pena preguntarse si un ciudadano romano pensaría dos veces antes de gritarle o de abofetear a un esclavo particularmente importante sabiendo que tal vez tuviera que pagar una multa por eso, y también volver a la pregunta sobre hasta qué punto un esclavo con reputación era una persona reconocible para los ciudadanos romanos en la ciudad.

Este capítulo es un intento de análisis de las formas en las que puede categorizarse a los esclavos más allá de su estatus legal. Si se tienen en cuenta las distintas claves sociales, económicas y morales, será posible profundizar estas cuestiones. Por ejemplo, el trato diferente que da Ulpiano a los esclavos con respecto a la acción por

---

31   Ver Hellegouarc'h (1963: 383-387), sobre el *honos* y su relación con esos conceptos.

ultraje y la acción por empeoramiento de un esclavo puede leerse de muchas formas. Primero, las acciones tienen propósitos diversos pero las dos se relacionan con daños intangibles como daños a la personalidad y al carácter y no tanto con el daño físico. Segundo, la acción por la corrupción de un esclavo es específicamente para esclavos[32] mientras que la acción por ultraje es sobre todo una acción por ofensas contra ciudadanos libres, que se extiende a algunos esclavos. Como se hizo notar anteriormente, quienes están típicamente involucrados en la acción por corrupción de un esclavo son sobre todo esclavos de élite que se valoran por el intelecto y el carácter. Vale la pena considerar que estos esclavos pueden tratarse de una forma unificada porque en la práctica estos casos aparecían en los tribunales cuando la víctima era un esclavo con reputación. Por lo tanto, las jerarquías sociales entre los esclavos no son fácilmente visibles para nosotros. Poner el foco en el lenguaje del honor y la reputación nos ayudará a comprender los límites entre los diferentes esclavos y este examen rápido de la desigualdad legal en la acción por ultraje contra los esclavos provee un buen punto de partida.

Bibliografía

Bodel, J. & Scheidel, W. (2017) (eds.). *On Human Bondage: After Slavery and Social Death*, Malden.

Bonfiglio, B. (1998). *Corruptio Servi*, Milano.

Canevaro, M. (2018). "The Public Charge for *Hubris* against Slaves: The Honour of the Victim and the Honour of the *Hubristēs*", *Journal of Hellenic Studies*, 138, 100-126.

de Zulueta, F. (1946) (ed.) (trad.). *The Institutes of Gaius*, Oxford, vol. I.

du Plessis, P.J. (2013). "Damaging a Slave", en A. Burrows, D. Johnston & R. Zimmermann (eds.), *Judge and Jurist: Essays in Memory of Lord Rodger of Earlsferry*, Oxford, 157-165.

Fitzgerald, W. (2000). *Slavery and the Roman Literary Imagination*, Cambridge.

Fusco, S. (2010). "*De iniuriis quae servis fiunt*: Un caso di rilevanza giuridica della persona servi?", en A. Corbino, M. Humbert & G. Negri (eds.), Homo, caput, persona. *La costruzione giuridica dell'identità nell'esperienza romana. Dall'epoca di Plauto a Ulpiano*, Pavia, 427-433.

Garnsey, P. (1970). *Social Status and Legal Privilege in the Roman Empire*, Oxford.

---

32   Por lo menos hasta el período de Justiniano, cuando se extendió mediante una *actio utilis* al *filius familias*, ver Bonfiglio (1998: 215).

                                                          Desigualdades antiguas

Greenidge, A.H.J. (1894). Infamia: *Its Place in Roman Public and Private Law*, Oxford.

Gummere, R.M. (1917) (trad.). *Seneca: Epistles, 1-65*, Cambridge MA.

Hellegouarc'h, J. (1972). *Le Vocabulaire Latin des Relations des Partis Politiques sous la République*, Paris.

Lendon, J.E. (1997). *Empire of Honour: The Art of Government in the Roman World*, Oxford.

Lenel, O. (1889). *Palingenesia Iuris Civilis*, Leipzig.

Nicholas, B. (2008). *An Introduction to Roman Law*, ed. E. Metzger, rev., Oxford.

Patterson, O. (1982). *Slavery and Social Death*. Cambridge MA.

Sirks, B. (2015). "Delicts", en D. Johnston (ed.), *The Cambridge Companion to Roman Law*, Cambridge, 246-271.

Taylor, T. (2016). "Social Status, Legal Status, and Legal Privilege", en P.J. du Plessis, C. Ando & K. Tuori (eds.), *Oxford Handbook of Roman Law and Society*, Oxford, 349-361.

Watson, A. (1985) (trad.). *The Digest of Justinian*, Philadelphia, 4 vols.

Watson, A. (1987). *Roman Slave Law*, Baltimore.

Zimmermann, R. (1996). *The Law of Obligations: Roman Foundations of the Civilian Tradition*, Oxford.

ESTATUS Y DESIGUALDAD EN EL REINO VISIGODO.

ALGUNAS OBSERVACIONES SOBRE ESCLAVITUD, ECONOMÍA Y REPUTACIÓN SOCIAL

Damián Fernández[1]

Introducción

Varias obras recientes han abordado de distintas maneras la cuestión de la desigualdad económica en la Antigüedad tardía y la alta Edad Media[2]. La *communis opinio* que se desprende de estos trabajos sostiene que el período tardo-romano (siglos III-V) se caracterizó por una creciente desigualdad económica, un incremento en la diferencia entre las grandes fortunas de la élite terrateniente y el resto de la población. Dicho proceso persistió en el Mediterráneo oriental luego del siglo V, mientras que en el occidente romano se habría producido una tendencia opuesta a través de un achatamiento de la pirámide económica. En otras palabras, el mundo post-imperial en occidente habría sido más igualitario, aunque no necesariamente más rico, que el período precedente[3].

Estas interpretaciones se basan por lo general en documentos fragmentarios que no permiten generar series cuantitativas de largo plazo. Incluso cuando contamos con cifras concretas sobre

---

ingreso y patrimonio de ciertas familias, los datos no siempre ofrecen conclusiones contundentes al respecto (Weisweiler, 2017). Ante la ausencia de evidencia estadística confiable, los especialistas han debido recurrir a todo tipo de fuentes. Tal vez los aportes más interesantes sobre la cuestión hayan provenido del campo de la arqueología, entre los que se cuentan, por ejemplo, el análisis de asentamientos (dimensiones, monumentalidad, etc.), el estudio de la salud y alimentación tardoantigua a través de restos orgánicos o del paisaje agrario como indicador de condiciones de producción (Quirós Castillo, 2020, con una variedad de perspectivas innovadoras). Sin embargo, la arqueología también presenta dificultades de interpretación y suele ofrecer datos muy localizados, no siempre fáciles de extrapolar al mundo mediterráneo en su totalidad. Por esta razón, las fuentes literarias cualitativas continúan siendo una fuente imprescindible, junto al registro material, para el estudio de la desigualdad en la Antigüedad tardía y temprana Edad Media.

Al respecto, el caso del reino visigodo en Hispania (siglos VI-VIII) es particularmente interesante ya que parecería haber una disociación entre fuentes arqueológicas y escritas. Por un lado, la evidencia material se simplifica a partir del siglo VI (Fernández, 2017: 123-224; Martínez Jiménez *et al.*, 2018: 153-264). Por otro lado, las fuentes escritas se refieren a sectores terratenientes (laicos y eclesiásticos) con una terminología similar a la del imperio romano (Castellanos, 1996; Martin, 2003: 99-140; Álvarez Melero, 2017). Incluso la jerarquía palatina daría cuenta de la existencia de un grupo concentrado de figuras con acceso a recursos políticos y económicos que los separaría del resto de la sociedad (Isla Frez, 2002). Estas consideraciones nos llevan a preguntarnos hasta qué punto las diferencias sociales en las fuentes escritas son un reflejo de desigualdades en el plano económico.

En este capítulo, abordaré un caso específico de fuentes cualitativas y de los problemas que presentan a la hora de analizar la distancia económica entre distintos sectores sociales. Me referiré en particular a las distinciones entre esclavos en ciertas fuentes escritas del reino visigodo y los problemas interpretativos que ofrecen. Las fuentes legales del reino visigodo dan cuenta de una jerarquía entre la población esclava que, a todas luces, parecería ser una innovación del período sin mayores precedentes romanos.

Dicha jerarquía ha sido tradicionalmente interpretada como un reflejo de distinciones ocupacionales y/o económicas entre la población servil. En otras palabras, las fuentes escritas, al distinguir diferentes estatus sociales o jurídicos, estarían dando cuenta de una situación material desigual entre diferentes actores de condición esclava. En las páginas siguientes, sin embargo, argumentaré que dicha jerarquía no expresa una realidad económica diferenciada (que de todas maneras pudo haber existido), sino un intento de construir escalas sociales con fines judiciales y administrativos por parte de los redactores de las leyes. Aunque las conclusiones a las que llegaré sean pesimistas desde el punto de vista de la reconstrucción de la desigualdad económica, este caso específico también ofrece una posibilidad de analizar la construcción de las categorías sociales y sus intersecciones con la desigualdad material.

El problema de los esclavos idóneos

La importancia de la esclavitud en la Hispania visigoda de los siglos VI y VII ha sido advertida por la historiografía especializada en reiteradas oportunidades. Sin duda, si tuviésemos que juzgar a partir de las menciones a esclavos en las fuentes disponibles, la esclavitud habría sido más importante en el reino visigodo que en cualquier otro reino post-imperial. Las fuentes dan cuenta de la presencia de esclavos en un espectro amplio de actividades económicas, del trabajo agrícola a la gestión de propiedades rurales, del servicio doméstico a funciones administrativas en la corte central[4].

La diversidad ocupacional entre los esclavos no fue una innovación del período visigodo. En mayor o menor magnitud, casi todas las sociedades de la temprana Edad Media contaron con trabajadores esclavizados en distintas áreas de la actividad productiva y administrativa (Rio, 2017: 135-211). Pero los orígenes de esta diversidad deben buscarse en la época romana (Bradley, 1944: 57-80; Bodel, 2011; Harper, 2011: 100-143). La variedad de ocupaciones económicas de los esclavos romanos tuvo consecuencias sustanciales ya que la reputación social del esclavo estaba vinculada con frecuencia a su actividad económica y, en ocasiones, las leyes se hacían eco de la existencia de diferencias en la reputación

---

4 Verlinden (1955: 80-87); King (1972: 160-179); García Moreno (2001); Lenski (2021).

y dignidad de los esclavos en base a dicha diferenciación[5]. Sin embargo, lo que es singular en el caso visigodo es el reconocimiento de diferencias entre las reputaciones personales de los esclavos en base a privilegios del proceso y la pena judicial. Las leyes visigodas se refieren a una categoría específica de esclavos con privilegios legales como esclavos *idonei*, un término que puede ser traducido como "de reputación", "apropiados", "honrosos", o simplemente "idóneos" (King, 1972: 162-164; Nehlsen, 1972: 179-182).

Este fenómeno ha sido explicado tradicionalmente a partir de la desigualdad material entre esclavos, a saber, entre aquellos con ocupaciones especializadas y cercanía al propietario y la mayoría de la población esclava dedicada a tareas rurales o no especializadas. Los primeros contarían con una situación material más acomodada que los segundos, sea por el valor que el propietario esclavizador otorgaba a la tarea del esclavo, sea por el acceso a recursos económicos especiales derivados del *peculium* o bienes en posesión del esclavo relacionados con su actividad. De este modo, los esclavos idóneos pertenecerían a un grupo privilegiado a partir de su situación material dentro de la unidad doméstica y productiva. Si bien esta caracterización ofrece una puerta de entrada a la comprensión del fenómeno, la reducción de la definición ocupacional de esclavos idóneos no logra dar cuenta del impacto de la ley en la formulación del estatus del esclavo. En otras palabras, si se considera la distinción entre esclavos *idonei* y el resto en base a su función económica, la ley sería un mero espejo de una realidad social determinante. En este capítulo, quisiera proponer que la definición de esclavo o esclava idóneos era igualmente moral y forense. Aunque las diferencias en ocupación, riqueza del *peculium* y otros factores económicos sin duda influyeron en el reconocimiento de un esclavo o esclava como personas honorables, esta caracterización dependía de su reputación entendida en un sentido amplio y en la posibilidad del esclavo de convertirse en un actor judicial –en particular su rol potencial como testigo judicial y otras funciones "parajudiciales". Lo que torna este fenómeno en una cuestión de relevancia significativa es que la ley asimilaba los esclavos "honrosos" con la población libre de estatus elevado.

---

5   Joshel (1992); Brandley (1994: 123-124); Bodel (2011: 318); cf. Harper (2011: 249-280).

                                    Desigualdades antiguas

De este modo, este capítulo explorará la compleja relación entre la desigualdad económica, legal y social, las cuales no pueden analizarse en base a categorías estrictas de estatus libre y no-libre.

Esclavos de reputación en las leyes visigodas

Las leyes sobre esclavos honorables aparecen en el *Liber Iudiciorum* (en adelante, LI), o "Libro de los Juicios", una colección de leyes que recoge leyes compuestas en distintos momentos entre la segunda mitad del siglo V y comienzos del siglo VIII (King, 1980; García López, 1996: 9-14; Martin, 2011). Las menciones a los esclavos honorables solo aparecen en cinco leyes. Dos de ellas distinguen a los esclavos idóneos del resto de la población servil a través de la regulación de las penas que recibían quienes cometieran delitos que los afectaran. La ley más antigua al respecto, de mediados del siglo VI, regulaba las penas por adulterio con una esclava bajo el dominio de otra persona (LI 3.5.15)[6]. Los hombres libres que cometieran dicha acción, serían castigados con cien golpes de látigo sin recibir la marca de *infamia* (pérdida de la reputación social y jurídica) si la esclava era idónea, mientras que solo recibirían cincuenta latigazos si la esclava era de un estatus inferior[7]. Casi un siglo más tarde, el rey Chindasvinto promulgó otra ley sobre las compensaciones para afrentas corporales (LI 6.4.3). Dicha ley incluyó penas para las personas libres que practicaran el rapado o corte de cabello humillante (*decalvatio*) contra el esclavo de otra persona. En el caso de un esclavo "rústico", la pena consistía en una compensación de diez sólidos al propietario. En el caso de un esclavo *idoneus*, la ley prescribía que se agregaran cien golpes de látigo a la pena monetaria[8].

---

6   En el derecho visigodo, *adulterium* tenía un carácter más general que en el derecho romano clásico y se utilizaba con frecuencia para describir relaciones ilícitas entre personas libres y esclavos o esclavas.

7   *Antiqua. Si ingenuus sive servus nesciente domino alienam consentientem adulterasse convincitur ancillam. Si extra domum domini sui se adulterio volens ancilla miscuisse convincitur, in ancilla tantummodo vindicandi dominus habeat potestatem. Si vero ingenuus aut servus cum ancilla ex consensu in domo domini ancille repperiuntur talia conmisisse, ingenuus quidem pro idonea ancilla absque infamio C verbera ferat, pro inferiori vero L; servus autem CL flagella suscipiat* (LI 3.4.15).

8   *Flavius Chindasvindus rex. De reddendo talione et conpositionis summam pro non reddendo talione [...] Si vero servus haec ingenuo fecerit, vel etiam ingenuum decal-*

En parte, estas leyes están enfocadas a proteger el honor del amo más que del esclavo. Es probable que las normas visigodas heredasen el principio del derecho romano según el cual ciertas afrentas serias a un esclavo permitían al amo reclamar una acción de *iniuria* contra su persona (*Dig.* 47.10.1.3). Pero la distinción entre esclavos idóneos visigodos del resto de la población servil deja entrever una distinción basada en lo que se percibe como un estatus superior al resto, estatus que se activa precisamente en crímenes que afectan la reputación pública de las personas. En otras palabras, es posible que *también* afectasen el honor del esclavo o esclava desde el punto de vista legal. Dicha distinción pudo haberse generado en la práctica forense romana. El comentario de Ulpiano al Edicto del Pretor sostiene que los propietarios no podían presentar una acción de *iniuria* en el caso de afrentas a esclavos vulgares o que llevaran a cabo tareas indignas, aunque sí se les permitía en el caso de esclavos de buenas costumbres (*bonae frugi*) o con tareas de administración o supervisión (*Dig.* 47.10.15.44). Aunque esta acción no conllevó la definición de distintas categorías de esclavos como en el derecho visigodo, la práctica forense pudo haber generado un sistema *ad hoc* de distinción de esclavos en base a su reputación u ocupación.

Sea por herencia de práctica forense romana o por desarrollo post-imperial, las leyes visigodas asumen la existencia de dos categorías de esclavos. La distinción entre ambas categorías no se explicita en ningún momento, aunque dicha distinción se activa en relación con crímenes que representan afrentas al honor. Es probable que la primera ley que mencioné, sobre el adulterio con la esclava de otra persona, diese por sentado una jerarquía basada en el estatus de la persona con la que se cometía adulterio (Gallego Franco, 2004; sobre la legislación romana, Perry, 2015). Del mismo modo, el rapado o trasquilado era una afrenta infamante que hería la reputación de la persona que lo recibía (Lear, 1951: 14-16; Petit, 1991: 51-52; Dumézil, 2011). La legislación tenía como objetivo prevenir o reparar lo que se percibía como una afrenta al honor personal del esclavo o la esclava. En otras palabras, la

---

vaverit, in eius potestate tradendus est, ut sui sit arbitrii de eo facere quod voluerit. Si certe ingenuus servum alterius decalvaverit vel decalvare iusserit rusticanum, det eius domino solidos X; si vero idoneum, C flagella suscipiat et supra dictam summam solidorum exolvat (LI 6.4.3).

   Desigualdades antiguas

activación de la distinción entre esclavos idóneos y el resto ocurría en situaciones en las que estaba en juego el honor social, físico o sexual de la persona esclavizada.

Además de distinguir esclavos idóneos y otros como víctimas de delitos, las leyes visigodas también diferenciaban entre los dos tipos de esclavos como autores de delitos. En este ámbito, la innovación visigoda respecto a la ley romana es más marcada. En efecto, el derecho visigodo reservaba distintas penas de acuerdo con el estatus del esclavo culpable del crimen. Una ley de Chindasvinto (LI 6.4.7) sobre ultrajes cometidos por esclavos contra personas libres de estatus elevado (*nobilis et inlustris*) prescribía penas de 40 latigazos para los esclavos honorables y 50 para los de estatus más bajo (*vilior*)[9]. Casi medio siglo más tarde, el rey Ervigio estableció diferentes penas para esclavos de reputación y para esclavos rústicos o viles (*rustici et vilissimi*) que secuestraran una liberta (LI 3.3.9). Si el crimen lo cometía un esclavo de estima, la ley permitía el pago a la liberta de una compensación por parte del propietario del esclavo. En el caso de los esclavos rústicos y viles, la ley ordenaba que el amo pagase la compensación y que el esclavo recibiese 100 golpes de látigo y el trasquilado infamante[10].

Estas decisiones representan solo un puñado de normas dentro de un código que contaba con cerca de 600 leyes, dependiendo de la recensión. En el resto del *Liber Iudiciorum* no se hace distinción de las diferentes categorías de esclavos, tanto como víctimas o victimarios (Nehlsen, 1972: 153-250). Sin embargo, esto no es una

---

9   *Flavius Chindasvindus rex. Si servus ingenuo fecerit contumelium. Quamvis idoneus servus persone nobili et inlustri nullatenus indebite contumeliosus aut sediciosus presumat existere. Quod si fecerit, XXXX verberibus subiacebit. Servus autem vilior L flagellorum hictibus addicetur. Certe si eadem persona, ut sibi fieret contumelium, servum prius excitaverit alienum, sue necligentie deputet, quod oblitus honestatis et patientie quod merebatur excepit* (LI 6.4.7).

10 *Si servus libertam rapuisse detegitur, quoniam non iam unius conditionis esse noscuntur, ideo, si idoneus servus est, qui talia commisisse detegitur et idoneam libertam rapuisse invenitur, si voluerit, dominus eius centum solidos pro eo conponat. Si certe noluerit, eundem servum tradere non desistat, ita ut ipsi mulieri ultra non liceat eundem raptorem sibi in coniugo copulare. Quod si ad eius aliquando coniugium venerit, et filii exinde fuerint procreati, dominus ille, cuius servus rapti crimen admiserat, et servum et hagnationem sibi vindicet servituram. Sin autem rusticus aut vilissimus servus esse noscatur et similem libertam rapuisse cognoscitur, quantum ipsum servum valere constiterit, tantum pretium dominus servi predicte mulieri persolvere procurabit; ipse vero servus centenis flagellorum ictibus verberetur ac turpiter decalvatus in potestate domini sui erit perpetim permansurus* (LI 3.3.9).

razón para desatender la importancia de estas pocas leyes sobre esclavos de reputación. Las leyes visigodas también discriminaban entre personas libres, entre aquellas de estatus elevado y el resto, de manera similar, aunque la mayoría de las normas solo establecían distinciones en base a las categorías de libre, manumitido y no-libre (King, 1972: 183-189; Petit, 1991). Se han escrito muchas páginas acerca de las diferencias entre los así llamados más nobles o distinguidos y el resto de los individuos libres, mientras que la separación legal entre esclavos de reputación honorable y los que carecían de ella ha recibido poca atención. Las leyes sobre esclavos idóneos son percibidas como una rareza, un fenómeno único pero limitado en las tradiciones legales romanas y post-romanas.

Sin embargo, las consecuencias de la distinción legal entre esclavos en base a su reputación merecen cierta reflexión –en particular si consideramos que las leyes visigodas adoptaron la práctica imperial romana de vincular estatus social y prerrogativas en el proceso y la pena judicial (Garnsey, 1970). De hecho, términos como *nobilior*, *inlustris* o *senior* (por mencionar solo tres de los varios vocablos que denotaban estatus social elevado en las fuentes de época visigoda) estaban únicamente definidos en base a privilegios legales. Las instituciones visigodas no incluían órdenes sociales en el sentido romano (senatorial, curial, etc.) como así tampoco el estatus noble estaba determinado por el nacimiento dentro de un grupo de familias. Las élites visigodas publicitaban una ascendencia prestigiosa en pos de distinción social (Fernández, 2016; Álvarez Melero, 2017). Sin embargo, este criterio nunca recibió sanción legal alguna como mecanismo de pertenencia a los grupos privilegiados en el proceso judicial. Solo en el espacio del mundo de la ley, y en particular en la práctica judicial, los criterios viscosos y frágiles de estatus recibían una clara confirmación institucional (Fernández, 2020). Al emplear un criterio similar en el caso de los esclavos, el *Liber Iudiciorum* generó una herramienta vigorosa para determinar el lugar de un esclavo o una esclava dentro de la jerarquía social –más allá de cualquier especialidad ocupacional y material del esclavo o la esclava o del estatus relativo de su propietario.

Esclavitud y desigualdad económica

Antes de abordar este último punto, quisiera detenerme sobre la cuestión de quiénes pudieron haber sido estos esclavos de estima. Historiadores sociales y legales que abordaron esta distinción llegaron a una conclusión similar: se trataba de una diferenciación ocupacional del esclavo y de la proximidad de éste con su amo. Los esclavos domésticos se diferenciarían de los esclavos rurales, dado que los primeros se ocupaban de tareas especializadas y, por ende, más prestigiosas (Verlinden, 1955: 83-84; Rio, 2017: 145). Una ocupación en particular sobresale frente a las demás en la legislación: es la de los esclavos con cargos oficiales en la corte y los administradores de las propiedades reales (King, 1972: 163). Los esclavos del rey con funciones administrativas serían el ejemplo mejor documentado de una categoría más amplia de esclavos honorables, ya que llevaban a cabo una tarea especializada y gozaban del acceso directo a su propietario (en este caso, un amo de características muy especiales). De este modo, las normas legales solo estarían reconociendo una desigualdad fáctica y preexistente en la vida económica de la esclavitud en base a categorías ocupacionales.

Aunque esta interpretación funciona como regla general, no ofrece una explicación satisfactoria de la cuestión. La diferencia entre esclavos domésticos y rurales solo aparece en dos de las leyes sobre esclavos idóneos y, en un caso, junto a la otra categoría de *villisimi* (LI 6.4.3; LI 3.3.9). En las fuentes visigodas, el término *rusticus* también estaba asociado a una variedad de significados, no siempre en relación con la vida rural (Frighetto, 2002: 501-502). Por otra parte, LI 3.4.15 ni siquiera incluye una descripción o caracterización de los esclavos no-honorables. En otras palabras, una definición del esclavo como *idoneus* o *idonea* basada solamente en el trabajo urbano/doméstico ofrece una base importante pero también incompleta para comprender el fenómeno.

No quisiera sugerir que las circunstancias económicas no tuvieron un papel importante en la distinción entre esclavos, puesto que los esclavos parecen haber tenido cierta autonomía económica en la sociedad visigoda. Aunque las condiciones de trabajo rural son difíciles de reconstruir en base a las fuentes disponibles, es probable que esclavos y campesinos libres produjeran en condiciones similares de semiautonomía a cambio del pago de rentas[11]. La legislación visigoda otorgó a los esclavos cierta independencia sobre su propio *peculium*, a tal punto que los eslavos podían vender ciertos bienes muebles sin el consentimiento de sus esclavizadores (LI 5.4.13). Como en otras partes de Europa post-imperial, la auto-venta como esclavo con fines económicos aparece documentada en algunas fuentes, aunque estaba técnicamente prohibida en las leyes (FW 32 y LI 5.4.10; Díaz, 2007; Rio, 2017: 45-75). Esta práctica generó una población esclava de orígenes diversos, incluyendo campesinos de posición relativamente acomodada. Todas estas circunstancias crearon una masa pequeña pero significativa de esclavos de condición económica intermedia o elevada que pudieron emprender estrategias sutiles o conspicuas de afirmación social. No debería sorprender, entonces, que hacia fines del siglo VI, los esclavos de la monarquía fundaban y dotaban iglesias, lo cual generó la intervención episcopal en el Tercer Concilio de Toledo (Martínez Díez y Rodríguez, 1992: 121; cf. LI 5.7.16). Los obispos no prohibieron esta práctica, pero demandaron que el rey confirmara la donación por escrito. Éste es tan solo un ejemplo sumamente visible de cómo la sociedad visigoda ofrecía la oportunidad de transformar recursos económicos en signos visibles de estatus social.

Quiero insistir con un hecho evidente: la categoría *idoneus/idonea* pudo haber incluido a todos los esclavos domésticos y administrativos, aunque no hay forma de corroborarlo. Por lo tanto, propongo aproximarse a la cuestión desde la perspectiva opuesta. En lugar de entender a las leyes visigodas como un reflejo de las estructuras sociales (que, en cierto modo, lo eran), quisiera considerar la posibilidad de que dichas leyes crearan una jerarquía social en medio de complejas gradaciones ocupacionales, materiales y simbólicas dentro de la población esclava (cf. King, 1972: 185-6). Esta observación se basa en un hecho, quizás obvio pero rara vez analizado con detenimiento: la calificación de *idoneus* o *idonea* dependía en última instancia de la decisión de un juez de reconocerlos como tales, en ausencia de otras formas de definición institucional.

---

11   García Moreno (1977); Díaz (1994: 302-303); Castellanos (1998); cf. Wickham (2005: 280-302); Banaji (2009).

    Desigualdades antiguas

Reputación y práctica legal

Sin duda, los jueces no actuaban en un vacío social. El proceso judicial generaba oportunidades para conocer la situación material del esclavo o la esclava, el prestigio de su ocupación y el estatus social de su amo, entre otros indicadores de jerarquías internas. En cierta medida, las leyes también aceptaban definiciones casuísticas de esclavo o esclava idóneos. Una ley antigua enmendada por Ervigio a fines del siglo VII prohibió que un doctor hiciera sangrar a una mujer sin la presencia de su madre o sus parientes masculinos más cercanos (LI 11.1.1; Amundsen, 1971; Díaz, 2020: 5). Si esto no era posible y el sangrado resultaba urgente, el doctor debía entonces proceder bajo la mirada de vecinos honorables o esclavos o esclavas de reputación honrosa[12]. Resulta difícil imaginar que las personas involucradas consultarían con un juez sobre la reputabilidad de los esclavos en medio del procedimiento médico. Pero incluso en este caso, un juez tenía la potestad de impartir castigos si el procedimiento no había sido presenciado por personas apropiadas.

Si la definición quedaba en última instancia limitada al reconocimiento judicial, la designación de un esclavo o esclava como *idoneus* o *idonea* pasaría a ser una categoría a la vez moral y forense, más que (o no tan solo) económica. Como tal, comunicaba que un esclavo o esclava en particular pertenecía a la comunidad de individuos que podían acudir en auxilio de la justicia, individuos en los que un juez podía confiar en el ejercicio de la ley. En efecto, el término *idoneus* aparece en los códigos así llamados bárbaros (incluyendo el código visigodo) para describir testigos apropiados de origen libre (Fernández, 2020: 525). En la mayoría de los códigos, el término indica un testigo libre por nacimiento y de reputación confiable. En las leyes visigodas, sin embargo, el concepto era aún más específico. Según una ley de mediados del

---

12   *Ne absentibus propinquis mulierem medicus flebotomare presumat. Nullus medicus sine presentia patris, matris, fratris, filii aut avunculi vel cuiuiscumque propinqui mulierem ingenuam flebotomore presumat, excepto si necessitas emerserit egritudinis. Ubi etiam contingat supradictas personas minime adesse, tunc aut coram vicinis honestis aut coram servis et ancillabus idoneis secundum qualitatem egritudinis que novit inpendat. Quod si aliter presumpserit, decem solidos propinquis aut marito coactus exolvat, quia difficillimum non est, ut sub tali occasione ludibrium interdum adcreascat* (LI 11.1.1).

siglo VII, testigos *idonei* tenían que ser libres por nacimiento, de reputación honorable y de riqueza abundante, para de ese modo no ser forzados a dar falso testimonio por necesidad material[13]. Así, las personas libres e idóneas poseían una dignidad mayor que el simple hecho de haber nacido libres, al menos a los ojos del juez que los convocaba a ofrecer testimonio.

Los esclavos también podían brindar testimonio en juicios y la legislación sobre este tema revela paralelos interesantes entre las categorías de libre y no libre. En el derecho romano, un juez podía aceptar la declaración de un esclavo en ausencia de testigos libres (*Dig.* 22.5.7)[14]. Las leyes visigodas permitían el testimonio de un esclavo en casos de homicidio, disputas propietarias menores, esclavos fugitivos, apropiación ilegal de un esclavo y el asesinato de un esclavo por parte de su amo (LI 2.4.10 y 6.5.12). Sin embargo, como en el caso de los testigos de origen libre, las leyes visigodas no consideraban que *todos* los esclavos podrían ofrecer testimonio y restringían la práctica a un grupo en particular. La ley más antigua al respecto es una *antiqua* del siglo VI que permitía a los esclavos testificar en corte en casos de hurto siempre y cuando su amo diera cuenta del espíritu honorable del potencial testigo (*honestas mentis*, la misma expresión que Chindasvinto utilizaría medio siglo más tarde para referirse a los testigos libres idóneos en LI 2.4.3). Una ley más tardía restringió el testimonio de esclavos a aquellos que ocuparan cargos en la corte real y fueran próximos al rey como así también a los esclavos sin condena criminal previa y que no estuviesen seriamente oprimidos por la pobreza, como una manera de prevenir el testimonio por necesidad material (LI 2.4.10). Aunque estas leyes no mencionan la *idoneitas* de los esclavos en cuestión, nos ofrecen una visión de lo que la monarquía visigoda entendía como un potencial testigo idóneo o apropiado de estatus no-libre, esto es, un esclavo o una esclava de carácter honorable, cuya reputación legal era inmaculada y de quien no

---

13   *In duobus autem idoneis testibus, quos prisca legum recipiendos sancsit auctoritas, non solum considerandum est, quam sint idonei genere, hoc est indubitanter ingenui, sed etiam, si sint honestate mentis perspicui adque rerum plenitudine opulenti. Nam videtur esse cavendum, ne forte quisque conpulsus inopia, dum necessitatem non tolerat, precipitanter periurare non metuat* (LI 2.4.3).

14   La normativa romana sobre el testimonio de esclavos fue transmitida en el reino visigodo a través de LRV Paul. Sent. V.18.

    Desigualdades antiguas

podía sospecharse que actuara por deseo de ganancia material. La decisión sobre quién formaba parte de dicha categoría quedaba, en última instancia, bajo la decisión del juez, como se expresa en una fórmula visigoda de comienzos del siglo VII (FW 40).

Detrás del paralelo entre los esclavos idóneos y los testigos de origen libre idóneos hay más que una simple coincidencia lexical. La posibilidad de testificar ante un juez era la línea principal que separaba a las personas libres con reputación honorable del resto de la sociedad visigoda, y el mismo criterio parece aplicarse para el caso de los esclavos (Bowman, 2003; Fernández, 2020). Las consecuencias sociales de la asimilación entre la élite social de origen libre y un grupo de esclavos honorables no pueden pasar desapercibidas. La sociedad visigoda y su cultura legal comenzaban a desmarcarse de las fronteras institucionales entre libre y no-libre a través del reconocimiento de la posición moral intrínseca de ciertos esclavos. Este reconocimiento garantizaba a dichos esclavos el acceso a una de las principales señales institucionales de distinción, una práctica que estaba limitada a los sectores más altos de la jerarquía social.

Cierto es que la evidencia fue producida desde la perspectiva de la monarquía. Resulta difícil establecer el grado en que estos principios permearon la sociedad más allá de las proclamas normativas. Nos podríamos preguntar si no estamos frente a una cáscara legal de declaraciones grandilocuentes que rara vez se traducía en prácticas reales, como cierta tradición historiográfica tiende a presentar al reino visigodo y su monarquía. Por desgracia, las fuentes disponibles solo ofrecen un silencio frustrante. Pese a este silencio, las actas del concilio provincial de Mérida del año 666 parecerían indicar que los principios legales descritos anteriormente pudieron haber formulado diferencias entre esclavos de distinta reputación más allá de la esfera de las leyes de la monarquía. El canon 17 del concilio estableció una serie de castigos para aquellos que difamaran a un obispo luego de su fallecimiento (Vives, 1963: 337-338; Nehlsen, 1972; Díaz, 1995: 58-59). La norma conciliar prescribió diferentes penas para el clero de acuerdo con el grado dentro de la jerarquía eclesiástica. El mismo canon incluía sanciones para los miembros de la familia de la Iglesia (o sea, esclavos y, tal vez, libertos) en base a su estatus relativo (*gradus discretionis*): los esclavos más distinguidos (*maior*) serían excomulgados mientras que los de menor reputación e inferiores estarían sujetos a una pena no especificada impuesta por el obispo[15]. Aunque este es el único ejemplo de diferenciación entre esclavos en base a su reputación fuera de los códigos de leyes seculares, la decisión eclesiástica adoptó un razonamiento similar a la legislación real en cuanto a la aplicación de las penas.

Conclusión

Las diferencias materiales y ocupacionales permearon la sociedad visigoda y los esclavos no estaban exentos de ellas. La distinción legal entre libre y no-libre reguló gran parte de la vida judicial del reino visigodo. Al igual que en el período romano, los esclavos podían disfrutar de una estima social relativamente alta en base a sus ocupaciones, habilidades y acceso a los recursos económicos a través de su *peculia*. En la Hispania visigoda, sin embargo, una categoría especial de esclavos recibió un tratamiento diferenciado en la ley en base a su reputación personal sin indicación de su ocupación o el estatus de sus propietarios (con la ya mencionada excepción de los esclavos reales). Es quizás aún más sorprendente que estas diferencias asimilaran a los esclavos idóneos con la población libre de alta reputación social. Se podría, entonces, hablar de puente entre el estatus de libre y no-libre en ocasiones específicas y permitir el reconocimiento de ciertos esclavos en la vida pública del reino. Más que una jerarquía social continua desde el pobre no-libre hasta el rico libre, las leyes preveían una sociedad atravesada por múltiples criterios que se activaban de acuerdo con situaciones específicas, siempre dentro de las jerarquías sociales y políticas existentes.

Con toda probabilidad, la noción de esclavo idóneo o esclava idónea estaba enraizada en el mundo social y económico. Pero esta mirada solo nos brinda la mitad del fenómeno. Estas diferencias solo se institucionalizaban en la arena judicial, en la práctica diaria

---

15   *Instituentes igitur decernimus, ut nullus subiectus decedentem detrahat episcopum, nullus de eo deroget nec malum quicquam loquatur. Si quis talia deinceps facere praesumpserit [...] si vero de familia ecclesiae fuerit quisque , quia et in his discretionis gradus est, si maior fuerit qui dignitate polleat, sex mensibus ab episcopo suo excommunicatus maneat; inferior tamen aut minima persona disciplinam mereatur, iuxta quod episcopi sui preaecesserit sententia* (Conc. Emer. 17). Vives (1963: 337-338).

Desigualdades antiguas

de la justicia, cuando ciertos esclavos eran reconocidos de una manera diferente al resto y se los trataba, ocasionalmente, "como en el caso de las personas libres", de acuerdo con una de las leyes sobre testigos[16]. En última instancia, el juez tenía el poder de convertir demandas de respetabilidad en estatus social con sanción legal como así también el poder de negarlas.

Las leyes sobre esclavos idóneos constituyen una minoría dentro de un número mayor de normas que no distinguían entre esclavos honorables y no-honorables. Estas leyes demuestran una tendencia más que un hecho social establecido. Fronteras cada vez menos firmes entre libre y no-libre en la base de la sociedad caracterizaron el período visigodo y es probable que un fenómeno similar estuviese ocurriendo en la cima de la jerarquía social. Sin embargo, las páginas previas invitan a ser cautelosos en el uso de la evidencia legal para estudiar la evolución de la desigualdad económica en el período post-romano, ya que el salto de jerarquías económicas a jerarquías legales o forenses es más complicado de lo que parece a simple vista. Pero también invitan a considerar la práctica legal como un mecanismo generador y reproductor de jerarquías materiales y no solo como un mero reflejo de una "realidad material" prexistente.

Bibliografía

Álvarez Melero, A. (2017). "Honesti, clarissimi e inlustres en la Hispania tardoantigua (ss. IV-VIII)", en S. Panzram (ed.), *Oppidum - Civitas - Urbs. Städteforschung auf der iberischen Halbinsel zwischen Rom und al-Andalus*, Berlin, 383-400.

Amundsen, D.W. (1971). "Visigothic Medical Practice", *Bulletin of the History of Medicine*, 45/6, 553-569.

Banaji, J. (2001). *Agrarian Change in Late Antiquity: Gold, Labour, and Aristocratic Dominance*, Oxford.

Banaji, J. (2009). "Aristocracies, Peasantries and the Framing of the Early Middle Ages", *Journal of Agrarian Change*, 9/1, 59-91.

Bodel, J. (2011). "Slave Labor and Roman Society", en K. Bradley & P. Cartledge (eds.), *The Cambridge World History of Slavery, 1: The Ancient Mediterranean World*, Cambridge, 311-336.

Bowman, J. (2003). "Infamy and Proof in Medieval Spain", en T. Fenster & D.L. Smail (eds.), *Fama: The Politics of*

---

16   *Quibus utique vera dicendi vel testificandi licentia, sicut et ceteris ingenuis, hac lege conceditur* (LI 2.4.4).

Talk and Reputation in Medieval Europe, Ithaca, 95-117.

Bradley, K. (1994). *Slavery and Society in Rome*, Cambridge.

Brown, P. (2012). *Through the Eye of a Needle: Wealth, the Fall of Rome, and the Making of Christianity in the West, 350-550 AD*, Princeton.

Castellanos, S. (1996). "Aristocracias y dependientes en el alto Ebro (siglos V-VIII)", *Studia Historica: Historia Medieval*, 14, 29-46.

Castellanos, S. (1998). "Terminología textual y relaciones de dependencia en la sociedad hispanovisigoda. En torno a la ausencia de *coloni* en las *Leges Visigothorum*", *Gerión*, 16, 451-60.

Díaz, P.C. (1994). "Propiedad y explotación de la tierra en la Lusitania tardoantigua", en J.-G. Gorges & M. Salinas de Frías (eds.), *Les campagnes de Lusitanie romaine. Occupation du sol et habitats*, Madrid, 297-309.

Díaz, P.C. (1995). "Propiedad y poder: la Iglesia Lusitana en el siglo VII", *Cuadernos Emeritenses*, 10, 49-72.

Díaz, P.C. (2007). "Sumisión voluntaria: estatus degradado e indiferencia de estatus en la Hispania visigoda (FV 32)", *Studia Historica: Historia Antigua*, 25, 507-24.

Díaz, P.C. (2020). "Teoría y práctica de la medicina visigoda: del enciclopedismo de Isidoro a la enfermería monástica", *Asclepio: Revista de Historia de la Medicina y de la Ciencia*, 72/1, 299. https://doi.org/10.3989/asclepio.2020.08.

Dumézil, B. (2011). "La peine de décalvation chez les wisigoths", en B. Lançon & M.-H. Delavaud-Roux (eds.), *Anthropologie, mythologies et histoire de la chevelure et de la pilosité. Le sens du poil*, Paris, 135-147.

Fernández, D. (2016). "Property, Social Status, and Church Building in Visigothic Iberia", *Journal of Late Antiquity*, 9/2, 512-541.

Fernández, D. (2017). *Aristocrats and Statehood in Western Iberia, 300-600 CE*, Philadelphia.

Fernández, D. (2020). "Trial Witnesses, Social Hierarchies, and State Building in the Visigothic Kingdom of Toledo", *Early Medieval Europe*, 28/4, 509-531.

Frighetto, R. (2002). "Infidelidade e barbárie na Hispania visigoda", *Gerión*, 20/1, 491-509.

Gallego Franco, H. (2004). "Legislación y sexualidad en la Hispania visigoda", en L. Hernández Guerra & J. Alvar Ezquerra (eds.), *Jerarquías religiosas y control social en el mundo antiguo. Actas del XXVII Congreso Internacional GIREA-ARYS IX (Valladolid, 7-9 de Noviembre 2002)*, Valladolid, 611-625.

García López, Y. (1996). *Estudios críticos de la "lex wisigothorum"*, Alcalá de Henares.

García Moreno, L. (1977). "Composición y estructura de la fuerza de trabajo humana en la Península Ibérica durante la Antigüedad tardía", *Memorias de Historia Antigua*, 1, 247-256.

García Moreno, L. (2001). "From *coloni* to *servi*: A History of the Peasantry in Visigothic Spain", *Klio*, 83/1, 198-212.

Garnsey, P. (1970). *Social Status and Legal Privilege in the Roman Empire*, Oxford.

Harper, K. (2011). *Slavery in the Late Roman World, AD 275-425*, Cambridge.

Isla Frez, A. (2002). "El *officium palatinum* visigodo. Entorno regio y poder aristocrático", *Hispania*, 62/212, 823-47.

Joshel, S. (1992). *Work, Identity, and Legal Status at Rome: A Study of the Occupational Inscriptions*, Norman.

King, P.D. (1972). *Law and Society in the Visigothic Kingdom*, Cambridge.

King, P.D. (1980). "King Chindasvind and the First Territorial Law-Code of the Visigothic Kingdom", en E. James (ed.), *Visigothic Spain: New Approaches*, Oxford, 131-157.

Lear, F.S. (1951). "The Public Law of the Visigothic Code", *Speculum*, 26/1, 1-23.

Lenski, N. (2021). "Slavery among the Visigoths", en C. de Wet, M. Kahlos & V. Vuolanto (eds.), *Slavery in the Late Antique World, 200-700 CE*, Cambridge, 251-280.

Martin, C. (2003). *La géographie du pouvoir dans l'Espagne visigothique*, Lille.

Martin, C. (2011). "Le *Liber Iudiciorum* et ses différentes versions", *Mélanges de La Casa de Velázquez*, n.s. 41/2, 17-34.

Martínez Díez, G. & Rodríguez, F. (1992). *La colección canónica hispana, V: Concilios hispanos. Segunda parte*, Madrid.

Martínez Jiménez, J., Sastre de Diego, I. & Tejerizo García, C. (2018). *The Iberian Peninsula between 300 and 850: An Archaeological Perspective*, Amsterdam.

Nehlsen, H. (1972). *Sklavenrecht zwischen Antike und Mittelalter. Germanisches und römisches Recht in den germansichen Rechtsaufzeichnungen, I. Ostgoten, Westgoten, Franken, Langobarden*, Göttingen.

Perry, M.J. (2015). "Sexual Damage to Slaves in Roman Law", *Journal of Ancient History*, 3/1, 55-75.

Petit, C. (1991). "Crimen y castigo en el reino visigodo de Toledo", en *La peine. Deuxième partie: Europe avant le XVIIIe siècle (Recueils de la Société Jean Bodin, 66)*, Bruxelles, 9-71.

Quirós Castillo, J.A. (2020) (ed.). *Social Inequality in Early Medieval Europe: Local Societies and Beyond*, Turnhout.

Rio, A. (2017). *Slavery after Rome, 500-1100*, Oxford.

Sarris, P. (2006). *Economy and Society in the Age of Justinian*, Cambridge.

Scheidel, W. (2017). *The Great Leveler: Violence and the History of Inequality from the Stone Age to the Twenty-First Century*, Princeton.

Verlinden, C. (1955). *L'esclavage dans l'Europe médiévale, I. Péninsule Ibérique-France*, Bruges.

Vives, J. (1963). *Concilios visigóticos e hispano-romanos*, Madrid.

Weisweiler, J. (2017). "El capital en el siglo IV. Poder aristocrático, desigualdad y estado en el Imperio Romano", en M. Campagno, J. Gallego y C. García Mac Gaw (eds.), *Capital, deuda y desigualdad. Distribuciones de la riqueza en el Mediterráneo Antiguo*, Buenos Aires, 147-158.

Wickham, C. (2005). *Framing the Early Middle Ages: Europe and the Mediterranean 400-800*, Oxford.

PARTE III

LA DESIGUALDAD, DEL ORIENTE AL MEDITERRÁNEO:

EN BUSCA DE MODELOS

"TODOS LOS REYES DE LA ARABIA":

LA EMERGENCIA DE SOCIEDADES COMPLEJAS EN EL NORTE DE ARABIA Y EL LEVANTE ÁRIDO EN EL PRIMER MILENIO A.C.

Juan Manuel Tebes[1]

Introducción

El primer milenio a.C. constituyó un punto de inflexión para las sociedades que vivían en el norte de Arabia y los márgenes áridos del sur del Levante (ver Mapa).

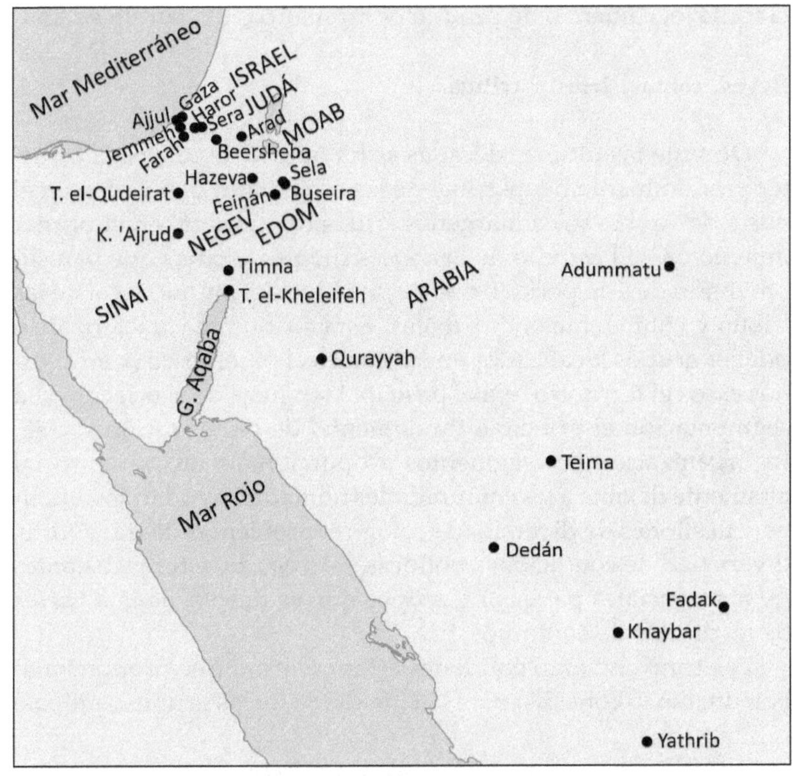

1   Universidad Católica Argentina-CONICET.

Por primera vez en su historia, los pueblos locales se organizaron en entidades políticas independientes como Edom, Taima, Dedán y otras diversas confederaciones tribales árabes. Es cierto que se trataba de entidades muy dispares en complejidad social (estados, jefaturas, tribus, ciudades-estado), inestables y vulnerables a factores externos, pero sin embargo eran reconocidas como comunidades autónomas por las potencias imperiales de la época. Aunque el sistema de subsistencia más distintivo continuó siendo el semipastoreo móvil, por primera vez las sociedades locales se incorporaron de forma completa al sistema económico del Cercano Oriente, a la vez que las rutas comerciales de siglos de antigüedad se extendieron ahora a regiones alejadas de las redes comerciales tradicionales, como el sur de Arabia. Es cierto que en su mayor parte se unieron como periferias económicas, suministrando recursos minerales como el cobre y bienes pastorales a las sociedades del Medio Oriente fértil, pero también actuaron como intermediarias en uno de los circuitos comerciales más lucrativos conocidos hasta la fecha: el comercio de productos aromáticos del sur de Arabia.

Reyes, reinas, jefes y tribus

Durante las últimas décadas se ha puesto de relieve el carácter predominantemente tribal de las sociedades que vivían en el norte de Arabia y los márgenes áridos del Levante en el primer milenio a.C. El estudio de las pocas fuentes escritas que han sobrevivido de este período nos da una idea del mundo local de las tribus y confederaciones tribales. Estas tribus se caracterizaban por ser grupos localizados en los cuales el parentesco (y en algunos casos el territorio) era el principal lenguaje de asociación y la segmentación el principio fundamental de organización social[2]. La organización por segmentos proporcionaba un marco social altamente flexible a las comunidades nómadas, ayudando a resolver cuestiones de diversidad ecológica, problemas de transporte, diversidad de condiciones políticas y acceso a pasturas distantes (¡y a potenciales parejas!) a grupos que se desplazaban a través de territorios discontinuos.

Las tribus no eran entidades estáticas y aunque proporcionaban un marco cohesivo para la vida diaria de los grupos semipas-

---

2   Bienkowski & van der Steen (2001); Bienkowski (2009); Routledge (2000; 2003); Tebes (2013: 27-37).

                                              Desigualdades antiguas

torales móviles, también eran muy inestables y se veían fácilmente afectadas por la influencia de los estados vecinos, por lo que se disolvían tan rápidamente como emergían. También eran propensas a desarrollar desigualdades sociales y, dada la combinación adecuada de circunstancias, podían convertirse en entidades políticas de nivel de jefatura dirigidas por "jefes", "jeques" o "reyes", términos modernos que por supuesto ocultan una alta diversidad. Por lo tanto, la historia política de los márgenes áridos del sur del Levante y el norte de Arabia en el primer milenio a.C. no es más que la historia de los sucesivos ciclos de formación y disolución de tribus y jefaturas. A grandes rasgos, se pueden identificar dos fases principales de este tipo, ellas mismas relacionadas con los dos "auges" mineros y comerciales que impactaron en las sociedades locales (Tebes, 2013: 39-69). El primer ciclo tuvo lugar entre los siglos XI y IX a.C. y se caracterizó por la aparición y el colapso de jefaturas en Feinán, el norte del Negev y el norte del Hejaz, sobre la base de los ingresos procedentes de la explotación y el comercio de las minas de cobre del Arabá. El segundo ciclo se extendió entre finales del siglo VIII y el VI a.C. y se caracterizó por el desarrollo de las ciudades en oasis, confederaciones tribales y jefaturas, a lo largo de las rutas del comercio arábigo en el norte de Arabia, el sur de Transjordania y el Negev.

Desafortunadamente, las fuentes escritas son muy parcas respecto de la organización interna de estas sociedades. Algunas de sus características pueden vislumbrarse en una fuente extraordinaria, la Estela del rey Mesha de Moab, un pequeño reino de Transjordania sur-central, datada en *ca.* 850 a.C. Esta inscripción pinta un cuadro ideal del reino de Moab, compuesto de unidades definidas por el territorio más que por la descendencia y que formaban una clara jerarquía de cuatro niveles de segmentos. En el nivel superior se encontraban las unidades más grandes identificadas con la frase "tierra (ʾrṣ) de X", tales como la "tierra de Atarot" o la "tierra de Madaba", incorporando también regiones y ciudades; los segmentos inferiores se identificaban con la expresión "hombres (ʾš) de X", como "hombres de Sharon" y "hombres de Maharoth" (Routledge, 2000). Por supuesto, mucha de esta terminología es definitivamente propaganda propia de Mesha, pero los escribas locales no pueden haber creado una organización social de cero. Lo mismo sucede con el lenguaje del parentesco y el político presentes en la Biblia hebrea. Aunque en textos de diversa índole y datados en diferentes épocas, la fuente bíblica presenta una sociedad israelita ideal en la que la unidad básica era la familia (*byt 'b*, "casa del padre"), el núcleo sobre el que se asentaban las unidades territoriales más grandes definidas como "tribus" (*šbṭ* o *mṭh*) y "clanes" (*mšpṭh*) (Perdue *et al.*, 1997). De manera similar, el análisis de los ostraca idumeos del período persa-helenístico revela una sociedad compleja basada en grandes clanes, pero los textos se limitan a las fórmulas habituales "de/ de los hijos de" (*lbny, mn bny*) o "o/de la casa de X" (*lbyt, mn byt*) (Yardeni, 2016: 21-31).

En cuanto a los gobernantes de estas entidades políticas, la mayoría de nuestras fuentes, ya sean anales reales, textos proféticos, transacciones comerciales, documentos administrativos o inscripciones votivas, no exhibe tales niveles complejos de terminología. La Biblia emplea ocasionalmente los términos "todos los reyes (*mlk*) de la Arabia" (1 Re 10: 15; 2 Cron 9: 14; Jer 25: 24) o "todos los príncipes (*nsy*) de Quedar" (Eze 27:21), pero estas son expresiones genéricas que no refieren ni a un título real ni a una dinastía en particular. Las fuentes neoasirias mencionan a menudo la existencia de "reyes" (*šarru*) y "reinas" (*šarratu*) en Arabia, aunque estos términos nos dicen más acerca de la ideología de los escribas imperiales que sobre las condiciones sociopolíticas reales en Arabia. Estos escribas muy probablemente rotulaban sin muchos matices a la hora de referirse a los gobernantes de tierras extranjeras (Anthonioz, 2015: 38): a los ojos de los asirios, todos los gobernantes eran "reyes", incluso jefes y jeques tribales (ver Tebes, 2013: 135, para el caso similar de Edom). Como veremos, no sabemos casi nada acerca de los quedaritas, una de las organizaciones tribales más importantes del norte de Arabia y el Negev en los períodos asirio y persa, excepto que tenían reyes (¿y reinas?) y al menos una fuente (y probablemente dos) menciona una línea de descendencia real masculina con la frase "hijo (*br* o *bn*) de X".

Edom

Nuestra primera evidencia textual sobre Edom son los textos egipcios del Reino Nuevo que describen la presencia de grupos nómadas llamados *shasu*, usualmente asociados con los nombres Edom y Seir, que reaparecerán siglos después en las fuentes bíblicas y asirias. Estos pueblos nómades son probablemente los que para principios de la Edad del Hierro iniciaron complejas operaciones mineras y metalúrgicas en la región de Feinán, la mayor fuente de cobre en el sur del Levante. Las razones de este repentino interés en la minería no están claras, aunque se lo ha atribuido al final de los contactos con Chipre, el proveedor tradicional de cobre a Egipto y el Levante durante el II milenio a.C. La fundación en el siglo X a.C. de estructuras fortificadas a lo largo de las orillas de los wadis, como las excavadas en Khirbet en-Nahas y Khirbet al-Jariya, rodeadas de edificios especializados y grandes montículos de escoria de cobre, requería niveles tales de capacidad de gestión y organización que probablemente indican la presencia de una entidad política de nivel de jefatura controlando todo Feinán. Los investigadores que excavaron estos restos arqueológicos sugieren que este período constituye los comienzos del "reino" de Edom (Levy, Najjar & Ben-Yosef, 2014). La minería del cobre en Feinán finalmente se detuvo o se redujo a un nivel mínimo a finales del siglo IX a.C., probablemente tras la reanudación de los intensos contactos comerciales con Chipre. No es casualidad que la jefatura Feinán haya dejado de existir al mismo tiempo, y la referencia a Edom en una lista de pueblos sirio-palestinenses subyugados por Adad-nirari III (*ca.* 803) es probablemente una alusión a la aún existente entidad política de Feinán, ahora tributaria de Asiria (Tebes, 2013: 31).

Poco se sabe sobre los orígenes del Edom de la Edad del Hierro II. Los textos bíblicos tardíos que describen la existencia de reyes en Edom en períodos muy antiguos (Bartlett, 1989) no pueden considerarse fuentes válidas para la historia edomita temprana. Aunque es obvio que estos textos fueron probablemente redactados en un período posterior cuando hay evidencias extra-bíblicas de "reyes" en Edom, posiblemente puedan tener algún núcleo histórico verdadero, tal vez relacionado con recuerdos lejanos de la jefatura de Feinán.

Mucho más se sabe gracias a las referencias en las fuentes asirias, la mayoría de las cuales está interesada en el papel de Edom como país tributario. Se conocen tres "reyes" de Edom, todos ellos datados entre finales del siglo VIII y mediados del VII a.C: Qausmalak (Tiglat-pileser III), Ayarammu (Senaquerib) y Qaus-gabri (Asarhadón y Asurbanipal). Hasta la fecha no se conocen inscripciones de estos reyes, con la excepción de una impresión de sello encontrada en Umm el-Biyara con la inscripción "Qos-Gabr, rey (*mlk*) de Edom", probablemente el Qaus-gabri de las inscripciones asirias (Millard, 1992). Por lo poco que dicen estos textos asirios, se puede decir que Edom nunca fue conquistado u ocupado por los asirios. La única vez que los ejércitos asirios estuvieron probablemente presentes en Edom fue durante las guerras árabes de Asurbanipal, cuando las operaciones militares contra los árabes incluyeron acciones en toda Siria y Transjordania (Tebes, 2016a).

Las excavaciones en los yacimientos localizados en las tierras altas edomitas han revelado un patrón de asentamiento de dos niveles, con un sitio grande y complejo (Buseira) con todos los atributos materiales comúnmente presentes en los sitios urbanos del Levante, y un variopinto conjunto de pequeños sitios ubicados cerca de áreas agrícolas o en lugares de montaña de acceso restringido. El sitio de Buseira está situado en una estribación fácilmente defendible, con acceso a la antigua "Carretera del Rey" en el este y cerca de la zona de producción de cobre de Feinán al suroeste. Al igual que las ciudades asirias y levantinas de la misma época, el trazado de la ciudad se dividía entre una ciudad superior (oficial) y otra inferior (doméstica). La ciudad alta contenía edificios monumentales construidos sobre un terraplén profundo o montículo, identificados como un "palacio" y un complejo de "templo", estructuras similares a los edificios de "patio abierto" que eran comunes en Asiria, Siria y el Levante en el mismo período (Bienkowski, 1995: 139-141; Routledge, 2003). Algunos estudiosos han visto en la clara influencia extranjera en la arquitectura de Buseira una evidencia de que los asirios establecieron centros administrativos en Edom, tal como lo habían hecho en otros puntos del sur del Levante (Finkelstein, 2013: 23). Sin embargo, las fuentes textuales asirias identifican claramente a Edom como un país tributario donde la presencia militar asiria era, en el mejor de los casos, esporádica. Las peculiaridades arquitectónicas de Buseira pueden más bien interpretarse como la emulación por las élites locales de los diseños de construcción importados de los centros de civilización de la época, especialmente de Asiria. Que esta interpretación va en la dirección correcta puede verse en las grandes cantidades de "cerámica edomita" encontrada en Buseira (también conocida como "cerámica pintada de Buseira" o

   Desigualdades antiguas

"Cerámica de Transjordania Meridional-Negev") (Tebes, 2013: 87-109), un grupo distintivo de vasijas decoradas dentro de las cuales destacan finos cuencos carenados que son claramente imitaciones de la "cerámica palatina asiria" popular en los centros provinciales asirios de Siria y el Levante. Al igual que las clases altas modernas cautivadas por la alta cocina francesa e imitando las ideas francesas sobre urbanismo y arquitectura, la clase dominante que vivía en Buseira asociaba el uso de sus finas vasijas con los rituales de bebida de las élites provinciales asirias.

Lo que llama la atención es la singularidad de Buseira en el conjunto de los sitios de las tierras altas edomitas, caracterizados por ser pequeñas aldeas o caseríos de una sola etapa, como Tawilan y Ghrareh, o comunidades de montaña como Umm el-Biyara y Sela. Estos sitios contenían estructuras domésticas y de almacenamiento y en algunos casos cisternas, restos de murallas y torres (¿para defensa o utilizadas como corrales de animales?), mientras que la cultura material era muy sencilla, incluyendo versiones sin decorar de la cerámica encontrada en Buseira (Tebes, 2013: 121-130). Una notable excepción a este patrón es la gran fortaleza fundada en Tell el-Kheleifeh, cerca del Golfo de Aqaba, probablemente un puesto militar diseñado para controlar el lucrativo tráfico de mercancías arábigas que pasaba por la zona.

Es evidente que Edom no puede incluirse en la misma categoría de las sociedades de nivel estatal que era típico del antiguo Cercano Oriente. Las nuevas investigaciones han abordado el problema de la ausencia de pruebas arqueológicas de estatalidad haciendo hincapié en el tribalismo como el factor más importante de la sociedad edomita. Así, Edom ha sido identificado como un "reino tribal" o una "sociedad segmentaria", un sistema organizacional compuesto de tribus y confederaciones tribales vagamente vinculadas con una monarquía supratribal basada en Buseira[3]. Sin embargo, estos estudios no pueden explicar la ausencia de evidencias de una entidad política unificada bajo la élite de Buseira. Por el contrario, los datos arqueológicos encontrados en los yacimientos edomitas indican que las poblaciones locales tenían un alto grado de autonomía con respecto a los acontecimientos que tenían lugar en Buseira. Según una interpretación minimalista de las pruebas

---

3   Bienkowski & van der Stehen (2001); Porter (2004); Bienkowski (2009).

disponibles, Edom puede mejor interpretarse como una jefatura basada en Buseira, cuyos "reyes" ciertamente reclamaban la soberanía sobre toda la meseta edomita, pero en realidad ésta se limitaba solo al área de Buseira (Tebes, 2013: 121-135). El resto de las comunidades edomitas probablemente estaban organizadas de acuerdo a criterios tribales, mientras que su relación con Buseira se basaba en el intercambio recíproco y la entrega de bienes de lujo, la competencia y la guerra.

Poco se sabe sobre el fin de Edom como entidad independiente. Los investigadores están de acuerdo en que Edom fue uno de los principales objetivos de la campaña del rey babilónico Nabónido hacia Transjordania y el norte de Arabia, probablemente en el año 553. La Crónica de Nabónido registra una probable campaña contra Edom, y aunque la naturaleza fragmentaria de las crónicas babilónicas no permite una imagen detallada, la presencia de un relieve mal conservado de Nabónido en Sela es una clara confirmación de la soberanía babilónica sobre Edom (Da Riva, 2019). Aunque la conquista babilónica se refleja probablemente en las capas de destrucción encontradas en Buseira, Tawilan y Tell el-Kheleifeh, no hay una ruptura marcada en el registro arqueológico, mientras que las pocas fuentes epigráficas post-babilónicas y los restos materiales sugieren la continuación de la vida sedentaria durante el período persa. Esto es cierto para una tablilla cuneiforme encontrada en Tawilan fechada en el año de la ascensión de "Darío", pero es difícil saber si se refiere al rey persa Darío I, II o III. Los hallazgos cerámicos en Buseira atestiguan la ocupación del sitio, aunque en una escala reducida, hasta finales del siglo III a.C. Estudios recientes han intentado cerrar la "brecha" entre los ciclos de asentamiento edomita y nabateo, y aunque es posible que en algunos lugares ambas ocupaciones se superpongan en el tiempo (Bienkowski, 2013), en el período nabateo la existencia de una entidad política edomita había terminado ya hacía mucho tiempo en el sur de Transjordania. Sin embargo, la identidad edomita estaba bien viva en las tierras al oeste, la región del Negev.

Negev

Aunque durante la Edad de Hierro el Negev nunca constituyó una entidad política unificada de la complejidad de Moab y Edom, la región gozaba de una ubicación estratégica fundamental, co-

                                    Desigualdades antiguas

nectando las redes comerciales arábigas con los puertos filisteos de la costa mediterránea, atrayendo así el interés de las potencias imperiales y de los estados levantinos que luchaban por el poder en el norte.

Después de un paréntesis de asentamiento durante la mayor parte del II milenio a.C., pequeños sitios como Tel Masos, Tel Beersheba y Tel 'Arad comenzaron a establecerse en el norte del Negev durante los siglos XI y X a.C. El caso más paradigmático del desarrollo temprano de entidades políticas autóctonas es Tel Masos, una jefatura que monopolizó brevemente el comercio del cobre de Feinán en el siglo X a.C. hasta que fue reemplazada por los poderes ascendentes de los reinos de Israel y Judá (Tebes, 2008: 59-76; Finkelstein, 2014: 95). A partir de finales del siglo X y hasta bien entrado el VII a.C., los pequeños pueblos no amurallados del norte del Negev evolucionaron hacia un complejo patrón de asentamiento de ciudades amuralladas (Tel Beersheba, Tel 'Aroer, Tel 'Ira, Tel Malhata, Tel Masos) y puestos fortificados (Tel 'Arad, Horvat 'Uza, Horvat Radum) bajo la égida de Judá, beneficiándose del comercio arábigo y de la economía agropastoral local. Se establecieron puestos fortificados en lugares estratégicos de las rutas desérticas del sur, como el fuerte de 'En Hazeva en el norte del Valle de Arabá y Tell el-Qudeirat en la frontera Sinaí-Negev (Tebes, 2008: 78-90; Finkelstein, 2014). Durante los siglos IX y VIII a.C. Israel, ahora bajo el paraguas de Asiria, disfrutó de un período de hegemonía sin precedentes sobre Judá, por lo que el interés comercial israelita se extendió hacia el árido sur. El sitio de Kuntillet 'Ajrud fue fundado en el noreste del Sinaí por la monarquía israelita en una ubicación estratégica en la ruta Dharb el-Ghazza, controlando así el tráfico entre el Golfo de Aqaba y el Mar Mediterráneo. Su abandono posterior y el establecimiento de grandes fortalezas en Tell el-Kheleifeh y 'En Hazeva pueden atribuirse a la sustitución de Dharb el-Ghazza por la ruta Edom-Valle de Beersheba como arteria principal del tráfico comercial arábigo (Finkelstein, 2013).

A excepción de Kuntillet 'Ajrud y Tell el-Qudeirat en el Sinaí-Negev, las regiones central y meridional del Negev eran de facto tierra de nadie, y los estados del norte luchaban por el control de las rutas comerciales emergentes. La mayor parte de lo que sabemos proviene de inscripciones asirias que describen las diversas campañas militares llevadas a cabo en el sur del Levante desde finales del siglo VIII a.C., fuentes que nombran a algunos de los reyes de las ciudades-estado locales y a los jefes árabes del noroeste del Negev con los que tuvieron que lidiar los reyes asirios. Los intereses asirios en el Negev eran dobles: convertir la región en una zona tapón con respecto a Egipto, y mantener su supremacía comercial mediante la apertura de puestos comerciales cerca de la frontera egipcia y el control de las rutas desérticas del comercio arábigo.

El punto final del comercio árabe en el Negev era la importante ciudad de Gaza y una serie de ciudades-estado situadas a lo largo de los dos ramales principales que desembocan en el Mediterráneo, entre ellos Tel Sera' (Ziklag) y Tel Haror (Gerar) a lo largo del Nahal Gerar, y Tell el-Far'ah (Sharuhen), Tell Jemmeh (Arza) y Tell el-Ajjul (Shirhon) a lo largo del Nahal Besor (Ben-Shlomo, 2014). En la medida en que estas ciudades se sometían a Asiria, conservaban un grado de independencia que era suprimido sin piedad en caso de revuelta, como le ocurrió al rey Hanun de Gaza en 734 (Tiglat-pileser III) y en 720 (Sargón II), y al rey Asuhili de Arza en 679 (Asarhadón). Los asirios establecieron puestos fortificados y centros administrativos en lugares claves a lo largo de las rutas que conectaban el Levante con Egipto, y cuyos restos han sido excavados en Tel Ruqeish y Blakhiyah (Anthedon) en Gaza, Tell Jemmeh, Tel Haror y Tell Abu Salima en la costa nororiental del Sinaí.

Los encuentros asirios con los árabes locales se limitaron al noroeste del Negev. Estos pueblos no solo estaban plenamente integrados en las redes comerciales mediterráneas, proporcionando la logística y la seguridad al comercio, sino que también algunos de ellos parecen haber vivido o dominado centros urbanos locales. Durante su campaña levantina en 734-732, Tiglat-pileser III subyugó y recibió tributo de Siruatti el Me'unita "cuyo (territorio) está por debajo de Egipto", nombrándole "supervisor" (*qēpu*). Después de su segunda campaña, nombró a Idibi'lu como "guardián (*atûtu*) en la frontera de Egipto". Tiglat-pileser III también cuenta que, después de conquistar Gaza, "contó la ciudad de Gaza como una aduana (*bīt kāri*) de Asiria". Años más tarde (hacia 720), Sargón II estableció exiliados "en la frontera de la ciudad del arroyo de Egipto" (probablemente el Nahal Besor) y los entregó bajo la vigilancia del jeque (*nasīku*) de la ciudad de Labán. En otra fuente, Sargón II se jacta de haber abierto "el puerto sellado (*kāru*) de

Desigualdades antiguas

Egipto" y mezclado asirios y egipcios, haciéndolos comerciar entre sí. Estos puertos o estaciones comerciales (*kāru*) aparentemente funcionaban como casas de aduanas para recaudar derechos sobre el tráfico comercial que pasaba por la zona. En 669, Asarhadón avanzó hacia el sur hasta el Sinaí con la ayuda de los camellos de "los reyes (*šarrāni*) de los árabes" (para estas referencias, ver Na'aman, 1979).

Uno de los fenómenos más interesantes de finales de la Edad del Hierro es el desarrollo de una comunidad étnicamente heterogénea en el norte del Negev, visible a través de una serie de diversos datos textuales, epigráficos y materiales. El aspecto más notable de los nuevos rasgos arqueológicos es la presencia de grandes cantidades de cerámica "edomita" en los yacimientos judaítas, incluyendo los finos cuencos decorados con influencia asiria que figuraban de forma tan prominente en Buseira (Tebes, 2013: 87-100). Aunque la mayoría de ellos constituían productos locales, dentro de la cerámica "edomita" encontrada en el Negev destacan las ollas fabricadas en el sur de Transjordania o en el norte del Valle del Arabá, lo que sugiere un flujo de personas y mercancías entre Edom y el Negev, siguiendo las rutas del comercio arábigo y los itinerarios de los grupos nómadas en busca de pasturas en los valles más fértiles del norte del Negev (Tebes, 2013: 103-109).

Sin embargo, este período de prosperidad fue de corta duración, ya que fue interrumpido por las campañas militares babilónicas y la caída final de Judá en 587-586. Las evidencias de destrucción en el Negev nos son esquivas: se cree que algunos sitios fueron destruidos, como Tel 'Arad, Tel 'Ira y Tell el-Qudeirat, pero otros parecen haber sido abandonados sin destrucción aparente, como Tel Beersheba, Tel 'Aroer y Tel Masos. Los yacimientos no judaítas del noroeste del Negev sufrieron una suerte similar, ya que Tel Haror terminó con un final violento, aunque las evidencias de Tel Sera' y Tell Jemmeh son menos claras. La fase de la Edad de Hierro en los tres sitios fue seguida por la ocupación persa. En lugar de un colapso abrupto de la organización estatal y militar en el norte del Negev, la evidencia parece apuntar más a una desintegración gradual de la autoridad de Judá en el área (Thareani, 2014). La mayoría de los yacimientos fueron abandonados durante el siglo VI a.C., aunque la zona no estaba desprovista de población, como lo demuestra la reciente evidencia epigráfica.

El colapso de la administración estatal en el Negev aceleró tendencias sociales a largo plazo que ya estaban operando a finales de la Edad de Hierro, permitiendo a diversos grupos étnicos tener una ventaja en los asuntos locales. Las evidencias epigráficas de los edomitas crecieron en número y ahora comenzaron a concentrarse en tierras al norte de los valles de Beersheba y 'Arad, tan al norte como Hebrón (Tebes, 2016b). En algún momento esta área comenzó a ser conocida como Idumea, ya sea a finales del siglo V o principios del IV a.C. como una unidad administrativa persa o a principios del período helenístico, cuando Diodoro Sículo atestigua la existencia de la "eparquía" o "satrapía" de Idumea. Los datos procedentes de aproximadamente 2.000 ostraca arameos procedentes de sitios idumeos, incluidos Laquis, 'Arad, Beersheba, Maresha y Khirbet el-Kom (Makkedah), muestran una vibrante comunidad multiétnica con diferentes etnias que convivían, se casaban entre sí y hacían negocios juntos (Yardeni, 2016). La gran mayoría de los ostraca datan de las últimas décadas del dominio persa y del período helenístico temprano y, por lo tanto, son testimonios de las etapas finales de cambios demográficos e identitarios a largo plazo que habían comenzado siglos antes. Aunque esta era una sociedad basada en unos pocos grandes clanes identificados por el nombre del cabeza de familia, las fronteras étnicas no eran rígidas; por el contrario, pocas personas mantenían la onomástica étnica de sus progenitores.

Al sur de Idumea se encontraban las vastas extensiones del Negev central y del Sinaí, habitadas por tribus nómadas árabes que controlaban las rutas desérticas del comercio de caravanas, de las que todavía tenemos muy poca información. Es probable que los persas, como los asirios lo habían hecho antes, subcontrataran la complicada logística de los viajes y el comercio en el desierto a las tribus árabes. Algunos hallazgos epigráficos, difíciles de datar y de interpretar, pueden relacionarse con los árabes locales del periodo persa (Graf, 2015). El primero es una inscripción votiva encontrada en Tell el-Maskhuta, en la frontera Egipto-Sinaí, que hace alusión a "Qaynu, hijo de Gashmu, rey (*mlk*) de Quedar": el nombre Quedar es recurrente en los anales neoasirios como una organización tribal con sus propios reyes (véase abajo). El nombre *gshm* aparece también en una inscripción encontrada cerca de al-'Ula (Dedán) que menciona a "*gšm bn šḥr* y *'bd* gobernante de

   Desigualdades antiguas

Dedán". Ambos nombres han sido relacionados con el "Gesem el árabe" que intrigó contra Nehemías (Neh 6: 1) y, si se mantiene la datación en el siglo V a.C. de la inscripción de Tell el-Maskhuta, ambos individuos podrían ser contemporáneos si no la misma persona. Aunque los quedaritas parecen haber sido una organización tribal árabe que controlaba el noroeste del Negev en tiempos de los persas y lo suficientemente poderosa como para producir y emitir su propia moneda, no hay pruebas que permitan suponer, como han hecho algunos estudiosos, que un gran reino quedarita se extendió por todo el margen árido del sur del Levante y el norte de Arabia.

Desierto sirio-arábigo

Contrariamente a lo que tradicionalmente se supone, los pueblos árabes que vivían en la estepa siria y el desierto de Arabia septentrional no fueron siempre sociedades nómadas; también vivían en ciudades en oasis y tenían una economía que estaba muy integrada en los tejidos de las sociedades urbanas de Siria y Mesopotamia. La economía predominantemente semipastoral se complementó con su participación en el comercio de productos arábigos. Dos factores, el uso del camello para los viajes y el rápido crecimiento del consumo y la emulación de élite en los estados emergentes del Cercano Oriente de la Edad del Hierro, impulsaron el crecimiento del comercio de aromáticos (incienso y mirra) del sur de Arabia. La domesticación del camello en los primeros siglos del primer milenio a.C. permitió mayores distancias de viaje y dio a los grupos pastorales un mayor grado de autonomía con respecto a sus vecinos sedentarios. Dado que el tráfico directo desde el Hejaz hacia el sur de Mesopotamia no existió hasta el período neobabilónico, las caravanas de camellos tuvieron que atravesar las rutas desérticas de Arabia occidental y el sur del Levante. Las ciudades, tribus y jefaturas situadas a lo largo del camino, como Edom, Taima y Dedán, adquirieron importantes fuentes de ingresos gracias a la prestación de servicios como intermediarios y a la imposición de peajes (Tebes, 2013: 45-49). La magnitud de esta prosperidad recién adquirida no pasó desapercibida para las potencias del Cercano Oriente como Asiria y Babilonia e incluso para los pequeños estados como Judá, que intentaron por todos los medios controlar las rutas del desierto o al menos cooptar a los jefes tribales.

Al analizar los documentos mesopotámicos que se refieren a los pueblos árabes es necesario tener en cuenta que estas fuentes exhiben repetidamente el sesgo clásico contra las sociedades "primitivas" que viven en el desierto estéril, retórica que suele invitar a intervenciones militares. No es de extrañar que el primer testimonio de los árabes en las fuentes cuneiformes aparezca en un contexto militar, la lista de los líderes levantinos que se opusieron al ejército de Salmanasar III en Qarqar en el año 853. Uno de los líderes fue "Gindibu el árabe", cuyo ejército reunió 1.000 camellos. Aunque se desconoce el centro del poder de Gindibu, la ubicación de sus socios, entre ellos los reyes de Damasco, Israel, Hamat y Ammon en Transjordania, y el escenario de la batalla final sugieren que su base estaba en la zona de Wadi Sirhan (Eph'al, 1982: 75-76; Retsö, 2003: 127). Es obvio a partir de estas fuentes que las operaciones militares asirias contra los árabes eran solo parte de una estrategia más amplia dirigida a subyugar a los estados levantinos que controlaban los puntos finales del comercio arábigo.

Como en el caso de los "reyes" de Edom, los asirios interpretaban las realidades sociales del norte de Arabia según sus propias categorías políticas, identificando como "reyes" a los diferentes tipos de jefes y jeques que se encontraban en el camino. A partir de finales del siglo VIII a.C., las fuentes asirias comienzan a informar sobre la existencia de reinas árabes, identificadas por el término acadio *šarratu*, entre ellas Zabibe y Shamsi en tiempos de Tiglat-pileser III (730s), quien designó un *qēpu* para controlar a la segunda. Durante el reinado de Sargón II, los documentos asirios comienzan a registrar la subyugación de los pueblos árabes no situados directamente en la periferia de Siria-Mesopotamia, como Efa, Thamud, Marsimani e Ibadidi. Sargón II también menciona de nuevo a la reina Shamsi y a It'amara el sabeo (Eph'al, 1982: 81-92, 105-111; Retsö, 2003: 129-136, 149-150). Si estas referencias se tomaran al pie de la letra, esto significaría la extensión del dominio asirio a una gran parte del noroeste de Arabia, lo que parece poco probable; más bien, los alardeos de Sargón pueden interpretarse como el envío de regalos por parte de estos y otros grupos árabes, interpretados por los asirios como tributo.

Pero la mayoría de los conflictos entre asirios y árabes a finales del siglo VIII y a lo largo del VII a.C. no iban a localizarse en las tierras desérticas, sino en la región fronteriza del sudeste de Mesopotamia, donde existía una considerable población árabe. Los documentos de la época de Senaquerib mencionan a Bashqanu, hermano de la reina Yathi'e, entre los jefes enemigos capturados en la campaña contra Babilonia (703). Años más tarde (691-689) Senaquerib derrota al rey Haza'il y a la reina Te'elhunu, persiguiéndolos hasta la ciudad de Adummatu (Eph'al, 1982: 112-125; Retsö, 2003: 153-155).

Estos jefes árabes son llamados "rey de Quedar" y "rey de los árabes", aunque la relación entre estos términos es difícil de discernir, porque las fuentes asirias identifican a Haza'il y a sus hijos de una manera u otra, pero las reinas solo son llamadas "reinas de los árabes". Ciertamente tienen una relación cercana, pero no son la misma entidad. Aunque nuestras fuentes mencionan la existencia de ciudades en el desierto sirio-arábigo, no sabemos si fueron la base del poder de las tribus árabes o solo sus aliados. Una de estas ciudades fue Adummatu, llamada "la fortaleza de los árabes" por un informe de la época de Asarhadón, muy probablemente la Duma bíblica y la moderna Dumat al-Jandal, la principal ciudad oasis de la depresión de Jauf en Wadi Sirhan y la puerta de entrada más importante para el comercio arábigo en Mesopotamia en tiempos antiguos. Desafortunadamente, las excavaciones recientes en la zona todavía no han alcanzado los niveles de la Edad del Hierro (Anthonioz, 2015).

La importancia del Desierto de Siria para los asirios se refleja en la política "apaciguadora" de Asarhadón hacia Haza'il, para quien restauró y devolvió las estatuas de sus dioses que habían sido confiscadas por Senaquerib. También instaló a la princesa Tabu'a, que había sido deportada a Nínive y criada en la corte asiria, en la posición de "reina de los árabes". Después de su muerte, Asarhadón hizo rey a su hijo Yautha', quien puede considerarse un "rey títere" a todos los efectos, ya que necesitó de la intervención asiria (entre los años 676 y 673) cuando un tal Uabu intentó derrocarlo. El hecho de que el apoyo asirio no fuera gratuito puede verse en el enorme tributo que entregó a Asarhadón, probable razón por la que Yautha' mismo se rebeló, siendo derrotado (Eph'al, 1982: 127-137; Retsö, 2003: 158-161).

Las guerras árabes durante los reinados de Senaquerib y Asarhadón fueron solo el prólogo de conflictos mucho más amplios que estallaron durante el reinado de Asurbanipal y que incluyeron una guerra civil en Babilonia y batallas hasta el sur de Transjordania (Eph'al, 1982: 142-169; Retsö, 2003: 161-171). En una primera fase (antes de 652) el reinstalado Yautha' se rebeló y fue derrotado junto a sus aliados la reina Atiya y el rey Ammuladin. Típico fue el reemplazo de Yautha' por otro jefe, esta vez Abiyate, y típica fue la revuelta de este último. La segunda fase (entre 652 y 648) implicó la guerra entre Asurbanipal y su hermano mayor, Shamah-shum-ukin, gobernador de Babilonia, quien fue apoyado por aliados árabes como Abiyate y Yuhaythi'i rey de Šhumui'l, luego derrotados. Durante la última fase (641-638), se llevó a cabo una segunda campaña contra las tribus árabes en el desierto sirio.

Durante los períodos babilónico y aqueménida, la información sobre la región sirio-arábiga es escasa. Para el reinado de Nabucodonosor II, la Crónica Babilónica solo informa una campaña contra los árabes en su sexto año (599/8). La principal participación de una potencia mesopotámica en los asuntos árabes fue la famosa campaña de Nabónido a Siria, Edom y el norte de Arabia en el año 553 y el establecimiento de su residencia en la ciudad-oasis de Taima durante diez años (552-543). Nabónido afirma haber conquistado seis oasis en el noroeste de Arabia: Tema (Taima), Dadanu (Dedán), Padakku (Fadak), Hibra (Khaybar), Iadihu (Yadi'a) e Iatribu (Yathrib/Medina) (Eph'al, 1982: 180-181; Retsö, 2003: 182-183). Una inscripción en relieve y cuneiforme descubierta recientemente en al-Hait y que menciona al rey Nabónido y el topónimo Padakku, probablemente el antiguo nombre de al-Hait, da crédito al relato de Nabónido (Hausleiter & Schaudig, 2016). Se han debatido mucho los motivos de la mudanza de Nabónido a Arabia, aunque lo que es cierto es que Babilonia controló, aunque por un breve período de tiempo, el comercio terrestre arábigo directamente sin la intermediación de poderes locales como Edom y Taima.

Poco se sabe sobre el alcance de la intervención persa en Arabia. La mayor parte de lo que sabemos se relaciona, como hemos visto, con la relación mutuamente beneficiosa establecida entre el imperio aqueménida y los árabes que vivían en el Negev y el Sinaí, que probablemente se inició durante la campaña egipcia de Cambises en el año 525. Una situación similar puede haber ocurrido con los árabes que vivían en Siria, el norte de Arabia, y especialmente en Mesopotamia. Correspondencia privada encontrada en Nippur, Sippar y Uruk que data del período neobabilónico y de principios del persa atestigua la presencia de árabes que vivían en las ciudades de Mesopotamia y que participaban en diferentes tipos de actividades económicas (Eph'al, 1982: 188-191; Retsö, 2003: 190-191), una prueba más del nivel de integración que los árabes alcanzaron en la vida cotidiana de las sociedades urbanas mesopotámicas tras un largo proceso que comenzó durante el apogeo de Asiria.

Taima

Mientras que la mayoría de la población del norte de Arabia durante el primer milenio a.C. vivía del semipastoreo nómade, nuestra principal evidencia material proviene de los centros urbanos que se desarrollaron en los oasis locales. El más conocido es Taima, cuyo casco antiguo estaba rodeado por un sistema de murallas con recintos fortificados interiores. Contrariamente a las primeras interpretaciones arqueológicas que veían el crecimiento de Taima a partir de la Edad del Bronce tardío/principios del Hierro, las excavaciones actuales han revelado evidencias de ocupación sedentaria desde finales del IV milenio a.C. El asentamiento parece haberse expandido sustancialmente hacia mediados del II milenio a.C., dotándose de un enorme muro. Aunque no se encontraron edificios de esta época, se han excavado tumbas circulares de "guerreros" con armas como objetos funerarios en el área de al-Nasim, que datan provisionalmente del II milenio a.C. pero que probablemente se extienden hasta mediados del primero (Hausleiter & Zur, 2016). Estos hallazgos son consistentes con las evidencias de ocupación humana desde la primera parte de la Edad del Bronce tardío en Qurayyah, al noroeste de Taima, aunque hasta ahora los vestigios arqueológicos se limitan a la producción de cerámica y no tanto a restos arquitectónicos (Luciani & Saud, 2018).

Firme evidencia arqueológica, incluyendo arquitectura monumental, solo aparece en Taima a principios de la Edad de Hierro (siglos XII-IX a.C.), la mayor parte de la cual está relacionada con la etapa de la hegemonía de Egipto durante el período ramésida. El más impresionante de estos restos es un edificio identificado como un templo debido a los objetos cultuales encontrados en su interior (Hausleiter, 2013: 314-317). Una inscripción rupestre de Ramsés III recientemente descubierta al oeste de Taima, similar a las inscripciones rocosas de este faraón grabadas en el centro del Sinaí y en el sur del Negev en las rutas hacia las minas de Serabit el-Khadem y Timna, confirma la presencia de una expedición egipcia en el norte de Arabia (Somaglino & Tallet, 2011). Los hallazgos de grandes cantidades de cerámica decorada tipo Qurayyah en las minas de Timna operadas por los egipcios, aparentemente llevadas por población del norte de Arabia que trabajaba allí, sugieren que los egipcios eran conscientes de las oportunidades mineras en Arabia.

El final del *boom* de la minería de principios de la Edad del Hierro está probablemente detrás de la ausencia de arquitectura monumental en los siglos posteriores. La mayor parte de la evidencia subsiguiente proviene de los cementerios en los alrededores de Taima, particularmente los de Sana'iye y Tal'a, datados entre los siglos IX y V a.C. Consisten de estructuras funerarias rectangulares, algunas de ellas colectivas, con conjuntos mortuorios que atestiguan cierta estratificación social, en particular objetos de fayenza, un escarabajo y un ojo Udjat de estilo egipcio. Algunas de las tumbas tenían pequeñas estelas funerarias con grabados e inscripciones en escritura taimanita que se refieren al difunto (Hausleiter & Zur, 2016: 140-142).

Taima aparece por primera vez mencionado en las fuentes del Cercano Oriente del siglo VIII a.C., coincidiendo con el crecimiento del comercio del incienso. No conocemos el contexto de las relaciones entre Taima y Mesopotamia hasta mediados del siglo VIII, cuando un gobernador de Suhu y Mari saqueó una caravana de camellos de "gente de Tema' y Saba'", lo que indica claramente el papel central de Taima en el comercio interregional de la época. Décadas más tarde, las inscripciones de Tiglat-pileser III y Sargón II mencionan a los taimanitas junto a otros pueblos trayendo oro, plata, toda clase de plantas aromáticas y camellos. A partir de este momento, Taima aparecerá en las inscripciones asirias de los siglos VIII y VII a.C. en el contexto de operaciones comerciales o militares (Eph'al, 1982: 87-89).

El período histórico más famoso de Taima fue la residencia del rey babilónico Nabónido en la ciudad entre los años 552-543. Los documentos babilónicos indican que Nabónido mató al rey (*malku*) de Taima y construyó un palacio "como el palacio de Babilonia" (Eph'al, 1982: 180). Paradójicamente, la residencia de Nabónido en Taima no puede vincularse a ningún resto arquitectónico, aunque las inscripciones locales atestiguan su presencia en la zona, especialmente un fragmento de estela con paralelismos estilísticos exclusivos de las inscripciones reales de Nabónido y un grupo de inscripciones taimanitas encontradas en los alrededores de Taima y escritas por funcionarios al servicio de Nabónido, probablemente individuos de origen árabe (Hausleiter, 2013: 318-319).

Pero la importancia de Taima disminuyó después de finales del imperio aqueménida, en paralelo con la importancia ascendente de la dinastía lihyanita de Dedán en el sur. No sabemos mucho sobre esta transferencia de poder, pero las inscripciones en roca en los alrededores de Taima registran "guerras" entre Taima y Dedán, Massa y Nabayat. Taima parece haber caído bajo la hegemonía de Dedán, a juzgar por cuatro inscripciones del rey Tulmay de Dedán y fragmentos de grandes estatuas reales idénticas a las encontradas en al-Khuraybah (Dedán) (Hausleiter, 2013: 311-314; Hausleiter & Zur, 2016: 161-162). Estos hallazgos parecen marcar el final de la preeminencia de Taima y el comienzo de la hegemonía dedanita.

Dedán

Si solo podemos adivinar el proceso del ascenso de Dedán sobre Taima por los pocos objetos e inscripciones lihyanitas que se encuentran en este último, mucho menos se sabe sobre la historia política de Dedán, localizado al suroeste de Taima en una importante intersección de rutas que conducen a Mesopotamia y que fue clave para su éxito en el comercio arábigo.

La arqueología de Dedán se encuentra en sus primeras etapas y actualmente se están realizando excavaciones en varios lugares (Al-Said, 2010; Al-Said *et al.*, 2018). La zona de al-'Ula, en la parte sur, era probablemente una zona residencial, con restos de cimientos y muros de casas. El sitio de al-Khuraybah, al noreste, es la zona más prometedora, ya que contiene un grupo de tumbas excavadas en la montaña probablemente datadas en el período lihyanita. Las excavaciones actuales revelaron restos de un templo rectangular con varios objetos de culto, incluyendo fragmentos de estatuas de reyes de Lihyan. Un lugar de importancia es Jabal Dedan, al este de al-'Ula, con tumbas lihyanitas excavadas en el acantilado de la montaña con entradas decoradas, incluidas las de los miembros de la comunidad minaea del sur de Arabia que vivían en Dedán.

Dedán era justamente famoso por su riqueza proveniente del comercio. En la Biblia, Dedán está asociado con la actividad mercantil en conjunción con Quedar, Seba y Rama (Is 21: 13; Ez 27: 15, 20-22; 38: 13). Las referencias bíblicas a Dedán junto con los sabeos no son azarosas, porque Dedán era de hecho un punto importante para los comerciantes del sur de Arabia. Ya a finales del siglo V o principios del IV a.C. se estableció en Dedán una colonia de comerciantes minaeos del sur de Arabia. Varias inscripciones minaeas encontradas en la ciudad capital de Ma'in (antigua Qarnaw) registran matrimonios entre personas minaeas y mujeres extranjeras, entre ellas nueve mujeres de Dedán. Las inscripciones minaeas grabadas en Jabal Dedan atestiguan su presencia y sus actividades comerciales (Farès-Drappeau, 2005: 49-51).

La historia de Dedán se divide tradicionalmente en dos períodos: un período dedanita aún poco conocido con gobernantes locales y un período posterior bajo una dinastía lihyanita. El hecho de que allí hubiera reyes se deduce claramente de la afirmación de Nabónido de haber derrotado a un "rey (*šarru*) de Dedán" (Eph'al, 1982: 181), pero son pocos los que se conocen por su nombre en las inscripciones dedanitas locales. Una inscripción en una tumba de al-'Ula menciona a un cierto Kabir''il b. Mata''il, llamado "rey (*mlk*) de Dedán", mientras que otra se refiere a Mata''il b. Dharah'il, posiblemente su padre. Una inscripción recientemente descubierta cerca del templo principal de al-Khuraybah menciona el nombre de otro rey, "Asi rey (*mlk*) de Dedán" (Al-Said, 2011). Probablemente del período aqueménida es la ya mencionada inscripción encontrada cerca de al-'Ula que se refiere a "*gšm b. šḥr* y *'bd* gobernante de Dedán", aunque su relación con el adversario de Nehemías, Gesem el árabe y el Gesem, rey de Quedar de la inscripción de Tell el-Maskhuta, es incierta. En algún momento entre los siglos V y IV a.C. y continuando en tiempos helenísticos, el reino de Dedán fue sucedido por una línea de reyes de Lihyan.

De las varias inscripciones lihyanitas encontradas en al-'Ula conocemos unos ocho nombres, que se identifican con los títulos de
"rey" (*mlk*) y "jefes de la sociedad" (*kbr h-š't*) (Farès-Drappeau,
2005: 100).

Conclusión

En el primer milenio a.C. las vastas áreas que comprenden el
Negev, el sur de Transjordania y el desierto sirio-arábigo estaban
integradas por regiones de geografía diversa y habitadas por pueblos de diversa procedencia étnica, pero sin embargo compartían
realidades sociales similares, estaban económicamente muy integradas y, en muchos aspectos, constituían una única provincia
cultural. Sería tentador atribuir la emergencia de la complejidad
social al impulso proporcionado por las intervenciones militares
de los poderes imperiales mesopotámicos y la creciente demanda
de bienes exóticos por parte de las metrópolis del Creciente Fértil.
Desde ya, la influencia externa jugó un papel importantísimo en la
configuración política de las sociedades locales, pero el desarrollo
urbanístico en las ciudades-oasis del norte de Arabia durante el
II milenio a.C. demuestra un lento proceso de complejización
social –o al menos uno que es reconocible arqueológicamente–
que adquiriría su punto más álgido cuando Asiria, Babilonia y
Persia pusieron el foco en los reyes, reinas y jeques locales. Pero,
a la vez, no debemos exagerar el nivel de desarrollo sociopolítico
local, en la medida en que las fuentes escritas de los poderes imperiales mesopotámicos –en especial las neoasirias– tenían todo
el interés de transformar los actos de sumisión de pequeños jefes
tribales árabes (básicamente, tributación y envíos de regalos) en
el reconocimiento de la soberanía imperial por parte de "todos
los reyes de la Arabia".

Bibliografía

Al-Said, S.F. (2010). "Dedan (al-Ula)",
en A.I. Al-Ghabban *et al.* (eds.), *Roads
to Arabia: Archaeology and History of
the Kingdom of Saudi Arabia*, Paris,
262-269.

Al-Said, S.F. (2011). "Recent Epigraphic
Evidence from the Excavations at
Al-'Ula Reveals a New King of
Dadan", *Arabian Archaeology and
Epigraphy*, 22, 196-200.

Al-Said, S.F. *et al.* (2018). "Results of the Excavations at Dadan (Khuraybah) in al-'Ula (Fifth Season 1429H/2008), Saud University - Department of Archaeology", *Atlal*, 25, 96-110. (Árabe)

Anthonioz, S. (2015). "Adummatu, Qedar and the Assyrian Question in Neo-Assyrian Sources", en G. Charloux & R. Loreto (eds.), *Dûma III: The 2012 Report of the Saudi-Italian-French Archaeological Project in Dumat al-Jandal*, Riyadh, 17-39.

Bartlett, J.R. (1989). *Edom and the Edomites*, Sheffield.

Ben-Shlomo, D. (2014). "Tell Jemmeh, Philistia and the Neo-Assyrian Empire during the Late Iron Age", *Levant*, 46/1, 58-88.

Bienkowski, P. (1995). "The Architecture of Edom", *Studies in the History and Archaeology of Jordan*, 5, 135-143.

Bienkowski, P. (2009). "'Tribalism' and 'Segmentary Society' in Iron Age Transjordan", en P. Bienkowski (ed.), *Studies on Iron Age Moab and Neighbouring Areas in Honour of Michèle Daviau*, Leuven, 7-26.

Bienkowski, P. (2013). "The Iron Age in Petra and the Issue of Continuity with Nabataean Occupation", en M. Mouton & S. Schmid (eds.), *Men on the Rocks: The Formation of Nabataean Petra*, Berlin, 23-34.

Bienkowski, P. & van der Steen, E. (2001). "Tribes, Trade and Towns: A New Framework for the Late Iron Age in Southern Jordan and the Negev", *Bulletin of the American Schools of Oriental Research*, 323, 21-47.

Da Riva, R. (2019). "The King of the Rock Revisited: The Site of as-Sila (Tafila, Jordan) and the Inscription of Nabonidus of Babylon", en P.S. Avetisyan, R. Dan & Y.H. Grekyan (eds.), *Over the Mountains and Far Away: Studies in Ancient Near Eastern History and Archaeology Presented to Mirjo Salvini*, Oxford, 161-174.

Eph'al, I. (1982). *The Ancient Arabs: Nomads on the Borders of the Fertile Crescent, 9th-5th Centuries BC*, Leiden.

Farès-Drappeau, S. (2005). *Dédan et Liḥyān. Histoire des Arabes aux confins des pouvoirs perse et hellénistique (IVe-IIe s. avant l'ère chrétienne)*, Lyon.

Finkelstein, I. (2013). "Notes on the Historical Setting of Kuntillet 'Ajrud", *Maarav*, 20/1, 13-25.

Finkelstein, I. (2014). "The Southern Steppe of the Levant ca. 1050-750 BCE: A Framework for a Territorial History", *Palestine Exploration Quarterly*, 146/2, 89-104.

Graf, D.F. (2015). "Arabs in Palestine from the Neo-Assyrian to the Persian Periods", *Aram*, 27/1-2, 283-299.

Hausleiter, A. (2013). "Divine Representations at Taymā'", en I. Sachet (ed.), *Dieux et déesses d'Arabie images et représentations*, Paris, 299-338.

Hausleiter, A. & Schaudig, H. (2016). "Rock Relief and Cuneiform Inscription of King Nabonidus at al-Ḥāit (Province of Ḥāil, Saudi Arabia), ancient Padakku", *Zeitschrift für Orient-Archäologie*, 9, 224-240.

Hausleiter, A. & Zur, A. (2016). "Taymā' in the Bronze Age (c. 2,000 BCE): Settlement and Funerary

Landscapes", en M. Luciani (ed.), *The Archaeology of North Arabia: Oases and Landscapes*, Vienna, 135-171.

Levy, T.E., Najjar, M. & Ben-Yosef, E. (2014) (eds.). *New Insights into the Iron Age Archaeology of Edom, Southern Jordan: Surveys, Excavations, and Research from the University of California, San Diego & Department of Antiquities of Jordan, Edom Lowlands Regional Archaeology Project (ELRAP)*, Los Angeles.

Luciani, M. & Alsaud, A.S. (2018). "The New Archaeological Joint Project on the Site of Qurayyah, North-West Arabia: Results of the First Two Excavation Seasons", *Proceedings of the Seminar for Arabian Studies*, 48, 165-184.

Millard, A. (1992). "Assyrian involvement in Edom", en P. Bienkowski (ed.), *Early Edom and Moab: the Beginning of the Iron Age in Southern Jordan*, Oxford, 35-39.

Na'aman, N. (1979). "The Brook of Egypt and Assyrian Policy on the Border of Egypt", *Tel Aviv*, 6/1-2, 68-90.

Perdue, L.G. *et al.* (1997). *Families in Ancient Israel*, Louisville.

Porter, B.W. (2004). "Authority, Polity, and Tenuous Elites in Iron Age Edom (Jordan)", *Oxford Journal of Archaeology*, 23/4, 373-395.

Retsö, J. (2003). *The Arabs in Antiquity: Their History from the Assyrians to the Umayyads*, London-New York.

Routledge, B. (2000). "The Politics of Mesha: Segmented Identities and State Formation in Iron Age Moab", *Journal of the Economic and Social History of the Orient*, 43/3, 221-256.

Routledge, B. (2003). "Evolution is as History Does: On State Formation in Iron Age Transjordan", en D.R. Clark & V.H. Matthews (eds.), *One Hundred Years of American Archaeology in the Middle East*, Boston, 231-261.

Somaglino, C. & Tallet, P. (2011). "Une mystérieuse route sud-orientale sous le règne de Ramsès III", *Bulletin de l'Institut Français d'Archéologie Orientale*, 111, 361-369.

Tebes, J.M. (2008). *Centro y periferia en el mundo antiguo. El Negev y sus interacciones con Egipto, Asiria, y el Levante en la Edad del Hierro (1200-586 a.C.)*, Atlanta-Buenos Aires.

Tebes, J.M. (2013). *Nómadas en la encrucijada. Sociedad, ideología y poder en los márgenes áridos del Levante meridional del primer milenio a.C.*, Oxford.

Tebes, J.M. (2016a). "Quelques suggestions sur les toponymes 'édomites' du Cylindre Rassam (Prisme A) d'Assurbanipal", *Nouvelles Assyriologiques Brèves et Utilitaires*, 2016/3, 127-130.

Tebes, J.M. (2016b). "La memoria colectiva judía sobre Edom y su rol en la formación de la identidad nacional judía en la Antigüedad", *Antiguo Oriente*, 14, 65-98.

Thareani, Y. (2014). "'The Self-Destruction of Diversity': A Tale of the Last Days in Judah's Negev Towns', *Antiguo Oriente*, 12, 185-224.

Yardeni, A. (2016). *The Jeselsohn Collection of Aramaic Ostraca from Idumea*, Jerusalem.

SELECTIVAMENTE ORIENTALIZANTE.
COLONIZACIÓN FENICIA Y OPORTUNIDAD ECONÓMICA EN EL MEDITERRÁNEO ARCAICO

Carolina López-Ruiz[1]

Un nuevo Mediterráneo

En el siglo VIII a.C. el mar Mediterráneo es por primera vez un espacio interconectado a nivel comercial y cultural, articulado en torno a nuevos enclaves de interacción entre fenicios y grupos locales desde Tiro hasta Gibraltar y más allá hasta las costas atlánticas. La rápida expansión fenicia comenzó a mitad del siglo IX, previos contactos comerciales con el extremo occidente ya en el siglo X, como información arqueológica proveniente de Huelva, Cádiz y Cartago entre otros sitios ha corroborado[2]. Esta trama de colonias fenicias y a partir del siglo VIII también griegas cubría todo el Mediterráneo: las fenicias centradas en el norte de África al oeste de Libia y hasta Marruecos, las costas sur y suroeste de Iberia hasta el Atlántico portugués, con enclaves también en Cerdeña, Sicilia occidental y Chipre; las griegas con puntos en el sureste de Iberia y sur de Francia, el sur de Italia y la mitad oriental de Sicilia, Libia y el Mar Negro.

A su vez, estas redes alcanzan su éxito en el proceso de encuentro con grupos nativos que aprovechan la oportunidad de progreso económico y tecnológico; son sociedades en desarrollo abiertas a sumarse a lo que se puede ver como un proyecto de globalización cultural y económica. La pertenencia a esta nueva

---

1   University of Chicago.

2   Aubet (2001; 2008); Celestino & López-Ruiz (2016: 137-147); López-Ruiz (2021); materiales del mundo fenicio en general en Moscati (1988).

élite internacional se articula a través de tecnologías y estéticas compartidas, que se corresponden con lo que conocemos académicamente como arte "orientalizante", ya que su rasgo más reconocible es la emulación y apropiación de modelos artísticos del Próximo Oriente, especialmente del Levante, mediados mayormente por su difusión a mano de los comerciantes y colonos fenicios. Se ha hablado por ejemplo de una "revolución orientalizante" en el mundo griego durante el siglo VIII-VII a.C., aunque el concepto se ha extrapolado desde un tipo de arte a un fenómeno mucho más amplio de cambio tecnológico y cultural, incluyendo la adopción de la escritura alfabética[3].

Como es de esperar dada su extensión geográfica, este fenómeno no es uniforme ni se da automáticamente en todo el Mediterráneo ni en todas las zonas por donde pasan o se asientan fenicios. Tampoco es un proceso ligado únicamente a situaciones coloniales o sus periferias. Como veremos, la adaptación de rasgos artísticos y tecnológicos levantinos ocurre tanto en zonas de contacto en torno a colonias propiamente dichas (como el caso de los tartesios en el sur de Iberia) como en zonas de intensa actividad comercial sin colonias fenicias (como en el caso de Etruria y Grecia), donde hay que asumir otros modos de interacción y de "entrelazamiento" con grupos locales. La clave en última instancia está en el elemento "local" de la ecuación: en la utilidad de esta nueva cultura internacional, marcada por lo oriental, para las élites locales y su autorrepresentación y diferenciación ante sus propias comunidades y sus vecinos.

Este ángulo postcolonial nos permite entender mejor en su conjunto el arte orientalizante y otras transformaciones de comunidades protourbanas, donde se observan distintos tipos de hibridación determinados por la trayectoria histórica y el sustrato socioeconómico de cada sociedad en los siglos VIII-VII[4]. En este capítulo ofrezco una breve comparación de las diferentes reacciones a este encuentro con la cultura próximo-oriental entre diferentes

---

3 *E.g.* Burkert (1992); Morris (1992); capítulos en Riva & Vella (2006); Celestino & Jiménez Ávila (2005).

4 Hodos (2006) para el encuentro con griegos en Sicilia, Cirene y Siria; Dietler & López-Ruiz (2009) para griegos y fenicios en Iberia; Celestino & López-Ruiz (2016) para Tarteso; para un ángulo comparativo con casos modernos, ver capítulos en Stein (2005).

Desigualdades antiguas

grupos desde Iberia a Cerdeña, el Egeo y África del Norte. Mi argumento es que para entender el fenómeno en su axis horizontal (sincrónico), tan amplio geográficamente, hay que acercarse en cada caso a cómo estas adaptaciones e hibridaciones encajan en las trayectorias e idiosincrasias locales en el eje vertical (diacrónico): estas trayectorias incluyen el acceso y explotación de recursos (minerales, agrícolas) por comunidades locales desde la prehistoria, su previo nivel socioeconómico y desarrollo tecnológico, y el deseo de las élites locales de proyectar una identidad colectiva en los planos material y simbólico.

El fenómeno orientalizante y sus problemas

La etiqueta "orientalizante" se empezó a usar para describir antigüedades etruscas halladas en el siglo XIX de nuestra era[5], artefactos de época arcaica y de inspiración oriental más bien ecléctica, que combinaban en un estilo particular motivos y rasgos egipcios, mesopotámicos y sirio-palestinos/cananeos. Estos incluían importaciones e imitaciones de marfiles y cuencos o pateras de metal con iconografía incisa, comprendiendo motivos típicamente levantinos como leones, criaturas híbridas (esfinges, grifos), flores de loto, etc. Por su particular eclecticismo, técnicas y amplia distribución por el Mediterráneo, ya entonces se asoció este tipo de arte a los ubicuos fenicios, que ya Homero celebraba por su pericia en el grabado de objetos metálicos decorados, entre otras tecnologías[6].

Más de un siglo después, aunque los historiadores del arte siguen teniendo "los derechos de propiedad" del término en el sentido más específico, el concepto se ha ampliado a toda una corriente del impacto cultural del Oriente Próximo en el mundo griego y mediterráneo más generalmente: esta es la acepción que nos interesa por su indudable dimensión socio-económica. Es cierto que se ha criticado la falta de precisión y de matices de esta etiqueta decimonónica, especialmente problemática a ojos postmodernos y postcoloniales por contener el concepto de "Oriente":

---

5   Riva (2006: 110); ver capítulos en Riva & Vella (2006); Nowlin (2021).

6   Homero, *Ilíada*, 23.740-745; *Odisea*, 4.615-619, 15.115-119. Ver la discusión en Gunter (2009: 63-70).

"orientalizar" implica la reificación de un "Oriente" monolítico que implícitamente contrasta con nuestra también construida idea de "Occidente", cayendo en las dicotomías esencialistas y de corte colonialista que ya criticó Edward Said (1978). Pero también ha habido una rehabilitación del concepto[7], precisamente por haberse expandido fuera de los márgenes angostos del campo de la historia del arte y las cuestiones de estilo y manufactura. La emulación de modelos del Próximo Oriente desde la "Revolución orientalizante" de Walter Burkert (1992) comprende una tendencia a la innovación y transformación que marca todo un período histórico entre la mediados del siglo VIII y el VII. Así pues, arqueólogos e historiadores han tratado el concepto de orientalizante como una corriente o incluso un "período" de consecuencias profundas para las culturas que participan en el intercambio[8]. La convención, por lo tanto, una vez "reconstruida", sigue siendo útil, y merece la pena estudiar de forma comparativa este fenómeno de proporciones pan-mediterráneas y de importantes consecuencias ideológicas y económicas.

Desde mi punto de vista, una visión global del fenómeno revela a la vez la uniformidad y particularidad de un proceso ciertamente parecido a lo que hoy llamaríamos "globalización"[9]. En este sentido, la aparente vaguedad y falta de matices del término en realidad puede ser su mayor ventaja, ya que captura la principal característica unificadora del fenómeno, es decir, el deseo y la capacidad material y económica por parte de las culturas locales de emular y apropiarse lo que percibían como marcadores de las culturas urbanas, literarias y sofisticadas del Próximo Oriente, que en su lejanía no sería para ellas un referente muy claro o articulado. Probablemente la mayoría de estos "nativos" no conocían directamente ni en toda su complejidad ese mundo que imitaban, sino a través de la presentación y oferta selectiva de lo "oriental", que formaba parte de la estrategia de beneficio económico de los cananeos que conocemos como fenicios en su expansión comercial

---

7   Para la problemática, ver discusiones en Purcell (2006); Osborne (2006); Celestino & López-Ruiz (2016: 129-131); Feldman (2019); Gunter (2009: 61-70).

8   Celestino & Jiménez Ávila (2005); Feldman (2019).

9   *E.g.*, para la aplicación del concepto de globalización a la arqueología del Mediterráneo en la Edad del Hierro, ver el trabajo de Hodos (2009; 2010; 2020); y capítulos en Hodos (2017).

          Desigualdades antiguas

y colonial hacia occidente. Los pueblos nativos de este período, por tanto, compartieron una visión generalizada y mediada de las culturas a emular. El término es adecuado a este distanciamiento, a no ser que consideremos la etiqueta, en realidad más apropiada, pero no comúnmente aceptada de "fenicianizante"[10].

De hecho, la asociación de fenicios con la proliferación de arte orientalizante ha sido defendida por expertos en este tipo de arte, aunque con matices y advertencias, ya que es difícil demostrar materialmente que fueran exclusivamente fenicios y no otros levantinos los artesanos que inspiraron este movimiento[11]. De lo que no cabe duda, sin embargo, es que la exposición y distribución de los modelos "orientales" en este período estaba conectada principalmente a la actividad y presencia fenicia en gran parte del *mare nostrum*. En mi opinión, ambas áreas, la cultural y la económica, son inseparables (la segunda provee el marco para la primera), por lo que solo este tipo de consideración más amplia del fenómeno nos permitirá salir del "corsé" interpretativo del marco artístico (y problemas de identidad y origen detrás de objetos particulares) y crear un marco más completo para entender el éxito de esta revolución cultural. Este capítulo apenas pretende ofrecer algunas claves para esta línea de estudio.

Un "kit orientalizante" para las élites locales

Las principales áreas donde emerge una cultura material de corte orientalizante son Tarteso (o Tartessos) en el suroeste de Iberia (España y sur de Portugal), Cerdeña, Etruria, Grecia, Cilicia y Chipre. En todas ellas esta cultura material se solapa con la presencia o intensa actividad comercial fenicia. Si bien no tenían por qué ser los únicos levantinos en estas zonas, donde también interactuaban con griegos, chipriotas y otros, eran sin duda la presencia dominante como parte de una red bien establecida, ligada fundamentalmente a Tiro, sus estrategias y estructuras comerciales y políticas (cf. Kaufman, 2017). Es lógico, por tanto,

---

10   Morris (2006: 80): "existía un concepto antiguo de 'orientalizar', y era 'fenicianizar'". Martin (2017) lo aplica al arte de períodos posteriores, no al arte orientalizante.

11   Gubel (2006); cf. Feldman (2014); (2019), que prefiere hablar de un arte "levantino".

ver el fenómeno como consecuencia de este contacto y de los mecanismos de negociación entre fenicios y élites locales.

Por otra parte, es importante, cuando sea posible, distinguir entre materiales propiamente fenicios o levantinos y materiales locales de inspiración fenicia o levantina, ya que solo los segundos son propiamente "orientalizantes" (no "orientales") (cf. Gunter, 2009: 80-81). Estos conjuntos de materiales y rasgos culturales reflejan esa relación *ad hoc*, que resulta en variantes regionales acentuadas por tradiciones, preferencias y usos locales, ya sean cerámicas pintadas, marfiles, terracotas o sistemas de escritura, o técnicas metalúrgicas y modos de construcción; todos son el producto de la recepción selectiva de rasgos de la cultura foránea que, a su vez, dependiendo del contexto en muchos casos llega a integrarse y convertirse en "local"; en otras palabras, en estas "áreas grises" de interacción hay espacio para crear "modos fenicios de ser local" y "modos locales de ser fenicio"[12].

A pesar de todas las particularidades locales o regionales, la homogeneidad entre los tipos de materiales y tecnologías que estas comunidades adoptan es asombrosa, y sugieren una exitosa operación de "marketing" dirigido a las sociedades más prósperas del Mediterráneo, que se unen a una red internacional sin precedentes, dejando atrás la Edad del Bronce final europea y sumándose a los avances tecnológicos que caracterizan la Edad del Hierro. Se puede hablar, realmente, de una especie de "kit" para la élite (al menos toda élite que se precie), con el que señalar su nuevo estatus frente a otros; este es un "kit" a la vez adaptable y mutuamente reconocible, que incluía variantes y combinaciones de las siguientes innovaciones:

- Temas decorativos como flores de loto, animales híbridos, árboles de la vida, rosetas, escenas de leones atacando a ciervos o bóvidos, etc.; estos temas (con inflexiones egipcias y mesopotámicas) tienen sus raíces ya en el mundo cananeo de Siria-Palestina del II milenio y son desarrollados especialmente por los fenicios;

---

12 Parafraseando el título de mi colega Francisco Machuca (2019), *Una forma fenicia de ser romano*, refiriéndose a la cultura local turdetana de época romana en el sur de la Península Ibérica.

- Nuevas tecnologías en la alfarería, especialmente la cerámica a torno, y en el trabajo en metales preciosos, con el grabado y filigrana;
- Escultura figurativa monumental, en piedra o madera, y en escala pequeña en terracota, bronce, así como producción local de objetos de marfil y hueso de estilo oriental;
- Nuevas técnicas de construcción, como estructuras cuadrangulares con cimientos de piedra y muros en barro, suelos pavimentados, a veces uso de columnas o pilares con capiteles, etc.; la idea de templo monumental también viene del Levante;
- Cambios en formas de enterramiento: la cremación y enterramiento en urnas se generaliza en muchas zonas; aparecen tumbas monumentales, como hipogeos y túmulos, y ajuares de lujo que incluyen elementos levantinos;
- Desarrollo agrícola e industrial, incluyendo técnicas de extracción y refinamiento de metales, aumento de la industria pesquera y de salazones, el cultivo de la vid y el olivo (plantas indígenas pero no cultivadas para explotación), etc.;
- Introducción y adaptación a distintas lenguas de la escritura alfabética, estandarizada y difundida por los fenicios, en Iberia, Grecia directamente (también en Frigia, y entre israelitas, arameos y otros en el Levante mismo), y en Etruria a través del alfabeto griego.

En otras palabras, se puede decir que los fenicios "llevaron el Próximo Oriente" (incluyendo parte del legado de Asiria y Egipto) al sur de Europa y el Norte de África, conectando los dos extremos este-oeste y las dos orillas norte-sur del Mediterráneo por primera vez en la historia de esta región. Esta mirada "a vuelo de pájaro" hace inevitable la conclusión de que el fenómeno orientalizante respondía a un proceso globalizador indudablemente entretejido en la fábrica de las redes coloniales y económicas fenicias. Por otra parte, estamos siempre hablando de las dos caras de un fenómeno, la global y la local, ya que las respuestas a ese encuentro son siempre particulares, la selección y adaptación determinada por las tradiciones indígenas que los fenicios encontraron.

Otro aspecto interesante de este fenómeno es que se resiste a las periodizaciones históricas. Como escribe J. G. Manning (2018: 36): "los historiadores (…) dividen la Historia en fases culturales y en lenguas. Esto produce la Grecia arcaica, clásica, helenística. (…) Este tipo de periodización oscurece al menos tanto como ilumina". En efecto, según los esquemas convencionales, la ola orientalizante caracteriza un "período" en sí misma, que se solaparía con varios otros períodos: en Grecia estaría a caballo entre la "Edad Oscura" o Período Geométrico y los inicios de la era arcaica; en el Próximo Oriente coincidiría con la emergencia y consolidación del imperio neo-Asirio y el inicio del neo-Babilonio (siglos VIII-VII); mientras que en el occidente europeo la colonización y auge del comercio internacional inaugura la Edad del Hierro en el siglo VIII; y en términos más universales esta "revolución" se puede conectar con los albores de la llamada "Edad Axial". En otras palabras, el estudio de las redes fenicias y el proceso orientalizante nos ayuda a navegar una época formativa en el mundo mediterráneo en el primer milenio a.C., durante la cual los fenicios sirvieron de puente entre pueblos y orillas como sirven de puente ahora entre disciplinas (estudios clásicos, historia antigua, arqueología). Además, la interacción entre fenicios y otros pueblos en estos siglos provee un marco ideal para el estudio del Mediterráneo desde puntos de vista postcoloniales y de la historia económica, geográfica y medioambiental, en la línea de Peregrine Horden y Nicholas Purcell (2000) en *The Corrupting Sea*, o más recientemente Cyprian Broodbank (2013) en *The Making of the Middle Sea*, que se centra en la prehistoria de la región hasta la era arcaica, poniendo en primer plano el papel fenicio en este momento de interconexión[13].

"¿Orientalizar o no orientalizar?": una cuestión de medios

Veamos brevemente qué ocurre en las distintas áreas que adoptan las tecnologías y estilos "orientales" (léase levantinos o fenicios), para contrastar sus diferentes reacciones y plantearnos también (en el apartado final) por qué no se da este fenómeno en todas las zonas donde hay presencia fenicia.

Aunque discusiones del arte orientalizante se suelen enfocar en Grecia o Etruria, Iberia presenta un ejemplo excepcionalmente bien documentado: los hallazgos arqueológicos de este período ofrecen toda la gama de materiales y transformaciones listadas

---

13   Por ejemplo, para el papel fenicio, ver Broodbank (2013: 580, 602).

                                    Desigualdades antiguas

anteriormente, a la vez que tenemos aquí un caso de relación simbiótica con las colonias fenicias asentadas mayormente en las costas del sur peninsular (tanto mediterráneo como atlántico). Comerciantes fenicios, mayormente impulsados por Tiro, entablaron lazos con los grupos locales que conocemos bajo el nombre de Tarteso en el suroeste peninsular ya en el siglo X, en un período de tanteo comercial a veces llamado "precolonización" (aunque el término es claramente teleológico y por tanto no ideal)[14]. Como ha enfatizado Brett Kaufman (2017: 206), el modelo de Tiro fue el de explotar condiciones y recursos locales y adaptarse a ellos, con el fin de entablar relaciones políticamente beneficiosas, modelo que seguirá su "hija" norafricana de Cartago en la parte occidental del Mediterráneo posteriormente (a partir del siglo V sobre todo, y con un elemento añadido de militarización).

Este *modus operandi* no puede ser más evidente que en la zona de Huelva, núcleo clave de esta cultura tartésica a finales del Bronce Reciente, y puerta de acceso a una de las zonas de mayores recursos metalíferos de Europa, el área de Río Tinto. Las venas de esta zona ya se conocían y se habían explotado durante la prehistoria, además de que la región participaba del comercio con las redes del atlántico por las que se accedía al estaño, metal necesario para obtener bronce (como ejemplifica el depósito de armas de bronce de la Ría de Huelva, de mitad del siglo X) (Celestino & López-Ruiz, 2016: 158-159). Con el contacto fenicio, los tartesios de la zona de Huelva se convierten en un "gozne" entre el comercio Atlántico y el mediterráneo. Así, se crea una relación simbiótica de mutuo beneficio: los fenicios se apoyan en los locales para acceder a rutas atlánticas y a recursos locales (incluyendo mano de obra) a la vez que ellos abren a los locales las redes internacionales del Mediterráneo y les ofrecen la gama de productos de lujo que eleva su estatus frente a otros pueblos de la región y dentro de sus propias comunidades, ahora ya más complejas y protourbanas. Los asentamientos propiamente fenicios que siguen a esta fase inicial se distribuyen al este de Huelva y también en la costa portuguesa (es decir, sin imponerse en Huelva mismo), ofreciendo a los fenicios bases más permanentes para asegurar

---

14   Celestino, Rafel & Armada (2008) para la "precolonizacion"; cf. Celestino & López-Ruiz (2016: 148-159).

este acceso, al que se suman otros recursos mineros de Andalucía (*e.g.* Sierra Morena), y acceso a un territorio vasto y rico (*e.g.* Valle del Guadalquivir). Los asentamientos que conectan estas costas son típicamente pequeños pero liderados por unas élites comerciales ricas y cuyos contactos se ramifican a los fértiles valles del interior, como el Valle del Guadalquivir y micro valles tierra adentro a lo largo de ríos menores (*e.g.* en las costas de Málaga) (López-Ruiz, 2020)[15].

Pero la fachada artística es la más visible de la "revolución" orientalizante. Así, la nueva cultura se deja notar por las técnicas de trabajo en oro, bronce y plata, especialmente dada la riqueza local en metales (joyería, quemaperfumes, candelabros); la alfarería a torno con nuevos estilos decorativos geométricos (como la cerámica de El Carambolo o las urnas Cruz del Negro), o de temas orientalizantes, como los *píthoi* de Carmona); y la construcción de edificios de estilo levantino con formas cuadrangulares con bases de piedra, muros de estuco blanqueados o pintados, suelos pavimentados con tierra batida, a veces con conchas (santuarios de El Carambolo, Alcorrín, Cancho Roano); por primera vez aparecen tumbas monumentales, principalmente cremaciones bajo túmulos, acompañadas de ricos ajuares; y hay que destacar la adopción de la escritura a partir de la fenicia, con innovaciones (combinan rasgos alfabéticos y silábicos). Todos estos rasgos denotan la adopción de lo levantino, sin perder el fuerte carácter local, y su uso en este caso parece que generalmente limitado a grupos de élites regionales[16].

En la gran isla de Cerdeña se observan pautas similares. Comerciantes y colonos fenicios negocian un espacio rico en buenos puertos naturales y en minerales (plata, cobre) y también espacios agrícolas con sociedades locales bien enraizadas en sus tradiciones del Bronce Reciente. Este legado indígena es especialmente visible en la rehabilitación de los *nuraghe*, fortificaciones prehistóricas me-

---

15   Ver Aubet (2008) para el papel de los metales en el movimiento colonial de Tiro; Celestino & López-Ruiz (2016: 137-148, 182-191), para pautas de colonización y metalurgia, respectivamente; en general, López-Castro (2019); para la madera, Treumann (2009); cf. Kaufman (2017) para la relación entre los modelos económicos y políticos de los fenicios, incluyendo la expansión de Cartago; Johnson & Kaufman (2019) para diferentes recursos y tecnologías; Aubet (2001; 2006), para el caso ejemplar de este tipo de asentamiento del Cerro del Villar (Málaga).

16   De Hoz (2013) para la escritura tartésica y su carácter aristocrático; Celestino & López-Ruiz (2016: 267-300) para el arte y tecnologías tartésicas.

Desigualdades antiguas

galíticas que dibujan el "mapa" estratégico de la isla desde el 1500 a.C. aproximadamente (asociadas con lo que llamamos cultura nurágica). Este encuentro entre sardos, fenicios y, a veces, griegos produjo una cultura híbrida, o mejor, como ha argumentado Peter van Dommelen, situaciones y prácticas híbridas. Los grupos locales reutilizan y reorganizan su espacio económico y religioso en torno a *nuraghe*, se benefician de las redes internacionales del comercio fenicio y experimentan con formas artísticas y de ostentación de las élites guerreras, como escultura monumental (*e.g.* los gigantes de Mont'e Prama), o la asimilación de cultos locales y griegos con los fenicios (*e.g.* Deméter y Tanit), a menudo con depósitos de exvotos mixtos en torno a algunos *nuraghe*[17]. Por otro lado, es llamativo que estas comunidades locales no adoptaran la escritura alfabética, a pesar de que la lengua y escritura fenicias formaban parte del paisaje humano de la isla desde muy temprano (*e.g.* estela de Nora).

Los casos de Etruria y el Egeo, en cambio, nos muestran otra cara del fenómeno orientalizante, unida a una relación no-colonial sino puramente comercial. Es innegable que las redes comerciales fenicias tuvieron gran alcance en ambas áreas del Mediterráneo central y oriental, donde a pesar de no haber colonización propiamente dicha, los mercados estaban íntimamente entrelazados. Además de la enorme abundancia de materiales levantinos ampliamente distribuidos en el centro y sur de Italia y el Egeo (*e.g.* escarabeos y otros amuletos, alabastro y ungüentarios de pasta vítrea, pateras de bronce y plata grabadas con motivos orientales, marfiles, etc.), hay evidencia de la integración de grupos de fenicios en puestos comerciales integrados en las comunidades griegas y etruscas. Cabe mencionar, por ejemplo, las famosas inscripciones en fenicio y etrusco halladas en Pyrgi (puerto de Caere), que demuestran la integración de dos comunidades en torno al culto de Astarté y Uni en una comunidad portuaria, sancionada por el rey local (Aubet, 2016); o la evidencia de presencia fenicia en Kommos y Eleuterna en Creta, en el primer caso tratándose de un puerto clave al sur uniendo la ruta de Grecia central a Egipto y el Levante, y el segundo caso de un centro para la producción de materiales de lujo orientalizantes (pateras de bronce, marfiles,

---

17   van Dommelen (2005; 2006); Hayne (2010).

etc.) como las que se depositaron en la cercana cueva del Monte Ida dedicada a Zeus (Stampolidis, 2016). Por otra parte, la abundancia de marfiles a veces hechos localmente en torno a santuarios, como el de Artemis Ortia en Esparta, en Delphi, Olimpia, sugieren fuertemente la presencia de talleres fenicios *in situ* durante generaciones (Morris, 1992).

Los etruscos (como los griegos, sardos y tartesios), tampoco surgieron del vacío, sino de un continuum cultural que dominaba territorios fértiles y acceso a recursos metalíferos en el territorio que eventualmente dominarían los reyes etruscos, representado por lo que se conoce como la cultura de Villanova desde el 900 a.C. No es sorprendente que los etruscos de finales del siglo VIII y sobre todo el VII acogieran con entusiasmo la cultura de élite que los levantinos ofrecían, modulada por su largo contacto también con griegos. Es significativo que ninguno de estos grupos estableciera colonias propiamente dichas al norte de la Bahía de Nápoles (donde sí lo hicieron en Pitecusa y Cumas), sino que se integraron a través de alianzas comerciales y en algunos casos incluso militares[18]. Sin duda, como en el caso de Huelva, los colonos (fenicios o griegos) no pueden ir más allá en sus pretensiones de territorios donde había una presencia local bien organizada en el control del espacio y sus recursos. Todo ello no evita que las élites de estos estados etruscos adoptaran, por elección propia y no imposición o colonización, modelos próximo-orientales para expresar su identidad de élite internacional *vis-à-vis* otros vecinos. Como en otros casos, las adaptaciones integran elementos visiblemente innovadores con prácticas y creencias propias. Los fenicios, a su vez, demuestran de nuevo su especial capacidad para asociarse y negociar con sociedades complejas, de cuyo acceso a rutas de intercambio regionales y a importantes materias primas se beneficiaban. En Etruria, como indica Jeremy Hayne (2019: 511), los fenicios se decantan por "favorecer una forma de contacto entre iguales, en vez de tratar de colonizar nuevos enclaves".

En general, la transformación orientalizante en Etruria se revela en contextos funerarios, como las necrópolis monumentales de Tarquinia y Cerveteri (Caere). Además de las importaciones ya

---

18   Conflicto que llevó a la famosa batalla de Alalia donde etruscos y cartagineses se enfrentaron a griegos foceos, asentados en Marsella y el noroeste de Iberia; ver discusión en Celestino & López-Ruiz (2016: 203-205).

                                        Desigualdades antiguas

mencionadas de pequeños objetos, las expresiones propiamente orientalizantes (es decir, adaptadas a la propia cultura etrusca) incluyen las nuevas tecnologías del trabajo en metal (granulación, filigrana); nuevas formas cerámicas que imitan vasos de bronce fenicios (*e.g.* cerámica de pasta gris/negra del tipo "bucchero"); uso de objetos rituales como quemaperfumes (*thymiateria*); arquitectura y escultura monumental, especialmente en bronce y terracota; y enterramientos de élite monumentales (*e.g.* hipogea y túmulos, los segundos quizá con influencia de Asia Menor), con ricos ajuares de influencia oriental. Finalmente, los etruscos adoptan la escritura alfabética en el siglo VII. Los etruscos ya conocían la lengua y convenciones de escritura tanto de los griegos como de los fenicios (*e.g.*, grafiti en el área de Nápoles), aunque en este caso lo adoptan a partir de la versión griega del alfabeto fenicio que los eubeos llevaron a occidente (cf. Richey, 2019). Los etruscos inmediatamente pusieron esta tecnología de la escritura y su fuerte poder visual al servicio de las élites, usándola en monumentos funerarios e inscripciones públicas (*e.g.*, las tablas de Pyrgi ya mencionadas, donde se yuxtaponen las escrituras etrusca y fenicia). En general, por lo tanto, se puede observar en Etruria un modo "orientalizante" muy parecido al de Tarteso, si bien siempre a través de estilos locales y no debido a la colonización, sino al contacto y negociación entre élites comerciales.

El mismo esquema se reproduce en Grecia. Cuando llegamos al entorno del mar Egeo, entramos en un área conectada geográficamente con el Próximo Oriente, y también culturalmente desde la prehistoria, con cierta intensidad ya en el II milenio, cuando se desarrolla la cultura micénica. Las comunidades griegas reanudan e intensifican el contacto con el Levante a partir de los siglos X y IX (como se observa por ejemplo en Ática o en Eubea), pero especialmente durante el VIII y el VII desarrollan su propio arte orientalizante, de nuevo como adaptación selectiva e idiosincrática, variada regionalmente. Esta modalidad del arte orientalizante es la mejor conocida internacionalmente, especialmente como parte del repertorio votivo de los santuarios panhelénicos: objetos de bronce como los calderos con grifos de los santuarios de Olimpia y Delfos, marfiles sirio-fenicios y sus imitaciones griegas, y estatuas monumentales de piedra (tanto en su forma de decoración arquitectónica como en bulto redondo), incluyendo los famosos *koûroi/kórai* y esfinges vigilantes sobre columnas. También podemos mencionar la decoración de frisos de animales, lotos y rosetas, esfinges y otros híbridos en vasos polícromos orientalizantes (*e.g.* estilos "proto-corintio" y "proto-ático"). Además, en Grecia vemos claramente la transferencia de técnicas entre medios artísticos, como la incisión característica de la decoración en metales pero ahora utilizada para el soporte más popular de la cerámica (un medio más igualitario). La escultura monumental y el tipo de templo cuadrangular con columnas también conlleva una deuda con modelos orientales difíciles de especificar (¿egipcios?; ¿cananeos-fenicios?).

Por último, y con trascendencia hasta nuestros días, no se puede sobreestimar la adopción del alfabeto semítico, ya mencionada, sin olvidar la huella que las mitologías orientales también dejan en la épica y cosmogonías griegas y en cuya transmisión debieron tener un papel clave los semitas más cercanos a los griegos (fenicios, arameos)[19]. Como ocurre en las demás adaptaciones del Levante, el alfabeto no se propaga de forma instantánea, por inercia, proximidad, o por su aparente "facilidad". Como nos recuerda Madadh Richey (2019: 251), debemos a toda costa evitar caer en el determinismo tecnológico. La adaptación de la escritura alfabética (en vez de otros posibles sistemas o de la ausencia de escritura) requiere una iniciativa específica y su utilidad dentro de una sociedad concreta. Baste con mencionar la decisión de los griegos chipriotas de seguir utilizando el silabario chipriota (con un origen profundo en el Lineal A minoico) hasta época clásica, muestra de una profunda identidad local, no por falta de exposición al alfabeto fenicio y el propio alfabeto griego de uso generalizado en el entorno inmediato[20].

En definitiva, la adopción y utilización de formas culturales y tecnologías próximo-orientales entre 750-600 a.C. tiene mucho o todo que ver con las dinámicas socio-políticas y económicas de las diferentes comunidades. Un estudio de este fenómeno en las emergentes *poleis* griegas por Thomas Brisart (2011), enfocado en los casos bien documentados de Argos, Atenas y Creta, argumenta que el uso de la cultura orientalizante está unido a diferentes sistemas políticos y ritmos de cambio de las élites. Es decir, el arte

---

19   Compendio de motivos en West (1997); para historias de creación, López-Ruiz (2010).

20   Ver la discusión en Iacovou (2006: 39-40, 55).

    Desigualdades antiguas

orientalizante funciona como un instrumento o código a través del que las élites locales amplían o restringen el acceso a su "clase" a círculos más amplios de su comunidad. En definitiva, el estilo orientalizante puede igualar o puede marcar precisamente la mayor desigualdad en estas sociedades emergentes.

Algunas excepciones que confirman la regla

Por último, cabe apreciar las partes vacías de este puzle del Mediterráneo orientalizante. No me refiero a zonas del interior (en Iberia o Italia) que se mantienen relativamente aisladas o apartadas de los focos comerciales o coloniales, o a zonas como el Ponto o las costas de Asia Menor donde el asentamiento griego dominó desde un principio el paisaje colonial. La pregunta es por qué no ocurre este tipo de hibridación cultural en zonas donde el modelo fenicio sí estaba al alcance de la mano. Un caso curioso es el de Sicilia: mientras griegos y fenicios se van repartiendo puntos claves en las costas, los siciliotas y otros grupos indígenas se mantienen al margen y no adoptan una cultura orientalizante hasta mucho más tarde, en el siglo VI a.C. cuando incorporan elementos de la cultura internacional ya filtrada por la profunda influencia griega en la isla (una especie de orientalización secundaria y helenizada).

Pero el caso del Norte de África es sin duda el más llamativo por su escala territorial y su exposición a los fenicios. Extendiéndose por todo el norte de África al oeste de Libia hasta Marruecos, Cartago y otras colonias tirias (Útica, Lixus, Mogador), ciertamente proveían canales de contacto entre el mundo fenicio y las culturas locales norafricanas, que a veces colaborarían y a veces les darían la espalda (piénsese en el relato de fundación de Cartago y la frustrada alianza de la tiria Dido/Elisa con el rey local[21]). Estas colonias que florecen en África sin embargo parecen haber funcionado casi como "islas": dependientes del control de un territorio estrictamente necesario para su mantenimiento con medios agrícolas, vivían de cara al mar y justificaban su existencia como puertos estratégicos que completaban el circuito de las rutas marítimas fenicias desde el Levante hacia Sicilia, Cerdeña, Etruria, Ibiza e Iberia. También explotarían el acceso al tráfico de

---

21   Justino, *Epítome*, 18.4-6; Virgilio, *Eneida*, 1.418-457, 4.165-396.

productos africanos como el marfil de elefante, huevos de avestruz, y probablemente oro.

¿Cuál fue entonces la gran diferencia con los vecinos de Iberia, Cerdeña, Italia, o Grecia? ¿Por qué no emerge en esta vasta franja africana ninguna cultura "híbrida" de carácter local, al menos que no haya dejado rastro en el registro arqueológico? La respuesta debe estar en las comunidades locales, en su interés (o falta de interés) en formar parte de esta red "pan-mediterránea". En el caso de la Cirenaica, por ejemplo, como ha discutido Tamar Hodos (2006: 198-199), la colonización griega y fenicia tuvo poco efecto en las culturas locales, hasta que estas decidieron adoptar elementos foráneos tres siglos después de la llegada de los colonos, en el IV y el III[22]. Es en ese punto cuando crecen las importaciones y los locales también adoptan la escritura. En otras palabras, no hay "orientalización", hibridación cultural, o un *middle ground* ("terreno intermedio") propio de contextos coloniales durante siglos, y lo mismo se puede decir realmente de las culturas expuestas a la masiva colonización fenicia a lo largo de las costas africanas hasta el Atlántico.

Como también apunta Broodbank (2013: 601), la historia profunda (*longue durée*) del Mediterráneo muestra grandes fluctuaciones de conectividad y aislamiento; las conexiones y el desarrollo que florecen aquí o allá no son producto de la inercia: las circunstancias geo-políticas, condiciones ecológicas y avances tecnológicos deben ser favorables para esos contactos. Por ejemplo, el mundo Egeo se benefició de su proximidad geográfica con el Próximo Oriente. En cambio, a pesar de la larga línea de costa, África del Norte se orientó hacia el interior del continente, excepto en el caso de Egipto, donde el Nilo provee una arteria de comunicación norte-sur y salida al Mediterráneo; Broodbank nos recuerda que, en el resto de África, "la transición climática del 'largo' III milenio a.C. (…) [convirtió] el Sahara, para todos los propósitos, en un desierto permanente, y aisló a gentes del Maghreb y la Cirenaica de su corazón demográfico, cultural e ideológico al sur"[23].

---

22   Quinn (2013); Quinn & McCarty (2015).

23   Para el contraste con las condiciones en Egipto, Manning (2018: 51); Broodbank (2013: 39-40).

Desafortunadamente, nuestra información sobre las relaciones entre estas colonias y las élites de las regiones (en términos antiguos) de Cirenaica, Tripolitana, Numidia, y Mauritania, es muy escasa y sesgada. Incluso con la desventaja de las escasas fuentes escritas e incluso arqueológicas, sin embargo, cabe suponer que en estas regiones los grupos que salieron al encuentro de los fenicios no fueron, como en Tarteso, Etruria o Grecia, élites de sociedades protourbanas ansiosas de asimilar parte de los modelos culturales y tecnológicos o incluso políticos de los recién llegados. Hasta donde sabemos, solo con la entrada de Roma en territorio cartaginés desde mediados del siglo II a.C. se puede hablar de una transformación y unificación de sociedades como la de los numidios. En resumen, en el Norte de África no se detectan culturas "orientalizantes" que funcionen como un "tercer elemento" en la negociación de los espacios (físicos e ideológicos) colonial e indígena. Al menos en este período, no hay versiones locales del alfabeto fenicio, o programas coherentes de innovación local en cerámica o metalurgia, o arquitectura monumental y urbanismo emulando a la cultura urbana levantina; no hay deseo, necesidad o infraestructura económica y social para justificar el cambio hacia la cultura de la Edad del Hierro que fenicios y griegos llevaron al Mediterráneo. Quizá otra manera de verlo (u otra cara inseparable del fenómeno) es suponer que las colonias establecidas en este lado sur del "charco" tenían otra función desde el principio, determinada en parte por condiciones geográficas y medioambientales de esa parte del continente (por ejemplo, ausencia de áreas ricas en metales), es decir, que el incentivo de negociar e intercambiar con los grupos nativos fuera menor también por el lado fenicio.

Conclusión

Esta mirada rápida y comparativa de un fenómeno tan amplio y complejo nos permite apenas formular algunas preguntas y delinear posibles líneas de estudio. Por ejemplo, he propuesto aquí que la respuesta al "¿por qué aquí (pero no allí)?" del fenómeno orientalizante se debe buscar en las trayectorias locales y las respuestas complejas al encuentro con las redes comerciales y coloniales fenicias. Queda mucho por explorar, especialmente en el caso de áreas donde no se produce el cambio: por ejemplo,

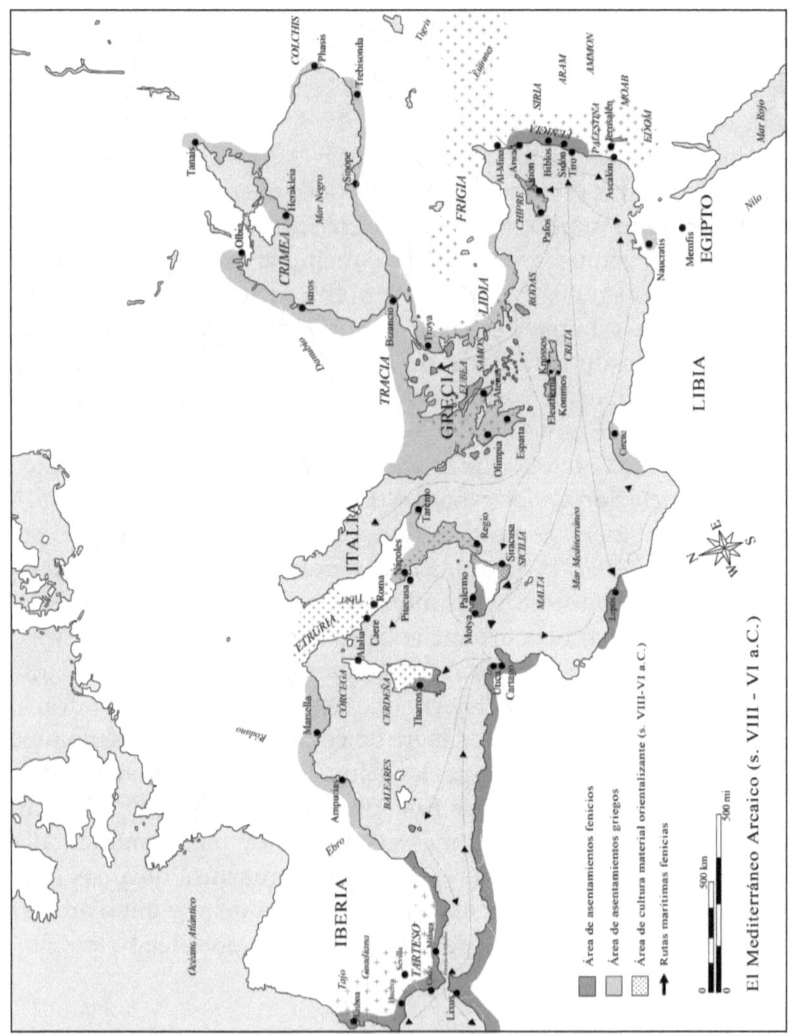

¿se requiere un sustrato de cierto nivel tecnológico, o la existencia
previa de ciertas artesanías e industrias, que puedan modificarse
fácilmente? Este parece el caso en Iberia, Cerdeña y Etruria, como
también en el Egeo, donde generalmente se innova en modos de
expresión artística ya desarrollados. Pero también hemos visto
que en los lugares donde emerge una cultura orientalizante fuerte
existen unas sociedades bien organizadas (aunque no sepamos

                                    Desigualdades antiguas

exactamente qué forma política tienen), con control de unos territorios y sus recursos, y donde unas élites potentes toman las riendas de esta corriente cultural para la promoción de su propia imagen y prestigio, cambios que a la vez contribuyen al desarrollo más amplio de la economía local. Por lo tanto, para que se dé el fenómeno orientalizante se tienen que unir las prioridades económicas de los colonos o comerciantes levantinos y la complejidad y el potencial económicos de las sociedades locales.

Esta dinámica debe haber determinado el mapa de los movimientos colonizadores de este período, ya que fenicios y griegos se habrían guiado por el previo conocimiento de recursos y probabilidades de cooperación con los locales. Al final, evocando el concepto de "riesgo y oportunidad" de Horden y Purcell, no todos los grupos responderían de la misma forma a estas oportunidades de "progreso" económico, que con seguridad también conllevarían riesgos y desigualdades internas. El estudio de este período y el llamado "fenómeno orientalizante" nos ofrece una oportunidad de entender interacciones que se tramaron antes de que los imperios de Cartago y Roma se expandieran y redibujaran el mapa del Mediterráneo, y antes de que la idea del "choque de civilizaciones", orientales y occidentales, cristianas e islámicas, fragmentaran nuestra visión de este mar una vez realmente interconectado.

Bibliografía

Aubet, M.E. (2001). *Tiro y las colonias fenicias de occidente*, 3ª ed. rev. y amp., Barcelona.

Aubet, M.E. (2006). "The Organization of the Phoenician Colonial System in Iberia", en Riva & Vella (eds.), 94-109.

Aubet, M.E. (2008). "Political and Economic Implications of the New Phoenician Chronologies", en C. Sagona (ed.), *Beyond the Homeland: Markers in Phoenician Chronology*, Leuven-Paris-Dudley MA, 179-191.

Aubet, M.E. (2016). "Phoenician Politics in Colonial Context: Pyrgi Again", en J. Aruz & M. Seymour (eds.), *From Assyria to Iberia: Art and Culture in the Iron Age*, New York, 147-153.

Brisart, Th. (2011). *Un art citoyen. Recherches sur l'orientalization des artisanats en Grèce proto-archaïque*, Bruxelles.

Broodbank, C. (2013). *The Making of the Middle Sea: A History of the Mediterranean from the Beginning to the Emergence of the Classical World*, Oxford.

Burkert, W. (1992). *The Orientalizing Revolution*, Cambridge MA.

Celestino, S., Rafel, N. & Armada, X.L. (2008) (eds.). *Contacto cultural entre el Mediterráneo y el Atlántico (siglos XII-VIII a.n.e.). La precolonización a debate*, Madrid.

Campos Carrasco, J. & Alvar Ezquerra, J. (2013) (eds.). *Tarteso: el emporio del metal*, Córdoba.

Celestino, S. & Jiménez Ávila, J. (2005) (eds.). *El Período Orientalizante*, Mérida, 2 vols.

Celestino, S. & López-Ruiz, C. (2016). *Tartessos and the Phoenicians in Iberia*, Oxford.

De Hoz, J. (2013). "Aristocracia tartesia y escritura", en Campos Carrasco & Alvar Ezquerra (eds.), 529-539.

Dietler, M. & López-Ruiz, C. (2009) (eds.). *Colonial Encounters in Ancient Iberia: Phoenician, Greek, and Indigenous Relations*, Chicago.

Gubel, E. (2006). "Notes on the Phoenician Component of the Orientalizing Horizon", en Riva & Vella (eds.), 85-93.

Feldman, M. (2014). *Communities of Style: Portable Luxury Arts, Identity, and Collective Memory in the Iron Age Levant*, Chicago.

Feldman, M. (2019). "Levantine Art in the 'Orientalizing' Period", en López-Ruiz & Doak (eds.), 371-383.

Gunter, A. (2009). *Greek Art and the Orient*, Cambridge.

Hayne, J. (2010). "Entangled Identities on Iron Age Sardinia?", en P. van Dommelen & A.B. Knapp (eds.), *Material Connections in the Ancient Mediterranean: Mobility, Materiality and Identity*, London, 147-169.

Hayne, J. (2019). "The Italian Peninsula", en López-Ruiz & Doak (eds.), 505-519.

Hodos, T. (2006). *Local Responses to Colonization in the Iron Age Mediterranean*, New York-London.

Hodos, T. (2009). "Colonial Engagements in the Global Mediterranean Iron Age", *Cambridge Archaeological Journal*, 19/2, 221-241.

Hodos, T. (2010). "Globalization and Colonization: A View from Iron Age Sicily", *Journal of Mediterranean Archaeology*, 23/1, 81-106.

Hodos, T. (2017) (ed.). *The Routledge Handbook of Archaeology and Globalization*, London.

Hodos, T. (2020). *The Archaeology of the Iron Age Mediterranean: A Globalising World c. 1100-600 BCE*, Cambridge.

Horden, P. & Purcell, N. (2000). *The Corrupting Sea: A Study of Mediterranean History*, Oxford.

Iavocou, M. (2006). "'Greeks', 'Phoenicians', and 'Eteocypriots': Ethnic Identities in the Cypriot Kingdoms", en J. Chrysostomides & Ch. Dendrinos (eds.), *"Sweet Land…"*: *Lectures on the History and Culture of Cyprus*, Camberley, 27-59.

Johnston, P.A. & Kaufmann B. (2019). "Metallurgy and Other Technologies", en López-Ruiz & Doak (eds.), 401-422.

Kaufman, B. (2017). "Political Economy of Carthage: The Carthaginian Constitution as Reconstructed through Archaeology, Historical Texts and Epigraphy", en P.S. Avetisyan & Y.H. Grekyan (eds.), *Bridging Times and Spaces: Papers in*

Ancient Near Eastern, Mediterranean and Armenian Studies, Honouring Gregory E. Areshian on the Occasion of his Sixty-Fifth Birthday, Oxford, 201-214.

López-Castro, J.L. (2019). "The Iberian Peninsula", en López-Ruiz & Doak (eds.), 585-602.

López-Ruiz, C. (2010). *When the Gods Were Born: Greek Cosmogonies and the Near East*, Cambridge MA.

López-Ruiz, C. (2013). "Tarteso y el proceso orientalizante en el Mediterráneo: aproximación a un estudio comparativo", en Campos Carrasco & Alvar Ezquerra (eds.), 537-553.

López-Ruiz, C. (2020). "¿Reificar o no reificar? Fenicios, tartesios, y el problema de las identidades sin voz", en S. Celestino & E. Rodríguez (eds.), *Un viaje entre el Oriente y el Occidente del Mediterráneo. IX Congreso Internacional de Estudios Fenicios y Púnicos*, Mérida, vol. I, 51-56.

López-Ruiz, C. & Doak, B. (2019) (eds.). *The Oxford Handbook of the Phoenician and Punic Mediterranean*, Oxford-New York.

López-Ruiz, C. (2021). *Phoenicans and the Making of the Mediterranean*, Cambridge MA.

Machuca, F. (2019). *Una forma fenicia de ser romano. Identidad e integración de las comunidades fenicias de la Península Ibérica bajo poder de Roma*, Sevilla.

Manning, J.G. (2018). *The Open Sea: The Economic Life of the Ancient Mediterranean World from the Iron Age to the Rise of Rome*, Princeton.

Morris, S.P. (1992). *Daidalos and the Origins of Greek Art*, Princeton.

Morris, S.P. (2006). "The View from East Greece: Miletus, Samos and Ephesus", en Riva & Vella (eds.), 66-84.

Martin, S.R. (2017). *The Art of Contact: Comparative Approaches to Greek and Phoenician Art*, Philadelphia.

Moscati, S. (1988) (ed.). *The Phoenicians*, New York.

Nowlin, J. (2021). *Etruscan Orientalization*, Leiden.

Osborne, R. (2006), "W(h)ither Orientalization?", en Riva & Vella (eds.), 153-158.

Purcell, N. (2006). "Orientalizing: Five Historical Questions", en Riva & Vella (eds.), 21-30.

Quinn, J.C. (2013). "North Africa", en A. Erskine (ed.), *A Companion to Ancient History*, Malden, 260-272.

Quinn, J.C. & McCarty, M.M. (2015). "Echos puniques: langue, culte, et gouvernement en Numidie hellénistique", en D. Badi (ed.), *Massinissa au cœur de la consécration d'un premier Etat numide, 20 et 21 septembre 2014. El Khroub (Constantine), Algérie*, Algiers, 167-199.

Richey, M. (2019). "The Alphabet and its Legacy", en López-Ruiz & Doak (eds.), 241-255.

Riva, C. (2006). "The Orientalizing Period in Etruria: Sophisticated Communities", en Riva & Vella (eds.), 110-134.

Riva, C. & Vella, N.C. (2006) (eds.). *Debating Orientalization: Multidisciplinary Approaches to*

Processes of Change in the Ancient Mediterranean, London-Oakville CA.

Said, E.W. (1978). *Orientalism*, New York.

Stampolidis, N.C. (2016). "Eleutherna on Crete: The Wider Horizon", J. Aruz & M. Seymour (eds.), *From Assyria to Iberia: Art and Culture in the Iron Age*, New York, 283-295.

Stein, G. (2005) (ed.). *The Archaeology of Colonial Encounters*, Santa Fe NM.

Treumann, B. (2009). "Lumbermen and Shipwrights: Phoenicians on the Mediterranean Coast of Southern Spain", en Dietler & López-Ruiz (eds.), 169-192.

West, M.L. (1997). *The East Face of Helicon: West Asiatic Elements in Greek Poetry and Myth*, Oxford.

van Dommelen, P. (2005). "Colonial Interactions and Hybrid Practices: Phoenician and Carthaginian Settlement in the Ancient Mediterranean", en Stein (ed.), 109-141.

van Dommelen, P. (2006). "The Orientalizing Phenomenon: Hybridity and Material Culture in the Western Mediterranean", en Riva & Vella (eds.), 135-152.

IGUALACIONES DEMOCRÁTICAS, DISPARIDADES IMPERIALES.

ATENAS Y SUS COLONIAS EGEAS DURANTE EL SIGLO V A.C.

Julián Gallego[1]

Introducción

La dinámica de expansión territorial ateniense se desarrolló bajo condición tanto de las constricciones generadas por un pronunciado crecimiento demográfico como de la lógica inherente al ejercicio del poder derivado de la política imperialista, fundada sobre el control de los recursos y las poblaciones. En efecto, el modo en que Atenas hizo uso de la tierra asignada a los atenienses fuera del Ática no estuvo al margen del esquema general que Peregrine Horden y Nicholas Purcell (2000: 285) han denominado "ideología del reparto de parcelas" (*ideology of allotment*), como combinación entre el principio del lote ciudadano y la operación de poderes externos en un mundo de conectividad. En el caso ateniense, el criterio con que se asignaron las tierras fue, precisamente, el resultado de un compromiso políticamente negociado entre las condiciones impuestas por la igualdad democrática dentro de Atenas[2] y el dominio imperial de ésta sobre las ciudades egeas, con el enorme incremento de los recursos disponibles en favor de los atenienses y las consecuentes disparidades que afectaron a los dominados (cf. Gallego, en prensa, a; en prensa, b; en prensa, c). La consecuencia evidente fue que el territorio disponible ya no se reducía al Ática sino que se había ampliado considerablemente, al mismo tiempo que la población ateniense

---

1   PEFSCEA/Universidad de Buenos Aires-CONICET.

2   Al respecto, véase la contribución de Diego Paiaro y Mariano Requena en este volumen.

se incrementaba y ocupaba las tierras adicionales que había ido capturando de una u otra manera a todo lo largo del ámbito del Egeo (cf. Sallares, 1991: 96-97).

La población ateniense y los recursos del imperio

Diversos indicios disponibles sobre el reparto de la tierra y la riqueza relativa del campesinado en la Atenas clásica permiten conjeturar que las pautas de distribución permanecieron relativamente estables si se compara la situación de comienzos del siglo V a.C. con la del IV (Gallego, 2016; 2017). Tras analizar estas condiciones, considerando una población estable de 30.000 ciudadanos varones adultos para el siglo IV, se llega a conclusiones que son coincidentes con las obtenidas por Ian Morris (2000: 140-142), Alain Bresson (2007: 150-151 = 2016: 143-145) o Josiah Ober (2010: 257-259; 2016: 138-139; 2018: 20-22): un coeficiente Gini de distribución de la tierra de 0,441 (que se reformula a la baja si se toman en cuenta otros criterios) y unos dos tercios de la población ciudadana constituidos por labradores con un promedio de 4/6 ha, incluyendo por encima a un grupo con 7 u 8 ha y por debajo a otro con unas 2 o 3 ha.

Pero durante el siglo V, en el período de la llamada Pentecontecia, el gran aumento de la población ciudadana supuso una modificación de las condiciones indicadas. Las hipótesis de los estudiosos conjeturan que justo antes del inicio de la Guerra del Peloponeso el total de ciudadanos varones adultos habría alcanzado a 40.000, 45.000, 60.000 o incluso más[3]. Así pues, en el

---

3   Para diferentes cálculos: Jones (1957: 8-9), unos 20.000 hoplitas más 20.000 *thêtes* en 431; según Thomsen (1964: 162-166), pudo haber 22.000 hoplitas y 15.000 o 20.000 *thêtes* al inicio de la Guerra del Peloponeso; Garnsey (1988: 89-91) permite inferir unos 62.500 ciudadanos y entre 18.000 y 25.000 hoplitas; Rhodes (1988: 274-275) calcula un total de hoplitas de entre 21.000 y 29.000 para 431 y estima una población de entre 45.000 y 60.000; van Wees (2001: 51) habla de 18.000, pero en sus cálculos posteriores (van Wees, 2006: 374 n. 90) el número asciende a 24.000; Hansen (1981; 1988) estima 60.000 ciudadanos como mínimo en 431 (y tal vez unos 20.000 o 25.000 hoplitas, incluyendo a metecos) que a finales de la Guerra del Peloponeso disminuirían hasta 25.000, aproximadamente, para estabilizarse en alrededor de 30.000 ciudadanos adultos durante el siglo IV, según Hansen (1982; 1985: 26-64; 1991: 93-94; 2006: 19-60), lo cual significa unas 100.000 personas con mujeres y niños, más los metecos, unos 10.000 (solo adultos varones), y los esclavos 150.000 (adultos varones). Poniendo a prueba los argumentos de Hansen, Akrigg

Desigualdades antiguas

lapso de dos generaciones la población habría crecido en un tercio, o un 50% o un 100%, según un arco que va desde las estimaciones más cautelosas hasta las más osadas; al mismo tiempo, el número de hoplitas habría pasado de un tercio al 40% del total de ciudadanos, según algunos cálculos, o al 50% o incluso más, según otros[4] (aunque es probable que después de 431 hubiera algún declive debido a la guerra, efecto tal vez mitigado por la paz de Nicias). Con la mayor parte de la tierra productiva del Ática ya asignada, ¿cómo enfrentó Atenas estos significativos cambios demográficos, socioeconómicos y políticos producidos entre el final de las Guerras Médicas y los inicios de la Guerra del Peloponeso? Como es sabido, muchos atenienses pobres, sin o con escasas tierras, vivieron de la distribución por distintas vías de los recursos del imperio que la política de Pericles ponía a su disposición, a tal punto que se ha hablado de un patronazgo comunitario[5]. Pero una parte sustancial de los ciudadanos sin tierras encontraron la posibilidad de obtener lotes en las colonias y cleruquías fundadas por Atenas, por lo que se debe tomar en cuenta también la cantidad de atenienses que obtuvieron tierras fuera del Ática.

En efecto, esta distribución de propiedades realizada durante la vigencia de la dominación imperial ateniense favoreció en su mayor parte a los ciudadanos pobres. Apenas finalizadas las Guerras Médicas y hasta los últimos años de la Guerra del Peloponeso, la política de colonización ateniense implicó el establecimiento de más de veinte asentamientos, cuyos colonos o clerucos procedían generalmente de las clases bajas que abarcaban a todos los *thêtes* y un sector de los *zeugîtai*. Sin pretensión de exactitud, un cálculo conservador lleva a inferir que se concedieron lotes fuera del Ática a entre 11.000 y 13.000 atenienses, o incluso más[6]. En la formulación de esta política Atenas parece haber seguido un patrón de asignación de tierras conforme al cual las parcelas equiparaban

---

(2019: 38-88, 139-170) llega a conclusiones similares, pero presta más atención al siglo V y los cambios acaecidos.

4   Hanson (1995: 114, 366, 478-479 n. 6): 50%; van Wees (2006: 374 n. 90): 40%. Cf. Christ (2001: 401) y la serie de estimaciones citadas en la nota previa.

5   Se ha analizado esta cuestión en una serie de estudios dedicados al problema del patronazgo en la Atenas clásica: Gallego (2008; 2009); Gallego & Valdés Guía (2014: 187-211).

6   Unos 16.000, según Figueira (1991: 171-172); entre 15.000 y 20.000, según Morris (2009: 148).

a quienes las recibían con los agricultores hoplitas, según los tamaños de las fincas repartidas y/o los ingresos obtenidos. Para desarrollar esta cuestión se analizan tres situaciones que muestran, de un modo u otro, la vigencia del modelo de la hacienda hoplítica para la adjudicación de tierras en los asentamientos atenienses y los beneficiarios de esta política fundacional: la colonia de Brea; la cleruquía de Lesbos, con un *excursus* sobre cómo se establecieron los lotes; la colonia de Melos; por último, se plantea una reflexión respecto del modo en que esta política de distribución de tierras favoreció a las clases bajas.

Es cierto que no todos los atenienses que migraron permanecieron necesariamente en los lugares a los que fueron trasladados, e incluso algunos pudieron quedarse en Atenas aun cuando recibieran lotes en otras comunidades, y existe en este sentido un debate importante en cuanto al carácter permanente o no de los asentamientos a partir de las diferencias de estatus entre los *kleroûkhoi* y los *époikoi*. Esto último tiene consecuencias que no podemos analizar aquí. De todas maneras, lo que ahora resulta relevante para mis propósitos es que, en el contexto de un crecimiento demográfico sostenido, se produjo al mismo tiempo un incremento de la proporción de hoplitas disponibles, generándose las condiciones materiales para que muchos de ellos obtuvieran un ingreso acorde a los estándares vigentes en cuanto a la riqueza requerida para ser un hoplita; en buena parte de los casos esto se consiguió mediante la distribución de tierras en las áreas que los atenienses fueron controlando con el desarrollo de su política imperialista. Este reparto de riqueza estuvo habilitado por las formas de igualación entre los atenienses puestas en práctica por la democracia, que generaron paralelamente disparidades para sus dominados, en virtud de las imposiciones que los atenienses hicieron recaer sobre ellos, entre estas, el desalojo de población nativa para ocupar y disponer del territorio, como sucedió durante la fundación de Brea, o el sometimiento de los productores directos a formas de explotación económica mediante la extracción de una renta, como aconteció en Lesbos una vez reprimida la revuelta liderada por los mitileneos, o la eliminación de la población completa de una ciudad a través de la masacre y el *andrapodismós*, como ocurrió durante la conquista de Melos.

   Desigualdades antiguas

La fundación de Brea y las clases censitarias

La inscripción que brinda testimonio acerca del decreto de fundación de la colonia de Brea en Tracia (*IG* I³ 46), probablemente en los años 440 o 430 a.C.[7], cuya localización exacta no se ha podido determinar[8], señala en una enmienda a *thêtes* y *zeugîtai* como los favorecidos por la distribución de tierras en esta nueva colonia (líneas 43-46: ἐς δὲ [Β]ρέαν ἐχ θετõν καὶ ζε[υ]γιτõν ἰέναι τὸς ἀπο[ί]κος)[9]. Arnold Jones (1957: 168), haciendo mención a una sugerencia directa de Ste. Croix, y el propio Geoffrey de Ste. Croix (2004: 11 y n. 27) interpretaban que el decreto no excluía a las dos primeras clases censitarias solonianas, sino que ningún ciudadano proveniente de estas clases querría emigrar debido a

7 La datación del decreto de fundación de la colonia de Brea ha generado controversias. Solo por citar las posiciones más relevantes: Meritt, Wade-Gery & McGregor (1950: 286-288): *c.* 446; Woodhead (1952: 60): *c.* 438; Mattingly (1963: 258-261; 1966): *c.* 426/5; el autor revisa posteriormente su postura en Mattingly (1974: 53-56): *c.* 435/433 (estos trabajos se hallan ahora reunidos en Mattingly, 1996: 87-106, 117-146, 361-385); cf. Rhodes (2008: 505): en la década de 440 o 430. La datación de este documento, importante para aspectos de la historia del imperialismo ateniense, no modifica sin embargo la discusión sobre esta colonia y la selección de sus integrantes. Sobre la importancia de la epigrafía para la comprensión del imperialismo ateniense en función de las cuestiones aquí indicadas, Kallet (2009); cf. Low (2005); Papazarkadas (2009).

8 En Bisaltia o en la península Calcídica. La primera posibilidad es planteada por quienes asocian la fundación de Brea con la información de Plutarco, *Pericles*, 11.5, sobre los mil atenienses enviados a Tracia para habitar conjuntamente con los bisaltas; a favor de esta identidad, e.g. Gomme (1945: 373); Meritt, Wade-Gery & McGregor (1950: 60-61); Meritt (1967: 49-50); Meiggs (1972: 158-159, 602). La segunda se desprende de una corrección a Tucídides, 1.61.4: Βρέαν en vez de Βέροιαν, propuesta por Bergk (1865), que es seguida por Woodhead (1952: 62), Alexander (1962: 282-285) y Asheri (1969), quien desarrolla su argumento a partir del fragmento de Teopompo para reforzar la enmienda a Tucídides; Malkin (1984: 47 n. 20) también parece aceptar esta localización. Otro intento, más endeble, indica la posibilidad de que Brea haya quedado absorbida por Anfípolis: Hansen (1999). Cf. Isaac (1986: 51-52); Flensted-Jensen (2004: 848-849): "624: Brea". Recientemente, Psôma (2009) ofrece nuevos argumentos sobre la localización de Brea, retomando la idea de que en Tucídides, 1.61.4, la referencia correcta es, en realidad, Brea y no Beroia; el sitio de esta antigua colonia se hallaría cercano a Nea Syllata, donde se ubica la moderna Verghia, topónimo que derivaría del antiguo nombre; lo anterior supone que el emplazamiento de Brea sea en la costa occidental de la Calcídica, al norte de Potidea.

9 Cf. la información reunida en *Attic Inscriptions Online*, https://www.atticinscriptions. com/inscription/IGI3/46, con texto griego, traducción al inglés de S. Lambert y P.J. Rhodes, notas y varias de las ediciones disponibles. Para versiones y análisis del decreto, ver también Graham (1964: 59-64, 228-229); Austin & Vidal-Naquet (1977: 323-325), N° 99, una evidencia que no se incluye en la primera edición francesa; Bertrand (1992: 60-61), N° 24; Arnaoutoglou (1998: 113-115), N° 96.

las grandes propiedades que tenían en el Ática. Según Vincent Rosivach (2002: 36-37), se trataría de una decisión "para asegurar que la nueva colonia beneficiaría a los que se hallaban en la parte más baja de la escala social".

Jones (1957: 169) y Ste. Croix (2004: 11) indicaban que la mención de los *thêtes* y luego de los *zeugîtai* implicaría que estos últimos se habrían agregado a los primeros en la enmienda, suponiendo que en los párrafos iniciales del decreto hoy perdidos se hacía referencia a los *thêtes* como los únicos beneficiarios. Por el contrario, puesto que en el decreto la selección de los colonos a partir de *thêtes* y *zeugîtai* aparece en la enmienda, se ha sugerido que originalmente los beneficiarios no se restringían a estas clases, como indican en su comentario Russell Meiggs y David Lewis (1989: Nº 49, 128-133, en 132) –también aceptado por Peter Brunt (1966: 71 = 1993: 113)–, y que, en caso de que hubiera habido una restricción inicial, los excluidos habrían sido los *thêtes* y no los *zeugîtai*, tomando en cuenta la mención de los *stratiôtai* (en línea 31)[10]. Por otra parte, como ha sugerido Simon Hornblower (1991: 399-400), la brecha que parece haber funcionado es entre *pentakosiomédimnoi* y *hippeîs*, por un lado, y *zeugîtai* y *thêtes*, por el otro, como dos bloques que se distinguían uno del otro; esto supone que la escisión que marcaba la situación yacía entre *hippeîs* y *zeugîtai* más que entre estos últimos y los *thêtes*.

En cualquier caso, el problema subyacente en estos debates radica en establecer a quiénes de manera general habría beneficiado la política de fundación de cleruquías y colonias, que Arnold Jones (1957: 169) asociaba rotundamente con la posibilidad de una transformación de los *thêtes* en *zeugîtai* como pauta habitual, y que Alfonso Moreno (2007: 102-115; 2009: 213-214) ha invertido al plantear que los clerucos habrían sido en su gran mayoría *pentakosiomédimnoi*. Estas posiciones categóricas han sido sometidas a escrutinio por varios autores que reconocen que entre los clerucos hubo no solo ciudadanos menesterosos sino también sectores acaudalados, aunque buena parte de la evidencia sobre estos últimos procede del siglo IV[11].

---

10 El término στρατιοτõν aparece en la línea 31 y no en la 27, como indican Meiggs y Lewis; cf. Meiggs (1972: 158-159, 260).

11 Cargill (1987: 1995: 196); Salomon (1997: 154-155); cf. Burke (2010: 409 n. 78); Migeotte (2010: 29 y n. 10).

Desigualdades antiguas

La cleruquía de Lesbos y el problema del absentismo

En las posturas reseñadas previamente hay un aspecto significativo que unifica las visiones de Jones y Moreno, a pesar de sus puntos de partida completamente divergentes respecto de la procedencia sociopolítica de los migrantes atenienses: para ambos los clerucos serían adjudicatarios de tierras que actuarían como rentistas absentistas, postura que con algunas reservas es también compartida por Peter Brunt[12]. El caso emblemático para sostener esto es el de Lesbos tras la revuelta de Mitilene en 427 a.C., a partir de la información que brinda Tucídides (3.50.2)[13]:

> Después de esto, no impusieron un tributo a los lesbios, sino que dividieron la tierra, salvo la de los metimneos, en tres mil lotes, de los que reservaron trescientos para consagrarlos a los dioses, y a los otros enviaron clerucos escogidos entre ellos mismos por sorteo. Los lesbios, acordando con éstos pagar una suma de dos minas al año por cada lote, trabajaban ellos mismos la tierra[14].

Aceptando que las dos minas de renta anual representan un ingreso suficiente como para ser parte del estatus hoplítico, se ha discutido si los clerucos se establecieron efectivamente en Lesbos y conformaron allí una guarnición militar, o si, por el contrario, recibieron sus asignaciones de tierra sin abandonar Atenas con el fin de aumentar el número de hoplitas, ya que el carácter rentístico del sistema de explotación impuesto a los lesbios les permitiría ausentarse de la isla. Hace ya casi un siglo y medio, Paul Foucart (1878: 347, 407) fue uno de los primeros en plantear que estos

---

12   Jones (1957: 168-169, 173, 176): "absentee landlords"; Moreno (2007: 94-96, 102): "absentee owners", "absentee rentierism", "*rentiers*"; Moreno (2009: 213-214): "*rentiers*". La perspectiva de Jones es aceptada, aunque con algunas reservas, por Brunt (1966: 81, 84 = 1993: 125, 128): "*rentiers*", "absentee *rentiers*".

13   Ver asimismo Diodoro Sículo, 12.55.10: "Repartieron en lotes toda Lesbos salvo el territorio de los metimneos" (τὴν Λέσβον ὅλην πλὴν τῆς Μηθυμναίων χώρας κατεκληρούχησαν); el verbo utilizado, κληρουχεῖν, se puede verter perfectamente como "distribuyeron a los clerucos": cf. Antifonte, 5.76-80 (*Sobre el asesinato de Herodes*). Se ha desarrollado un análisis más completo y detallado del caso de la cleruquía de Lesbos: Gallego (2022).

14   ὕστερον δὲ φόρον μὲν οὐκ ἔταξαν Λεσβίοις, κλήρους δὲ ποιήσαντες τῆς γῆς πλὴν τῆς Μηθυμναίων τρισχιλίους τριακοσίους μὲν τοῖς θεοῖς ἱεροὺς ἐξεῖλον, ἐπὶ δὲ τοὺς ἄλλους σφῶν αὐτῶν κληρούχους τοὺς λαχόντας ἀπέπεμψαν· οἷς ἀργύριον Λέσβιοι ταξάμενοι τοῦ κλήρου ἑκάστου τοῦ ἐνιαυτοῦ δύο μνᾶς φέρειν αὐτοὶ εἰργάζοντο τὴν γῆν.

clerucos tal vez no habitaran en Lesbos[15]. Arnold Jones (1957: 174-176) afirmaba categóricamente y como propuesta general que, debido a la necesidad de contar con hoplitas, los clerucos no residían allí donde recibían los lotes, sino que permanecían en Atenas, apoyándose fundamentalmente en el caso de Lesbos relatado por Tucídides. Ante el empleo del verbo ἀποπέμπω, "enviar" o "trasladar", Jones indicaba que el uso de ἀπέπεμψαν en la fuente entraña aquí un *"term of art"*, un tecnicismo usado en el marco de la instalación de una cleruquía sin que necesariamente implicase el traslado concreto de los colonos. Sin embargo, unas líneas antes Tucídides (3.50.1) emplea el mismo verbo, ἀπέπεμψεν, para indicar la decisión de Paques de enviar a Atenas a los cabecillas de la rebelión. Peter Brunt (1966: 81-84 = 1993: 125-128) aceptaba la visión de Jones como una posible práctica ateniense, ya que, al carecer de autonomía local, los clerucos no tendrían incentivos para permanecer en sus tierras como colonos; pero matizaba el punto en el caso de Lesbos aceptando la radicación efectiva de los clerucos y centrando la discusión en torno al momento en que los atenienses dejaron Lesbos[16]. Comentando el enfoque de Jones, Alexander Graham (1964: 181, 189) hacía mención de una importante evidencia que revela que su residencia estaba fuera de Atenas, en las colonias, si bien en algunos casos pudo ocurrir que los colonos no habitaran en las parcelas recibidas sino en Atenas, y a veces fueron enviados a poblar lugares de los que se había expulsado a la población previa, como en Histiea, Egina y Melos. Finalmente, Alfonso Moreno (2007: 94-95, 98-99; 2009: 214) ha vuelto a abonar las hipótesis de Jones y Brunt sin aportar para el caso de Lesbos ningún argumento nuevo y haciendo la salvedad de que no se debe asociar a los clerucos con los atenienses más pobres, en virtud de que obtenían una renta anual de dos minas

---

15 Busolt (1904: 1033 y n. 1), citando a Foucart, entre otros, planteaba que los clerucos fueron a Lesbos pero luego regresaron a Atenas.

16 Cf. Gomme (1959: 64); Calder III (1959: 141); Meiggs (1972: 261-262, 316-317). Lo que sucede posteriormente con los clerucos de Lesbos gira en torno a la interpretación de otros pasajes de Tucídides (4.52; 8.22) y, sobre todo, de una inscripción conservada solo fragmentariamente y cuya datación no es segura, *IG* I² 60 (= *IG* I³ 66), en la que se señala la autonomía de los mitileneos en una fecha posterior a la instalación de los clerucos: ver Gomme (1953; 1956: 329-331); Meritt (1954); Gauthier (1966: 82-88); Cataldi (1976; 1983: 251-285); Hornblower (1991: 440-441); Kallet (1993: 144-147); Salomon (1997: 198-200); Fornara (2010).

   Desigualdades antiguas

por cada parcela, lo cual ubicaba a estos 2.700 hombres dentro del estatus hoplítico. Criticando la interpretación que dice que los clerucos fueron mayoritariamente propietarios absentistas, sobre la base de sus detallados trabajos sobre las cleruquías atenienses, Enrica Culasso Gastaldi (2009: 135-137) ha reafirmado la idea de que los clerucos fueron residentes realmente asentados en las cleruquías. En el caso de Lesbos, el absentismo es respecto de la producción y no necesariamente respecto de la residencia en la isla, a la cual se envió la expedición para someter a los lesbios.

Excurso sobre el reparto de los lotes lesbios

Diversos análisis y datos disponibles permiten conjeturar acerca de los criterios adoptados para el reparto de los 3.000 lotes y la elección de los atenienses a quienes se les otorgó tierras en Lesbos[17]. Georg Busolt (1904: 1032-1033, n. 1) había llevado a cabo una deducción de este tipo: descontando al total de la superficie de Lesbos una quinta parte que correspondería a Metimna, obtenía que cada uno de los 3.000 lotes tendría aproximadamente 45 hectáreas, incluyendo la tierra montañosa no apta para el cultivo. La renta de 200 dracmas se habría pagado por cada parcela de estas dimensiones, puesto que el reparto creó lotes semejantes que debían producir ingresos análogos, y en los que los lesbios que los cultivaban debían obtener también sus propios ingresos. Busolt indicaba asimismo que la nueva distribución igualitaria de la tierra impuesta por los atenienses debió cortar los límites previos de las parcelas lesbias, desiguales en tamaño y rendimiento. En consecuencia, dependiendo de la participación que tuvieran en los nuevos lotes, los anteriores propietarios probablemente

---

17 A partir de la inscripción citada (*IG* I² 60 = *IG* I³ 66), Hansen, Spencer & Williams (2004: 1027) deducen que la tierra repartida a los clerucos atenienses era la que pertenecía a Mitilene, que se convirtió en una *polis* dependiente; como previamente esta ciudad había intentado a su vez realizar un sinecismo para hacer de Lesbos una sola *polis*, Antisa, Eresos y Pirra parecen haber estado controladas por los mitileneos, siendo entonces *poleis* dependientes de Mitilene; cf. Hansen, Spencer & Williams (2004: 1019); ver la crítica de Hansen (1998: 55) a la postura de Hampl (1939: 1-2), quien creía que Mitilene se había convertido en una *polis* sin territorio. Hansen, Spencer & Williams (2004: 1022, 1023, 1030) repiten siempre la misma formulación para los casos de Antisa, Eresos y Pirra: "El territorio, o al menos una parte de él, fue entregado a los clerucos atenienses". El planteamiento no es claro.

tuvieran que pagar cantidades diferentes[18]. En una nota de la edición de Edgar Marchant (1909: 165) aparece una conjetura que se mueve en la misma dirección, quien a su turno seguía una inferencia planteada previamente por Henry Fynes Clinton (1827: 389 n. "g")[19]: con una superficie total de 1465 km² y un quinto de la misma atribuido a Metimna, cada lote promediaría 39 hectáreas (96 acres). Como insinuaba Marchant, coincidiendo así con Busolt, aun si Tucídides asumía que toda la tierra había sido dividida, "no todo el κλῆρος estaría bajo cultivo", a la vez que "los nuevos κλῆροι, por supuesto, atravesarían los límites de las antiguas haciendas"[20].

Siguiendo a Busolt, Arnold Gomme (1956: 326-328) también conjeturaba un lote de 45 hectáreas, área con respecto a la cual la renta anual de 200 dracmas sería relativamente baja, más aún con una tierra particularmente fértil[21]. Ahora bien, si se toman en cuenta los datos que el autor volcaba en su comentario, el cálculo debería seguir un procedimiento diferente. Dichos datos provienen de las estimaciones presentadas por Demetrios Mantzouranis (1950: 6-9), que según afirmaba Gomme (1956: 327) podían estar en la línea correcta, a pesar de tratarse de una lectura especulativa del censo llevado a cabo en época de Diocleciano (*IG* XII² 76-80 = *IGR* IV 109-113) con la posible aplicación de los números obtenidos al siglo V a.C.[22]: la superficie total explotada sería de 750.000 *strémmata*, con 400.000 para cereales (incluyendo también el barbecho),

---

18 Incluso puede que hubiera lesbios que tuvieran porciones de tierra de sus antiguas parcelas en más de un lote de los creados por los atenienses, excepto que hubiera habido una reorganización completa del sistema agrario, reasignando no solo la tierra sino también la mano de obra, de manera que los ahora arrendatarios estuvieran distribuidos en igual número dentro de cada una de las 3.000 asignaciones creadas con el establecimiento de la cleruquía.

19 Según he podido comprobar, se trata de una adición a la segunda edición de la obra que no figura en la primera de 1824. El autor usaba millas cuadradas para calcular la superficie de la isla y acres para calcular el área de cada lote, que aquí hemos volcado en kilómetros cuadrados y hectáreas, respectivamente.

20 Marchant (1909: 165), § 2 línea 8, κλήρους... ποιήσαντες (comentario *ad loc.* Tuc. 3.50): "... but, of course, not the whole of the κλῆρος would be under cultivation. Apparently, all the land was owned by oligarchs. The new κλῆροι would, of course, cut across the boundaries of former estates".

21 Esta conjetura es citada por Brunt (1966: 81-82 = 1993: 125-126), quien parece darla por válida.

22 Cf. Gomme (1952); Robert & Robert (1951: 180). Sobre los censos que se registran en estas inscripciones, ver Déléage (1945: 176-180); Jones (1953: 51-53, 57); Har-

Desigualdades antiguas

45.000 para olivos y 35.000 para vides, lo cual supone 270.000 para otros usos junto a los típicos de la tríada mediterránea, probablemente para pasturas[23]. Considerando que un *strémma* equivale a 1.000 m², se obtiene un área aproximada de 750 km² usada para algún tipo de labor agraria, es decir, menos de la mitad del área total de la isla teniendo en cuenta los 1.614 km² adoptados por Mantzouranis (Gomme suponía una superficie de 1.750 km²).

Cálculos más recientes se hallan en línea, a grandes rasgos, con las inferencias realizadas. En efecto, analizando la evolución del uso de la tierra y la degradación del suelo en Lesbos en la larga duración, un estudio coordinado por Maria Marathianou permite asumir que en la Antigüedad las tierras dedicadas a cereales (18%), olivos (2%) y vides (2%) junto con las que se destinaban a pasturas (28%) abarcarían la mitad de la isla, en tanto que el resto continuaría cubierto de bosques (Marathianou, Kosmas, Gerontidis & Detsis, 2000: 65-67). Este análisis sigue en cierta medida la información provista por Ioannis Kontis (1978a: 278; 1978b: 22-46), cuyas estimaciones no obstante difieren en algunos puntos respecto de las de Marathianou y su equipo recién citadas. En efecto, las zonas con algún tipo de explotación agraria suman poco menos de la mitad de la superficie total de Lesbos (740 km² = 45,9%); las tierras dedicadas a cultivos (300 km² = 18,6%), olivares (30 km² = 1,9%) y viñas (30 km² = 1,9%) se hallan dentro del rango que Marathianou sintetiza, siendo menor el área dedicada a pasturas (380 km² = 23,5%). Estas proporciones solo difieren levemente de la propuesta hecha por Mantzouranis, dado que, según sus cálculos ya mencionados, las tierras explotadas de algún modo llegaban a 46,5%, con 24,8% de sementeras, 2,8% de olivares, 2,2% de viñedos y 16,7% de pasturas[24].

---

per (2008: 91-92, 102-103). Las inscripciones se encuentran recogidas en https://epigraphy.packhum.org/text/74736?&bookid=19&location=1554.

23 Sobre la representatividad territorial de los datos obtenidos, Déléage (1945: 178) proponía que el catastro abarcaba la isla entera, a partir de la hipótesis de restauración de los nombres de aldeas mencionadas que remitirían a zonas no solo de Mitilene, sino también de Metimna y Pirra. El análisis de Spencer (1996: 258-261), con la localización sobre el mapa de Lesbos de las aldeas confiablemente identificadas, certifica la conjetura adelantada por Déléage. (Las aldeas localizadas son 13; se mencionan otras 16 cuyos sitios se desconocen, pero que en caso de que pudieran ser ubicadas podrían ampliar considerablemente la base de sustentación de la presunción de Déléage).

24 En línea con estas apreciaciones, aunque sin realizar una estimación del territorio cubierto de bosques y/o montañas ni de la proporción de la superficie total de Lesbos

Con todo lo hipotéticos que los cálculos propuestos puedan resultar, un rango parece esbozarse: entre 40% y 50% de toda la isla estaría sometido a alguna forma de usufructo agrario, mientras que las zonas boscosas y/o montañosas cubrirían la otra mitad o incluso un poco más. En este marco, las estimaciones formuladas abonan la idea de que las áreas sistemáticamente explotadas, esto es, apropiadas y cultivadas en tierras de planicies aluviales así como en colinas ganadas mediante terrazas, constituían en verdad una parte relativamente pequeña de la superficie total de Lesbos. En efecto, siguiendo las conjeturas de un cálculo u otro, las tierras usadas para la explotación agrícola abarcarían entre 20% y 30% y otro tanto se usaría para pasturas.

Es posible insertar estos cálculos en las evaluaciones más recientes sobre la superficie total de Lesbos y la de cada una de las cinco ciudades a las que aludía Heródoto (1.151.2) para la época clásica, siguiendo para ello la información sistematizada por el Copenhagen Polis Centre[25]. El reparto de lotes puede haber tenido en cuenta las áreas ya explotadas por los lesbios, puesto que "ellos mismos trabajaban la tierra", según afirmaba Tucídides; lo cual implica que, para establecer la renta anual con el fin de obtener el ingreso usual de un hoplita, probablemente se tomara en consideración los terrenos que los lesbios ya venían anteriormente usufructuando. A esto tal vez obedezca, como insinúa Gabriel Zuchtriegel (2018: 39), el hecho de que no sea visible en el registro arqueológico ningún cambio inmediato, dado que, según las sugerencias de Busolt, Marchant y Gomme en cuanto a que los nuevos lotes atravesarían los antiguos, el reparto debió basarse en la tierra ya utilizada. En tal sentido, parece lógico pensar que la referencia inmediata estuviera dada por las parcelas cultivadas por los lesbios previamente, puesto que sería más sencillo repartir

---

dedicada a algún tipo de explotación, ver, entre otros, Brun (1996: 78); Spencer (1996: 261); Digidikis (1999: 158-159); Dimopoulou (2019: 283).

25   Hansen, Spencer & Williams (2004: 1018, 1021, 1023, 1024, 1026, 1030): superficie total de Lesbos, 1.614 km²; Antisa, *c.* 250 km²; Eresos, *c.* 225 km²; Metimna, más de 400 km² después de la conquista de Arisba; Mitilene, *c.* 450-500 km²; Pirra, *c.* 250 km². Las *poleis* son mencionadas por Tucídides, 3.18.1; 8.23. 2 y 4, así como por Pseudo-Escílax, 97. Acerca de la evolución de las comunidades lesbias que derivan en la formación de las *poleis* citadas, Spencer (1994; 1995a; 1995b); Mason (2001); para estudios de casos específicos, ver Mason (1993; 1995); Schaus & Spencer (1994); Spencer (1995c; 2000); Zachos (2010).

      Desigualdades antiguas

tierras claramente loteadas que áreas aún no bien delimitadas. Si se asume que Lesbos tiene en verdad 1.630 km^2 de superficie total[26], el espacio bajo el control ateniense ascendería entonces a unos 1.200 km^2, ya que el resto correspondía a Metimna (un poco más de 400 km^2 tras la conquista de Arisba). Si a partir del cuadro elaborado se aplica un cálculo proporcional, se obtiene que el área bajo alguna forma de explotación agropecuaria rondaría *grosso modo* la mitad de esos 1.200 km^2, unos 600 km^2, o menos si se sigue a Mantzouranis y Kontis. Puesto que, tras someter a Arisba, Metimna controlaba una de las planicies más extensas, cuyo territorio pudo haber sido incluso más grande de lo estimado si se acepta la hipótesis de que la región en torno al sitio de Isa también estuvo bajo su poder[27], el área productiva probablemente estuviera en el orden de los 500 km^2. En tanto que los demás terrenos eran zonas montañosas y/o cubiertas de bosques, en las que desde luego debió haber formas de aprovechamiento de los recursos (forestales, de caza y recolección, incluso para pastoreo, etc.), pero donde no sería visible una apropiación permanente, salvo en tierras ganadas mediante terrazas, al dividir el área de 500 o 600 km^2 en 3.000 parcelas se obtiene que lotes debieron alcanzar tamaños de entre 16 y 20 ha, con un promedio de 18 ha para cada uno, calculado sobre las tierras usadas para algún tipo de producción, incluyendo las áreas para pasturas[28].

El tamaño de los lotes conjeturados y la explotación de los lesbios que se deriva de la afirmación de Tucídides en cuanto a que ellos mismos tuvieron que seguir trabajando la tierra permiten asumir que los clerucos atenienses actuaban como rentistas absentistas en relación con la producción directa; pero esto no supone,

---

26 La superficie asignada hoy día a la isla de Lesbos es 1.630 km^2, apenas por encima de los 1.614 km^2 considerados por Mantzouranis o el Copenhagen Polis Centre.

27 Según Kontis (1978b: 127-128, 312-313), esta zona se hallaba en poder de Antisa, cuyo territorio se extendía hasta el Golfo de Kalloni; en cambio, a partir de Labarre (1996: 199-200), se podría inferir que, en realidad, Isa pudo haber pertenecido a Metimna; cf. Hansen, Spencer & Williams (2004: 1022).

28 Esto no implica descartar que junto con los requerimientos rentísticos inherentes a la propia explotación de los clerucos atenienses, Atenas no haya podido requerir también madera, fundamental para la construcción de la flota, teniendo en cuenta que desde antiguo Lesbos era una isla rica en bosques, que aún conservaba en época romana hasta el punto de cubrir el 50% de la superficie. También pudo haber explotación de productos pecuarios.

como se ha dicho, que estuvieran ausentes de la isla. Si la obtención de 200 dracmas se asocia con los ingresos obtenibles de un lote típico de rango hoplítico de 5 ha, el resto de la superficie, es decir, unas 13 ha en promedio, debió estar dedicado a la producción de la subsistencia de los lesbios y sus dependientes, en caso de tenerlos y/o conservarlos, sin olvidar que entre un tercio y la mitad o incluso un poco más del terreno explotado por los lesbios estaba dedicado a pasturas, lo cual implicaría que solo una parte de esas tierras era apta para cultivar. Dado que la explotación directa de la actividad agraria siguió en manos de los lesbios ahora sometidos al pago de una renta anual de 2 minas por cada uno de los 3.000 lotes, parece existir aquí una noción bastante ajustada de cuál debería ser el ingreso promedio de un propietario autosuficiente capacitado para formar parte de la falange hoplítica.

La colonia de Melos y el patrón hoplítico

La pauta del ingreso hoplítico como referencia para el reparto de parcelas de tierra fuera de Atenas que se verifica en el caso de Brea, y seguramente también en el de Lesbos, debió haber operado como horizonte entre los atenienses. Un tercer ejemplo, el de Melos, nos permite reafirmar la presencia de este patrón. Según Tucídides (5.116.4), tras la derrota de los melios, los atenienses mataron a todos cuantos de los adultos pudieron atrapar y redujeron a esclavitud a infantes y mujeres[29]. El territorio melio fue habitado por 500 colonos atenienses que lo explotaron directamente[30]. Todo indica, pues, que en Melos hubo una implantación de población ateniense. El número de colonos enviados a esta isla parece haber seguido, al igual que en los casos de Brea y Lesbos, el modelo de reparto de tierras ligado a la figura del campesino hoplita. En efecto, Melos es una isla con una superficie total de alrededor de 151 km^2 que tuvo una única *polis*[31]. Completando el relevamiento de Alison Burford (1977/78; 1993: 27-28, 67-72, 113-116) sobre el tamaño de 60 *pléthra* o 5 ha para la granja campesina tradicional

---

29   Sobre el ataque ateniense contra Melos, Seaman (1997).

30   Tucídides, 5.116.4: οἱ δὲ ἀπέκτειναν Μηλίων ὅσους ἡβῶντας ἔλαβον, παῖδας δὲ καὶ γυναῖκας ἠνδραπόδισαν: τὸ δὲ χωρίον αὐτοὶ ᾤκισαν, ἀποίκους ὕστερον πεντακοσίους πέμψαντες.

31   Cf. Sparkes (1982); Reger (2004: 758-760): "505. Melos".

conforme a los estándares griegos[32], Michael Jameson (1977/78: 125 n. 13) ponía de relieve precisamente el caso de Melos donde, de acuerdo a registros contemporáneos, habría 23,2 km^2 de tierra arable, estimación considerada por debajo de su pleno potencial; sobre la base de las demostraciones de Burford, Jameson conjetura una ecuación que se ajusta al territorio cultivable y al número de colonos atenienses: 27 km^2 es el área que abarcarían 500 lotes de 5,4 ha, es decir, 60 *pléthra* cada uno en promedio, repartidos entre un número similar de colonos[33]. Observaciones recientes, congruentes con la subestimación de la cantidad de tierra arable indicada por Jameson, plantean que el terreno adecuado para la agricultura alcanzaría las 3.000 ha, esto es, un quinto del total de la isla (cf. Dawson, 2014: 217), lo cual es perfectamente compatible con las 2.700 ha conjeturadas por Jameson a lo cual se podría agregar una décima parte reservada para los dioses, asumiendo el mismo criterio que el aplicado en el caso de Lesbos (una práctica habitual), hechos todos estos que se ajustan perfectamente al lote modélico del labrador hoplita.

La colonización ateniense y el modelo del campesino hoplita

Para concluir, intentemos responder a la pregunta planteada: ¿qué atenienses se beneficiaron con los repartos? Jones (1957: 169) afirmaba que no solo se convirtió a los *thêtes* en *zeugîtai* sino que

---

32   Burford ha asociado claramente este tipo de propiedad con las granjas del hoplita y del *zeugítes*, enfatizando la importancia de la fuerza de tiro animal para la labranza y relacionando el término *zeugítes* con la granja trabajada con una yunta de bueyes. Andreyev (1974: 14-16) analiza la evidencia: una inscripción del siglo III a.C. de Farsalo (*IG* IX^2 234) que indica que "los que lucharon a nuestro lado", es decir, junto a los farsalios, recibieron la ciudadanía plena en Farsalo y 60 *pléthra* de tierra arable; la información arqueológica sobre granjas en el Quersoneso Táurico del siglo IV a.C. y posterior que rondan los 43-55 *pléthra*; las *rationes centesimarum* atenienses (fechadas por Lewis, 1973, en los años 320); el caso de cleruquía en Lesbos de 427, según Tucídides, 3.50.2, ya analizado previamente, a partir del cual Andreyev deduce un *klêros* de 40-60 *pléthra*.

33   Jameson apoyaba sus cálculos en los registros desplegados en los Ἀποτελέσματα τῆς ἀπογραφῆς γεωργίας κτηνοτροφίας τῆς 19 Μαρτίου 1961 (Ἐθνική Στατιστική Ὑπηρεσία τῆς Ἑλλάδος), Athênai, 1964. Cf. asimismo Jameson (1992: 137, 142; 1994: 58). Sobre las condiciones medioambientales y ecológicas de Melos para el desarrollo de las actividades agrarias, ver Renfrew & Wagstaff (1982: 73-180, 245-290): "Part II: Environmental System and Constraints", "Part III: Intra-Systemic Relations" y "Part V: Integration".

se tomaron recaudos para evitar que estos últimos pudieran caer en el estatus de los primeros, poniendo así en práctica de cierto modo la afirmación que se lee en *Contra Filino* de Antifonte, recogida por Harpocración (fr. 61 Thalheim = fr. 63 Sauppe), según la cual todos los *thêtes* se convertirían en hoplitas. Como afirma Thomas Figueira (2008: 441-442):

> Mientras que en las cleruquías puede haber prevalecido un monopolio de los *thêtes*, evidencia anecdótica muestra una amplia elegibilidad para las colonias. (...) [Pero] incluso con la disponibilidad de asignaciones coloniales para todas las clases censitarias, los que se presentaron por sí mismos fueron quizás desproporcionadamente *thêtes*, motivados por propiedades limitadas y perspectivas económicas restringidas en casa.

Esto supone que el reparto de lotes en colonias y cleruquías implicara el traslado efectivo de los atenienses beneficiados, en los casos de Brea y de Melos así como en el Lesbos, cuyos integrantes son mencionados como *ápoikoi* y *klerôukhoi*, respectivamente. Las posibles diferencias entre unos y otros, fundamentalmente respecto de si aquéllos no retenían la ciudadanía ateniense mientras que éstos sí lo hacían, no parece haber sido relevante para el asentamiento efectivo: unos y otros dejaban Atenas para usufructuar lotes de tierra repartidos fuera del Ática. Sin poder realizar una estimación cuantitativa como la que se ha presentado al inicio para la distribución de la tierra en la Atenas del siglo IV, me atrevería a postular que la estructura de la propiedad de la tierra en el Ática del siglo V no habría sido muy diferente y que los repartos coloniales tuvieron como efecto aumentar el número de labradores de rango hoplítico de origen ateniense, a partir de transferir una importante cantidad de la población ciudadana, básicamente *thêtes*, a cleruquías y colonias; a pesar de esto, es probable que siguiera habiendo una mayor cantidad de atenienses sin tierras que residían en Atenas entre mediados del siglo V y la última década de la Guerra del Peloponeso que durante el siglo IV.

Por ende, el patrón del lote hoplítico debió haber sido un estímulo para la migración efectiva de los atenienses pobres, al mejorar así su situación y elevar su estatus. A la vez, las comunidades afectadas por esta política imperialista vieron desarrollarse disparidades internas que subsidiaron la igualación democrática entre los atenienses. Como ha señalado Ian Morris (2009: 149), este proceso fue unidireccional y, al apropiarse en todo o en parte de tierras de otras comunidades, Atenas terminó por producir uno de los intentos más serios contra el principio de autonomía de la ciudad-estado, abriendo los recursos económicos básicos del imperio a la explotación centralizada, que favoreció ampliamente a los atenienses más pobres.

Bibliografía

Akrigg, B. (2019). *Population and Economy in Classical Athens*, Cambridge.

Alexander, J.A. (1962). "Thucydides and the Expedition of Callias against Potidaea, 432 BC", *American Journal of Philology*, 83/3, 265-287.

Andreyev, V.N. (1974). "Some Aspects of Agrarian Conditions in Attica in the Fifth to Third Centuries BC", *Eirene*, 12, 5-46.

Arnaoutoglou, I. (1998). *Ancient Greek Laws: A Sourcebook*, London.

Asheri, D. (1969). "Note on the Site of Brea: Theopompus, F 145", *American Journal of Philology*, 90/3, 337-340.

Austin, M.M. & Vidal-Naquet, P. (1977). *Economic and Social History of Ancient Greece: An Introduction* [1972], trad. M.M. Austin, London.

Bergk, T. (1865). "Zu Thucidides", *Philologus*, 22, 536-539.

Bertrand, J.-M. (1992). *Inscriptions historiques grecques*, Paris.

Bresson, A. (2007). *L'économie de la Grèce des cités, I. Les structures et la production*, Paris.

Bresson, A. (2016). *The Making of the Ancient Greek Economy: Institutions, Markets, and Growth in the City-States* [2007], trad. S. Rendall, Princeton.

Brun, P. (1996). *Les archipels égéens dans l'Antiquité grecque (V^e-IIe siècles av. notre ère)*, Besançon-Paris.

Brunt, P.A. (1966). "Athenian Settlements Abroad in the Fifth Century BC", en E. Badian (ed.), *Ancient Society and Institutions: Studies Presented to Victor Ehrenberg on his 75th Birthday*, Oxford, 71-92.

Brunt, P.A. (1993). *Studies in Greek History and Thought*, Oxford.

Burford, A. (1977/78) "The Family Farm in Ancient Greece", *Classical Journal*, 73, 162-175.

Burford, A. (1993). *Land and Labor in the Greek World*, Baltimore.

Burke, E.M. (2010). "Finances and the Operation of the Athenian Democracy in the 'Lycurgan Era'", *American Journal of Philology*, 131/3, 393-423.

Busolt, G. (1904). *Griechische Geschichte bis zur Schlacht bei Chaeroneia*, Gotha, III/2.

Calder III, W.M. (1959). Reseña: *Athenian Democracy*, by A.H.M. Jones. Oxford: Basil Blackwell, 1957, *Classical Philology*, 54/2, 139-141.

Cargill, J. (1987). "Fourth-Century Athenian Citizen Colonies in the Aegean: An Aspect of Naval/ Military Policy", en D.M. Masterson (ed.), *Naval History: The Sixth Symposium of the U.S. Naval Academy*, Wilmington, 32-38.

Cargill, J. (1995). *Athenian Settlements of the Fourth Century BC*, Leiden.

Cataldi, S. (1976). "La restituzione della terra ai Mitilenesi e le rinnovate ξυμβολαί tra Atene e Mitilene", *Annali della Scuola Normale Superiore di Pisa*, s. III, 6/1, 15-33.

Cataldi, S. (1983). *Symbolai e relazioni tra le città greche* nel V secolo a.C., Pisa.

Christ, M.R. (2001). "Conscription of Hoplites in Classical Athens", *Classical Quarterly*, 51/2, 398-422.

Clinton, H.F. (1827). *Fasti Hellenici: The Civil and Literary Chronology of Greece, from the LV*[th] *to the CXXIV*[th] *Olympiad*, 2ª ed. Oxford, II.

Culasso Gastaldi, E. (2009). "Cleruchie? Non cleruchie? Alcune riflessioni sugli insediamenti extraterritoriali di Atene", en R. Scuderi & C. Zizza (eds.), *In ricordo di Dino Ambaglio. Atti del Convegno (Università di Pavia, 9-10 dicembre 2009)*, Pavia, 115-146.

Dawson, H. (2014). *Mediterranean Voyages: The Archaeology of Island Colonisation and Abandonment*, Walnut Creek.

Déléage, A. (1945). *La capitation du Bas-Empire*, Mâcon.

Digidikis, G.O. (1999). Θερμή. Μία μικρή κώμη με ιστορία 5.000 ετών, Mytiléne.

Dimopoulou, A. (2019). "Crise économique et réforme fiscale sous Dioclétien: le témoignage de Lesbos", en E. Chevreau, C. Masi Doria & J.M. Rainer (eds.), Liber amicorum. *Mélanges en l'honneur de Jean-Pierre Coriat*, Paris, 279-287.

Doukellis, P.N. & Mendoni, L.G. (1994) (eds.). *Structures rurales et sociétés antiques. Actes du Colloque de Corfu (14-16 mai 1992)*, Besançon-Paris.

Figueira, T.J. (1991). *Athens and Aigina in the Age of Imperial Colonization*, Baltimore.

Figueira, T.J. (2008). "Colonisation in the Classical Period", en G.R. Tsetskhladze (ed.), *Greek Colonisation: An Account of Greek Colonies and Other Settlements*, Leiden, II, 427-523.

Flensted-Jensen, P. (2004). "Thrace from Axios to Strymon", en Hansen & Nielsen (eds.), 810-853.

Fornara, C. (2010): "The Aftermath of the Mytilenian Revolt", *Historia*, 59/2, 129-142.

Foucart, P. (1878). "Mémoire sur les colonies athéniennes au cinquième et au quatrième siècle", *Mémoires présentés par divers savants à l'Académie des Inscriptions et Belles-Lettres de l'Institut de France*, 1ᵉ s., 9/1, 323-413.

Gallego, J. (2008). "Control social, participación popular y patronazgo en la Atenas clásica", *Circe de Clásicos y Modernos*, 12, 187-206.

Gallego, J. (2009). "El patronazgo rural en la Atenas clásica", *Studia Historica: Historia Antigua*, 27, 163-175.

Gallego, J. (2016). "El campesinado y la distribución de la tierra en la Atenas del siglo IV a.C.", *Gerión*, 34/1, 43-75.

                                    Desigualdades antiguas

Gallego, J. (2017). "Riqueza y desigualdad en la Atenas del siglo IV a.C.", en M. Campagno, J. Gallego & C. García Mac Gaw (eds.), *Capital, deuda y desigualdad. Distribuciones de la riqueza en el Mediterráneo Antiguo*, Buenos Aires, 79-101.

Gallego, J. (2022). "La cleruquía ateniense en Lesbos. Distribución de la tierra y explotación de los nativos", *Nova Tellus*, 40/1, 51-86.

Gallego, J. (en prensa, a). "Atenas, entre el imperio y el estado ampliado: las condiciones infraestructurales de la política de la *polis*", en E. Dell'Elicine, H. Francisco, P. Miceli & A. Morin (eds.), *Fiscalidad, moneda y gestión de recursos en las sociedades precapitalistas*, Los Polvorines (Buenos Aires).

Gallego, J. (en prensa, b). "Las estructuras de un imperio. Atenas y sus ciudades dependientes", en M.M. de Carvalho, Á. Moreno Leoni & N. Frazão José (eds.), *Impérios, imperadores e redes de sociabilidade na Antiguidade*, Franca (São Paulo).

Gallego, J. (en prensa, c). "Mecanismos de dominación y explotación. Atenas y la sumisión de Mitilene y Melos", en B.X. Currás Refojos & M.C. Lopes (eds.), *As faces do imperio. Mecanismos de controlo e estratégias de resistencia*, Coimbra.

Gallego, J. & Valdés Guía, M. (2014). *El campesinado ático y el desarrollo de la democracia ateniense*, Buenos Aires.

Garnsey, P. (1988). *Famine and Food Supply in the Graeco-Roman World: Responses to Risk and Crisis*, Cambridge.

Gauthier, P. (1966). "Les clérouques de Lesbos et la colonisation athénienne au Vᵉ siècle", *Revue des Études Grecques*, 79/374-375, 64-88.

Gomme, A.W. (1945). *A Historical Commentary on Thucydides, I: Book I*, Oxford.

Gomme, A.W. (1952). Reseña: D.P. Mantzouranis, Τὸ ἐτήσιο γεωργικὸ εἰσόδημα τῆς Λέσβου στὴν ἀρχαιότητα. Mytilene: D. Kaldis, 1950, *Classical Review*, 2/3-4, 236.

Gomme, A.W. (1953). "*IG* I² 60 and Thucydides III 50, 2", en G.E. Mylonus & D. Raymond (eds.), *Studies Presented to David Moore Robinson*, Saint Louis, II, 334-339.

Gomme, A.W. (1956). *A Historical Commentary on Thucydides, II: The Ten Years' War. Books II-III*, Oxford.

Gomme, A.W. (1959). "The Population of Athens Again", *Journal of Hellenic Studies*, 79, 61-68.

Graham, A.J. (1964). *Colony and Mother City in Ancient Greece*, Manchester.

Hampl, F. (1939). "Polis ohne Territorium", *Klio*, 32, 1-60.

Hansen, M.H. (1981). "The Number of Athenian Hoplites in 431 BC", *Symbolae Osloenses*, 56, 19-32.

Hansen, M.H. (1982). "Demographic Reflections on the Number of Athenian Citizens 451-309 BC", *American Journal of Ancient History*, 7/2, 172-189.

Hansen, M.H. (1985). *Demography and Democracy: The Number of Athenian Citizens in the Fourth Century BC*, Copenhagen.

Hansen, M.H. (1988). *Three Studies in Athenian Demography*, Copenhagen.

Hansen, M.H. (1991). *The Athenian Democracy in the Age of Demosthenes: Structure, Principles, and Ideology*, Oxford.

Hansen, M.H. (1998). *Polis and City-State: An Ancient Concept and its Modern Equivalent*, Copenhagen.

Hansen, M.H. (2006). *Studies in the Population of Aigina, Athens and Eretria*, Copenhagen.

Hansen. M.H. & Nielsen, T.H. (2004) (eds.). *An Inventory of Archaic and Classical Poleis*, Oxford.

Hansen, M.H., Spencer, N. & Williams, H. (2004). "Lesbos", en Hansen & Nielsen (eds.), 1018-1032.

Hansen, O. (1999). "The Athenian Colony of Brea = Amphipolis?", *Hermes*, 127/1, 121-122.

Hanson, V.D. (1995). *The Other Greeks: The Family Farm and the Agrarian Roots of Western Civilization*, New York.

Harper, K. (2008). "The Greek Census Inscriptions of Late Antiquity", *Journal of Roman Studies*, 98, 83-119.

Horden, P. & Purcell, N. (2000). *The Corrupting Sea: A Study of Mediterranean History*, Oxford.

Hornblower, S. (1991). *A Commentary on Thucydides, Volume I: Books I-III*, Oxford.

Isaac, B. (1986). *The Greek Settlements in Thrace until de Macedonian Conquest*, Leiden.

Jameson, M.H. (1977/78). "Agriculture and Slavery in Classical Athens", *Classical Journal*, 73, 122-145.

Jameson, M.H. (1992). "Agricultural Labor in Ancient Greece", en B. Wells (ed.), *Agriculture in Ancient Greece: Proceedings of the Seventh International Symposium at the Swedish Institute of Athens (16-17 May 1990)*, Stockholm, 135-146.

Jameson, M.H. (1994). "Class in the Ancient Greek Countryside", en Doukellis & Mendoni (eds.), 55-63.

Jones, A.H.M. (1953). "Census Records of the Later Roman Empire", *Journal of Roman Studies*, 43, 49-64.

Jones, A.H.M. (1957). *Athenian Democracy*, Oxford.

Kallet, L. (1993). *Money, Expense, and Naval Power in Thucydides' History 1-5.24*, Berkeley.

Kallet, L. (2009). "Democracy, Empire and Epigraphy in the Twentieth Century", en Ma, Papazarkadas & Parker (eds.), 43-66.

Kontis, I.D. (1978a). "Lesbos and its Peraia in Asia Minor", *Ekistics*, 45/271, 277-279.

Kontis, I.D. (1978b). *Λέσβος καί ἡ Μικρασιατική τῆς περιοχή*, Athênai.

Labarre, G. (1996). *Les cités de Lesbos aux époques hellénistique et impériale*, Lyon.

Lewis, D.M. (1973). "The Athenian Rationes Centesimarum", en M.I. Finley (ed.), *Problèmes de la terre en Grèce ancienne*, Paris-La Haye, 187-212.

Low, P. (2005). "Looking for the Language of Athenian Imperialism", *Journal of Hellenic Studies*, 125, 93-111.

Ma, J., Papazarkadas, N. & Parker, R. (2009) (eds.). *Interpreting the Athenian Empire*, London.

Malkin, I. (1984). "What Were the Sacred Precincts of Brea? *IG* I³ nº 46", *Chiron*, 14, 43-48.

Mantzouranis, D.P. (1950). *Τό ετήσιο γεωργικό εἰσόδημα τῆς Λέσβου στήν ἀρχαιότητα,* Mytiléne.

Marathianou, M., Kosmas, C., Gerontidis, S. & Detsis, V. (2000). "Land-Use Evolution and Degradation in Lesvos (Greece): A Historical Approach", *Land Degradation & Development,* 11, 63-73.

Marchant, E.C. (1909). *Thucydides: Book III,* London.

Mason, H.J. (1993). "Mytilene and Methymna: Quarrels, Borders and Topography", *Echos du Monde Classique,* 12/2, 225-250.

Mason, H.J. (1995). "The End of Antissa", *American Journal of Philology,* 116/3, 399-410.

Mason, H.J. (2001). "*Lesbia Oikodomia*: Aristotle, Masonry, and the Cities of Lesbos", *Mouseion,* s. III, 1/1, 31-53.

Mattingly, H.B. (1963). "The Growth of Athenian Imperialism", *Historia,* 12/3, 257-273.

Mattingly, H.B. (1966). "Athenian Imperialism and the Foundation of Brea", *Classical Quarterly,* 16/1, 172-192.

Mattingly, H.B. (1974). "The Language of Athenian Imperialism", *Epigraphica,* 36, 33-56.

Mattingly, H.B. (1996). *The Athenian Empire Restored: Epigraphic and Historical Studies,* Ann Arbor.

Meiggs, R. (1972). *The Athenian Empire,* Oxford.

Meiggs, R. & Lewis, D.M. (1989). *A Selection of Greek Historical Inscriptions to the End of the Fifth Century BC* [1969], 2ª ed. Oxford.

Meritt, B.D. (1954). "Athenian Covenant with Mytilene", *American Journal of Philology,* 75/4, 359-368.

Meritt, B.D. (1967). "The Choregic Dedication of Leagros", *Greek, Roman and Byzantine Studies,* 8, 45-52.

Meritt, B.D., Wade-Gery, H.T. & McGregor, M.F. (1950). *The Athenian Tribute Lists,* Princeton, III.

Migeotte, L. (2010). "Le grain des îles et l'approvisionnement d'Athènes au IVᵉ siècle avant J.-C.", en A. Magnetto, D. Erdas & C. Carusi (eds.), *Nuove ricerche sulla legge granaria ateniese del 374/3 a.C.,* Pisa, pp. 27-38.

Moreno, A. (2007). *Feeding the Democracy: The Athenian Grain Supply in the Fifth and Fourth Centuries BC,* Oxford.

Moreno, A. (2009). "'The Attic Neighbour': The Cleruchy in the Athenian Empire", en Ma, Papazarkadas & Parker (eds.), 211-221.

Morris, I. (2000). *Archaeology as Cultural History: Words and Things in Iron Age Greece,* Malden.

Morris, I. (2009). "The Greater Athenian State", en I. Morris & W. Scheidel (eds.), *The Dynamics of Ancient Empires: State Power from Assyria to Byzantium,* Oxford, 99-177.

Ober, J. (2010). "Wealthy Hellas", *Transactions of the American Philological Association,* 140, 241-286.

Ober, J. (2016). "Inequality in Late-Classical Democratic Athens: Evidence and Models", en G.C. Bitros & N.C. Kyriazis (eds.), *Democracy and an Open-Economy World Order*, Cham, 125-146.

Ober, J. (2018). "Institutions, Growth, and Inequality in Ancient Greece", en G. Anagnostopoulos & G. Santas (eds.), *Democracy, Justice, and Equality in Ancient Greece: Historical and Philosophical Perspectives*, Cham, 15-37.

Papazarkadas, N. (2009). "Epigraphy and the Athenian Empire: Re-Shuffling the Chronological Cards", en Ma, Papazarkadas & Parker (eds.), 67-88.

Psôma, S. (2009). "Thucydide I, 61, 4: Béroia et la nouvelle localisation de Bréa", *Revue des Études Grecques* 122/2, 263-280.

Reger, G. (2004). "The Aegean", en Hansen & Nielsen (eds.), 732-793.

Renfrew, C. & Wagstaff, M. (1982) (eds.). *An Island Polity: The Archaeology of Exploitation in Melos*, Cambridge.

Rhodes, P.J. (1988). *Thucydides: History, Book II*, Warminster.

Rhodes, P.J. (2008). "After the Three-Bar *Sigma* Controversy: The History of Athenian Imperialism Reassessed", *Classical Quarterly*, 58/2, pp. 500-506.

Robert, J. & Robert, L. (1951). "Bulletin épigraphique", *Revue des Études Grecques*, 64/299-301, 119-216.

Rosivach, V.J. (2002). "The Requirements for the Solonic Classes in Aristotle, *Athenaion Politeia* 7.4", *Hermes*, 130, 36-47.

Sallares, R. (1991). *The Ecology of the Ancient Greek World*, Ithaca.

Salomon, N. (1997). *Le cleruchie di Atene. Caratteri e funzione*, Pisa.

Schaus, G.P. & Spencer, N. (1994). "Notes on the Topography of Eresos", *American Journal of Archaeology*, 98/3, 411-430.

Seaman, M.G. (1997). "The Athenian Expedition to Melos in 416 BC", *Historia*, 46/4, 385-418.

Sparkes, B.A. (1982). "Classical and Roman Melos", en Renfrew & Wagstaff (eds.), 45-57.

Spencer, N. (1994). "Towers and Enclosures of Lesbian Masonry in Lesbos: Rural Investment in the *Chora* of Archaic *Poleis*", en Doukellis & Mendoni (eds.), 207-213.

Spencer, N. (1995a). "Early Lesbos between East and West: A 'Grey Area' of Aegean Archaeology", *Annual of the British School at Athens*, 90, 269-306.

Spencer, N. (1995b). "Multi-Dimensional Group Definition in the Landscape of Rural Greece", en Id. (ed.), *Time, Tradition and Society in Greek Archaeology: Bridging the "Great Divide"*, London, 28-42.

Spencer, N. (1995c). "Respecting Your Elders and Betters: Ancestor Worship at Antissa, Lesbos", *Echos du Monde Classique*, 14/1, pp. 45-60.

Spencer, N. (1996). "'Τὸ Πυρραίων ὄρος τὸ πιτυῶδες': An Archaeological and Epigraphical Approach to a Topographical Problem", *Zeitschrift für Papyrologie und Epigraphik*, 112, 253-262.

Spencer, N. (2000). "Exchange and Stasis in Archaic Mytilene", en R. Brock & S. Hodkinson (eds.), *Alternatives to Athens: Varieties of Political Organization and Community in Ancient Greece*, Oxford, 68-81.

Ste. Croix, G.E.M. de (2004). "The Solonian Census Classes and the Qualifications for Cavalry and Hoplite Service", en Id., *Athenian Democratic Origins and Other Essays*, Oxford, 5-72.

Thomsen, R. (1964). Eisphora: *A Study of Direct Taxation in Ancient Athens*, Copenhagen.

van Wees, H. (2001). "The Myth of the Middle-Class Army: Military and Social Status in Ancient Athens", en T. Bekker-Nielsen & L. Hannestad (eds.), *War as a Cultural and Social Force: Essays on Warfare in Antiquity*, Copenhagen, 45-71.

van Wees, H. (2006). "Mass and Elite in Solon's Athens: The Property Classes Revisited", en J.H. Blok & A.P.M.H. Lardinois (eds.), *Solon of Athens: New Historical and Philological Approaches*, Leiden, 351-389.

Woodhead, A.G. (1952). "The Site of Brea: Thucydides 1.61.4", *Classical Quarterly*, 2/1-2, 57-62.

Zachos, G.A. (2010). "New Evidence on the Topography of Ancient Eresos: Bridging the Gap", *Mitteilungen des Deutschen Archäologischen Instituts: Athenische Abteilung*, 125, 221-242.

Zuchtriegel, G. (2018). *Colonization and Subalternity in Classical Greece: Experience of the Nonelite Population*, Cambridge.

DESIGUALDAD Y EXPLOTACIÓN ECONÓMICA EN EL ORIENTE ROMANO.

LOS CASOS DE P. VEDIO POLIO Y DE UN PROTEGIDO DE LA REINA CLEOPATRA[1]

Alain Bresson[2]

El tópico de las desigualdades está bien instalado, y los libros *Capital in the Twenty-First Century* y *Capital and Ideology* de Thomas Piketty (2014; 2020) así como *The Great Leveler: Violence and the History of Inequality* de Walter Scheidel (2017) han ayudado a plantear el tema. Estos libros, con la oleada de comentarios entusiastas o críticos que han suscitado, han examinado la desigualdad a largo plazo. También han propuesto fórmulas como regla general para el desarrollo de la desigualdad. Para Piketty, esta regla es r > g, es decir, una tasa de rendimiento del capital (r) superior a la tasa de crecimiento de la economía (g). De alguna manera, Scheidel propone un enfoque social de *longue durée* para el análisis económico de Piketty: para aquél, los largos períodos de paz favorecen la desigualdad, mientras que las revoluciones y las guerras crean las condiciones para la igualación de bienes e ingresos. Más allá de estos libros, las expectativas y las demandas en torno a las desigualdades están actualmente en el centro de los debates sociales y políticos, que sobrepasan el mundo de los intelectuales.

Para el campo de la historia antigua, se han organizado recientemente varias conferencias sobre el tema de la desigualdad. Por ejemplo, el volumen de 2018 de la Fondation Hardt *Économie et inégalité* presenta una variedad de capítulos sobre el tema (von Reden & Derron, 2018). En una perspectiva regional, el libro *Luxury and Wealth in Sparta and the Peloponnese* de 2022 analiza la desigualdad

---

en el Peloponeso antiguo a través del prisma del lujo y la riqueza (Hodkinson & Galliou, 2022). También publicado en 2022, el volumen *Capital in Classical Antiquity*, con epílogo del propio Piketty, se centra en la cuestión del vínculo entre la formación de capital y la desigualdad en el mundo antiguo (Koedijk & Morley, 2022).

El análisis del proceso de creación de la desigualdad tiene una vertiente económica, como la que examina Piketty en su libro *Capital in the Twenty-First Century* de 2014, y otra ideológica, social e institucional, sobre la que se ha expresado en su *Capital and Ideology* de 2020. Este capítulo seguirá el segundo camino, abordando la cuestión de cómo la desigualdad colectiva, es decir, la desigualdad entre dos comunidades diferentes, se convierte en explotación y desigualdad social, abordando el caso de la explotación romana del Oriente griego a finales de la República. Una vez más, la cuestión tiene dos caras. La primera es la explotación colectiva mediante tributos, impuestos y contribuciones o indemnizaciones de guerra que beneficiaban a Roma como colectividad, asunto que ha sido tratado por un distinguido conjunto académico[3]. La segunda es la explotación privada: los miembros de la élite romana se beneficiaban directamente de su posición en el aparato estatal romano con el fin de enriquecerse. Este tema no es nuevo, pero ha recibido en los últimos años una renovada atención (Eberle & Le Quéré, 2017). Es este aspecto el que se investigará en este capítulo, centrándose en dos estudios de caso del Oriente romano a finales de la República y a comienzos del Imperio.

De la explotación colectiva al enriquecimiento personal

Los propios romanos no ocultaron el hecho de que estaban explotando el Oriente. Escribiendo en los años 30 a.C., Varrón presenta en su *De rustica* la organización de la vida rural de su época. En el libro II, cuando habla del pastoreo, menciona a los terratenientes romanos establecidos en la Grecia occidental, a los que define como los *Epirotici pecuariae athletae*, "los campeones de la ganadería de Epiro"[4]. Esta es una forma de referirse a terra-

---

3   Gruen (1984); Kallett-Marx (1995); Eckstein (2008); Tan (2017); France (2021).

4   Varrón, *De rustica*, 2.1.2. Traducción al inglés: Hooper & Boyd Ash (1934). Sobre los intereses romanos en la Grecia occidental, ver Zoumbaki (2012), y para el caso de Epiro, Eberle & Le Quéré (2017: 38-42) y Bresson (2019: 271-273).

    Desigualdades antiguas

tenientes romanos concretos establecidos en esta región para esa época. Sin embargo, como ha demostrado recientemente Grant Nelsestuen (2015: 124-129), también es claro que Varrón escenifica un mundo de explotación, donde Roma es la villa, por así decirlo, y las provincias son las pasturas. No hace falta decir que las pasturas están destinadas a ser explotadas en beneficio de la villa.

Sin embargo, si volvemos a los tratados celebrados por Roma con sus aliados orientales, observamos, al menos en el siglo II a.C., una igualdad aparentemente perfecta entre dos socios[5]. Un buen ejemplo lo proporciona el tratado del 105 a.C. entre Roma y la ciudad-isla de Astipalea[6]. Tenemos aquí el vocabulario tradicional de un tratado igualitario griego. Por ejemplo:

> El pueblo de Astipalea no permitirá a los enemigos y opositores del pueblo de los romanos el paso a través de su propia tierra y la tierra que controla el pueblo de Astipalea, con sanción pública, de modo que sobre el pueblo de los romanos y aquellos bajo el dominio romano ellos puedan hacer la guerra, etc. (lín. 29-33).

Y recíprocamente para los romanos:

> El pueblo de los romanos, con respecto a los enemigos y oponentes [- - - -] del pueblo de Astipalea, no les concederá el paso a través de su propia tierra y la tierra que controla el pueblo de los romanos con sanción pública (y) de mala fe, de modo que sobre el pueblo de Astipalea y aquellos bajo su dominio ellos puedan hacer guerra, etc. (lín. 37-39).

Si ignoráramos el desequilibrio entre Roma y Astipalea, podríamos imaginar que es un tratado entre dos pequeñas ciudades vecinas de la Grecia clásica o helenística. Es cierto que no debemos imaginar que las cláusulas relativas a la defensa mutua eran palabras vacías, ni mucho menos. El final del siglo II a.C. fue un período de tensiones extremas en el Mediterráneo oriental. Los piratas vagaban por los mares y atacaban muchas ciudades costeras. Un decreto de Éfeso también de finales del siglo II muestra cómo

---

5   Las abreviaturas de las ediciones epigráficas siguen las recomendaciones de la Association Internationale d'Épigraphie Grecque et Latine (AIEGL): https://aiegl.org/grepiabbr.html (acceso 5/11/2022).

6   *IG* XII.3 173; decreto del senado y tratado con Astipalea. Traducción al inglés: Sherk (1984: 56-58, No. 53). (*Nota de trad.*: La traducción al español se realiza a partir de la versión inglesa).

los propios astipaleos no habían dudado en atacar a los piratas
de alta mar que habían capturado a personas libres y esclavos en
el territorio de Éfeso; habían logrado también devolverlos a Éfeso
(*IG* XII.3 171; cf. De Souza, 1999: 100-101). Por ende, los astipaleos seguían siendo militarmente activos y, de acuerdo con sus
medios y su fuerza militar, desempeñaron un cierto papel en el
contexto local del Egeo oriental. Este fue también un período en
el que Roma hizo todo lo posible para animar a sus aliados en el
sudeste del Egeo a contrarrestar la ofensiva de los piratas, como lo
muestra la *lex de provinciis praetoriis* del año 100 a.C., fragmentos
de la cual se han encontrado en Delfos y Cnido (Crawford, 1996:
231-270; *I.Knidos* 31).

Es claro que el equilibrio de poder entre los dos estados significaba de hecho que los romanos podían hacer casi lo que quisieran,
en tanto que los astipaleos se hallaban firmemente atados a ellos.
El procedimiento romano de aceptación de la alianza descrito en
las primeras líneas de la inscripción de los astipaleos (lín. 1-19),
que incluye los privilegios de la dedicación en el Capitolio de una
estela de bronce con el tratado y un sacrificio a Júpiter Capitolino
realizado por el enviado astipaleo, tampoco deja lugar a dudas en
cuanto a que para los romanos se trataba de una concesión a un
socio de rango inferior (Masri, 2016).

El caso del tratado entre Roma y Astipalea no es un *unicum*.
Tenemos una serie de tratados similares con varios aliados orientales griegos durante los siglos II y I a.C.: con Maronea en el 167
(*I.Aeg.Thr.* 168; *SEG* 35, 823); con Calatis, en latín, alrededor del
100 (*CIL* I² 2676); con Tirreon en el 94 (*Syll.*³ 732); un tratado entre
César y los licios del 46 (*SEG* 55, 1452, con *BE* 2006, 14); uno con
Cnido del 45 (*I.Knidos* 33, reed. Famerie, 2009); la renovación de
un tratado con Mitilene en el 25[7]. Sin embargo, con el transcurso
del tiempo, es decir, en el siglo I, como ha demostrado J.-L. Ferrary
(1990 = 2017: 143-159), la forma de *foeda aequa* fue reemplazada por
la forma de *foeda iniqua* (cuestión confirmada por Famerie, 2009).
La realidad del dominio romano estaba ahora inscrita en la forma
misma de los tratados.

Pero cabe preguntarse por qué a los romanos les importaba
la forma de estos tratados. Se puede observar un claro cambio
en la evolución del sistema institucional romano. En el siglo III,

---

7   *IG* XII.2 35; *Syll.*³ 764; Sherk, *RDGE* 26a; ver Arrayás Morales (2010).

Roma gravaba con impuestos a sus propios ciudadanos para financiar sus guerras. Sus éxitos contra Cartago en la Segunda Guerra Púnica y luego también contra los antigónidas y los seléucidas transformaron radicalmente este cuadro. Los botines y otros tributos extraídos del Mediterráneo oriental permitieron al estado romano dejar de gravar con impuestos a sus propios ciudadanos (Tan, 2017: 68-90). Dicho estado se convirtió en una máquina de extraer efectivo y bienes de las regiones que ahora estaban bajo su control, beneficiando así inmensamente al pueblo romano y sus ejércitos a partir de este proceso de explotación.

Sin embargo, más allá de la extracción directa por parte de los ejércitos de enormes indemnizaciones de guerra o pagos forzosos, existió también una forma indirecta de explotar los países del Mediterráneo oriental: asegurándose de que bajo la presión romana las propias autoridades locales implementarían las medidas decididas por Roma. Esto minimizó el costo de extracción, y, en consecuencia, a menudo pasaron décadas antes de que se estableciera localmente una administración romana directa. De hecho, incluso después de la reducción al estatuto provincial, ahora ya sin la ficción de la independencia, se mantuvo el mismo principio de utilizar a las autoridades locales para recaudar impuestos o exigir suministros.

Un decreto de la Liga Tesalia, tal vez de 129 a.C., brinda un excelente ejemplo del proceso en juego[8]. Los motivos del decreto son en sí mismos una obra maestra de retórica. Los tesalios, que eran oficialmente libres, supuestamente querían mostrar su gratitud al pueblo romano, al que le debían su liberación del dominio macedónico, así como personalmente a Quinto Cecilio Metelo, un antiguo amigo de los tesalios, que entonces era el edil de Roma, encargado del abastecimiento de la ciudad. Así, a petición del edil, los tesalios aceptaron entregar a Roma una gran cantidad de grano (25.400 quintales). De hecho, está claro que a los tesalios no les quedó otra opción que vender su grano. El decreto, también a petición del edil, estipulaba que el costo del transporte del grano a Roma recaería sobre los tesalios. Lo que resulta notable es que el decreto entra en detalles que buscan asegurar que todos los

---

8   Garnsey, Gallant & Rathbone (1984), con Garnsey & Rathbone (1985: 25, appendix), para la fecha revisada de 129 a.C., posiblemente. Cf. también *SEG* 34, 558; *SEG* 45, 614 (hipótesis cronológica alternativa); Bagnall & Derow (2004: 140-141, No. 81). Ver comentario en Bresson (2016a: 396-399).

costos y riesgos serían asumidos por los tesalios, no por los romanos. Oficialmente, nada era obligatorio en el proceso, cuando en realidad, por supuesto, todo lo era.

En cuanto a los individuos romanos, como magistrados o soldados, también ellos se aseguraron de obtener beneficios de su posición oficial para enriquecerse. Uno de los medios más frecuentes de enriquecimiento privado era el cobro excesivo de impuestos a la población local, a menudo por mediación de los *publicani*, los "recolectores privados" de impuestos[9]. Pero otra forma era adquirir propiedades y privilegios fiscales específicos que hicieran de ellas una fuente permanente y estable de ingresos en el futuro. Este modo de enriquecimiento está excelentemente ilustrado por los casos de P. Vedio Polio y de un protegido de la reina Cleopatra.

El caso de P. Vedio Polio

Aunque es cronológicamente posterior, en aras de la demostración comenzaré con el caso de Polio, que ya ha sido examinado en detalle y que proporciona un excelente punto de referencia para estudiar el caso del protegido de Cleopatra. P. Vedio Polio estuvo activo como hombre de negocios y político a finales de la República y a comienzos del reinado de Augusto (murió en el 15 a.C.). Este hombre fabulosamente rico y amigo de Augusto, es ignominiosamente famoso por una anécdota horrible que se ha conservado en varias fuentes antiguas. Polio quiso arrojar a las lampreas, que guardaba en un estanque especial en su casa, a uno de sus esclavos que había roto una copa preciosa. Según cuenta la historia, el esclavo fue salvado por Augusto, quien luego obligó incluso a Polio a romper todas sus otras copas preciosas. De alguna manera, la anécdota simboliza los placeres no tan inocentes de los superricos del pasado[10].

---

9   Tan (2017: 68-90), sobre el principio de la "recolección privada" de impuestos (*tax farming*); France (2021: 251-300), sobre el detalle del proceso, con la bibliografía completa. (*Nota de trad.*: el autor utiliza el término *farmers*, derivado del principio de recolección privada de impuestos o *tax farming*, conforme al cual los *publicani* arrendaban al estado romano jurisdicciones tributarias).

10   Séneca, *Sobre la ira*, 3.40.2-3, y *Sobre la clemencia*, 1.18.2; Plinio, *Historia Natural*, 9.77; Dión Casio, 6.9.4. Ver con más detalle Africa (1995). Sobre Polio y su carrera, Kirbihler (2012; 2016: 255-262; 2017); asimismo, Berdowski (2017/18).

El caballero P. Vedio Polio nos es conocido por haber sido honrado con decretos honoríficos en Ilión y Mileto en el Asia Menor (*I.Ilion* 101; *I.Didyma* 146). En Éfeso, el edicto de Paulo Fabio Pérsico también menciona que había tomado medidas para reorganizar las finanzas del santuario de Artemisa y las fiestas sagradas celebradas allí (*I.Ephesos* Ia 17-19). Asimismo, su retrato aparece en varias series de monedas de Trales. Se han propuesto muchas hipótesis para dar sentido a estos *disjecta membra*. François Kirbihler (2017: 145, n. 80; 2018: 54-58) resume el expediente y sugiere plausiblemente que, después de Accio, Polio recibió de inmediato una prefectura en Asia para reorganizar la vida de la provincia, con un papel semejante al de Mecenas en Italia. Luego habría sido procurador encargado de la fortuna personal de Octavio-Augusto en Asia.

Pero, ¿de dónde procedía su fortuna? Polio descendía de una familia rica y hay buenas razones para pensar que era un financista experto. Pero estos no son los únicos indicios que tenemos sobre él. Estuvo activo en Italia y dedicó un Cesáreo en Benevento (*CIL* IX 1556; *ILS* 109). De Lucania proceden igualmente ladrillos y tejas con sellos que llevan su nombre. Además, como ahora está claro, también tenía intereses en Quíos y Cos (y en otros lugares, con toda probabilidad). Esto ha sido probado por sellos de ánforas en latín provenientes de Cartago y de varios sitios en Judea, especialmente el Herodión, lo que sugiere un vínculo directo entre Polio y el rey Herodes, uno de los reyes clientes de Roma en el Mediterráneo oriental[11]. Asimismo, poseía junto a Mecenas un dominio en Egipto[12]. Polio fue, por lo tanto, uno de esos ricos terratenientes romanos que vemos activos en el Mediterráneo oriental.

Por otra parte, el *Monumentum Ephesenum* muestra que había recibido una exención de impuestos del *portorium*, los derechos de aduana aplicados a las importaciones a y exportaciones de Asia. Estos derechos se aplicaban por un valor de una *quadragesima*, el 2,5%, a todas las mercancías que entraban a o salían de la provincia. Pero Polio (y esto es un *unicum* en el *Monumentum*

---

11   Sobre estos sellos y su identificación, ver Finkielsztejn (2004; 2006). Para Cartago, Freed & Moore (1996).

12   *SB* 16, 13017, lín. 6 y 30 (24 a.C.) y *P.Coll.Youtie*, I.19, lín. 12 (44 d.C.): referencia al dominio que antes estaba en manos de Mecenas y Polio.

Ephesenum) se benefició de una exención especial (mencionada en §40, lín 96-98) que data del 17 a.C.:

> [Los mismos (cónsules) agregaron]: para cualesquiera cosas que a Vedio Polio se le haya concedido inmunidad por decreto del Senado, en la cantidad que ellas valgan más de 10.000 denarios, la [cuarentava] parte de estas cosas será dada al *publicanus*[13].

En este caso, se debería seguir la interpretación de Kirbihler (2017: 151): primero, es probable que fuera su papel oficial en la reorganización de la provincia lo que justificase los privilegios aduaneros excepcionales que recibió; segundo, el *Monumentum Ephesenum* no debe ser la primera regulación legal aplicada al caso de Polio. De hecho, este documento supone la existencia de una normativa anterior según la cual Polio gozaba de exención fiscal, pero sin limitación específica alguna. La cláusula del *Monumentum Ephesenum* limitó este privilegio a 10.000 denarios, presumiblemente por carga. Por encima de ese límite, se gravaría el 2,5% sobre los bienes importados a, o exportados de Asia por Polio. ¿Correspondía esta limitación a una especie de humillación para Polio, después de haber ofendido a Augusto? Esto es posible, pero tal vez solo sea una sobreinterpretación de la evidencia.

Así pues, la riqueza de Polio se basaba no solo en la ganancia obtenida por las ventas de los productos de sus haciendas, como las que tenía en Asia, sino también en los privilegios fiscales que le permitían aumentar todavía más dichas ganancias. Los privilegios de Polio nos invitan a revisar el caso de otro personaje, que es anterior a Polio, pero que cobra más sentido una vez que se ha examinado el caso de este último.

El caso del protegido de Cleopatra

Se trata de un caso que aparece en el famoso papiro de Cleopatra[14], fechado con precisión el 23 de febrero del 33 a.C., que ha

---

13   Texto y traducción en Cottier *et al.* (2008), con comentario en p. 142. (*Nota de trad.*: La traducción al español se realiza a partir de la versión inglesa).

14   Las abreviaturas de ediciones papirológicas son las recomendadas por Papyri.info: https://papyri.info/docs/checklist#Papyri (acceso 5/11/2022).

Desigualdades antiguas

sido brillantemente reeditado por Peter van Minnen[15]. El papiro se conoce como tal porque su autora no puede ser otra que la reina Cleopatra VII, la gran Cleopatra, y también porque se ha conjeturado que al final lleva la única palabra conocida escrita por la propia Cleopatra. El autor supone que al final de la carta, en línea 16, la mención γινέσθωι, "Haz que suceda", está escrita con una mano diferente a la del resto del documento. Por ende, la palabra debió haber sido escrita por la propia Cleopatra. Sin embargo, un examen minucioso de la escritura ha sugerido rechazar esta hipótesis (Bagnall & Derow, 2004: 109-110, No. 63; Sarri, 2018: 168). Pero ya fuera que la reina misma firmara el documento o que solo diera su aprobación oralmente a un secretario para que este la escribiera en el papiro, lo cierto es que los privilegios como los que se concedían a un oficial o político romano de alto rango se decidían al más alto nivel del poder del estado.

P. van Minnen ha propuesto que el beneficiario de los privilegios era nada menos que Publio Canidio Craso, uno de los generales de mayor confianza de Antonio, quien sirvió en las campañas de este último en Armenia, entre otras[16]. Durante la campaña de Accio estuvo al mando de las fuerzas terrestres de Antonio, lo que basta para ilustrar el papel que desempeñaba en su estado mayor. Plutarco nos cuenta que, antes de la campaña de Accio, se había beneficiado de los favores de Cleopatra, y por este motivo había persuadido a Antonio de que no enviara a la reina de Egipto de vuelta a Alejandría[17]. Pero estos obsequios son posteriores a la donación de febrero del año 33. Canidio no sobrevivió a la derrota de Antonio. Si algunos otros miembros de la corte de Antonio y Cleopatra fueron indultados, este no fue el caso de Canidio, quien fue ejecutado el 30 a.C.

La restauración del nombre de Canidio en el papiro puede parecer tentadora (van Minnen, 2000; 2001). Pero para Klaus Zimmermann el nombre que se debería leer es el de Quinto Cascelio.

---

15   Ver *P.Bingen* 45, con la nueva edición fundamental y el comentario de van Minnen (2000; 2001). Para excelentes fotografías del papiro: https://berlpap.smb.museum/05150/ (acceso 5/11/2022).

16   Sobre este personaje, ver Ferriès (2000; 2007: 359-362, No. 33).

17   Plutarco, *Antonio*, 56.4: ἔπεισε πολλοῖς Κανίδιον χρήμασιν Ἀντωνίῳ διαλεχθῆναι περὶ αὐτῆς. Cf. van Minnen (2001: 79), que reconoce que la donación no puede estar relacionada con estos obsequios.

Un Κοίντος Κασκέλλιος Κοίντου υἱὸς Γέμεινος es conocido en Cauno en el siglo I a.C. o d.C. como salvador, benefactor y patrono[18]. Un examen detenido de la fotografía del papiro invita a leer Κασκ[---] en lugar de Καν[---]. Por lo tanto, existe una buena posibilidad de que el *nomen* del personaje sea Cascelio. Sin embargo, la restauración del *praenomen* sigue siendo muy incierta.

Cualquiera fuera su nombre completo, este romano privilegiado recibió de Cleopatra prerrogativas tanto para la exportación de grano, que era la principal exportación de Egipto, como para la importación de vino. Curiosamente, el intercambio de vino por grano es la forma característica de intercambio internacional prevista por Aristóteles en su *Política* (1257a 27, con el comentario de Bresson, 2016b). El texto del papiro dice lo siguiente[19]:

(Expediente) Recibido: Año 19 = 4, *Mekheir* 26.

A —.

Hemos concedido a [. . .]io Casc[elio] y sus herederos la exportación anual de 10.000 artabas de trigo y la importación anual de 5.000 ánforas coanas de vino sin que nadie en absoluto le exigiera nada en impuestos o cualquier otro gasto. También hemos concedido la exención de impuestos sobre todas las tierras que posee en Egipto en el entendimiento de que no pagará ningún impuesto, ni a la cuenta estatal ni a la cuenta privada mía y [. . .], en cualquier forma, a perpetuidad. También hemos concedido que sus arrendatarios estén exentos de responsabilidades personales y de impuestos sin que nadie les exija nada, ni siquiera contribuir a las cargas ocasionales en los nomos o pagar por los gastos de soldados u oficiales. También hemos concedido que los animales utilizados para arar y sembrar, así como las bestias de carga y los barcos utilizados para el transporte del trigo (por el Nilo) estén igualmente exentos de responsabilidades "personales" y de impuestos y no puedan ser incautados. Que se escriba a aquellos a quienes corresponda, para que al saberlo actúen en consecuencia.

(Subscripción) Haz que suceda.

---

18   Zimmermann (2002: 134 y 135), para la lectura *Cascellii* y la conexión con el patrono de Cauno, respectivamente; sobre este texto, ver *I.Kaunos* 120, y Eilers (2002: 243, C110).

19   Traducción de Bagnall & Derow (2004: 109-110, No. 63). (*Nota de trad.*: La traducción al español se realiza a partir de la versión inglesa).

                                    Desigualdades antiguas

Se trata de un documento notable porque presenta detalles sobre las diversas exenciones de impuestos. Asimismo, el privilegio fiscal otorgado se extiende a los herederos del beneficiario. Esto está de acuerdo con el deseo ya destacado de la élite romana de no recibir entradas en efectivo solo por única vez, sino de tener fuentes permanentes de ingresos. Egipto era una tierra rica y ya mucho antes de los años 30 había atraído a miembros de la élite romana que ansiaban adquirir tierras en el país[20]. Por otra parte, se aplica una exención a los impuestos recaudados no solo por el estado egipcio, sino también por la casa real, el *ídios lógos* o cuenta privada. En la laguna "la cuenta privada mía y [. . .]", Zimmermann (2002) cree que se debe restaurar "suya", remitiendo este término a Cesarión, el hijo de Cleopatra y César, oficialmente corregente desde el 42 a.C. Cesarión habría tenido su propia cuenta privada y sería el destinatario de la carta. La exención se aplicaba a los arrendatarios y a todos los impuestos que podían recaudarse localmente, así como al alojamiento de soldados u oficiales, que representaba una pesada carga para las poblaciones locales[21].

Los privilegios se limitaban a una cierta cantidad: 10.000 *artábai* de grano y 5.000 ánforas de vino. Una artaba ptolemaica corresponde a 39,4 litros. Partiendo de una cantidad de 52,53 litros por *médimnos* ático, el cargamento equivaldría exactamente a 7.500 *médimnoi*, que era la capacidad de un gran barco romano de la época (aunque no de los más grandes). La misma observación se aplica a las 5.000 ánforas coanas. El beneficiario también recibió una exención completa para sus propiedades o el transporte de sus bienes en Egipto propiamente dicho. Las limitaciones en la exención de impuestos por un monto determinado para los bienes exportados desde Egipto, o importados hacia el país, nos recuerdan lo que observamos para el caso de Polio en el *Monumentum Ephesenum*, aunque los privilegios de este último eran aparentemente más amplios, si en efecto la limitación se aplicaba a cargamentos inferiores a 10.000 denarios, que de hecho podían multiplicarse. Pero el nivel de impuestos sobre el comercio exte-

---

20 Ver la demostración de Rossi (2014) respecto del caso de Lucio Septimio, ya para los años 50 a.C. Su familia mantuvo sus propiedades egipcias hasta la época imperial.

21 Fischer-Bovet (2014: 243-246), sobre el alojamiento de los soldados en Egipto.

rior estaba en Egipto muy por encima del 2,5% de la *quadragesima Asiae*. Gracias a un papiro del siglo III a.C. sabemos que, según su naturaleza, las importaciones a Egipto se encontraban gravadas con cuatro tasas diferentes por valor de 20, 25, 33,33 y 50%, estando los vinos gravados con el 33,33% (*P.Cair.Zeno* 59012, con el comentario de Bresson, 2012). Al menos para un cargamento individual, beneficiarse con estos privilegios representaba una cuantía muy superior a la concedida a Polio. El privilegio también incluía los peajes exigidos a las mercancías transportadas dentro de Egipto (Muhs, 2016: 227 y n. 83, con bibliografía previa).

Existen varios rasgos en común entre el caso de Polio y el del protegido de Cleopatra. Ambos poseían propiedades en Egipto y recibieron exenciones de derechos aduaneros, Polio en Asia y el protegido de Cleopatra en Egipto. Pero hay incluso un vínculo más entre los dos expedientes, que es la isla de Cos. Polio exportaba su vino desde Cos en ánforas con sellos que llevaban su nombre. En cuanto al papiro de Cleopatra, en líneas 4-5 se refiere a οἴνου κεράμια Κῷα, "vasijas coanas de vino". Podría parecer que esto designa cualquier tipo de ánforas con forma coana porque sabemos que el diseño de las ánforas coanas fue imitado en muchas regiones del Mediterráneo. Por lo tanto, el vino podría no provenir necesariamente de Cos.

Pero se debería observar que la formulación del papiro es de hecho la forma habitual de designar la procedencia de un producto. Este es el caso, por ejemplo, en el discurso demosténico *Contra Lacrito* (35.35), que de manera similar se refiere a οἴνου Κῷα κεράμια para aludir a las exportaciones de vino coano, o en el papiro ptolemaico de costumbres (*P.Cairo.Zen.* 59012) de 259 a.C., que después de mencionar otros κεράμια, en la línea 17 se refiere a οἴνου Χῖ[α ο'], 70 tinajas de vino quiota (ver también lín. 22), con un impuesto específico para esta categoría de vino de alta calidad. Los ejemplos podrían multiplicarse. Por lo tanto, no hay duda de que el vino del protegido de Cleopatra no era cualquier vino transportado en ánforas con forma coana, sino realmente vino coano. Como ya demostró hace muchos años Susan Sherwin White (1978: 250-255), y como lo confirman todos los trabajos más recientes, en especial con la publicación del nuevo corpus *IG* XII.4, los hombres de negocio y terratenientes italianos y romanos habían invadido la isla de Cos, que aparentemente era una de las

Desigualdades antiguas

ciudades griegas más densamente "colonizadas" del Egeo, en contraste con su vecina Rodas, que deliberadamente mantuvo a raya a los romanos[22]. El paralelismo entre ambos casos, en cuanto a las formas de enriquecimiento de los miembros de la élite romana a finales de los años 30 o principios de los 20 a.C., es así perfecto.

El lado económico de la explotación

¿Qué observaciones podemos hacer a partir de estos dos estudios de caso? Ante todo, debería quedar claro que la política importa. Es gracias a las victorias de los ejércitos romanos que se estableció un equilibrio de poder que disuadió a los griegos de intentar desafiar el dominio romano. El amargo precio pagado por quienes en algún momento se atrevieron a hacer frente a la autoridad romana –desde la destrucción del reino macedónico en el 168 y la esclavización de los molosos en el 167, hasta la destrucción de Corinto en el 146 o el saqueo de Atenas en el 86 y el fracaso final y la muerte del rey Mitrídates VI del Ponto en el 63 a.C.– enseñó a los griegos una lección: la rebelión era inútil.

Entonces, si Roma se convirtió en dueña del Mediterráneo oriental, ¿por qué no destruyó las estructuras políticas de la vida cívica griega? Por supuesto, como se ha dicho muchas veces, la respuesta es que este no era su mayor interés. Los romanos querían explotar el Oriente griego, no destruirlo. Por esta razón, al menos en una primera etapa, era más rentable utilizar las estructuras políticas tradicionales griegas, la *polis* o el reino helenístico, y hacerlas funcionar en su beneficio. Este proceso de transformación introdujo una nueva desigualdad política y social.

Gracias al hecho de que estaban al servicio, en el más alto nivel, de una entidad política que ahora gobernaba el Mediterráneo, los individuos romanos podían entonces volverse ricos, o muy ricos, algunos de ellos incluso inmensamente ricos. P. Canidio Craso no fue el protegido de Cleopatra mencionado en el papiro (*P.Bingen* 45); pero este texto nos ayuda a imaginar los privilegios,

---

22　Para Cos, ver Eberle & Le Quéré (2017: 16-20), que proporcionan una lista de los nombres romanos atestiguados en sellos de ánforas coanas a partir del archivo de Virginia Grace; sin embargo, ningún Cascelio aparece en esta lista. Para Rodas y su resistencia política, cultural y económica, ver Bresson (1996).

probablemente incluso mucho mayores, que este protegido recibió de la reina.

El protegido de Cleopatra le debía sus privilegios en Egipto a la decisión personal de la reina. Del mismo modo, P. Vedio Polio le debía sus privilegios fiscales en Asia a Octavio y a su relación personal con éste, gracias al papel administrativo que desempeñó en Asia Menor en el nuevo mundo creado por el *princeps*. Por lo tanto, la creación de redes políticas permitió a los favorecidos por estos privilegios distorsionar la regla del mercado en su propio beneficio. Esta fue una forma típica de economía mafiosa, aunque directamente vinculada al proceso de producción y al mercado. En consecuencia, deberíamos abstenernos de descuidar la dimensión económica del proceso de explotación y creación de la desigualdad. El intercambio de vino por grano y el comercio entre Asia Menor y Egipto habían sido una realidad establecida ya desde finales de la Era Arcaica. Los miembros de la élite romana capitalizaron esta red, en la que ahora podían maximizar sus ganancias gracias a su posición privilegiada.

De hecho, como también se ha observado, estos miembros de la élite romana no solo querían desviar en su beneficio parte de los recursos en efectivo de las comunidades orientales haciéndose cargo de la recaudación de impuestos para el estado romano. También tenían como objetivo adquirir tierras, la inversión a largo plazo más segura y rentable del mundo antiguo. Pero en función de maximizar sus ingresos pidieron que se les otorgaran exenciones tributarias, lo que los colocó en una posición privilegiada en comparación con otros productores y exportadores. Mientras Roma estaba comenzando a apoderarse del Mediterráneo oriental, en el año 187 a.C. concluyó un tratado con Ambracia, en Epiro, que establecía una exención de derechos aduaneros para romanos y latinos; resulta legítimo pensar que los romanos impusieron a muchas otras ciudades unos privilegios similares en favor de su propia gente[23].

---

23   Livio, 38.44.4. Cf. Gruen (1984: I, 154, 184 y n. 164), que insiste en que la regulación es un *unicum*, aunque esto quizás solo traduzca el estado de nuestras fuentes. Independientemente de este caso, el estado romano podía de hecho legislar para privilegiar a sus publicanos: la *lex Antonia de Termessibus*, del 71 o 68 a.C. (Crawford, 1996: 331-340, No. 19), prohibía a la ciudad de Termeso, en Pisidia, gravar a los publicanos; ver Tan (2017: 79, n. 37).

 Desigualdades antiguas

Explorar el lado político y social de la cuestión de la explotación romana del Oriente no significa que debamos abandonar el lado económico de la cuestión de la desigualdad.

Bibliografía

Africa, T.W. (1995). "Adam Smith, the Wicked Knight, and the Use of Anecdotes", *Greece & Rome*, 42/1, 70-75.

Arrayás Morales, I. (2010). "Diplomacy of the Asia Minor *Poleis*: Mytilene's Embassy to Tarraco", *Classica et Mediaevalia*, 61, 127-149.

Bagnall, R.S. & Derow, P. (2004). *The Hellenistic Period: Historical Sources in Translation*, Oxford.

Berdowski, P. (2017/18). "*Ex amicis divi Augusti*: P. Vedius Pollio", *Palamedes*, 12, 93-140.

Bresson, A. (1996). "L'onomastique romaine à Rhodes", en A. Rizakis (ed.), *Roman Onomastics in the Greek East: Social and Political Aspects*, Athens, 225-238.

Bresson, A. (2012). "Wine, Oil and Delicacies at the Pelousion Customs", en L.-M. Günther & V. Grieb (eds.), *Das imperiale Rom und der hellenistische Osten. Festschrift für Jürgen Deininger zum 75. Geburtstag*, Wiesbaden, 69-88.

Bresson, A. (2016a). *The Making of the Ancient Greek Economy: Institutions, Markets, and Growth in the City-States* [2007], trad. S. Rendall, Princeton.

Bresson, A. (2016b). "Aristotle and Foreign Trade", en E.M. Harris, D.M. Lewis & M. Woolmer (eds.), *The Ancient Greek Economy: Markets, Households and City-States*, Cambridge, 41-65.

Bresson, A. (2019). "Slaves, Fairs and Fears: Western Greek Sanctuaries as Hubs of Social Interaction", en K. Freitag & M. Haake (eds.), *Griechische Heiligtümer als Handlungsorte: zur Multifunktionalität supralokaler Heiligtümer von der frühen Archaik bis in die römische Kaiserzeit*, Stuttgart, 251-277.

Cottier, M., Crawford, M.H., Crowther, C.V., Ferrary, J.-L., Levick, B.M., Salomies, O. & Wörrle, M. (2008) (eds.). *The Customs Law of Asia*, Oxford.

Crawford, M.H. (1996). *Roman Statutes*, London.

De Souza, P. (1999). *Piracy in the Graeco-Roman World*, Cambridge.

Eberle, L.P. & Le Quéré, E. (2017). "Landed Traders, Trading Agriculturalists? Land in the Economy of the Italian Diaspora in the Greek East", *Journal of Roman Studies*, 107, 27-59.

Eckstein, A.M. (2008). *Rome Enters the Greek East: From Anarchy to Hierarchy in the Hellenistic Mediterranean, 230-170 BC*, Malden.

Eilers, C. (2002). *Roman Patrons of Greek Cities*, Oxford.

Famerie, É. (2009). "Le traité d'alliance romano-cnidien de 45 av. J.-C", *Cahiers du Centre Gustave Glotz*, 20, 265-280.

Ferrary, J.-L. (1990). "Traités et domination romaine dans le monde hellénique", en L. Canfora, M. Liverani & C. Zaccagnini (eds.), *I trattati nel mondo antico. Forma, ideologia, funzione*, Rome, 217-235

Ferrary, J.-L. (2017). *Rome et le monde grec. Choix d'écrits*, Paris.

Hooper, W.D. & Boyd Ash, H. (1934) (ed.) (trad.). *Marcus Porcius Cato: On Agriculture-Marcus Terentius Varro: On Agriculture*, Cambridge MA.

Ferriès, M.-C. (2000). "La légende noire de P. Canidius Crassus", *Athenaeum*, 88, 413-430.

Ferriès, M.-C. (2007). *Les partisans d'Antoine*, Bordeaux.

Finkielsztejn, G. (2004). "Koan Amphoras Imported in the Southern Levant in the Hellenistic Period", en K. Höghammar (ed.), *The Hellenistic Polis of Kos: State, Economy and Culture* (*Boreas*, 28), Uppsala, 153-164.

Finkielsztejn, G. (2006). "P. Vedius Pollio, producteur de vin à Chios et Cos et fournisseur d'Hérode le Grand", en D. Długosz (ed.), *Grecs, Juifs, Polonais*, Paris, 123-139.

Fischer-Bovet, C. (2014). *Army and Society in Ptolemaic Egypt*, Cambridge.

France, J. (2021). *Tribut. Une histoire fiscale de la conquête romaine*, Paris.

Freed, J. & Moore, J. (1996). "New Observations on the Earliest Roman Amphoras from Carthage: Delattre's First Amphora Wall", *Centre d'Études et de Documentation Archéologique de la Conservation de Carthage: Bulletin*, 15, 19-28.

Garnsey, P., Gallant, T. & Rathbone, D. (1984). "Thessaly and the Grain Supply of Rome during the Second Century B.C.", *Journal of Roman Studies*, 74, 30-44.

Garnsey, P. & Rathbone, D. (1985). "The Background to the Grain Law of Gaius Gracchus", *Journal of Roman Studies*, 75, 20-25.

Gruen, E.S. (1984). *The Hellenistic World and the Coming of Rome*, Berkeley, 2 vols.

Hodkinson, S., & Gallou, C. (2022) (eds.). *Luxury and Wealth in Sparta and the Peloponnese*, Swansea.

Kallett-Marx, R. (1995). *Hegemony to Empire: The Development of the Roman Imperium in the East from 148 to 62 B.C.*, Berkeley.

Kirbihler, F. (2012). "Pollio (P. Vedius)", *Dictionnaire des philosophes antiques, Vb: de Plotina à Rutilius Rufus*, Paris, 1206-1210.

Kirbihler, F. (2016). *Des Grecs et des Italiens à Éphèse*, Bordeaux.

Kirbihler, F. (2017). "Les problèmes d'une mission publique entre République et Empire: P. Vedius Pollio en Asie", en L. Cavalier, M.-C. Ferriès & F. Delrieu (eds.), *Auguste et l'Asie Mineure*, Bordeaux, 129-152.

Kirbihler, F. (2018). "Les prêtresses d'Artémis à Éphèse (Ier siècle av. J.-C.-IIIe siècle apr. J.-C.) ou comment faire du neuf en prétendant restaurer un état ancien?" *Dialogues d'Histoire Ancienne Suppl.*, 18, 21-79.

Koedijk, M. & Morley, N. (2022) (eds.). *Capital in Classical Antiquity*, Cham.

Masri, L. (2016). "Rome, Diplomacy, and the Rituals of Empire: Foreign Sacrifice to Jupiter Capitolinus", *Historia*, 65/3, 325-347.

Muhs, B.P. (2016). *The Ancient Egyptian Economy, 3000-30 BCE*, Cambridge.

Nelsestuen, G.A. (2015). *Varro the Agronomist: Political Philosophy, Satire, and Agriculture in the Late Republic*, Columbus.

Piketty, T. (2014). *Capital in the Twenty-First Century* [2013], trad. A. Goldhammer, Cambridge MA.

Piketty, T. (2020). *Capital and Ideology* [2019], trad. A. Goldhammer, Cambridge MA.

Rossi, L. (2014). "Romans and Land Property Rights in Ptolemaic Egypt: The Identification of Lucius Septimius", *Ancient Society*, 44, 127-147.

Sarri, A. (2018). *Material Aspects of Letter Writing in the Graeco-Roman World. 500 BC-AD 300*, Berlin.

Scheidel, W. (2017). *The Great Leveler: Violence and the History of Inequality from the Stone Age to the Twenty-First Century*, Princeton.

Sherk, R.K. (1984). *Rome and the Greek East to the Death of Augustus*, Baltimore.

Sherwin-White, S.M. (1978). *Ancient Cos: An Historical Study from the Dorian Settlement to the Imperial Period*, Göttingen.

Tan, J. (2017). *Power and Public Finance at Rome, 264-49 BCE*, New York.

van Minnen, P. (2000). "An Official Act of Cleopatra (with a Subscription in her Own Hand)", *Ancient Society*, 30, 29-34.

van Minnen, P. (2001). "Further Thoughts on the Cleopatra Papyrus", *Archiv für Papyrusforschung*, 47, 74-80.

von Reden, S. & Derron, P. (2018) (eds.). *Économie et inégalité. Ressources, échanges et pouvoir dans l'Antiquité classique (Entretiens sur l'Antiquité classique, 63)*, Genève.

Zimmermann, K. (2002). "P.Bingen 45: eine Steuerbefreiung für Q. Cascellius, adressiert an Kaisarion", *Zeitschrift für Papyrologie und Epigraphik*, 138, 133-139.

Zoumbaki, S. (2012). "The Exploitation of Local Resources of Western Greece by Roman Entrepreneurs (3rd-1st c. BC)", *Revue Belge de Philologie et d'Histoire*, 90/1, 77-92.

CONSTRUCCIÓN DE ESTATUS, ACUMULACIÓN DE OPORTUNIDADES Y DESIGUALDAD MATERIAL EN LA ROMA ANTIGUA.

LA MIRADA DESDE LA SOCIOLOGÍA[1]

Walter Scheidel[2]

Preámbulo

Este volumen intenta explorar la relación entre poder económico e identidad de la élite política y cultural en el mundo antiguo. Cuando convocaron a la reunión sobre la cual se basa este libro, los organizadores mencionaron a los participantes ciertos estudios académicos sobre este tema en el campo de las ciencias sociales pero no dieron la importancia debida al trabajo que se ha hecho al respecto en sociología. Se trata de un trabajo que relaciona la desigualdad social con los roles y los estatus sociales. Esa omisión no sorprende si se toma en cuenta la dificultad que puede tener la idea de poner en funcionamiento ese tipo de investigación cuando se trata del estudio de las sociedades antiguas. Aun así, en mi opinión, vale la pena explorar el potencial del trabajo sociológico. El debate de apertura se basa en una revisión breve de la sociología contemporánea y su relevancia para el estudio del mundo de la Grecia antigua, estudio que publiqué hace una década en el *Oxford Handbook of Hellenic Studies*: por lo que sé, ese estudio no llevó a otros esfuerzos en una línea similar (Scheidel, 2009) y como veremos, tal vez haya buenas razones para esa falta de compromiso[3].

---

1   Traducción: Márgara Averbach.

2   Stanford University.

3   Agradezco a Ümit Öztürk por inspirar mi regreso a este tema.

Sociologías contemporáneas

Tenemos que tener mucho cuidado cuando hablamos de "sociología". Hay que preguntarse: ¿qué tipo de sociología? Hace ya tiempo, una vez abandonada la búsqueda inicial de leyes universales para las relaciones y desarrollos sociales, la sociología se abrió en una variedad de enfoques complementarios o competitivos en expansión y –de la misma manera que la antropología contemporánea– carece no solo de un único paradigma sino también de un consenso básico sobre cuestiones o métodos centrales. Hay enfoques que alguna vez fueron dominantes, como la teoría del conflicto (que se ocupaba del rol del conflicto en el cambio social), la teoría estructural funcionalista (que se ocupaba de la función de los fenómenos observados dentro de sistemas sociales más amplios), y la teoría de la interacción simbólica (que se ocupaba de los medios de creación de sistemas compartidos de significación). Actualmente, esos enfoques están incluidos o suplementados por la proliferación de diferentes categorías analíticas diseñadas para su aplicación en lecturas interpretativas.

La "sociología histórica" es una rama de la disciplina que utiliza la evidencia histórica para establecer, aplicar y probar teorías más generales a través de la comparación sistemática y el análisis causal (por ejemplo, Delanty & Isin, 2003; Lachmann, 2013). Entre los ejemplos más conocidos y relevantes para los historiadores de la Antigüedad están el estudio comparado de Michael Mann sobre las configuraciones del poder social en varias sociedades antiguas y más tardías (Mann, 1986) y el intento de Orlando Patterson para relacionar el nacimiento de la "libertad" con la institución helénica de la esclavitud (Patterson, 1991).

La "sociología económica", establecida en la intersección de las disciplinas sociológica y económica, interpreta el comportamiento económico como comportamiento social y pone el foco en el contexto social y la construcción de la acción y las instituciones económicas (por ejemplo, Smelser & Swedberg, 2005). Ese enfoque permite que los historiadores de la Antigüedad compensen la escasez de datos cuantitativos "duros", que se requieren para el análisis de la economía formal, explotando la evidencia "blanda" de las relaciones sociales, que (relativamente) es mucho más

                                            Desigualdades antiguas

abundante. El enfoque se asocia sobre todo con Max Weber, Karl Polanyi y Moses Finley.

La "teoría de redes sociales" pone el foco en los "lazos" (conexiones) entre "nodos" (actores o entidades mayores; por ejemplo, Scott, 2017; Borgatti, Everett & Johnson, 2018): la fuerza de esos lazos (y también la de ciertos nodos específicos como los "núcleos") puede usarse para explicar las propiedades de las redes resultantes y el grado en el que el éxito de ciertos actores depende de la estructura de las redes que los sostienen. El potencial de ese método para el análisis histórico ya está bien establecido y, por lo menos de tanto en tanto, aparece en trabajos de historiadores de la Antigüedad (por ejemplo, Ruffini, 2008; Cline, 2012)[4].

La "teoría de roles" sostiene que el comportamiento individual está organizado y adquiere significado en términos de roles (en actividades de trabajo y actividades de grupo), que los seres humanos pueden actuar y sentir de maneras diferentes en distintos roles y que diferentes personas pueden comportarse de manera similar en roles compartidos (por ejemplo, Turner, 2001; Van der Horst, 2016). Esa perspectiva –que cubre tanto roles básicos (asociados con la edad, el género y la clase) como roles de estatus (unidos a la posición en grupos organizados)– ayuda a conectar los niveles micro y macro del comportamiento social. Es posible argumentar que la "teoría de roles" puede ser beneficiosa para analizar la estratificación social y el comportamiento en grupo en la *polis* clásica, con sus roles coincidentes de votantes, soldados, jefes de hogar, etc. y también para estudiar delimitaciones sociales dicotómicas. En ese contexto histórico, la "teoría estructural de roles", que maneja las relaciones entre rol y estatus, y entre estatus y derechos/deberes, merece una atención particular.

Todos esos enfoques son relevantes para los historiadores de la Antigüedad: la sociología económica, cuando investiga la inserción de las relaciones económicas en el dominio social; la teoría de las redes sociales, cuando evalúa la desigualdad relacional (uno de los tipos más importantes de desigualdad, junto con la desigualdad somática y material); la teoría de roles, cuando examina la forma en que se cruzan diferentes roles y estatus tanto formales como informales.

---

4   Cf. Knappett (2013) para la arqueología.

De la teoría de la construcción del estatus y la acumulación de oportunidades a la desigualdad material

Sin embargo, se puede afirmar que la rama más importante de la sociología actual para pensar la desigualdad es el campo de la "teoría de la construcción del estatus" (por ejemplo, Ridgeway, 2018). Este campo se concentra en el análisis de la manera en que se forman las creencias sobre el estatus y la forma en que interactúan, en que se convierten en "hechos sociales" que construyen y justifican la desigualdad. También analiza la forma en que ese desarrollo se corresponde con la desigualdad en la distribución de los recursos materiales. En su discurso de 2013 como Presidenta de la American Sociological Association, Cecilia Ridgeway, líder en el campo, recordó a toda la audiencia que el estatus tiene mucho que decirnos sobre la desigualdad (Ridgeway, 2014).

La desigualdad deriva de los recursos, el poder y el estatus. En la sociología contemporánea, hay una tendencia a dejar de lado el estatus, a no verlo como un mecanismo independiente que produce desigualdad entre grupos e individuos; no pasa lo mismo en el caso de los recursos y el poder, que concentran gran parte de la atención. Sin embargo, es importante tener en cuenta los tres factores en conjunto porque la desigualdad se apoya con mucha persistencia en la interacción sistemática de mecanismos y procesos en múltiples niveles. La desigualdad no se expresa solamente en los resultados de la lucha por recursos y poder sino también en la forma en que se evalúa a las personas que, en parte –solamente en parte–, dependen de esos resultados. A su vez, esa evaluación ayuda a dar forma a accesos diferenciales a los recursos y el poder.

Al contrario de lo que pasa con los recursos y el poder, el estatus se basa sobre todo en creencias sociales que afectan a la desigualdad a nivel de las relaciones sociales porque dan forma a las expectativas de las personas para ellas mismas y para otros, y tienen influencia en la forma en que las expectativas construyen esas acciones. Por lo tanto, aquí tienen mucha importancia las interacciones a nivel micro.

Ridgeway (2014) identifica tres razones principales por las que el estatus es importante para la desigualdad; y también tres mecanismos que las conectan. Primero, las creencias con respecto al estatus estabilizan otras desigualdades y eso importa porque el control de los recursos y el poder son inherentemente inestables. Para que el control se convierta en algo duradero, la desigualdad debe ser durable. La durabilidad de la desigualdad se logra solamente si se establecen diferencias categóricas entre las personas, diferencias basadas en características como la raza, el género o el estilo de vida; brevemente, las sociedades necesitan reconocer "tipos de personas" que supuestamente son "mejores" y por lo tanto "merecen" más. Esas premisas funcionan mejor si los dominantes y los subordinados comparten esas creencias. En parte, esas diferencias categóricas son un mapa de la desigualdad material. Actualmente, en Estados Unidos de América, los conceptos de mérito y competencia tienen un rol importante: la idea de que algunos merecen más porque sus logros son superiores. En las sociedades previas, en cambio, habría tenido un rol más importante el estatus de la familia y los antepasados.

Segundo, las creencias sobre el estatus tienden a inflar las diferencias percibidas: son capaces de amplificar las diferencias existentes o construirse solo con el propósito de afirmar la superioridad de un grupo en particular. Los modos de habla de la élite, la ropa que usa, los gustos (a la Pierre Bourdieu) son medios para ese fin. Esas diferencias se convierten en instrumentos para justificar y alentar la desigualdad social, y todo eso se hace para estabilizar la desigualdad material.

Tercero, el estatus puede actuar como fuente independiente de desigualdad material y generalmente ese es un factor mucho menos reconocido. *En sí mismas*, las diferencias de estatus pueden generar diferencias materiales. Las creencias que apoyan la idea de que los hombres son mejores que las mujeres solo porque son hombres y no por características asociadas al género son solamente uno de los ejemplos. El cambio provoca tensión. Las condiciones materiales y las creencias sobre el estatus no se desarrollan necesariamente en paralelo: las creencias pueden erosionarse pero tienden a mostrar una gran resiliencia y al hacerlo se transforman en motores independientes de la perpetuación de las desigualdades.

¿Cómo contribuye el estatus a la desigualdad material? Primero, el estatus modifica las expectativas en cuanto a la competencia y el mérito propios y de otros. Esas expectativas pueden generar desigualdades, por ejemplo si promueven la adopción de comportamientos afirmativos o, al contrario, deferentes[5]. Segundo, los sesgos en la preferencia de asociación –es decir, las creencias sobre estatus que alientan a los subordinados a preferir la compañía de los dominantes– debilitan la solidaridad de los subordinados con miembros de su propio grupo. Y tercero, si se dan comportamientos desafiantes en los subordinados, esos comportamientos pueden disparar una reacción sobre todo si se termina percibiendo que los subordinados van demasiado lejos o son poco razonables.

Todo eso se relaciona con el argumento de Charles Tilly (1998), según el cual la desigualdad entre grupos sociales se mantiene a través de una combinación de explotación y acumulación de oportunidades. Los ya mencionados prejuicios y reacciones promueven, sobre todo, la acumulación de oportunidades. Según la definición de Tilly (1998: 155), la acumulación de oportunidades involucra "una red específica", "recursos valiosos renovables, sujetos al monopolio, base de actividades de red y realzados por el *modus operandi* de la red", "el secuestro de esos recursos por parte de los miembros de la red" y "la creación de creencias y prácticas que sostienen el control de los recursos que posee la red".

Esos mecanismos pueden involucrar la explotación directa aunque eso no es absolutamente necesario. La forma más inmediata de acumulación de oportunidades está enraizada en la membresía en una organización específica, y en cambio, las formas más indirectas surgen de la herencia, el parentesco y la categorización étnica. Los ejemplos contemporáneos incluyen el control de los nichos ocupacionales por parte de grupos de profesionales o comunidades inmigrantes pero también, con mayor frecuencia, la acumulación de riqueza privada y su transmisión a los herederos.

Aplicaciones para el mundo antiguo

Las aplicaciones prácticas de las perspectivas sociológicas al estudio de las sociedades antiguas están plagadas de dificultades. Diseñadas para medios contemporáneos, ricos en datos, pueden convertirse en una herramienta de poco uso para los historia-

---

5   Aquí podrían agregarse descubrimientos en investigaciones de neurociencia sobre la forma en que nuestros cerebros responden de manera diferente a las interacciones con actores de estatus alto: por ejemplo, Ly *et al.* (2011). Para el punto de los mecanismos fisiológicos, ver el análisis de Watanabe & Yamamoto (2015).

    Desigualdades antiguas

dores de la Antigüedad porque requieren o un análisis cuantitativo riguroso, o entrevistas y observación de participantes. Específicamente, la teoría del estatus pone el foco en dominios modernos como el lugar de trabajo y la educación masiva. Eso es correcto dado que, como la mayor parte de la sociología moderna, este enfoque tiene como plantilla básica a las sociedades del Primer Mundo. La investigación empírica se interesa por el surgimiento de las relaciones en el lugar de trabajo, el prejuicio racial y la forma en que se crean, se explotan o se retiran las oportunidades en contextos típicos de las economías modernas de trabajo asalariado. Por lo tanto, la cuestión es si esos marcos teóricos, correctamente adaptados a las restricciones de la Historia Antigua en cuanto a evidencia, tienen potencial para ayudarnos a enmarcar nuevas cuestiones y a afrontar las viejas de otras formas, y hasta qué punto pueden lograrlo.

Las diferencias de estatus tienen un rol en la estabilización y refuerzan o hasta crean desigualdad material solamente si se generalizan y cubren grupos enteros durante un período largo. Después de todo, las creencias relacionadas con el estatus ponen el foco sobre todo en ciertos grupos (como estereotipos). Esos estereotipos forman un conocimiento cultural compartido sobre lo que todo el mundo "sabe"/piensa, y nos hacen esperar que otros nos juzguen según esas creencias; por lo tanto, nos hacen tomar en cuenta esas creencias para definir nuestras acciones. Esas son algunas de las dinámicas que necesitan buscar los historiadores de la Antigüedad.

¿Cómo funcionó todo esto en la sociedad romana? Hace tiempo que los estudios académicos están dominados por consideraciones sobre el estatus legal, por ejemplo, el concepto de "pirámides de estatus" y cuestiones semejantes[6]. La diferenciación formal entre distintas categorías legales y órdenes que prevalecieron en ese tiempo, representa una versión vastamente menos sutil de las gradaciones de estatus más frecuentes en las sociedades contemporáneas, gradaciones que tienden a estar relacionadas con la clase, la educación, el género, la etnicidad y la raza.

Durante las etapas formativas del gobierno imperial, la primacía de la clase gobernante romana es una instancia extrema de la

---

6   Cf. Scheidel (2006: 42-43), con referencias a estudios académicos relevantes.

dinámica que se piensa en los modelos de estratificación: la unión de las cuatro principales fuentes de poder social –como las define el modelo IEMP[7] de Michael Mann (1986: 22-32)– en manos de una oligarquía estrecha; la separación conceptual entre el Senado y el pueblo; la cuidadosa organización de la ciudadanía en una clasificación censal; el aura religiosa que sancionó y santificó el liderazgo político; el énfasis constante en los logros de la familia aristocrática, que consiguió unir la competencia y el privilegio heredado; distinciones de vestimenta; estilos de vida de élite, como la adopción de la cultura griega; posesión de esclavos; la recepción de rutina de los clientes…, y la lista sigue y sigue.

Todos esos rasgos alentaron y ayudaron a asegurar la desigualdad material. El cargo público era claramente el camino más conveniente para llegar a poseer riqueza privada, obtenida a través de la apropiación del pillaje y más tarde de rentas que provenían de la administración. Solamente ciertas personas –"superiores"– tenían las calificaciones genuinas para que se les ofrecieran esas oportunidades, lo cual significaba que esas personas estaban incluidas en el entorno de los funcionarios activos. A su vez, la desigualdad material garantizaba las prácticas de élite para autoelevarse, como ciertos estilos de vida específicos y la posesión de esclavos. Ese respaldo recíproco se sostuvo en el largo plazo.

Fuera de la atribución directa del estatus sobrehumano, sería difícil encontrar un paquete de rasgos más integral para dar fuerza al estatus de la élite. Hay investigaciones recientes que enfatizan la forma en que la clase gobernante republicana abandonó las instituciones estatales y prefirió llevar adelante el sistema político con la ayuda de fuentes y redes patrimoniales (cf. Tan, 2017). En consecuencia, lo que confirma la forma en que el sistema sirvió como "cajero automático" para este grupo es el aumento de las fortunas privadas de élite, aumento desproporcionado con respecto al aumento de población y de los recursos generales bajo control del sistema (Scheidel, 2017: 71-72). Y nuevamente, eso es algo tan discutido que tal vez sea una pérdida de tiempo desarrollar ese nexo particular entre el estatus, las asimetrías de poder, la acumulación de oportunidades y la desigualdad material. Hay desafíos más interesantes, como pensar el impacto del estatus en círculos

---

7   *Nota de trad.*: Ideológicas, Económicas, Militares y Políticas.

            Desigualdades antiguas

más amplios, según las preocupaciones de la sociología moderna. ¿Hay asimetrías que definan grupos sociales más grandes? Al respecto, quiero tocar brevemente tres ejemplos: la esclavitud, las redes de inmigrantes y los militares.

La dinámica interseccional surgió del efecto de arrastre de la élite poseedora de esclavos. Se sabe bien que, aunque los juristas y literatos estaban de acuerdo sobre el estatus legal inferior de los esclavos y ex esclavos, por lo menos algunos de los esclavizados tenían la oportunidad de beneficiarse de la concentración de recursos materiales que promovía la desigualdad, gracias a su asociación con casas ricas y poderosas. Es muy probable que ese efecto haya tenido una significación más amplia, aunque parece haber sido más pronunciado entre los libertos imperiales más importantes, que generalmente eran fustigados por los autores de la élite, y entre los asociados más importantes de los ricos, tal como se los caricaturizaba en el argumento de Trimalción.

La acumulación de oportunidades de los poseedores de esclavos implicaba que mantuvieran el capital humano de una fuerza de trabajo cautiva –sin liberar o liberada–, e invirtieran en él. Aunque eso puede haber dañado a los trabajadores cautivos, desprovistos de salarios justos, también (y tal vez sobre todo) tiene que haber desfavorecido a los trabajadores libres, que no tenían ninguna conexión con esas estructuras patrimoniales. En esas circunstancias, el estatus superior de ciudadano/nacido libre habría coincidido con las condiciones que podrían establecer y reforzar la desigualdad material que es la contrapartida. La escala potencial de ese fenómeno está subrayada por largas inscripciones en Herculano, en las que se sugiere que los esclavos y exesclavos eran una parte sorprendentemente grande de la población local (De Ligt & Garnsey, 2012). Tal vez podamos preguntarnos cuánto de esa fuerte posición desplazaba a los ciudadanos libres "respetables", quienes poseían (formalmente) un estatus más alto.

En ese medio, tal vez el honor y el respeto se acumulasen a partir de una asociación cercana con los poderosos y no tanto a partir del estatus legal como tal. Ese beneficio, junto con el acceso privilegiado al apoyo material, habría trabajado a favor de ciertos subordinados (selectos, por supuesto), lo cual, a su vez, también habría sido beneficioso para sus amos y patrones en cuanto también ellos aprovechaban las oportunidades de sus subordinados.

El estatus, que caía en cascada, tal vez haya precipitado una "contra-cascada" de ganancias económicas hacia arriba que estimulaba la desigualdad general.

Mi segundo ejemplo tiene que ver con las comunidades migrantes de mercaderes. En períodos más tardíos, esos grupos, que generaban confianza y conformidad entre miembros para bajar los costos de las transacciones y la información, a veces se dedicaban a la acumulación de oportunidades mediante el dominio de rutas específicas de comercio de larga distancia. (Tal vez en un pasado más reciente, las comunidades muy unidas de inmigrantes hayan querido dominar de ese modo ciertos nichos ocupacionales y oficios). En el período romano, Taco Terpstra (2013: 51-93) ha demostrado la presencia de tales redes mercantiles basadas en comunidades étnicas: presumiblemente, la famosa *statio* de mercaderes de Tiro en Puteoli fue solamente la punta del témpano.

Sin embargo, debemos preguntarnos cuán amplio era ese fenómeno. Es sorprendente que ninguno de los casi 500 *collegia* documentados en la ciudad de Roma estuviera limitado a un grupo étnico específico (Tacoma, 2016: 234). Además, un estudio reciente de Rens Tacoma (2014) ha fracasado en el intento por encontrar evidencia de barrios de inmigrantes en la capital imperial. Aunque no podemos decir hasta qué punto estaba extendida la asimilación del tipo "crisol de razas", tal vez la longevidad de la *pax Romana* redujo el atractivo o las ventajas competitivas de las comunidades migrantes de mercaderes y artesanos.

El tercer y último ejemplo tiene en cuenta a una gran parte de la población. Como ya se dijo, el estatus se mide en términos del honor, la estima y el respeto que posee cada uno a los ojos de los demás y de ellos mismos. En el período republicano, en una sociedad que se había caracterizado desde hacía tiempo por movilizaciones militares masivas, seguramente ese honor y ese respeto se adquirían a través del servicio público. Sin embargo, el dominio político ofrecía poco espacio para eso: si seguimos a Henrik Mouritsen (2017) en cuanto al énfasis del carácter ritual y altamente regimentado de los procesos colectivos de toma de decisiones, ser ciudadano *per se* en Roma no habría sido una fuente significativa de estatus, por lo menos no en los casos en los que la ciudadanía era un estatus común que se adquiría con facilidad (lo adquirirían incluso los exesclavos).

   Desigualdades antiguas

En contraste, el servicio militar parece un candidato más prometedor. Involucraba una forma mucho más sostenida e intensiva de movilización dado que la mayoría de los jóvenes servía varios años. Y lo mismo –incluso mucho más– hacían los miembros de la clase gobernante, como aspirantes –con el requerimiento de diez años de servicio activo para postularse para un cargo– y como miembros superiores a cargo de tropas o personas que acompañaban a pares a cargo de tropas. Aquí, la intuición básica es que la movilización militar masiva, 1) presionaba contra la desigualdad material mediante el otorgamiento de poder a personas (comunes), y 2) tenía el potencial de crear divisiones significativas entre ellas.

En cuanto al primer punto, en principio, se puede esperar que el servicio de milicias confiera honor y respeto, es decir, estatus. A ese respecto, de facto, seguramente la República Romana no consiguió vivir al nivel de los estándares de, digamos, la Atenas clásica, en los que la democracia, la movilización y los impuestos progresivos achataron las jerarquías y contuvieron la desigualdad material. Tal vez, la Roma republicana tuvo más en común con los Reinos Combatientes de China, en los que los regímenes autocráticos otorgaban recompensas materiales y simbólicas a los soldados a cambio de sus servicios. En contraste, habría que esperar que se fortaleciera la desigualdad económica, como sucede cuando se margina a las masas a través de los servicios de especialistas en violencia, como por ejemplo en la Edad Media europea. En el mundo moderno, no hay duda de que las dos Guerras Mundiales precipitaron la democratización y la igualdad, por lo menos en parte, elevando el estatus de los soldados-ciudadanos regulares.

Durante la República, las élites romanas manejaban personas armadas, relación que tal vez haya impuesto límites a una explotación directa. Al mismo tiempo, el servicio militar reforzaba la jerarquía enseñando a los jóvenes de diferentes comunidades a someterse a líderes que provenían del grupo que poseía el mayor estatus en la sociedad. En ese contexto, la subordinación se habría experimentado como muy real y "vivida", y es evidente que servía como medio poderoso para disciplinar a los individuos en sus vidas posteriores, cuando siguieran adelante, se reprodujeran y, aunque fuera solo ocasionalmente (si es que alguna vez lo hacían), votaran.

Sin embargo, ¿exactamente cómo afectaba el servicio militar a la desigualdad material? No hay duda de que la narración convencional es negativa: el discurso de la élite romana unía el servicio militar al acceso a la tierra y pedía que se evitara la desigualdad material excesiva para preservar las capacidades de la movilización militar. En la práctica, los veteranos esperaban por lo menos recibir tierra como patrimonio privado. Yo afirmé ya (Scheidel, 2007) que la intensificación de la guerra civil benefició a las masas movilizadas mediante la redistribución de enormes riquezas.

En cuanto a mi segunda pregunta –el servicio militar, ¿llevó a la ciudadanía a una diferenciación de estatus?–, podemos sospechar que el estatus de ciudadano se devaluó por la frecuente emancipación de esclavos. Si la residencia metropolitana (en la ciudad de Roma) estaba asociada a una mezcla de exesclavos y a una distancia cada vez mayor del servicio militar, y si era verdad lo contrario en el caso de las comunidades rurales, en teoría, podríamos esperar que los residentes de esas comunidades disfrutaran de un estatus mayor que los metropolitanos. Cualquier diferenciación de ese tipo habría estado enraizada en percepciones de mérito/competencia (expresadas en el servicio militar) y desprecio (por la mezcla con la clase servil).

Dentro de esa lógica, esperaríamos que las políticas que afectaban la desigualdad material favorecieran a los romanos rurales: políticas que figuran constantemente en los registros, tales como la entrega de tierra a los veteranos. Al contrario, para los metropolitanos, los programas de redes de seguridad (que ponían el foco en los suministros de comida) habrían sido suficientes para mantener la paz. Los planes rurales contemplaban la transferencia de propiedades, los urbanos transferían recursos (en forma de bienestar social). Aunque tal vez los primeros programas eran desventajosos para los terratenientes de la élite, los últimos habrían beneficiado a esa clase empujando los valores de las propiedades metropolitanas y deprimiendo los salarios del sector privado cuando los residentes recibían subsidios públicos. En general, puede decirse que tal vez eso alentó la desigualdad urbana a expensas de la desigualdad rural.

¿Pero es posible hacerlo?

Mi posición en cuanto a las desigualdades y estatus romanos puede parecer muy alejada de las perspectivas sociológicas con las que empecé este capítulo, pero espero que ese no sea el caso. Después de todo, la sociología económica esperaría que las políticas estén incrustadas en las relaciones sociales y por lo tanto, reciban la influencia de las consideraciones que tienen que ver con el estatus. La teoría de las redes tiene algo de influencia en estas relaciones, por ejemplo, si los lazos formados en el ámbito militar asumían una importancia especial. La teoría de los roles es coherente con la idea de que los ciudadanos asumían un rol específico como soldados –lo crucial es que lo hicieran cuando estaban fuera de sus casas–, rol que los elevaba y los subordinaba simultáneamente. La teoría de la construcción del estatus admite que el honor y el respeto se concedan de manera desigual a diferentes grupos de subordinados, lo que podría afectar la desigualdad material de varias formas, por ejemplo, favoreciendo las transferencias de propiedad antes que las de rentas. Esa perspectiva puede parecer altamente abstracta y demasiado alejada de las raíces de la evidencia específica de la Antigüedad (la cual, de todos modos, sería solo ilustrativa): sin embargo, necesitamos adoptar una mirada panorámica, "desde lo alto", sobre todo porque las diferencias de estatus funcionaban a nivel de los grupos y no de los individuos.

Mis reflexiones intentan, sobre todo, ser la base de futuras investigaciones. ¿Es verdad que los grupos se categorizaban según distinciones de estatus como soldados/veteranos versus civiles? ¿Cómo se trataba a los esclavos y exesclavos de los ricos y poderosos? ¿Y cómo se veían ellos a sí mismos? Por las sociedades esclavistas modernas, sabemos que pertenecer a una casa prominente podía ser útil, o por lo menos, que esa pertenencia podía presentarse como fuente de autorrespeto y hasta de orgullo.

Lo que *no podemos* hacer es el tipo de medición que es el alma de la sociología moderna. Solamente podemos conjeturar, no probar ni verificar. En ese sentido, va a ser difícil probar el nexo entre las desigualdades culturales y materiales, aunque ese nexo seguramente fue importante en la práctica. Por ahora, por lo tanto, mi conclusión es bastante pesimista: aun cuando los estudios sociológicos son estimulantes, tenemos que seguir pensando cuánto podemos sacar de la sociología, y cuánto de esa disciplina podemos aplicar realmente.

Bibliografía

Borgatti, S.P., Everett, M.G., & Johnson, J.C. (2018) (eds.). *Analyzing Social Networks*, 2ª ed. London.

Cline, D.H. (2012). "Six Degrees of Alexander: Social Network Analysis as a Tool for Ancient History", *Ancient History Bulletin*, 26, 59-70.

De Ligt, L. & Garnsey, P. (2012). "The Album of Herculaneum and a Model of the Town's Demography", *Journal of Roman Archaeology*, 25, 69-94.

Delanty, G. & Isin, E.F. (2003) (eds.). *Handbook of Historical Sociology*, London.

Knappett, C. (2013) (ed.). *Network Analysis in Archaeology: New Approaches to Regional Interaction*, Oxford.

Lachmann, R. (2013). *What Is Historical Sociology?*, Malden.

Ly, M. *et al.* (2011). "Subjective Socioeconomic Status Predicts Human Ventral Striatal Responses to Social Status Information", *Current Biology*, 21/9, 794-797.

Mann, M. (1986). *The Sources of Social Power, I: A History of Power from the Beginning to AD 1760*, Cambridge.

Mouritsen, H. (2017). *Politics in the Roman Republic*, Cambridge.

Patterson, O. (1991). *Freedom, I: Freedom in the Making of Western Culture*, New York.

Ridgeway, C.L. (2014). "Why Status Matters for Inequality", *American Sociological Review*, 79/1, 1-16.

Ridgeway, C.L. (2018). "Status Construction Theory", en P.J. Burke (ed.), *Contemporary Social Psychological Theories*, 2ª ed. Stanford, 315-339.

Ruffini, G. (2008). *Social Networks in Byzantine Egypt*, Cambridge.

Scheidel, W. (2006). "Stratification, Deprivation and Quality of Life", en M. Atkins & R. Osborne (eds.), *Poverty in the Roman World*, Cambridge, 40-59.

Scheidel, W. (2007). "A Model of Real Income Growth in Roman Italy", *Historia*, 56/3, 322-346.

Scheidel, W. (2009). "Demography and Sociology", en G. Boys-Stones, B. Graziosi & P. Vasunia (eds.), *The Oxford Handbook of Hellenic Studies*, Oxford, 665-677.

Scheidel, W. (2017). *The Great Leveler: Violence and the History of Inequality from the Stone Age to the Twenty-First Century*, Princeton.

Scott, J. (2017) (ed.). *Social Network Analysis*, 4ª ed. London.

Tacoma, L.E. (2014). "Migrant Quarters in Rome?", en G. de Kleijn & S. Benoist (eds.), *Integration in Rome and the Roman world*, Leiden, 127-145.

Tacoma, L.E. (2016). *Moving Romans: Migration to Rome in the Principate*, Oxford.

Desigualdades antiguas

Tan, J. (2017). *Power and Public Finance at Rome, 264-49 BCE*, New York.

Terpstra, T.T. (2013). *Trading Communities in the Roman World: A Micro-Economic and Institutional Perspective*, Leiden.

Tilly, C. (1998). *Durable Inequality*, Berkeley.

Turner, J.H. (2001). "Role Theory", en J.H. Turner (ed.), *Handbook of Sociological Theory*, New York, 233-254.

Van der Horst, M. (2016). "Role Theory," *Oxford Bibliographies*, doi:10.1093/obo/9780199756384-0175.

Watanabe, N. & Yamamoto, M. (2015). "Neural Mechanisms of Social Dominance", *Frontiers in Neuroscience*, 17, doi:10.3389/fnins.2015.00154.

PARTE IV

LA DESIGUALDAD
Y EL SUMINISTRO DE BIENES:

AUTORIDAD POLÍTICA Y CONFLICTOS

LA DESIGUALDAD EN LA ALIMENTACIÓN Y LA CLASIFICACIÓN DE PERSONAS EN PERSÉPOLIS[1]

Rhyne King[2]

A mediados del siglo VI a.C., las conquistas de los reyes persas Ciro, Cambises y Darío inauguraron el imperio más grande que hubiera existido en el mundo hasta ese momento[3]. Después de las expansiones de Darío, el Imperio Persa Aqueménida se extendía desde Tracia hasta Asia Central, desde Libia hasta el Indo. Hasta la década de 1970, la mayor parte de los académicos entendía la historia del Imperio Aqueménida a través de lo que contaban sobre él ciertos autores clásicos como Heródoto y Jenofonte, y, en menor medida, a través de las narraciones bíblicas[4]. Aunque las excavaciones arqueológicas en las grandes ciudades de Persia, por ejemplo, Persépolis, complementan estas fuentes (Schmidt, 1953; 1957; 1970), la perspectiva griega siguió siendo fundamental para la historia aqueménida.

Sin embargo, en la década de 1980, hubo una revolución en los estudios aqueménidas y los especialistas, sobre todo los que participaban en los talleres de historia aqueménida, rechazaron los límites de las fuentes griegas e intentaron recuperar una "pers-

---

1   Traducción: Márgara Averbach.

2   Freie Universität Berlin.
Me gustaría agradecer a Julián Gallego y Richard Payne por invitarme a estar presente en el Coloquio *Desigualdades antiguas*. Mi análisis de la historia que se puede rastrear en el Archivo de la Fortificación de Persépolis debe mucho a numerosas conversaciones que tuve con Wouter Henkelman y Matthew W. Stolper. Gracias asimismo a Wouter Henkelman por darme acceso a sus textos elamitas sin publicar, textos que pertenecen al Proyecto: *Persepolis Fortification Archive*.

3   Briant (1996 = 2002) sigue siendo la síntesis más completa de la historia aqueménida.

4   McCaskie (2012) provee una historia crítica del campo de los estudios aqueménidas.

Figura 1. El relieve de Darío I en Bisotun. Las dos figuras de la izquierda son cortesanos, la tercera desde la izquierda es Darío y las figuras que quedan más abajo son los reyes mentirosos. (Imagen en dominio público).

pectiva persa"[5]. Desde entonces, ha habido mucho interés en las fuentes escritas provenientes de contextos de archivo y en la evidencia histórica, arqueológica y artística y eso ha tenido como resultado un campo de estudios aqueménidas centrado sobre todo en los testimonios internos del Imperio Aqueménida[6]. Hace ya tiempo que sabemos que la idea anterior, según la cual a la historia aqueménida le faltan fuentes, es poco inteligente; actualmente,

---

5   Para el primer volumen de la serie de *Achaemenid History*, ver Sancisi-Weerdenburg (1987). El volumen de homenaje a Sancisi-Weerdenburg lleva como título *A Persian Perspective*: Henkelman & Kuhrt (2003).

6   En lugar de una bibliografía completa, citamos aquí unos pocos ejemplos representativos. En Henkelman (2008) se demuestra el valor del Archivo de la Fortificación de Persépolis para los estudios aqueménidas. En Jursa (2010), aunque el marco temporal empieza antes y prosigue después del período del Imperio Aqueménida, se provee una síntesis magistral de lo que proviene de las fuentes de archivo de la Babilonia del primer milenio a.C. En Gondet (2011) se revela la forma en que la metodología arqueológica puede llevar a nuevas ideas sobre lugares arqueológicos que se están estudiando hace mucho tiempo. En Garrison (2017) se utiliza la riqueza de los materiales encontrados en el arte de la glíptica del Imperio Aqueménida.

Desigualdades antiguas

los académicos enfatizan el rango de diversidad de la evidencia disponible para el estudio del Imperio Aqueménida (Kuhrt, 2007).

Con esa amplia variedad de fuentes, podemos preguntarnos por la forma en que funcionó el Imperio Aqueménida como sistema imperial, es decir, como un sistema construido sobre ideas de desigualdad y sobre la base del "cultivo de la diferencia" (*cultivation of difference*) (Ando, 2012: 226). Los aqueménidas dominaron estados sofisticados –como el imperio caldeo en Babilonia, el reino saíta en Egipto y las *poleis* griegas de Anatolia– y, justamente por eso, la corte persa requirió un nuevo vocabulario para caracterizar las nuevas jerarquías políticas y sociales que fueron resultado de esas conquistas. Ese vocabulario aparece tanto en la ideología política como en el arte monumental. La adopción del título real "Rey de Reyes" permitió que los monarcas persas establecieran una nueva jerarquía política: bajo ese título innovador, los reyes de reyes aqueménidas reconocían simultáneamente a los subgobernantes de sus reinos y, al mismo tiempo, se imponían como autoridad suprema irrefutable. Paralelamente, el arte real, sobre todo tal como se formuló durante el reino de Darío I, muestra una imaginería visual en la cual se reflejaba la jerarquía política en el tamaño físico del cuerpo de la persona a la que se estaba representando. Por ejemplo, el monumento a Darío en Bisotun representa al rey de reyes triunfante frente a los rebeldes "reyes mentirosos" que se opusieron a su asunción (Figura 1). Como hizo notar Root (1979: 185), el rey de reyes mide 1,72 metros frente a los 1,17 de los reyes mentirosos y, como corresponde, los cortesanos que están detrás de Darío, tienen una altura que es intermedia entre esos dos extremos[7]. La jerarquía política o la desigualdad se manifiestan en los cuerpos humanos tal como se los describe en el arte de los monarcas.

En el Imperio Aqueménida el título real y el arte monumental proveen una representación ideológica de la desigualdad; los textos demuestran la forma práctica en que se producía la desigualdad. El grupo más rico de documentación relevante proviene del llamado Archivo de la Fortificación de Persépolis (*Persepolis Fortification Archive*), ubicado en lo que ahora es el sudoeste de

---

7   La correspondencia entre esas dos alturas (1,47: 1) está muy cerca de la proporción típica (1,50: 1) que aparece en las correlaciones entre personas libres y no libres en el Archivo de la Fortificación de Persépolis.

Irán. En 1933, los arqueólogos liderados por Ernst Herzfeld, que pertenecían al Instituto Oriental de la Universidad de Chicago, localizaron el archivo con el sistema de fortificación sobre la Terraza de Persépolis, y así dieron a ese archivo su nombre moderno (Razmjou, 2008). Entre sus 15.000 a 18.000 textos originales (Jones & Stolper, 2008: 37-44; Azzoni *et al.*, 2017), el archivo documenta el almacenamiento, transferencia y redistribución de alimentos, sobre todo grano y bebidas, en la región alrededor de Persépolis (Henkelman, 2008: 65-179; Briant, Henkelman & Stolper, 2008). Los textos van desde el año 13 hasta el año 28 del reino de Darío I (509-493 a.C.) (Henkelman, 2008: 123-125); en realidad, buena parte de los textos procede de fechas entre los años 21 y 24 (Henkelman, 2008: 174). La mayoría está escrita en elamita pero también hay cerca de 800 textos monolingües en arameo (Azzoni, 2008; 2017) y un alto número de tabletas de sellos sin inscripción (Garrison, 2008). En 1969, Richard T. Hallock publicó más de dos mil textos en elamita y, desde entonces, hubo publicaciones de otros académicos en varios foros[8]. El hecho de que la mayor parte de los testimonios se concentre en unos pocos años significa que, en tiempos de Darío I, los esquemas de gobierno dentro del núcleo imperial están bien documentados. Sigue en discusión qué parte de esos esquemas puede o debe extrapolarse a otros lugares de la expansión cronológica del imperio, pero la evidencia sugiere cada vez más que el sistema de Persépolis se aplicaba, hasta cierto punto, en todo el imperio (Fisher & Stolper, 2015; Henkelman, 2017).

En este archivo, la desigualdad se manifiesta de dos maneras principales: a través de la clasificación de individuos con palabras que marcan las jerarquías y a través de las diferentes proporciones de alimentos que se les otorgan[9]. Los agentes de la administración que operaban en Persépolis y las regiones circundantes agregaban clasificaciones jerárquicas a la documentación y objetivaban esas distinciones proveyendo diferentes cantidades de alimento a diferentes individuos según el nivel jerárquico en que se encontrasen. Los regímenes diferenciales de alimentación refuerzan los estatus sociales desiguales, lo cual a su vez justifica la nutrición diferencial de los grupos. Por lo tanto, para la administración en

---

8 Ver la colección más grande en Hallock (1969; 1978); Arfaee (2008).

9 Para estudios anteriores de trabajadores dependientes en el Archivo de la Fortificación de Persépolis, ver Dandamaev (1975); Briant (2002: 429-439).

Persépolis, la clasificación de las personas y el aumento de la desigualdad operaron en un lazo de retroalimentación, apoyándose mutuamente. Este capítulo demostrará los efectos de ese régimen administrativo en tres estudios de caso: las raciones diferenciadas y las clasificaciones recibidas por quienes viajaban por el sistema imperial de caminos; la creación de jerarquías sociales entre los miembros de una misma clase para los trabajadores dependientes (*kurtaš*) y la ausencia de diferenciación social –y por lo tanto la muerte social– en otro grupo de trabajadores dependientes (*libap*).

Clasificaciones y raciones para viajeros

Los académicos que estudian el Imperio Aqueménida afirman que el sistema imperial de caminos fue una de las inversiones más grandes que hizo ese estado en infraestructura (Graf, 1994; Debord, 1995; Briant, 2002: 357-377; 2012). En el momento de máxima extensión del imperio –en el reinado de Darío I (*c.* 522-486 a.C.)–, los viajeros podían ir de Gandhara a Menfis, o de Sardis a Bactria, por un sistema unificado de caminos y aprovechar una infraestructura de aprovisionamiento a lo largo de todo el camino. Esa infraestructura permitía que los agentes administrativos del imperio operaran como una unidad: mensajeros que llevaban información por los caminos (Colburn, 2013; Hyland, 2019); administradores que enviaban impuestos al corazón del imperio (King, 2019); y trabajadores que se enviaban de un lado a otro para la construcción de proyectos monumentales (Henkelman & Kleber, 2007; Tolini, 2008). En el Archivo de la Fortificación de Persépolis hay abundante información sobre el sistema de caminos, y entre los numerosos textos del archivo están los que dan cuenta del registro de raciones que se entregaban a los viajeros. Por ejemplo, un texto típico se lee así (PF 1289):

20 litros de harina, suministrados por (un hombre llamado) Bakubana, y recibidos por (un hombre llamado) Mirakama. 10 hombres recibieron cada uno 1,5 litros. 5 "chicos" (*puhu*) recibieron 1 litro cada uno. Llevaba una autorización de viaje de (un hombre llamado) Karkiš [un sátrapa de Kerman (Henkelman, 2010)]. Los enviaron de Kerman a Susa. Mes octavo, año 28 (de Darío I)[10].

---

10   Traducción al inglés: Hallock (1969: 366). (*Nota de trad.*: La traducción al español se realiza a partir de la versión inglesa).

En grandes números (ahora hay más de mil textos sobre raciones de viaje en la muestra editada), estos textos pueden proveer una cantidad de información riquísima sobre, por ejemplo, la geografía administrativa del imperio (Henkelman, 2013; 2017), los tiempos y la frecuencia de los viajes o la cantidad de alimentos que era necesaria para aprovisionar el sistema[11]. Y también vemos en ellos las formas en las que la administración aqueménida concebía y reforzaba la desigualdad. En el texto que se acaba de citar, los que reciben las raciones de viaje se dividen en dos grupos, hombres y "chicos" y cada uno de esos grupos recibe diferentes cantidades de harina –los hombres reciben 50% más por día que los chicos–. Aunque la palabra *puhu*, traducida como "chico", puede denotar categorías reales en cuanto a la edad, cuando se la contrasta con otras de un estatus superior denota solamente una persona subordinada (Hallock, 1960: 93-94; 1969: 746).

Por lo tanto, puede afirmarse que Persépolis reconocía y, a la vez, reforzaba la desigualdad. No era suficiente estar clasificado como jerárquicamente subordinado –es decir, recibir el nombre de "chico"–, sino que el estatus inferior se solidificaba todavía más por la cantidad de comida recibida como ración. Recibir menos comida que las personas de estatus más alto hacía que los subordinados fueran físicamente más pequeños que sus amos porque se alimentaban con menos carga calórica[12]. El régimen de provisión de alimentos tenía el control tanto sobre el concepto epistemológico de subordinación, a través de las clasificaciones, como sobre los efectos físicos de la subordinación a través de una nutrición diferenciada.

---

11   Los ejemplos de los textos elegidos aquí incluyen los que se publicaron en Hallock (1969), conocidos como textos "PF", los publicados en Hallock (1978), conocidos como los textos "PFa", y los leídos por Hallock que no se publicaron hasta su muerte, conocidos como los textos "PF-NN". En este momento, se están preparando los textos PF-NN para una publicación de Wouter Henkelman. Con este último agregado, el total es de 5.686 textos. Para cumplir con las convenciones del Proyecto del Archivo de la Fortificación de Persépolis, he contado las entradas separadas de diarios en los textos de la categoría V de Hallock (1969: 55-57) como "textos" separados, aunque en cada tableta aparecen múltiples entradas de diarios.

12   La arqueología osteológica sería un buen complemento para este estudio pero, que yo sepa, no hay ningún análisis de ese tipo sobre el período aqueménida en Fars. Sin embargo, se puede consultar la investigación que se está llevando a cabo sobre los mineros de la sal preservados en el noroeste de Irán, algunos de los cuales datan del período aqueménida: Aali & Stöllner (2015).

          Desigualdades antiguas

La asociación entre clasificación y nutrición diferenciada es totalmente coherente en las raciones de viaje que se registran en el Archivo de la Fortificación de Persépolis. En la muestra editada, hay 118 textos sobre raciones de viaje, que registran el desembolso de harina a grupos que contienen tanto personas llamadas "hombres" como personas llamadas "chicos"[13]. De esos 118 textos, solamente uno (PF-NN 0862) registra una medida de raciones entregadas a "chicos" diferente del típico litro por día: esa única excepción registra que los "chicos" recibieron no uno sino medio litro por día, lo cual sugiere que, en ese caso, se trataba de niños[14]. Es decir, puede afirmarse que el aparato de administración era muy coherente cuando hacía la relación entre la clasificación de la desigualdad y la provisión de desigualdad. En cambio, los "hombres" podían recibir (y frecuentemente recibían) raciones mayores al típico 1,5 litros por día. La administración permitía la diferenciación social entre individuos de mayor estatus pero trataba a las personas de estatus más bajo como masa indiferenciada.

Jerarquías entre los *kurtaš*

El advenimiento del Imperio Aqueménida significó la creación de una nueva clase de trabajadores dependientes, conocida en elamita como *kurtaš*. En persa antiguo, esa palabra pasó en préstamo a muchos lenguajes y aparece en todo el imperio: en cartas en arameo, escritas en Egipto; en textos en acadio que provienen de Babilonia; y en los documentos en elamita que llegaban desde Persépolis; también en un fragmento en elamita del Antiguo Kandahar[15]. Es evidente que crear una fuerza de trabajo conocida como *kurtaš* fue una parte crucial del proyecto imperial aqueménida (Briant, 2002: 456-459), pero la definición precisa de *kurtaš* es algo

---

13   Eso incluye a los hombres designados por el término *šalur/p*, que indica un estatus alto; Hallock (1969: 753).

14   En algunos textos de la muestra están rotas las cantidades de lo desembolsado.

15   Para la etimología, ver Hinz (1973: 53-54); Eilers (1985: 30); Tavernier (2007: 423). Para el arameo egipcio, ver el archivo del sátrapa Arshama: Porten & Yardeni (1986); Taylor (2020). El material babilonio está en muchos lugares pero se pueden encontrar ejemplos en Stolper (1985) y Hackl, Jursa & Schmidl (2014). La palabra es común en todos los textos en elamita publicados en Cameron (1948); Hallock (1969). Para el fragmento del Antiguo Kandahar, ver Fisher & Stolper (2015).

que sigue siendo un misterio para los que estudian el período[16]. Estos trabajadores realizaban una variedad de labores –agricultura, construcción o trabajos calificados–, así que la palabra no denota una profesión específica. Los *kurtaš* eran, sin duda, trabajadores dependientes pero, ¿dependientes de quién?

Para llegar a una caracterización significativa de la palabra *kurtaš*, es importante el estudio intercultural de Orlando Patterson sobre la esclavitud, *Slavery and Social Death*, que provee un marco conceptual riguroso y define a la esclavitud como "la dominación violenta, permanente, de personas alienadas desde el nacimiento y generalmente deshonradas" (1982: 13)[17]. Deliberadamente, Patterson se niega a definir la esclavitud en términos de una relación de propiedad, definición que considera demasiado inespecífica. En el Archivo de la Fortificación de Persépolis, la cuestión de la propiedad –quién la tiene y bajo qué condiciones– es compleja y no ayuda a determinar los estatus de los diferentes grupos de trabajadores dependientes en la región alrededor de Persépolis[18]. Esencial para el "deshonor general" que sentían los esclavos era su falta de relaciones legítimas: los esclavos podían tener relaciones entre ellos pero los que estaban fuera del grupo no las reconocían como legítimas (Patterson, 1982: 6). Por consiguiente, la pregunta que tenemos que hacerle al material de Persépolis es si se reconocían las relaciones entre los trabajadores dependientes, es decir, si esas relaciones estaban legitimadas por el aparato administrativo. Como vamos a ver, los administradores de Persépolis reconocían relaciones entre los *kurtaš* y lo hacían a través de las jerarquías.

En el Archivo de la Fortificación de Persépolis, los *kurtaš* aparecen con frecuencia como receptores de raciones, y si se examinan las cantidades que reciben se entiende mejor la estructura social

---

16   Cameron (1948: 207) y Hallock (1969: 717) optan por *workman* y *worker*, respectivamente. Hinz & Koch (1987: 534) lo traducen como *Arbeiter*, con el plural, que denota un *Gesinde* colectivo.

17   Ver también su definición última de la esclavitud como "posesión violenta, corporal, de personas socialmente aisladas y degradadas de las que otros viven como parásitos"; Patterson (2012: 329). Cf. Bodel & Scheidel (2017), conjunto de contribuciones dedicadas al trabajo de Patterson con respecto a la Historia Antigua; asimismo, el capítulo de Nicole J. Giannella en este volumen.

18   Cuando se estudió la propiedad en el Archivo de la Fortificación de Persépolis, el foco estuvo puesto siempre en la propiedad de la tierra: Aperghis (1998); Henkelman (2018).

Desigualdades antiguas

de los *kurtaš* y el rol que tenía la administración aqueménida en el mantenimiento de esa estructura. Los textos que enumeran raciones para grupos de *kurtaš* son comunes en Persépolis. Lo que sigue es un texto típico (PF 0957):

> 2.960 litros de grano, suministrados por (un hombre llamado) Sarakuzziš, *kurtaš* que subsisten con raciones en Pittannan, asignadas por Šuddayauda, recibidas como raciones. Primero y segundo mes, año 23.
> 1 hombre (recibió) 40 (litros por mes); 3 hombres 30; 2 chicos 25; 3 chicos 20; 2 chicos 15; 5 chicos 5; 1 mujer 50; 3 mujeres 40; 26 mujeres 30; 4 mujeres 20; 1 chica 25; 1 chica 20; 5 chicas 15; 2 chicas 10; 3 chicas 5. Total: 62 *kurtaš*.

Por lo tanto, la administración consiguió crear y reforzar una jerarquía social en el interior de los grupos de *kurtaš*, proveyendo diferentes raciones a los individuos. La administración de Persépolis consideraba que 30 litros de grano por mes para un hombre y 20 litros de grano por mes para una mujer era el mínimo necesario para el sustento y, por lo tanto, cualquier ración por encima de esas cantidades debía considerarse una recompensa para un *kurtaš* individual o una forma de mantener jerarquías preexistentes. En este texto, los "chicos" y "chicas" son marcas de edad y las raciones corresponden a las que se percibían como requeridas para diferentes edades de la infancia. Es importante enfatizar que esas cantidades de grano son las que la administración aqueménida consideraba necesarias para el sustento, nunca lo que consideraban necesario los *kurtaš* mismos (o cualquier otro grupo). Por la naturaleza de la documentación, nuestra perspectiva es estatal.

Para entender las jerarquías creadas y mantenidas por la administración de Persépolis, es necesario ver los esquemas que surgen a partir de un número grande de estos textos mensuales que describen raciones. Con el fin de limitar la muestra, aquí analizo solamente textos datados en el año 22 de Darío, uno de los años mejor documentados del archivo. Esa restricción da como resultado una muestra de 106 textos, a partir de los cuales se elaboraron los cuadros que siguen[19]. La columna de la izquierda

---

19 Los textos L1 y L2 (Hallock, 1969: 27-33) tienen *kurtaš* registrados como quienes reciben las raciones.

registra la ración mensual de grano y la de la derecha el número total de individuos que recibían esa ración:

Hombres		Mujeres	
Litros por mes	Número de personas	Litros por mes	Número de personas
50	2	50	22
40	39	40	385
35	3	30	1.773
30	1.311	20	1.808
20	2	15	5
10	2		
5	2		

Chicos		Chicas	
Litros por mes	Número de personas	Litros por mes	Número de personas
25	167	25	80
20	548	20	177
15	288	15	448
10	372	10	387
5	228	5	283

De estos totales emergen un par de conclusiones[20]. La primera es que, entre hombres y mujeres, las raciones estaban muy lejos de distribuirse equitativamente: como ya se dijo, la administración de Persépolis creó y mantuvo jerarquías en la distribución de raciones. Entre los chicos y las chicas, la distribución es más pareja, lo cual sugiere también que estas gradaciones en particular reflejan grupos etarios. Cuando se trataba de hombres, la administración prefería darles 30 litros de grano por mes en casi todos los casos. Seguramente, el pequeño número de hombres que recibía más que eso ocupaba roles de supervisión en los grupos de *kurtaš*. En

---

20 Algunos grupos de *kurtaš* aparecen en múltiples textos, y seguramente eso pasa con una frecuencia uniforme en todo el archivo. Esto significa que, aunque no se deben extraer números *absolutos* de estos datos, los números *relativos* son significativos. En un par de textos, está roto el número que indica la cantidad de individuos en una gradación determinada de cierta ración. En los cuadros de esta página, yo preferí omitir esos números.

   Desigualdades antiguas

contraste, había una oportunidad más grande de estratificación social entre las *kurtaš* mujeres, y hay casi la misma separación entre la ración mínima normal de 20 litros por mes y la ración requerida más alta de 30 litros en ambos casos. Hay que decir que las raciones superiores a 30 litros eran bastante comunes.

¿Por qué había más posibilidades de movilidad ascendente para las *kurtaš* mujeres que para los hombres? Hay evidencia filológica, que aparece en la forma de títulos ocupacionales, que sugiere que algunas de esas mujeres participaban en la producción textil[21]. Para el Imperio Aqueménida, el trabajo calificado –y la producción textil es un ejemplo– representaba la fuente de recursos más valiosa (Jursa, 2015), y la administración de Persépolis lo reconocía organizando a sus trabajadoras *kurtaš* según jerarquías internas. Entre las *kurtaš* mujeres emerge una clara jerarquía piramidal porque esas mujeres estaban organizadas en talleres semiautónomos. En realidad, de vez en cuando, en el interior de esos grupos piramidales, la mujer que recibe la mayor cantidad de raciones tiene el título de *iršara*, es decir, "jefa" (Hallock, 1969: 704). En el interior del grupo de *kurtaš* mujeres, además de las trabajadoras calificadas, tal vez algunas de las que aparecen en los documentos estuvieran embarazadas y seguramente era por eso que la administración les entregaba raciones extras[22].

Al contrario de lo que sucede entre las mujeres, no hay señales de jerarquía alguna entre los *kurtaš* hombres (o, si existe, es una jerarquía mucho menos pronunciada), ya que los hombres no realizaban trabajos que tuvieran un valor suficiente para que la administración los organizara de esa forma. En general, podemos concluir que, aunque los *kurtaš* eran trabajadores que dependían de la administración de Persépolis para el sustento, la administración reconocía y legitimaba relaciones jerárquicas entre ellos. En otras palabras, no estaban "socialmente muertos" como define Patterson a los esclavos, ya que el estado reconocía como legítimas sus relaciones internas.

---

21 Kawase (1984). Brosius (1996: 156) es escéptico en cuanto a las conclusiones de Kawase pero no ofrece ninguna otra alternativa. La evidencia de la estratificación social que presentamos aquí también sostiene la idea de que había un número de *kurtaš* mujeres a quienes se reconocía como trabajadoras calificadas.

22 Sin embargo, en estos casos, las mujeres que estaban amamantando no registran raciones más altas porque las raciones posparto se anotan en un tipo diferente de texto (la categoría "N" de Hallock, 1969: 37-38).

Los *libap* y la muerte social

Entender el vocabulario de la dependencia y los significados precisos (y, a veces, imprecisos) de ciertas palabras puede ser difícil cuando se trata de documentación administrativa. Sin embargo, son especialmente valiosos los textos en los que hay múltiples palabras que denotan dependencia porque muchas veces se encuentra el contraste implícito entre dos términos diferentes[23]. Al contrario de lo que pasa con los *kurtaš*, hay otro grupo de trabajadores dependientes, conocido como los *libap*, que aparecen en los textos de Persépolis como una masa indiferenciada. La palabra *libar* (plural, *libap*) se traduce tradicionalmente como "sirviente" o "esclavo", y el análisis que sigue va a demostrar que, por lo menos en contextos en que ese grupo aparece en contraste con los *kurtaš*, la palabra *libap* debería ser entendida como "esclavos"[24]. A diferencia de las jerarquías que existen entre los *kurtaš*, los *libap* aparecen como un grupo plano, homogéneo, y, por lo tanto, la administración de Persépolis los contrasta con los *kurtaš*. Véase el siguiente ejemplo (PF 0959):

> 18.155 litros de cebada, suministrada por Masdayašna, los *kurtaš* subsistieron con suministros en Matezziš, asignados por Šuddayauda, recibidos como raciones. Quinto mes, año 23.
> 1 hombre (recibió) 50 (litros); 49 hombres 40; 31 hombres 35; 22 hombres 30;
> 6 chicos 25; 28 chicos 20; 36 chicos 15; 34 chicos 10; 18 chicos 5;
> 4 mujeres 50; 128 mujeres 40; 130 mujeres 30; 102 mujeres 20;
> 6 chicas 25; 16 chicas 20; 35 chicas 15; 27 chicas 10; 15 chicas 5;
> 7 *libap* 20.

---

23   Un buen ejemplo de esto son las ventas de esclavos, que muchas veces denotan una variedad de estatus de personas dependientes, los cuales prohíben la venta como esclavos. Ver, por ejemplo, Stolper (1984) para la venta de esclavos de lengua babilonia descubierta en la Fortificación de Persépolis, aunque esa anotación no está relacionada con el resto del Archivo desde el punto de vista administrativo.

24   Hallock (1969: 720) traduce *servant* o *slave*. Hinz & Koch (1987: 819) traducen la palabra como *Diener, Knecht*. La palabra *libar/p* también puede usarse para denotar subordinación en un sentido simbólico, porque es una palabra que usa el Rey Darío para referirse a sus generales en la inscripción monumental de Bisotun; ver Vallat (1977); Bae (2001), para ediciones de la versión en elamita.

Desigualdades antiguas

Excepto la última línea, el documento se parece a cualquier otro texto sobre desembolso de raciones. Un grupo de *kurtaš*, divididos por sexo y edad, recibe raciones de cebada durante un mes y la posición social de cada uno dentro del grupo está clara por la cantidad de cebada que recibe. Sin embargo, el texto contiene también una información extra: el grupo incluye a 7 *libap* que reciben 20 litros por mes. Esa cantidad sería típica para una mujer adulta y estaría por debajo de los requerimientos nutricionales de un hombre adulto. Si esos *libap* fueran niños, esa sería una cantidad suficiente o incluso por encima de los requerimientos nutricionales tal como se los percibía en ese momento. No obstante, al contrario que los *kurtaš*, los *libap* no están diferenciados por género, ni por edad ni por estatus social. Fueran cuales fuesen las relaciones que tenían los *libap* entre ellos, la administración aqueménida no las reconocía.

La homogeneidad de los grupos de *libap* es constante en los textos de la Fortificación de Persépolis. Hay catorce textos sobre desembolso de raciones en los que tanto los *kurtaš* como los *libap* aparecen como receptores, y todos los textos tienen el mismo esquema estructural. Los *kurtaš* están divididos por género, edad y estatus social pero los *libap* aparecen siempre sin ninguna diferenciación[25]. Además, los *libap* reciben siempre la misma ración de grano: 20 litros por mes. Si eran hombres adultos, los *libap* habrían sufrido desnutrición crónica; o tal vez recibían provisiones por fuera del ámbito de la administración. La baja posición social de los *libap* tenía su correlato en raciones bajísimas y seguramente, como resultado, esos individuos tenían cuerpos más chicos, más débiles. En realidad, los textos contemporáneos de la Babilonia aqueménida en lengua acadia suelen llamar a los esclavos con el término *qallu*, palabra que originariamente significaba "chico" pero que, por extensión, terminó significando "esclavo" (Reiner & Biggs, 1982: 62-66). Los esclavos eran siempre inferiores tanto en cuanto al tamaño de sus cuerpos como en cuanto al estatus social.

La administración aqueménida permitía y alentaba la diferenciación social entre grupos de *kurtaš* pero no daba a los *libap* ninguna jerarquía y no había ninguna oportunidad para ellos de escapar del estatus humilde, empobrecido. De hecho, la adminis-

---

25   PF 1946: 04-06 registra medias raciones por medio mes; PF 1947: 29-30 registra un *kurtaš* hombre adulto.

tración aqueménida oponía directamente a los *kurtaš* dependientes, pero semiautónomos, con los *libap* esclavizados, como en el texto PF 0959, ya citado. Cada desembolso de raciones mensuales recordaba a los agentes de la administración y los trabajadores dependientes que en el mundo aqueménida los *kurtaš* y los *libap* ocupaban posiciones sociales opuestas. En general, los *libap* de Persépolis aparecen como una masa homogénea: no les permitían ninguna distinción jerárquica; no les aplicaban ninguna distinción etaria. Fueran cuales fuesen las relaciones que tuvieran entre ellos, los administradores de Persépolis no las reconocían. En otras palabras, eran esclavos, personas socialmente muertas.

Conclusión: sistemas que se refuerzan mutuamente

La expansión del Imperio Aqueménida significó una ampliación del rango de los estatus sociales en el reino. Aunque los estudiosos han demostrado con claridad cómo a raíz de eso se creó una nueva élite imperial –la "etno-clase dominante" de Pierre Briant (1988; 2017: 169-206)–, generalmente han prestado menos atención a los medios por los cuales, en su proyecto imperial, los aqueménidas crearon nuevas categorías de subalternos[26]. Sin embargo, las exigencias del trabajo imperial, fuera en la construcción de caminos o palacios, o para conseguir buenas cosechas, demandaban trabajadores de una variedad de estatus inferiores al de la élite imperial. Las poblaciones dominadas del imperio, organizadas en clases de trabajadores dependientes, proveían la articulación y el andamiaje de la infraestructura del Imperio Aqueménida. Si volvemos al arte monumental del corazón del imperio, encontramos una descripción simbólica del apoyo de las poblaciones dominadas del imperio en la tumba de Darío I en Naqsh-e Rustam. El rey de reyes viaja sobre los hombros de treinta hombres, cada uno de los cuales es la personificación de una población diferente del imperio (Root, 1979: 73-76).

Las operaciones administrativas del Imperio Aqueménida servían, en la práctica, para diferenciar a los trabajadores. No hay

---

26 Eso no significa que no se haya prestado ninguna atención a este tema: ver, por ejemplo, los estudios clásicos de Briant (1982); Dandamaev (1984). Koch (1992: 228-232) tiene un claro interés en las vidas de los trabajadores alrededor de Persépolis pero pinta un panorama demasiado positivo.

Desigualdades antiguas

lugar donde esto sea más claro que en los sistemas duales de identificación y aprovisionamiento en el Archivo de la Fortificación de Persépolis. Los individuos que la administración consideraba socialmente subordinados (por la razón que fuere, tal vez porque los habían deportado después de una guerra) recibían la clasificación de personas socialmente subordinadas en la documentación de la administración, con el término vago "chicos" (*puhu*) o, en su defecto, como esclavos (*libap*)[27]. Y cuando recibían esa clasificación, que los catalogaba como inferiores, estos dependientes recibían también raciones inferiores a las de las personas libres. Como consumían menos calorías, tenían cuerpos más pequeños, más débiles, cuerpos que justificaban su posición como inferiores en la sociedad. En Persépolis, los sistemas de clasificación y aprovisionamiento se reforzaban el uno con el otro.

Bibliografía

Aali, A. & Stöllner, T. (2015) (eds.). *The Archaeology of the Salt Miners: Interdisciplinary Research 2010-2014*, Bochum.

Ando, C. (2012). "Empire, State and Communicative Action", en C. Kuhn (ed.), *Politische Kommunikation und öffentliche Meinung in der antike Welt*, Stuttgart, 219-229.

Aperghis, G. (1998). "The Persepolis Fortification Texts: Another Look", en M. Brosius & A. Kuhrt (eds.), *Studies in Persian History: Essays in Memory of David M. Lewis*, Leiden, 35-62.

Arfaee, A. (2008). *Persepolis Fortification Tablets: Fort. and Teh. Texts*, Tehran.

Azzoni, A. (2008). "The Bowman MS and the Aramaic Tablets", en Briant, Henkelman & Stolper (eds.), 253-274.

Azzoni, A. (2017). "The Empire as Visible in the Aramaic Documents from Persepolis", en Jacobs, Henkelman & Stolper (eds.), 455-468.

Azzoni, A., Dusinberre, E., Garrison, M., Henkelman, W., Jones, C.E. & Stolper, M.W. (2017). "Persepolis Administrative Archives", en *Encyclopaedia Iranica*, edición en línea, http://www.iranicaonline.org/articles/persepolis-admin-archive (accesso 24/09/2019).

Bae, C.-H. (2001). *Comparative Studies of King Darius' Bisitun Inscription*, PhD, Harvard University.

Bodel, J. & Scheidel, W. (2017) (eds.). *On Human Bondage: After Slavery and Social Death*, Malden.

Briant, P. (1982). *Rois, tributs et paysans. Études sur les formations tributaires du Moyen-Orient ancien*, Besançon.

Briant, P. (1988). "Ethno-classe dominante et populations soumises

---

27   Las clasificaciones étnicas que tienen algunos *kurtaš* implican cautivos de guerra, para lo cual, ver Henkelman & Stolper (2009).

dans l'Empire achéménide: le cas d'Égypte", en H. Sancisi-Weerdenburg & A. Kuhrt (eds.), *Method and Theory*, Leiden, 137-174.

Briant, P. (1996). *Histoire de l'Empire perse. De Cyrus à Alexandre*, Paris.

Briant, P. (2002). *From Cyrus to Alexander: A History of the Persian Empire*, trad. P.T. Daniels, Winona Lake IN.

Briant, P. (2012). "From the Indus to the Mediterranean: The Administrative Organization and Logistics of the Great Roads of the Achaemenid Empire", en S.E. Alcock, J. Bodel & R. Talbert (eds.), *Highways, Byways, and Road Systems in the Pre-Modern World*, Malden, 185-201.

Briant, P. (2017). *Kings, Countries, Peoples: Selected Studies on the Achaemenid Empire*, trad. A. Kuhrt, Stuttgart.

Briant, P., Henkelman, W. & Stolper, M.W. (2008) (eds.). *L'Archive des Fortifications de Persépolis. État des questions et perspectives de recherches*, Paris.

Brosius, M. (1996). *Women in Ancient Persia, 559-331 BC*, Oxford.

Cameron, G. (1948). *Persepolis Treasury Tablets*, Chicago.

Colburn, H. (2013). "Connectivity and Communication in the Achaemenid Empire", *Journal of the Economic and Social History of the Orient*, 56/1, 29-52.

Dandamaev, M.A. (1975). "Forced Labour in the Palace Economy in Achaemenid Iran", *Altorientalische Forschungen*, 2, 71-78.

Dandamaev, M.A. (1984). *Slavery in Babylonia: From Nabopolassar to Alexander the Great (626-331 BC)* [1974], trad. V. Powell, Dekalb IL.

Debord, P. (1995). "Les routes royales en Asie mineure occidentale", en P. Briant (ed.), *Dans les pas des Dix-Mille. Peuples et pays du Proche-Orient vus par un Grec (Pallas, 43)*, Toulouse, 89-97.

Eilers, W. (1985). "Einige altiranische Etymologien", *Münchener Studien zur Sprachwissenschaft*, 45, 23-38.

Fisher, M. & Stolper, M.W. (2015). "Achaemenid Elamite Administrative Tablets, 3: Fragments from Old Kandahar, Afghanistan", *Achaemenid Research on Texts and Archaeology*, ARTA 2015.001, http://www.achemenet.com/pdf/arta/ARTA_2015.001-Fisher-Stolper.pdf.

Garrison, M. (2008). "The Uninscribed Tablets from the Fortification Archive: A Preliminary Analysis", en Briant, Henkelman & Stolper (eds.), 149-238.

Garrison, M. (2017). *The Ritual Landscape at Persepolis: Glyptic Imagery from the Persepolis Fortification and Treasury Archives*, Chicago.

Gondet, S. (2011). *Occupation de la plaine de Persépolis au Ier millénaire av. J.-C. (Fars central, Iran)*, PhD, Université Lumière Lyon 2.

Graf, D.F. (1994). "The Persian Royal Road System", en H. Sancisi-Weerdenburg, A. Kuhrt & M.C. Root (eds.), *Continuity and Change*, Leiden, 167-189.

Hackl, J., Jursa, M. & Schmidl, M. (2014). *Spätbabylonische Briefe, 1: Spätbabylonische Privatbreife*, Münster.

Hallock, R.T. (1960). "A New Look at the Persepolis Treasury Tablets", *Journal of Near Eastern Studies*, 19/2, 90-100.

Hallock, R.T. (1969). *Persepolis Fortification Tablets*, Chicago.

Hallock, R.T. (1978). "Selected Fortification Texts", *Cahiers de la Délégation Archéologique Française en Iran*, 8. 109-136.

Henkelman, W. (2008). *The Other Gods Who Are: Studies in Elamite-Iranian Acculturation Based on the Persepolis Fortification Tablets*, Leiden.

Henkelman, W. (2010). "'Consumed before the King': The Tables of Darius, That of Irdabama and Irtaštuna, and That of His Satrap, Karkiš", en B. Jacobs & R. Rollinger (eds.), *Der Achämenidenhof / The Achaemenid Court*, Wiesbaden, 667-775.

Henkelman, W. (2013). "Administrative Realities: The Persepolis Archives and the Archaeology of the Achaemenid Heartland", en D. Potts (ed.), *The Oxford Handbook of Ancient Iran*, Oxford, 528-546.

Henkelman, W. (2017). "Imperial Signature and Imperial Paradigm: Achaemenid Administrative Structure and System across and beyond the Iranian Plateau", en Jacobs, Henkelman & Stolper (eds.), 45-256.

Henkelman, W. (2018). "Precarious Gifts: Achaemenid Estates and Domains in Times of War and Peace", en F. Jullien (ed.), *Guerre et paix en monde iranien. Revisiter les lieux de recontre*, Paris, 13-66.

Henkelman, W. & Kleber, K. (2007). "Babylonian Workers in the Persian Heartland: Palace Building at Matannan in the Reign of Cambyses", en C. Tuplin (ed.), *Persian Responses: Political and Cultural Interaction with(in) the Achaemenid Empire*, Swansea, 163-176.

Henkelman, W. & Kuhrt, A. (2003) (eds.). *A Persian Perspective: Essays in Memory of Heleen Sancisi-Weerdenburg*, Leiden.

Henkelman, W. & Stolper, M.W. (2009). "Ethnic Identity and Ethnic Labelling at Persepolis: The Case of the Skudrians", en P. Briant & M. Chaveau (eds.), *Organisation des pouvoirs et contacts culturels dans les pays de l'Empire achéménide*, Paris 271-330.

Hinz, W. (1973). *Neue Wege im Altpersischen*, Wiesbaden.

Hinz, W. & Koch, H. (1987). *Elamisches Wörterbuch*, Berlin, 2 vols.

Hyland, J. (2019). "The Achaemenid Messenger System and the Ionian Revolt: New Evidence from the Persepolis Fortification Archive", *Historia*, 68/2, 150-169.

Jacobs, B., Henkelman, W. & Stolper, M.W. (2017) (eds.). *Die Verwaltung im Achämenidenreich. Imperiale Muster und Strukturen / Administration in the Achaemenid Empire: Tracing the Imperial Signature*, Wiesbaden.

Jones, C.E. & Stolper, M.W. (2008). "How Many Persepolis Fortification Tablets Are There?", en Briant, Henkelman & Stolper (eds.), 27-50.

Jursa, M. (2010). *Aspects of the Economic History of Babylonia in the First Millennium BC* (con textos de J. Hackl, B. Janković, K. Kleber, E.E. Payne, C. Waerzeggers & M. Weszeli), Münster.

Jursa, M. (2015). "Labor in Babylonia in the First Millennium BC", en P. Steinkeller & M. Hudson (eds.), *Labor in the Ancient World*, Dresden, 345-396.

Kawase, T. (1984). "Female Workers *Pašap* in the Persepolis Royal Economy", *Acta Sumerologica Japonica*, 6, 19-32.

King, R. (2019). "Taxing Achaemenid Arachosia: Evidence from Persepolis", *Journal of Near Eastern Studies*, 78/2, 185-199.

Koch, H. (1992). *Es kündet Dareios der König... Vom Leben im persischen Großreich*, Mainz am Rhein.

Kuhrt, A. (2007). *The Persian Empire: A Corpus of Sources from the Achaemenid Period*, London, 2 vols.

McCaskie, T. (2012). "'As on a Darkling Plain': Practitioners, Publics, Propagandists, and Ancient Historiography", *Comparative Studies in Society and History*, 54/1, 145-173.

Patterson, O. (1982). *Slavery and Social Death*, Cambridge MA.

Patterson, O. (2012). "Trafficking, Gender and Slavery: Past and Present", en J. Allain (ed.), *The Legal Understanding of Slavery: From the Historical to the Contemporary*, Oxford, 322-359.

Porten, B. & Yardeni, A. (1986). *Textbook of Aramaic Documents from Ancient Egypt, 1: Letters*, Jerusalem.

Razmjou, S. (2008). "Find Spots and Find Circumstances of Documents Excavated at Persepolis", en Briant, Henkelman & Stolper (eds.), 51-58.

Reiner, E. & Biggs, R.D. (1982) (eds.). *The Assyrian Dictionary of the Oriental Institute of the University of Chicago: Q*, Chicago, vol. 13.

Root, M.C. (1979). *The King and Kingship in Achaemenid Art: Essays on the Creation of an Iconography of Empire*, Leiden.

Sancisi-Weerdenburg, H. (1987) (ed.). *Sources, Structures, and Synthesis*, Leiden.

Schmidt, E.F. (1953). *Persepolis, I: Structures, Reliefs, Inscriptions*, Chicago.

Schmidt, E.F. (1957). *Persepolis, II: Contents of the Treasury and Other Discoveries*, Chicago.

Schmidt, E.F. (1970). *Persepolis, III: The Royal Tombs and Other Monuments*, Chicago.

Stolper, M.W. (1984). "The Neo-Babylonian Text from the Persepolis Fortification", *Journal of Near Eastern Studies*, 43/4, 299-310.

Stolper, M.W. (1985). *Entrepreneurs and Empire: The Murašu Archive, the Murašu Firm, and Persian Rule in Babylonia*, Leiden.

Tavernier, J. (2007). *Iranica in the Achaemenid Period (ca. 550-330 BC): Lexicon of Old Iranian Proper Names and Loanwords, Attested in Non-Iranian Texts*, Dudley MA.

Taylor, D.G.K. (2020). "The Bodleian Letters: Text and Translation", en C. Tuplin & J. Ma (eds.), *Aršāma and His World: The Bodleian Letters in Context*, Oxford, 19-49.

Tolini, G. (2008). "Les travailleurs babyloniens et le palais de Taokè", *Achaemenid Research on Texts and Archaeology*, ARTA 2008.002, http://www.achemenet.com/pdf/arta/2008.002-Tolini.pdf.

Vallat, F. (1977). *Corpus des inscriptions royales en Élamite achéménide*, PhD, Université Paris 1 Panthéon-Sorbonne.

Desigualdades antiguas

COMUNIDAD DE BIENES EN JERUSALÉN.
¿IDILIO O ARTIFICIO APOLOGÉTICO?
(*HECHOS, 1-5*)

Mariano Splendido[1]

Introducción

El autor de *Hechos de los Apóstoles* (*Hch*) nos conduce por la historia de los primeros treinta años del grupo de seguidores de Jesús de una manera muy peculiar. Sus intereses principales parecen ser las dos grandes figuras apostólicas, Pedro y Pablo, y su relación con la diáspora judía y el imperio romano[2]. Semejante enfoque reflejaría mucho más la época de redacción de este texto que el período que pretende historiar, ya que las cartas

---

1   IdIHCS/CONICET-Universidad Nacional de La Plata.

2   Sobre el objetivo de *Hch*, los analistas han propuesto diversas teorías. En la primera mitad del siglo XIX, Leberecht de Wette fue quien primero se dio cuenta de que los datos que proveía *Hch* no se ajustaban a los brindados por Pablo en sus cartas, por lo cual concluyó que la segunda obra lucana tenía fuentes de dudosa procedencia; Gasque (1989: 24-26). Baur (1838: 142; 2003: 12-14), contemporáneo suyo e iniciador de la escuela de Tübingen, propuso considerar a *Hch* como una síntesis algo forzada entre la corriente petrina y la paulina a fin de aquietar las disputas entre grupos cristianos. Siguiendo esta línea, Oberbeck (1919: 78) plantea que el autor de *Hch* mezcló leyenda, historia y milagro indiscriminadamente, y Haenchen (1971: 81-90) asevera que la pieza no sería más que un libro con fines edificantes. El único que difirió con estos planteos fue Hengel (1980: 35-68), quien considera que, pese al eclecticismo de las fuentes, algo propio de la mayoría de los trabajos de la Antigüedad, el autor de *Hch* se esfuerza por poner un orden a los acontecimientos y marcar hitos históricos para el movimiento. Han sido los exégetas angloamericanos los que intentaron recuperar el valor histórico de la obra, contrabalanceando el interés teológico del narrador con detalles referentes a geografía, rutas, títulos, magistrados y ciudades. Bruce (1985); Hemer (1989: 107-220). Por su parte, Marguerat (2002: 16-22) propuso observar a *Hch* como una intersección entre historia documental, explicativa y poética (categorías de Ricoeur) a fin de descartar la dicotomía fáctico/ficticio y analizar la obra como una representación de la realidad en la que se funden lo histórico y lo ficticio.

del apóstol Pablo muestran realidades diferentes[3]. Probablemente *Hch* esté mucho más cerca de las epístolas deuteropaulinas (*Col*, *Ef, 2Tes*) en tiempo y contexto que de los primeros seguidores de Jerusalén[4]. Aun así, conoce historias sobre aquellos años iniciales, y las acomoda en su proyecto[5].

Si la doble obra lucana se redactó hacia fines del siglo I (aproximadamente 90-100 d.C.), muy probablemente en Asia Menor[6], claramente su autor está atravesado por conflictos más propios de la segunda generación de creyentes, como la postergación de las esperanzas escatológicas, la tensión con la sinagoga y, principalmente, la cuestión de la autoridad al interior del movimiento. En relación con este último tema, Pedro y Pablo cobran una relevancia normativa para el autor de *Hch,* quien deja de lado las rispideces entre ambos y desdibuja los conflictos de la primera agrupación de fieles (que conocemos por las cartas de Pablo) para organizar sus episodios con fines apologéticos sobre un ministerio cuestionado: los apóstoles.

El trabajo consiste en abordar los resúmenes acerca de la actividad de los primeros creyentes que se encuentran en *Hch* (1.12-14; 2.42-47; 4.32-35; 5.12-16). En los mismos se elogian la unidad del grupo y la práctica de un comunismo de bienes que habría sido el principio económico rector de la primera agrupación[7]. Sin

---

3 Al referirnos a las cartas de Pablo hablamos de las siete que los analistas consideran de su autoría: *1Tes, Rom, 1Cor, 2Cor, Gal, Flp, Flm.* Cf. Baur (2003: 255-259); Trobisch (2001); Malina-Pilch (2006); Pervo (2012: 49-106).

4 Para los debates sobre el origen y datación de *Col* ver: Lohse (1971: 2-4); Bruce (1984: 3-16); MacDonald (2008: 6-9); Moo (2008: 25-45); en cuanto a *Ef,* ver Mitton (1973: 3); Van Roon (1974: 3-4); White (2007: 334-335); en referencia a *2Tes,* consultar Collins (1988: 209-241); Nicholl (2004: 198-221).

5 Trocmé (1957: 134-140); Dupont (1960); Haenchen (1971: 81-90).

6 Seguimos a Lönning (1969) y White (2007: 314) al considerar que *Lc-Hch* fueron obras escritas en Asia Menor, no en Roma. Algunos como Theissen (2002: 97-99) las hacen propias del cristianismo romano. Para la unidad *Lc-Hch* es central la obra en dos volúmenes de Tannehill (1986); cf. Mount (2002: 59-104); Walters (2008: 137-189).

7 Los sumarios de *Hch* han conocido dos períodos en su análisis. Entre fines del siglo XIX y el primer cuarto del XX el asunto principal era dilucidar si provenían de una fuente histórica o eran producto del autor. A partir de la década de 1920 aparecieron algunos investigadores que observaron que los sumarios de la obra lucana dependían del esquema de *Mc* 3.10-12, un resumen de incidentes individuales que introducía episodios narrativos. Cadbury (1933); Dibelius (1956: 7-10). A partir de aquí se ha empezado a debatir cuánto de los sumarios proviene de una fuente, cuánto es

                                                    Desigualdades antiguas

embargo, estos resúmenes van intercalándose con episodios que, progresivamente, muestran el ascenso de la autoridad apostólica y, a la par, conducen a una tensión entre los fieles que llega a su punto cúlmine en *Hch* 6.1-7. Nuestro objetivo será analizar la perspectiva económica que nos ofrecen estos sumarios sobre la primera iglesia a fin de comprender qué interés tiene para el autor de *Hch* reconstruir un pasado de armonía y equidad comunitaria y a qué factores remite su desaparición. El énfasis en un comunismo de bienes dirigido por los apóstoles, ministros itinerantes cuestionados hacia fines del siglo I d.C., podría estar significando cierta resistencia a nuevas formas de liderazgo y gestión de fondos en las ἐκκλησίαι contemporáneas.

El problema

Si nos guiamos por los perfiles comunitarios presentes en *Col*, *Ef*, *2Tes* e incluso la *Didaché* (*Did*)[8], textos coetáneos a *Hch*, veremos que se insiste crecientemente en una organización comunitaria con eje en el *oîkos* y sus dependientes[9]. Gran parte de la solidaridad grupal se desarrolla en los hogares de algunos patrocinadores, quienes intentan imponer una moral familiar, promoviendo la figura del amo[10], y laboral. El autor de *2Tes* retoma con marcado énfasis la ética paulina de trabajo[11], asumiendo la voz del apóstol y afirmando: "Si alguno no quiere trabajar, que tampoco coma"

una expansión y cuánto una interpolación. Cf. Cerfaux (1936: 673-680); Jeremias (1937: 206-207); Benoit (1950). Haenchen (1971: 194-195) ha considerado que los resúmenes en *Hch* son invención directa del autor para mostrar el paso del tiempo y la distancia entre episodios. Cf. Trocmé (1957: 71, 88, 120); Marguerat (2002: 162-164).

8   White (2007: 415-416). Cf. Audet (1958: 187-206); Milavec (2003: 445-448).

9   *Ef* 5.21-6.9; *Col* 3.18-4.1; *1Ped* 2.18-3.7; *1Tim* 2.9-15, 5.3-6.2; *Tit* 2.1-10; *Did* 4.9-11. Cf. Crouch (1972: 102-151); Verner (1983: 83-186); Page (1993); Glancy (2006: 130-156).

10   La insistencia sobre esta figura probablemente sea un indicio de que hay disputas sobre su autoridad. Cf. Lohse (1971: 154-163); Crouch (1972: 120-145). En *Col* 3.18-4.1 y *Ef* 5.21-6.9 las expectativas se depositan sobre el padre-propietario. La obediencia sumisa, a Cristo-cabeza (*kefale*; *Col* 1.18; 2.9-15; *Ef* 1.22; 4.15-16) en primera instancia, debe reemplazar la exaltación e incluso los rumores escatológicos (*2Tes* 2); Howard (1974). Para analizar el discurso patriarcal detrás de los primeros textos cristianos, ver Matthews (2001: 29-52, 59-62, 66-67) (centrado en *Lc-Hch*); Tanzer (1995: 328-332); Cooper (2011); Osiek (2011) (abordando la literatura neotestamentaria, con especial énfasis en los códigos domésticos).

11   *1Tes* 2.5-12; 4.11-12; *1Cor* 9.8-15; *2Cor* 11.8-10; 12-13-18.

(*2Tes* 3.10)[12]. Esta insistencia en el mantenimiento de una actividad manual que garantice el sustento supone un cambio de perspectiva en los grupos de creyentes[13]. Las esperanzas escatológicas se han postergado y los lazos con la sinagoga se han debilitado mucho[14]; los fieles se vuelcan hacia un creciente patronazgo de ciertos anfitriones que comenzarán a convertirse en los referentes locales. Ante esto, los ministros itinerantes, apóstoles y profetas, que recorrían varias localidades visitando a los creyentes en Jesús, pasaron a ser el objeto de serios cuestionamientos.

Según lo que nos dice Pablo, profetas y apóstoles, representantes de una fe carismática y con tintes escatológicos, vivían del sustento comunitario allí donde llegaban[15]. Tal como lo muestran los evangelios, entre las directivas misioneras de Jesús no habría estado el trabajar, sino que los predicadores debían caracterizarse por su continua movilidad y la vida a costa de la caridad[16]. Estas premisas de comportamiento dejaron de ser exaltadas hacia fines

---

12　Εἴ τις οὐ θέλει ἐργάζεσθαι μηδὲ ἐσθιέτω. Russell (1988: 110-113) comprende esta advertencia dentro de la presión escatológica de ciertos grupos; Nicholl (2004: 166-178) no piensa igual y traslada el conflicto al interior de la comunidad, en la cual los miembros de bajo estatus estarían abusando de la asistencia de los que poseen recursos. Cf. Winter (1994: 42-60).

13　El autor de *Hch* sabía de la ética que Pablo había asumido respecto del trabajo manual durante la misión; por esto nos presenta al apóstol ejerciendo el oficio de σκηνοποιός junto a Aquila y Priscila (18.1-3) y luego recomendando a los efesios que ejerzan industrias manuales (20.33-35). El oficio de Pablo es exaltado por la patrística: Orígenes, *Com Rom* 10.18; Juan Crisóstomo, *Com IITim* 2.4-5, *Com Rom* 2.5; Teodoreto, *Graecaru Affectionem Curatio*, 5; *De Providentia*, 10.

14　Cf. Goodman (1992); Chester (1992); Montserrat Torrents (2005: 237-246); Bauckham (2008: 65-88). Haenchen (1971: 94-98) observa que en *Hch* 1.6-7 se encuentra una manifestación clara del cese de la ansiedad escatológica.

15　En *1Cor* 9.8-15 Pablo expone que ha renunciado a los derechos apostólicos pese a ser apóstol. En *2Cor* 11.8-10, 19-20 y 12.12-18 el apóstol reacciona violentamente y enfatiza que las características del ministro deben ser la paciencia en los sufrimientos, los signos, prodigios y milagros (12.12); por contraposición, los opositores son descriptos como individuos que esclavizan (καταδουλόω), devoran (κατεσθίω), roban (λαμβάνω), se engríen (ἐπαίρω) y abofetean (11.20: εἰς πρόσωπον δέρω). Esta descripción intenta dejar a estos apóstoles como unos déspotas en materia de gestión de los fieles; Pablo, por su parte, reivindica que él no busca las cosas de los fieles (12.14: οὐ γὰρ ζητῶ τὰ ὑμῶν), o sea una dependencia material, e insiste con un verbo particular, καταναρκάω, que significa ser una carga (11.9; 12.13-14); en otros casos Pablo utiliza ἐπιβαρέω (*1Tes* 2.9; *2Cor* 2.5), verbo con un mayor sentido pecuniario; en *2Tes* 3.8 también lo encontramos.

16　*Mc* 6.8-9; *Mt* 10.8-10; *Lc* 9.3-5; 10.4-12. Es evidente cierta discrepancia entre los tres evangelios y la fuente *Q* sobre las directivas de Jesús a los apóstoles. Cada uno

del siglo I, cuando las comunidades comenzaron un proceso de consolidación local. El carismático visitante se volvió un peligro a nivel doctrinal y una carga económica, además de un rival en términos directivos para las jerarquías locales en construcción.

El autor de *Hch*, contemporáneo de esta tensión en las ἐκκλησίαι, podría estar aprovechando la narración de los orígenes de la fe en Cristo para señalar su postura en relación con la ética económica comunitaria. Esto justificaría su interés por exaltar prácticas antiguas que tuvieron como eje a la autoridad apostólica, tal como se puede observar en los resúmenes sobre la vida del grupo de creyentes en Jerusalén. Iremos abordando uno a uno estos relatos, su vocabulario y disposición en la trama, para luego analizar los elementos comunes y la progresión que proponen.

Hechos de los Apóstoles 1.12-14

Luego de la ascensión de Jesús, sus seguidores regresan al ὑπερῷον, la residencia de este grupo de galileos en Jerusalén (*Hch* 1.13)[17]. El autor de *Hch* identifica por completo al equipo apostólico, dando los nombres en una lista que encabezan Pedro y Juan, quienes serán las figuras relevantes en los próximos capítulos (1.13)[18]. A estos once varones le agrega la presencia femenina,

---

enfatiza aspectos diferentes y se explaya sobre algunas actitudes en particular. Beare (1970); Weaver (1990: 83-90); Jacobson (1992: 137-150); Draper (1995).

17　Esta expresión para designar una estancia superior también se utiliza en *Hch* 9.37, 39 (en referencia al cuarto donde depositan a la fallecida Tabita) y en *Hch* 20.8 (para describir el lugar de reunión en Tróade, del cual cae el joven Eutico mientras Pablo predica). En *Lc* 22.11 Jesús envía a sus apóstoles a buscar un κατάλυμα, es decir un cuarto de huéspedes para celebrar la Pascua; en *Lc* 22.12 el Maestro especifica que ese cuarto será un ἀνάγαιον, una estancia superior. ¿Está señalando algo la utilización de ὑπερῷον en *Hch*? Podría pensarse que las tres veces que el autor utiliza el término está refiriéndose a momentos de expectativa: en *Hch* 1.13 es la comunidad esperando al Espíritu Santo; en *Hch* 9.37, 39 es la comunidad de Jope que espera a Pedro y en *Hch* 20.8 son los fieles de Tróade que aguardan a Pablo; Robertson (1989: 28-29). Hay una noticia de Epifanio sobre la veneración de este ὑπερῷον de la primera comunidad en Jerusalén. *Sobre los pesos y las medidas* (sir) 14. Cf. Dean (1935: 30).

18　La lista apostólica de *Hch* discrepa con la de *Lc* 6.14-16 en el orden, no en los nombres. Cf. *Mc* 3.16-19; *Mt* 10.2-4. En la segunda obra lucana Juan alcanza mayor preeminencia como compañero de Pedro (*Hch* 3.1; 4.13; 8.14), pero el autor pareciera no saber mucho más respecto de su función (Pablo tampoco dice mucho de Juan; *Gal* 2.9), pues no recoge ningún episodio en que el hijo de Zebedeo actúe solo. Cf. Haenchen (1971: 198).

que el evangelio lucano ha subrayado particularmente[19], y de la madre de Jesús y sus hermanos (*Hch* 1.14)[20]. Pablo en sus cartas reconoce a todos estos componentes originales (a excepción de la madre) y los presenta interactuando en Jerusalén y alrededores (*Gal* 2.1-10; *1Cor* 9.5, 15.5-10). Las tradiciones sobre este grupo primigenio parecen bastante consolidadas, por lo cual no serían tan fáciles de eludir para el narrador.

Este primer resumen enfatiza dos aspectos de la agrupación en el v. 14: la perseverancia en la oración y la unanimidad del grupo, descripta con el adverbio ὁμοθυμαδόν (*Hch* 1.14)[21]. A esta breve presentación le sigue un primer conflicto: la sustitución de Judas. La figura de Pedro aparece al frente de los apóstoles, siendo quien propone la elección; sin embargo, pareciera ser la comunidad la que reconoce a los dos candidatos y echa suertes para decidir (*Hch* 1.23; Beda, *Com Hch* 1.26,26; Talbert, 2005: 21). Para propiciar la elección, el grupo vuelve a orar, y en esa oración invocan al Señor Jesús como καρδιογνῶστα πάντων, es decir "conocedor de los corazones" (*Hch* 1.24)[22]. Matías, quien resulta elegido, no solo ha sido un discípulo fiel, sino también μάρτυς de la resurrección (*Hch* 1.21-22)[23].

---

19   *Lc* 8.2-3; 23.49, 55; 24.10, 22. Lucas toma la noticia de las discípulas de *Mc* 15.40-41.

20   María es un personaje prominente en los relatos lucanos de la infancia, en donde se la presenta como un modelo de obediencia y confianza (*Lc* 1.26-38; 2.1-7, 33-35; 48-51; 8.19-20). Los hermanos de Jesús apenas aparecen en *Lc* 8.19, pero el autor, a diferencia de *Mc* 3.20-21, 31-35 y *Jn* 7.3-5, no los presenta como incrédulos. Cf. Haenchen (1971: 155); Brown *et al.* (1982: 158-160); Räisänen (1989: 137-139); Petersen (2011: 353-355).

21   οὗτοι πάντες ἦσαν προσκαρτεροῦντες ὁμοθυμαδὸν τῇ προσευχῇ. Respecto a la oración, Talbert (2005: 11-12) considera que el énfasis en la comunidad orante tiene que ver con los mandatos del Jesús prepascual, que exhortaba a la oración (*Lc* 11.1-13; 18.1-8; 21.36; 22.46). En cuanto a ὁμοθυμαδόν, se utiliza once veces en *Hch* (1.14; 2.46; 4.24, 32; 5.12; 7.57; 8.6; 12.20; 15.25; 18.12 y 19.29) para señalar acciones realizadas en común. Juan Crisóstomo (*Hom Hch* 3.1,6) asocia esa unicidad con un estado angélico.

22   El Jesús lucano es presentado como conocedor del interior de las personas; *Lc* 5.22, 7.39, 16.15. Pablo utiliza el concepto en *1Cor* 4.5 y 14.25; *Ap* 2.23 y *Heb* 4.12 también se hacen eco de esto. La figura del Dios escrutador de los corazones aparece en la versión de los LXX: *Dt* 8.2; *1Sam* 16.7; *Sal* 7.10, 44.22; 139.23.

23   Juan Crisóstomo, *Hom Hch* 3.3,19. El episodio de la elección de Matías marca claramente que el autor de *Hch* se alinea con los que subordinan la apostolicidad de Pablo a la de los Doce. Esto se explica porque a fines del siglo I los grupos de

   Desigualdades antiguas

Luego de la venida del Espíritu Santo, momento en que la comunidad se muestra a gentes de todas las naciones (*Hch* 2.1-15), el autor de *Hch* pone un primer discurso en boca de Pedro (*Hch* 2.22-36). La consecuencia inmediata de esta primera intervención pública es la conversión de muchas personas, que se agregan (*Hch* 2.41: προστίθημι) a la congregación[24].

Hechos de los Apóstoles 2.42-47

Con más integrantes, el grupo de creyentes en Jesús persevera (προσκαρτεροῦντες) en dos aspectos señalados en el v. 42: por un lado, en τῇ διδαχῇ τῶν ἀποστόλων; por otro, en la κοινωνία[25] que supone la fracción del pan (τῇ κλάσει τοῦ ἄρτου) y las oraciones (ταῖς προσευχαῖς)[26]. El liderazgo apostólico se consolida, pues genera miedo (2.43: φόβος) por los prodigios y signos (2.43: τέρατα καὶ σημεῖα)[27]. Mientras tanto, el autor de *Hch* señala que los fieles estaban unidos[28], a lo cual sigue una descripción de la primera organización solidaria del grupo: εἶχον ἅπαντα κοινά (v. 44), es decir que tenían todo en común. Esta afirmación es seguida de una aclaración en el v. 45: se venden (πιπράσκω) bienes y posesiones (τὰ κτήματα καὶ τὰς ὑπάρξεις) y se reparten (διαμερίζω) entre

---

creyentes tienen consideraciones diferentes sobre la figura del apóstol de los gentiles. Cf. Dillon & Fitzmyer (1972: 432); Talbert (2005: 16-19).

24 Beda (*Com Hch* 2.41,9) comprende estos tres mil conversos como las primicias de las almas a los cincuenta días de la Pascua.

25 Seguimos a Dupont (1979: 86-87), Hainz (1996) y Halteman Finger (2007: 226-229) que dan al término κοινωνία un sentido práctico, vinculado al comunismo de bienes. Para Hauck (1965) simplemente es un sentimiento de concordia en medio de la hermandad de fieles, sin implicancias económicas. El mismo Pablo usa el término con valor ambivalente en *1Cor* 10.16; *Gal* 2.9-10; *Flp* 1.5, 2.1-11, 3.10; *Flm* 6. Cf. *1Jn* 1.3, 6, 7.

26 Haenchen (1971: 191); Dord (1939); Hill (1996: 90-91); Lightfoot (2014: 91). El verbo κλάω aparece en *Lc* 24.30; *Hch* 20.7, 11, 27.35 y el sustantivo κλάσις se repite en *Lc* 24.35.

27 Sobre el concepto de φόβος ver Haenchen (1971: 192). La expresión τέρατα καὶ σημεῖα es muy propia del autor de *Hch*, ya que la hallamos en 2.43; 4.30; 5.12; 6.8; 7.36; 14.3; 15.12. También aparece en *Mc* 13.22, *Mt* 24.24 y *Jn* 4.48.

28 En este caso usa la expresión ἐπὶ τὸ αὐτό (también aparece en *Lc* 17.35 y *Hch* 1.15, 2.1; 4.26), que parece tener un valor similar al de ὁμοθυμαδὸν, aun si muchos analistas le otorgan un sentido espacial y traducen "en el mismo lugar"; *1Cor* 7.5, 11.20, 14.23; *Mt* 22.34. Cf. Halteman Finger (2007: 231); Thompson (2008: 67-68); Lightfoot (2014: 86).

los necesitados[29]. No se especifica quiénes asumen este comportamiento desprendido ni en qué medida. En el v. 46 se vuelve sobre la conducta diaria de los congregados, de quienes se insiste que acudían al templo προσκαρτεροῦντες ὁμοθυμαδὸν y que en cada casa (κατ' οἶκον) partían el pan y comían con alegría y ἀφελότητι καρδίας, o sea, sencillez de corazón[30]. Este proceder tiene dos resultados (v. 47): el favor (χάριν) del pueblo y el aumento de las conversiones, que se atribuyen al Señor (Κύριος προσετίθει τοὺς σῳζομένους) y redundan en beneficio de la unidad grupal (ἐπὶ τὸ αὐτό)[31].

Podría pensarse que el autor profundizaría algún aspecto de esta ética grupal que acaba de presentar, pero en lugar de eso continúa el relato con un episodio de curación. Pedro y Juan, camino a la oración en el templo, sanan a un tullido que mendiga en la puerta Hermosa. La frase "No tengo plata ni oro; pero lo que tengo te lo doy" (*Hch* 3.6) da inicio al poder taumatúrgico del apóstol, quien sana invocando el nombre de Jesús[32]. La reacción ante el milagro es de estupor y asombro entre el pueblo (*Hch* 3.10-11) y el sanedrín (*Hch* 4.13). Luego de la detención y liberación de Pedro y Juan por las autoridades judías, la comunidad reaparece orando (*Hch* 4.31) al unísono (4.24: ὁμοθυμαδὸν) y atrayendo al Espíritu Santo (Juan Crisóstomo, *Hom Hch* 11.1,22; 11.2,2. Dillon & Fitzmyer, 1972: 457-458).

---

29   Haenchen (1971: 192) propone que esta ética no eliminó la posesión de propiedades. Cf. Halteman Finger (2007: 231-236).

30   Esta alternancia entre fervor religioso por el Templo y comensalidad doméstica de los primeros creyentes ha llamado la atención de varios analistas. El grupo no tiene muestras extrañas de culto, sino que mantiene una continuidad con las prácticas tradicionales; sin embargo, la aparición del *oîkos* supone una organización y religiosidad diferentes. Cf. Haenchen (1971: 192); Elliot (1991); Halteman Finger (2007: 236-242); Dunn (1996: 36-37). En cuanto a la expresión ἀφελότητι καρδίας, Bruce (1990: 133) y Johnson (1992: 59) entienden que se asocia a la idea de generosidad, vinculada a ἁπλότης, como se ve en *Col* 3.22, *Ef* 6.5. Cf. Barrett (1994: 158).

31   Petersen (2009: 165-166) sugiere que esta aclaración sobre la consideración pública del grupo tiene como fin contraponer las actitudes del pueblo con la de las autoridades en relación con los seguidores de Jesús. Cf. Andersen (1988).

32   Haenchen (1971: 199-200); Hamm (1986); Barrett (1994: 180-183). El episodio es similar al del paralítico en la camilla de *Lc* 5.17-26. Sobre el significado del tullido, es interesante la interpretación de Arator (*Hist Ap* 1.12) y Beda (*Com Hch* 3.2, 7, 9), quienes proponen ver en él a Jacob-Israel, rengueando por su lucha con el ángel en *Gn* 32.29-32. Cf. Richard (2003: 698).

Reconfortados en el Espíritu y con plena παρρησία (4.31), la comunidad muestra más unión que nunca (Marrow, 1982; Balz, 1998: 802-811). El autor expresa esto con la frase "tenía un solo corazón y una sola alma" (4.32: ἦν καρδία καὶ ψυχὴ μία); el Espíritu Santo genera esa unidad, promoviendo un equilibrio económico en el cual los bienes serían de uso colectivo (4.32: πάντα κοινά). Los apóstoles consolidan su autoridad, ya que en el v. 33 se les atribuye una prédica con gran poder (δυνάμει μεγάλη), cuya consecuencia es gozar de gran reconocimiento (χάρις τε μεγάλη). Los siguientes dos versículos (34 y 35) explican que los apóstoles regulaban el sistema de donaciones, ya que el importe de las ventas se ponía a sus pies (4.35: παρὰ τοὺς πόδας τῶν ἀποστόλων)[33]. Ahora bien, no pareciera entenderse que la venta de campos y casas fuese obligatoria. El autor ilustra esta práctica con dos casos: uno es el de Bernabé, un levita de origen chipriota que vendió un campo (v. 36-37); el otro es el de Ananías y Safira, pareja que defrauda a los apóstoles con el monto de la venta de una propiedad. Este episodio es el primero en romper la solidaridad grupal, ya que el autor de *Hch* especifica que los esposos se pusieron de acuerdo entre ellos para poner a prueba al espíritu del Señor (5.9: συνεφωνήθη ὑμῖν πειράσαι τὸ Πνεῦμα Κυρίου) y mintieron (5.3-4: ψεύδομαι) a Dios[34]. El apóstol Pedro señala que el origen de su falta fue el mismo Satanás, quien se adueñó de sus corazones (5.3: ἐπλήρωσεν ὁ Σατανᾶς τὴν καρδίαν σου)[35]. La

---

33 Juan Crisóstomo (*Hom Hch* 11.3,7) y Jerónimo (*Ep* 71.4,19) explican que la colocación de los dones a los pies de los apóstoles era un gesto de humildad, de ausencia de ostentación en esta primera comunidad. Cf. Strelan (2004: 200-201).

34 Strelan (2004: 85, 143); McCabe (2011: 163-183). Muchos exégetas acuerdan en ver a la pareja ya como aspirantes a un patronazgo comunitario, ya como benefactores comprometidos con la asamblea de fieles. Trocmé (1957: 198-200); Bartchy (1991: 315-318); Ascough (2000: 97-105). El verbo συμφωνέω también es utilizado en *Lc* 5.36 para mostrar la discordancia entre las telas en la parábola y en *Hch* 15.15 donde expresa la armonía entre las profecías.

35 La doble obra lucana (*Lc* 22.3) es la primera en presentar al demonio instigando al traidor. La tradición juanina también coincidirá en este aspecto (*Jn* 13.2). Cf. Witherington (1998: 215); van de Water (2003); Zwiep (2004: 76). McCabe (2011: 200-208, 218) asocia directamente a Judas con Ananías y Safira en tanto que sus muertes ocurren por castigo divino. La tradición patrística analizó la influencia de Satanás en Ananías: Juan Crisóstomo, *Hom Hch* 12.2,3; Beda, *Com Hch* 5.3,6.

muerte violenta de marido y mujer ante Pedro provoca gran temor (5.5, 11: φόβος μέγας) en el colectivo de hermanos[36], denominado ἐκκλησία por primera vez en 5.11[37].

Hechos de los Apóstoles 5.12-16

Este resumen comienza describiendo el poder apostólico (v. 12), que se efectiviza a través de las manos (τῶν χειρῶν) de Pedro y los otros once[38]. Ellos encabezan las reuniones comunitarias en el pórtico de Salomón, manifestándose aún el sentimiento de unanimidad (ὁμοθυμαδόν). En el v. 13 el autor explica que nadie más (τῶν δὲ λοιπῶν οὐδείς) se animaba a unírseles pese a que la consideración del pueblo hacia los creyentes seguía siendo positiva. Sin embargo, en el v. 14 enfatiza que cada vez más varones y mujeres se adherían (προσετίθεντο) a la fe (Haenchen, 1971: 242-243, 245). El v. 15 es un elogio del poder milagroso de Pedro, que parece ejercer el ministerio de manera ambulante, ya que le llevan los enfermos a las plazas. Esta fama se extendió a las ciudades vecinas según el v. 16 (Strelan, 2004: 104-106, 191). La envidia (5.17: ζῆλος) lleva a los sacerdotes a echar mano (5.18: ἐπέβαλον τὰς χεῖρας) a los apóstoles y meterlos en prisión (lo mismo ocurre en *Hch* 13.45). Ellos reivindican su testimonio en el Espíritu Santo (5.32)[39], y, luego de la intercesión del fariseo Gamaliel (5.34-39) y de un escarmiento (5.40), continúan predicando no solo en el templo sino también en la casa.

Como el número de discípulos sigue creciendo (6.1), surgen reclamos de aquellos miembros de origen helenista cuyas viudas

---

36 Marguerat (2002: 176-177) señala que el terror sagrado surge en *Hch* 2-5 fruto de la palabra verdadera. Strelan (2004: 77) especifica que el terror es consecuencia de la acción violenta y destructiva del Espíritu.

37 MacGregor (1955: 78); Bartchy (1991: 316); Barrett (1994: 270-271); Witherington (1998: 219-220). Marguerat (2002: 137) explica que la comunidad (πλῆθος) adquiere la categoría de ἐκκλησία mediante la acción del juicio de Dios, que excluye del seno del grupo a quienes rompen con sus normas.

38 Las manos de los apóstoles obran prodigios (3.7; 5.12; 9.12, 17; 9.41; 28.8) mientras sus opositores las usan para detenerlos (4.3; 5.18; 12.1; 21.11). Lo mismo ocurre en el evangelio lucano: Jesús cura con las manos (4.40; 13.13; 22.51; 24.7, 50) y sus adversarios las usan para el mal (9.44; 20.19; 22.21, 53). El acto de imponer las manos es usado en *Hch* para conferir el Espíritu Santo (*Hch* 6.6; 8.17; 13.3; 19.6). Edwards (2015, 631, 651-652); Strelan (2004: 101).

39 Cf. *Hch* 15.28: Ἔδοξεν γὰρ τῷ Πνεύματι τῷ Ἁγίῳ καὶ ἡμῖν.

                                                   Desigualdades antiguas

no recibían atención en el servicio (6.1: διακονία) diario[40]. Esta cuestión económica provoca que los apóstoles deban reunir a la asamblea de los discípulos (6.2: τὸ πλῆθος τῶν μαθητῶν). Los doce deciden consagrarse a la predicación y abandonar la administración de recursos[41], confiada ahora a siete varones llenos de Espíritu (6.2-4)[42], todos ellos de aparente filiación helenística (6.5). Los apóstoles les imponen las manos y oran, asignándoles la tarea. La comunidad crece en Jerusalén y aparecen algunos sacerdotes entre los fieles. Sin embargo, Esteban, el líder del grupo de los siete, se dedica a predicar con gran reconocimiento y poder (6.8: πλήρης χάριτος καὶ δυνάμεως), realizando signos y prodigios (6.8: τέρατα καὶ σημεῖα; Collins, 1990: 3-95; Carter, 1996: 269-275), motivo por el cual varios judíos de sinagogas de la diáspora lo denuncian y es arrestado por el sanedrín (6.9-15).

Reconstruyendo la economía de los primeros creyentes

Pablo en sus cartas originales nos habla de un compromiso que ha tomado con Pedro, Santiago y Juan, las cabezas del grupo de creyentes jerosolimitano, acerca de una colecta anual que se haría entre los fieles de otras ciudades para sostener a los hermanos de Judea, aparentemente muchos en número y aquejados por una carestía general[43]. El autor de *Hch* no registra lo referente a las colectas que se le solicitan a Pablo, ni tampoco muestra a este pidiendo caridad para los santos de Jerusalén. Sin embargo, hallamos un episodio que pareciera conocer algo de este sistema de captación de recursos en *Hch* 11.27-30. Unos profetas de Jerusalén van a Antioquía a inicios de la década del 40 y, movidos por el Espíritu,

---

40   MacGregor (1955: 73); Martin (1994: 781); Richard (2003: 707-708); Halteman Finger (2007: 246-275).

41   Juan Crisóstomo, *Hom Hch* 14.1,1; Beda, *Com Hch* 6.1,2; Arator, *HistAp* 1.3. La patrística elogia la actitud previsora del colegio apostólico, que no descuida la palabra.

42   Juan Crisóstomo (*Hom Hch* 14.3,6) fue el primero en subrayar que, a diferencia de lo que ocurrió con Matías, los siete varones no fueron elegidos por los doce ni por el Espíritu Santo, sino por el testimonio de la mayoría de los hermanos. Algo similar ocurre en *Num* 11.16 cuando Moisés elige setenta ancianos.

43   *Gal* 2.10; *1Cor* 16.1-4; *2Cor* 8.1-15; 9.1-7; *Rom* 15.25-27. Downs (2006b); Peterman (2007); Kloppenborg (2017).

profetizan que vendrá una gran hambre sobre el territorio[44]. Los fieles de Antioquía deciden ayudar y reúnen recursos. Esta historia aclara que cada uno de los antioquenos colaboró según su nivel de prosperidad (*Hch* 11.29: καθὼς εὐπορεῖτό τις). Esto nos recuerda las indicaciones del mismo Pablo en sus cartas sobre cómo organizar la recolección, ya que postula que el depósito de cada fiel debe ser acorde a sus posibilidades[45]. El apóstol fundamenta la colecta para los santos en la idea de equidad (*2Cor* 8.13-14: ἰσότης)[46].

El autor de *Hch* habría tenido alguna información de las necesidades de la primera comunidad jerosolimitana y sabría que los apóstoles mostraron tempranamente una preocupación por el sustento de los creyentes, motivo por el cual habrían solicitado las colectas. Esto se refleja en la propuesta idílica de comunismo de bienes planteada en los cinco primeros capítulos de *Hch*, cuyo objetivo sería no tanto evidenciar una realidad histórica, sino reivindicar la autoridad apostólica ante los cristianos de fin de siglo. Para analizar esto, retomaremos tres tópicos que aparecen en la descripción de cada fragmento y que por su integración generan el equilibrio comunitario ideal.

La unanimidad

El adverbio ὁμοθυμαδόν es recurrente en los primeros capítulos junto con el circunstancial ἐπὶ τὸ αὐτό. El autor de *Hch* se afana por mostrarnos un primer núcleo de fieles unidos y en constante estado de pureza. Dos son las acciones que fortalecen esta unanimidad: la oración y la fracción del pan. La primera se realiza inicialmente en el templo, pero luego vemos a la asamblea de los discípulos orar en las casas; en cuanto a la fracción del

---

44   Coincidimos con Downs (2006a) en que este episodio de *Hch* nada tiene que ver con las colectas para los santos de Jerusalén, surgidas de la asamblea que reunió a Pedro, Pablo y Santiago por el conflicto de las observancias. Cf. Buck (1950); Dunn (1996: 313-314); Witherington (1998: 712).

45   Con el verbo εὐοδόω en *1Cor* 16.2; con el concepto de δύναμις en *2Cor* 8.3; con el verbo ἔχω en *2Cor* 8.11.

46   Georgi (1992: 85-86, 138-140); Meeks (2003: 66); Tucker (2014); Schellenberg (2018). El concepto de ἰσότης proviene del vocabulario de los filósofos helenistas: Platón, *Leyes*, 757a-c; Aristóteles, *Política*, 1279a 9, 1280a 10-22, 1302a 7. En *Col* 4.1, texto anterior a *Hch* en al menos dos décadas, se utiliza el término en referencia a los deberes del amo para con el esclavo.

Desigualdades antiguas

pan, se daría en los hogares y no implicaría el ritual eucarístico (cf. Halteman Finger, 2007: 48-79), sino un primer paso hacia el comunismo de bienes. El espacio doméstico aparece así en el relato como un nuevo punto de referencia para la comunidad. El autor expresa que el alimento se comparte entre hermanos y hermanas con sencillez de corazón (2.46: ἀφελότητι καρδίας); este dato no es menor, ya que el término καρδία en estos capítulos que analizamos representaría la situación espiritual del conjunto de fieles. A esto respondería que Pedro invoque a Jesús como καρδιογνῶστα πάντων a la hora de buscar un reemplazo para Judas y que acuse a Ananías de que Satanás se ha apoderado de su corazón. Que la comunidad tenga "un solo corazón y una sola alma" (4.32)[47] supone un equilibrio perfecto entre autoridad y sostenimiento económico: no habría divisiones ni competencia de patronazgos.

La ética económica

Luego de explicar que los fieles comparten la comida en las casas, el autor de *Hch* se explaya sobre los lineamientos de la economía de esta secta de creyentes en Jesús. Al decir que los hermanos venden bienes y posesiones se estaría refiriendo a aquellos que gozan de cierta solvencia económica. Ahora bien, ¿cómo surge este comportamiento? ¿Es un requisito para calificar como líder? Si nos guiamos por las dos menciones de esta ética, una en 2.42-47 y otra en 4.35-36, hallaremos una notoria diferencia. En la primera parece darse a entender que es una reacción espontánea de los conversos, que "tienen todo en común" y venden τὰ κτήματα καὶ τὰς ὑπάρξεις, es decir, propiedades, pero también otros bienes y posesiones menores[48]; en la segunda aparecen los apóstoles como reguladores de las donaciones. En el caso de Ananías y Safira, Pedro interviene porque los esposos habrían prometido donar el total de la venta y no lo hicieron; asimismo el apóstol le recuerda al

---

47   ἦν καρδία καὶ ψυχὴ μία. Cf. Haenchen (1971: 237); Marguerat (2002: 171-172); McCabe (2011: 23-25). Barrett (1994: 267-268) ha observado el juego de palabras que el autor usa para describir la muerte de Ananías, ya que πεσὼν ἐξέψυξεν (*Hch* 5.5, 10) contrasta con ψυχὴ μία; mientras la comunidad posee una sola alma, Ananías termina con una "no alma". La misma idea se repite en el relato de la muerte del rey Herodes (*Hch* 12.23).

48   Zaqueo da la mitad de sus bienes y lo hace sin mediación de Jesús o los doce (*Lc* 19.8). Ascough (2000: 103-104).

fraudulento benefactor que la propiedad vendida, así como su importe eran suyos y podía actuar como gustase[49]. De haber habido una práctica como ésta en la primera comunidad jerosolimitana, posiblemente solo sería una expresión extrema del compromiso con los hermanos, para nada obligatoria ni establecida. Ahora bien, ¿por qué aparecen los apóstoles controlando este comunismo? Evidentemente, ellos no habrían tenido mucho que ofrecer como patronos de los fieles, ya que casi no poseían dinero y sus pocas posesiones habrían quedado en Galilea[50].

La autoridad apostólica, eje de la caridad

El grupo de los doce apóstoles va incrementando su influencia en los resúmenes analizados. De ser un reducto de galileos reunidos en una estancia común junto a sus colaboradores, las discípulas y los parientes de Jesús, se vuelven los temidos y respetados jefes de un grupo. Pedro asume el liderazgo antes de la venida del Espíritu, ya que propone reemplazar a Judas, para lo cual la comunidad elige dos candidatos de probada lealtad. Luego de Pentecostés, el mismo apóstol confronta a la multitud de judíos de la diáspora y logra conversiones. La enseñanza apostólica se complementa con τέρατα καὶ σημεῖα, manifestaciones que legitiman su autoridad.

Como hemos observado, los apóstoles no aparecen vinculados al comunismo de bienes en el resumen de 2.42-47, pero si en el de 4.32-37. Entre ambos compendios hay un episodio bisagra, el del tullido de la puerta Hermosa. Este hombre le pide dinero a Pedro y recibe esta respuesta: "No tengo plata ni oro; pero lo que tengo te doy" (*Hch* 3.6). La frase encaja con la prescripción de Jesús, que pide a sus apóstoles no llevar metálico, pero también podría entenderse como una superación de la ética comunista que se está aplicando en el grupo. Todos los creyentes comparten sus

---

49   Marguerat (2002: 174). Coincidimos con Haenchen (1971: 234-235, 240-241) en la desestimación de interpretaciones que utilizan el reclamo de Pedro al esposo como argumento para la existencia de una norma comunitaria paleocristiana de cesión de bienes al estilo de la comunidad de Qumrán. *1QS* 6,24b-25. Cf. Hamidović (2005: 410-415).

50   Según *Lc* (4.38; 5.3-4, 29; 8.3; 9.13) los apóstoles poseerían casas, embarcaciones y herramientas de trabajo. Cf. *Mc* 1.16, 19, 29; 2.15; 4.36; 6.37; 9.33; 10.28; 15.41; *Mt* 4.18, 21; 8.14, 23; 9.10; 13.1; 17.25; 27.55.

Desigualdades antiguas

bienes, vendiendo propiedades y demás posesiones para aliviar a los que se encuentran en necesidad. Pedro, sin embargo, da mucho más, devuelve la salud en el nombre del Señor Jesús[51]. Su prerrogativa es el manejo de la palabra, con la que cura, como en el caso del hombre desvalido, o incluso mata, como en el caso de Ananías y Safira[52]. Este último caso de los esposos es posterior a la presentación de los apóstoles como reguladores de la caridad de los hermanos, que ponen todo lo donado a sus pies. Bernabé ha reconocido a los apóstoles como autoridades en materia espiritual y material, por eso realiza su donación de manera transparente[53]; Ananías y Safira se ponen de acuerdo y mienten sobre el monto de su donación, reservándose una parte. No es curioso que justamente sea un matrimonio el que tiene esta actitud aprensiva, ya que podrían estar representando a líderes locales que ponen a prueba a apóstoles y profetas[54]. La muerte violenta de marido y mujer, los primeros fieles en cuestionar la autoridad apostólica, provoca un temor sagrado entre los hermanos. El Espíritu Santo es monopolio de los apóstoles, quienes lo invocan como una fuerza que confirma sus actos. Y sumado al temor que generan Pedro y los once aparece la admiración del pueblo, el reconocimiento de la gente de Jerusalén, no así de sus sacerdotes.

El autor de *Hch* exalta la concordia surgida gracias a la autoridad de los apóstoles, quienes garantizan la unanimidad y un

---

51   Talbert (2005: 36-37); Petersen (2009: 169). Juan Crisóstomo (*Hom Hch* 8.1,14) utiliza este episodio para mostrar el desinterés de los apóstoles, que curan al lisiado fuera del templo, no dentro donde está la multitud. Beda (*Com Hch* 3.6,18) sigue en la misma línea. Lo opuesto ocurre en el episodio de Simón Mago (*Hch* 8.18-23).

52   Ananías y su esposa, a diferencia del tullido, entran caminando (εἰσῆλθεν; *Hch* 5.7) para luego caer y expirar (*Hch* 5.5,10: πεσὼν ἐξέψυξεν). Strelan (2004: 192, 207) señala que, así como los jóvenes sacaron (ἐκφέρω) a la pareja muerta fuera (*Hch* 5.6, 10), por contraposición la gente sacaba a los enfermos para ser curados por Pedro (*Hch* 5.15). El verbo πίπτω, con el que se describe la caída de ambos esposos, es el aplicado a los suplicantes en *Lc* 8.41, 17.16.

53   Wall (2002: 97-98). Strelan (2004: 200) considera que, por un lado, el nombre que los apóstoles dan a este discípulo supondría ya su carisma profético (*Hch* 13.1; *1Cor* 14.3; *Rom* 12.6-8) y que, por otro, como levita, Bernabé no tendría permitido vender ciertas tierras (*Lev* 25.34), y el hecho de que lo haga igualmente demuestra su nueva comprensión de la Ley. Si bien es equivalente a χωρίον, que el autor utilice ἀγρός solo para la donación de Bernabé podría ser un recurso destinado a resaltar este donativo en particular.

54   Visto así, el episodio de Marta y María en *Lc* 10.38-40 tiene también como trasfondo la tensión entre un ministro itinerante y un administrador local.

reparto equitativo de recursos. Según este relato los doce habrían monopolizado la caridad grupal en algún momento inicial del grupo, un momento retratado como idílico y apacible, solo alterado por algunas presiones externas. Sin embargo, el narrador atribuye la pérdida de ese idilio a motivos económicos; el fraude de Ananías y Safira marca la primera ruptura, pero mucho más determinante es la reacción de los fieles helénicos. Más allá de si ya conformaban un grupo aparte o no, lo cierto es que el autor de la doble obra lucana endilga el quiebre de la comunidad a las quejas de los creyentes de origen griego por falencias en la distribución de alimentos, distribución que coordinaban los doce. Estos deciden apartarse del manejo del fondo comunitario para pasar a ser solo ministros de la palabra; los siete varones presentados por la comunidad, encabezados por Esteban, se encargarán de la asistencia material.

Ética económica

¿Qué habría detrás de estos resúmenes idílicos? ¿Una realidad histórica o un artificio apologético? No es inverosímil que el grupo sectario de creyentes en Jesús aplicara cierta solidaridad interna, similar a la que Pablo propone en las colectas; sin embargo, el apóstol nada nos dice sobre las prácticas de los creyentes de Jerusalén. Lo poco que espigamos de sus escritos es que los apóstoles viven de la caridad de sus fieles, aspecto que, pese a provenir de un mandato de Jesús, Pablo desdeña y considera un obstáculo en la prédica, al menos en las comunidades de mayoría gentil de la diáspora (*1Cor* 9.1-18). Evidentemente, la manutención de los ministros fue un problema desde el primer momento en los grupos de creyentes, pero después del 70 parece haberse vuelto un asunto de acalorado debate.

El autor de *Hch* estaría participando, desde su perspectiva histórica, en las discusiones por la economía comunitaria y las prerrogativas de los ministros itinerantes. Intentaría demostrar que existió una ética económica que era transparente, efectiva y cuya dirección por parte de Pedro y los once redundaba en beneficio de la unidad. Los apóstoles resumían en ellos la autoridad espiritual y la material. El ejemplo por antonomasia lo encontramos en *Hch* 5.1-11, con Pedro enfrentando a Ananías y Safira; una disputa por el monto de una donación es llevada por el autor al plano de las fuerzas celestes, ya que el apóstol representa al Espíritu Santo y los estafadores a Satanás.

La forma en que el autor aborda esta primigenia historia del movimiento podría ser una crítica al encumbramiento de jerarcas locales que hacen gala de un patronazgo que solo busca el interés personal y no la palabra, desdeñando a los apóstoles y profetas consagrados a la prédica. Frente a documentos como *Col*, *Ef*, *2Tes* y la *Did*, que desconfían de visitantes exaltados que abusan de sus anfitriones[55], hay otra literatura paleocristiana que critica a las jerarquías locales por su afán de lucro, como el evangelio de *Jn*, la *AscIs* o *Jd*[56]. El autor de *Hch* se sumaría a este debate con la forma en que resuelve los episodios, siempre exaltando el poder apostólico como desinteresado ("no tengo oro ni plata") y escrutador ("han puesto a prueba al espíritu"), justamente la contracara de las acusaciones que se le hacen a los ministros visitantes.

Conclusión

El libro de *Hch* narra una historia particular de la primera comunidad, aquellos acontecimientos que su autor consideró útiles y significativos para los oyentes de fines del siglo I. La presencia de los cuatro resúmenes acerca del funcionamiento del grupo jerosolimitano podría significar que se está eludiendo otra información o que no se conoce ningún episodio más concreto. Lo cierto es que esas breves descripciones de los primeros hermanos tendrían dos objetivos: exaltar el liderazgo apostólico y contrastar la unanimidad de los fieles de antaño con una situación de división contemporánea. Por este motivo se habría atrevido a atribuir a los apóstoles la gestión de las donaciones comunitarias y habría presentado a Pedro en calidad de benefactor supremo frente al tullido, por quien puede hacer mucho más que caridad monetaria, y protector de la integridad espiritual y económica del grupo ante los fraudulentos Safira y Ananías. Aun así, la unicidad grupal, generadora de pureza, termina rompiéndose por murmuraciones

---

55   *Col* 2.4-11, 16-23; *Ef* 3.1-13; *2Tes* 3.6-12; *Did* 11-13, 15. Cf. Patterson (1995); Stewart-Sykes (2005).

56   *Jn* 10.11-13, 12.4-6; 13.26-30; *AscIs* 3.23-25, 29-31; *Jd* 3-4, 11-16. Cf. Desjardins (1987); Splendido (2017).

entre los hermanos acerca de la gestión de los fondos. Al mostrar que los apóstoles buscan una solución equitativa frente al reclamo, insiste en que no existía (ni existe) atisbo de ambición en ellos, y por ende ningún motivo que justifique ponerlos a prueba.

Bibliografía

Andersen, T.D. (1988). "The Meaning of ἔχοντες χάριν πρός in Acts 2.47", *New Testament Studies*, 34/4, 604-610.

Ascough, R.S. (2000). "Benefaction Gone Wrong: The 'Sin' of Ananias and Sapphira in Context", en S.G. Wilson & M. Desjardins (eds.), *Text and Artifact in the Religions of Mediterranean Antiquity: Essays in Honor of Peter Richardson*, Ontario, 91-110.

Audet, J.P. (1958). *La Didachè. Instructions des apôtres*, Paris.

Balz, H. (1998). "Παρρησία", en Balz & Schneider (eds.), II, 802-822.

Balz, H. & Schneider, G. (1996-1998) (eds.). *Diccionario Exegético del Nuevo Testamento* [1978-1980], trad. C. Ruiz-Garrido, Salamanca, 2 vols.

Barrett, C.K. (1994). *A Critical and Exegetical Commentary on the Acts of the Apostles*, Edinburgh, vol. I.

Bartchy, S.S. (1991). "Community of Goods in Acts: Idealization or Social Reality?", en B.A. Pearson (ed.), *The Future of Early Christianity: Essays in Honor of Helmut Koester*, Minneapolis, 309-318.

Bauckham, R. (2008). *The Jewish World around the New Testament*, Tübingen.

Baur, F.C. (1838). *Über den Ursprung des Episcopats in der christlichen Kirche*, Tübingen.

Baur, F.C. (2003). *Paulus, der Apostel Jesu Christi* [1873], Leipzig.

Beare, F.W. (1970). "The Mission of the Disciples and the Mission Charge: Matthew 10 and Parallels", *Journal of Biblical Literature*, 89/1, 1-13.

Benoit, P. (1950). "Remarques sur les 'sommaires' des Actes 2.42 à 5", en *Aux sources de la tradition chrétienne. Mélanges offerts à M. Maurice Goguel à l'occasion soixante-dixième anniversaire*, Paris, 1-10.

Brown, R.E., Donfried, K.P., Fitzmyer, J.A. & Reumann, J. (1982). *María en el Nuevo Testamento. Una evaluación conjunta de estudiosos católicos y protestantes*, [1978], trad. L. Huerga, Salamanca.

Bruce, F.F. (1984). *The Epistles to the Colossians, to Philemon and to the Ephesians*, Grand Rapids.

Bruce, F.F. (1985). "The Acts of the Apostles: Historical Record or Theological Reconstruction?", en W. Haase & H. Temporini (eds.), *Aufstieg und Niedergang der romischen Welt*, Berlin-New York, II, 25.3, 2569-2603.

Bruce, F.F. (1990). *The Acts of the Apostles: The Greek Text with Introduction and Commentary*, 3ª ed. Grand Rapids-Leicester.

Desigualdades antiguas

Buck, C.H. (1950). "The Collection for the Saints", *Harvard Theological Review*, 53/1, 1-29.

Cadbury, H.J. (1933). "The Summaries in Acts", en K. Lake & H.J. Cadbury (eds.), *The Beginnings of Christianity*, London, vol. V, 392-402.

Carter, W. (1996). "Getting Martha out of the Kitchen: Luke 10:38-42 Again", *Catholic Biblical Quarterly*, 58/2, 264-288.

Cerfaux, L. (1936). "La composition de la première partie du Livre des Actes", *Ephemerides Theologicae Lovanienses*, 13, 667-691.

Chester, A. (1992). "The Parting of the Ways: Eschatology and Messianic Hope", en Dunn (ed.), 239-314.

Collins, R.F. (1988). *The Letters that Paul Did Not Write*, Wilmington.

Collins, J.N. (1990). *Diakonia: Re-Interpreting the Ancient Sources*, Oxford.

Cooper, K. (2011). "The Household as Venue for Religious Conversion: The Case of Christianity", en B. Rawson (ed.), *A Companion to Families in the Greek and Roman Worlds*, Malden, 183-197.

Crouch, J.E. (1972). *The Origin and Intention of the Colossian Haustafel*, Göttingen.

Dean, J.E. (1935). *Epiphanius' Treatise on Weights and Measures: The Syriac Version*, Chicago.

Desjardins, N. (1987). "The Portrayal of the Dissidents in 2 Peter and Jude: Does it Tell Us More about the 'Godly' than the 'Ungodly'?", *Journal for the Study of the New Testament*, 9/30, 89-102.

Dibelius, M. (1956). *Studies in the Acts of the Apostles*, London.

Dillon, R.J. & Fitzmyer, J.A. (1972). "Hechos de los Apóstoles", en R.E. Brown, J.A. Fitzmyer & R.E. Murphy (eds.), *Comentario Bíblico "San Jerónimo"* [1968], trad. A. de la Fuente Adanez, J. Valiente Malla & J.J. Del Moral, Madrid, vol. III, 421-546.

Dord, W.A. (1939). "Breaking Bread (Acts 2.46)", *Catholic Biblical Quarterly*, 1, 358-362.

Downs, D.J. (2006a). "Paul's Collection and the Book of Acts Revisited", *New Testament Studies*, 52/1, 50-70.

Downs, D.J. (2006b). "'The Offering of the Gentiles' in Romans 15.16", *Journal for the Study of the New Testament*, 29/2, 173-186.

Draper, J.A. (1995). "Wandering Radicalism or Purposeful Activity? Jesus and the Sending of Messengers in Mark 6:6-56", *Neotestamentica*, 29/2, 183-202.

Dunn, J.D.G. (1992) (ed.). *Jews and Christians: The Parting of the Ways, AD 70 to 135. The Second Durham-Tübingen Research Symposium of Earliest Christianity and Judaism (Durham, September, 1989)*, Tübingen.

Dunn, J.D.G. (1996). *The Acts of the Apostles*, Grand Rapids.

Dupont, J. (1960). *Les sources du Livre des Actes. État de la question*, Bruges.

Dupont, J. (1979). *The Salvation of the Gentiles: Studies in the Acts of the Apostles*, New York.

Edwards, J.R. (2015). *The Gospel According to Luke*, Grand Rapids-Cambridge.

Elliot, J.H. (1991) "Household and Meals versus the Temple Purity System: Patterns of Replication in Luke-Acts", *HTS Theological Studies*, 47/2, 386-399.

Gasque, W.W. (1989). *A History of the Interpretation of the Acts of the Apostles*, Peabody MA.

Georgi, D. (1992). *Remembering the Poor: The History of Paul's Collection for Jerusalem*, Nashville.

Glancy, J. (2006). *Slavery in Early Christianity*, Minneapolis.

Goodman, M. (1992). "Diaspora Reactions to the Destruction of the Temple", en Dunn (ed.), 27-38.

Hanchen, E. (1971). *The Acts of the Apostles: A Commentary*, Philadelphia.

Hainz, J. (1996). "Κοινωνία", en Balz & Schneider (eds.), I, 2360-2367.

Halteman Finger, R. (2007). *Of Widows and Meals: Communal Meals in the Book of Acts*, Grand Rapids-Cambridge.

Hamm, D. (1986). "Acts 3:1-10: The Healing of the Temple Beggar as Lukan Theology", *Biblica*, 67, 305-319.

Hauck, F. (1965). "Κοινός, Κοινωνός, Κοινωνέω, Κοινωνία, Συγκοινωνός, Συγκοινωνέω, Κοινωνικός, Κοινόω", en G. Kittel (ed.), *Theological Dictionary of the New Testament* [1932], trad. G.W. Bromiley, Grand Rapids, vol. III, 789-810.

Hemer, C.J. (1989). *The Book of Acts in the Setting of Hellenistic History*, Tübingen.

Hengel, M. (1980). *Acts and the History of Earliest Christianity*, Philadelphia.

Howard, G. (1974). "The Head/Body Metaphors of Ephesians", *New Testament Studies*, 20/3, 350-356.

Jacobson, A.D. (1992). *The First Gospel. An Introduction to Q*, Eugene, OR.

Jeremias, J. (1937). "Untersuchungen zum Quellenproblem der Apostelgeschichte", *Zeitschrift für die Neutestamentliche Wissenschaft*, 36/2, 205-221.

Johnson, L.T. (1992). *The Acts of the Apostles*, Collegeville MN.

Kloppenborg, J.S. (2017). "Physical Aspects of Paul's Collection for Jerusalem", *Early Christianity*, 8/2, 153-198.

Lightfoot, J.B. (2014). *The Acts of the Apostles: A Newly Discovered Commentary* [1855], Downers Grove IL, vol. I.

Lohse, E. (1971). *Colossians and Philemon: A Commentary on the Epistles to the Colossians and to Philemon*, Philadelphia.

Lönning, K. (1969). "Lukas-Theologe der von Gott geführten Heilsgeschichte", en J. Schreiner & G. Dautzenberg (eds.), *Gestalt und Anspruch des Neuen Testament*, Würzburg, 200-228.

MacDonald, M.Y. (2008). *Colossians and Ephesians*, Collegeville MN.

Malina, B.J. & Pilch, J.J. (2006). *Social-Science Commentary on the Letters of Paul*, Minneapolis.

Marguerat, D. (2002). *La prima storia del cristianesimo. Gli Atti degli apostoli* [1999], trad. P. Pellizzari, Milano.

Marrow, S.B. (1982). "*Parrhesia* and the New Testament", *Catholic Biblical Quarterly*, 44/3, 431-446.

Matthews, S. (2001). *First Converts: Rich Pagan Women and the Rhetoric of Mission in Early Judaism and Christianity*, Stanford.

McCabe, D.R. (2011). *How to Kill Things with Words: Ananias and Sapphira under the Prophetic Speech-Act of Divine Judgment (Acts 4.32-5.11)*, London-New York.

Meeks, W.A. (2003). *The First Urban Christians: The Social World of the Apostle Paul* [1983], 2ª ed. New Naven-London.

Milavec, A. (2003). "Synoptic Tradition in the *Didache* Revisited", *Journal of Early Christian Studies*, 11/4, 443-480.

Mitton, C.L. (1973). *Ephesians* (The New Century Bible Commentary), Grand Rapids.

Monserrat Torrents, J. (2005). *La sinagoga cristiana*, Madrid.

Moo, D.J. (2008). *The Letters to the Colossians and to Philemon*, Grand Rapids-Cambridge.

Mount, C. (2002). *Pauline Christianity: Luke-Acts and the Legacy of Paul*, Leiden.

Nicholl, C.R. (2004). *From Hope to Despair in Thessalonica: Situating 1 and 2 Thessalonians*, Cambridge.

Oberbeck, F. (1919). *Christentum und Kultur*, Basel.

Osiek, C. (2011). "What We Do and Don't Know About Early Christian Families", en B. Rawson (ed.), *A Companion to Families in the Greek and Roman Worlds*, Malden, 198-213.

Page, S. (1993). "Marital Expectations of Church Leaders in the Pastoral Epistles", *Journal for the Study of the New Testament*, 15/50, 105-120.

Patterson, S.J. (1995). "*Didache* 11-13: The Legacy of Radical Itinerancy in Early Christianity", en C.N. Jefford (ed.), *The* Didache *in Context: Essays on its Text, History and Transmission*, Leiden, 313-329.

Pervo, R.I. (2012). *Pablo después de Pablo. Cómo vieron los primeros cristianos al apóstol de los gentiles* [2010], trad. F.J. Molina de la Torre, Salamanca.

Peterman, G. (2007). "Social Reciprocity and Gentile Debt to Jews in Romans 15:26-27", *Journal of the Evangelical Theological Society*, 50/4, 735-746.

Petersen, D.C. (2009). *The Acts of the Apostles*, Grand Rapids-Cambridge.

Petersen, S. (2011). "María de Nazaret: historia de una transformación", en M. Navarro & M. Perroni, (eds.), *Los Evangelios. Narraciones e historia*, Navarra, 349-369.

Räisänen, H. (1989). *Die Mutter Jesu im Neuen Testament*, Helsinki.

Richard, P. (2003). "Hechos de los Apóstoles", en A.J. Levoratti, E. Tamez & P. Richard (eds.), *Comentario bíblico latinoamericano*, Estella, 689-754.

Robertson, A.T. (1989). *Imágenes verbales en el Nuevo Testamento, III. Los hechos de los Apóstoles* [1930], trad. S. Escuain, Barcelona.

Russell, R. (1988). "The Idle in 2Thess 3:6-12: An Eschatological or a Social Problem?", *New Testament Studies*, 34/1, 105-119.

Schellenberg, R.S. (2018). "Subsistence, Swapping, and Paul's Rhetoric of Generosity", *Journal of Biblical Literature*, 137/1, 215-234.

Splendido, M.A. (2017). "Líderes alternativos en la *Epístola de Judas*. Una lectura histórica", *Gerión*, 35/1, 185-202.

Stewart-Sykes, A. (2005). "Prophecy and Patronage: The Relationship between Charismatic Functionaries and Household Officers in Early Christianity", en A. Gregory & C. Tuckett (eds.), *Trajectories through the New Testament and the Apostolic Fathers*, Oxford, 165-189.

Strelan, R. (2004). *Strange Acts: Studies in the Cultural World of the Acts of the Apostles*, Berlin-New York.

Talbert, C. (2005). *Reading Acts: A Literary and Theological Commentary on the Acts of the Apostles*, Macon GA.

Tannehill, R. (1986). *The Narrative Unity of Luke-Acts: A Literary Interpretation*, Philadelphia, 2 vols.

Tanzer, S.J. (1995). "Ephesians", en E. Schussler Fiorenza (ed.), *Searching the Scriptures, 2: A Feminist Commentary*, London, 325-348.

Theissen, G. (2002). *La redacción de los evangelios y la política eclesial. Un enfoque socio-retórico* [2001], trad. J.P. Tosaus Abadía, Estella.

Thompson, A. (2008). *One Lord, One People: The Unity of the Church in Acts in Its Literary Setting*, London-New York.

Trobisch, D. (2001). *Paul's Letters Collection: Tracing the Origins* [1994], 2ª ed. Bolivar MO.

Trocmé, E. (1957). *Le Livre des Actes et l'histoire*, Paris.

Tucker, J.B. (2014). "The Jerusalem Collection, Economic Inequality and Human Flourishing: Is Paul's Concern the Redistribution of Wealth, or a Relationship of Mutuality (or Both)?", *Canadian Theological Review*, 3/2, 52-70.

van de Water, R. (2003). "The Punishment of the Wicked Priest and the Death of Judas", *Dead Sea Discoveries*, 10, 395-419.

Van Roon, A. (1974). *The Authenticity of Ephesians*, Leiden.

Verner, D.C. (1983). *The Household of God: The Social World of the Pastoral Epistles*, Chico CA.

Wall, R.W. (2002). *The Acts of the Apostles*, Nashville.

Walters, P. (2008). *The Assumed Authorial Unity of Luke and Acts: A Reassessment of the Evidence*, Cambridge.

Weaver, D.J. (1990). *Matthew's Missionary Discourse: A Literary Critical Analysis*, Sheffield.

White, M.L. (2007). *De Jesús al cristianismo. El Nuevo Testamento y la fe cristiana: un proceso de cuatro generaciones* [2004], trad. J. Pérez Escobar, Estella.

Winter, B.W. (1994). *Seek the Welfare of the City: Christians as Benefactors and Citizens*, Grand Rapids-Carlisle.

Witherington, B. (1998). *The Acts of the Apostles: A Socio-Rhetorical Commentary*, Grand Rapids-Cambridge-Carlisle.

Zwiep, A.W. (2004). *Judas and the Choice of Matthias*, Tübingen.

DESIGUALDAD Y PROTESTA POPULAR EN LA ANTIGÜEDAD TARDÍA.

EL CASO DE LOS MOTINES DEL HAMBRE EN LA ANTIOQUÍA DEL SIGLO IV[1]

Julio Cesar Magalhães de Oliveira[2]

Muchos análisis recientes sobre las diferencias sociales afirman que los mecanismos cruciales que están detrás de un amplio rango de desigualdades entre categorías de seres humanos no son hechos mentales individuales sino *relaciones sociales* entre personas y grupos de personas (Tilly, 1998; 2001). Como señaló el historiador y teórico social Charles Tilly (1998: 7): "Las desigualdades significativas, importantes, en cuanto a las ventajas entre seres humanos corresponden sobre todo a diferencias categóricas como blanco/negro, masculino/femenino, ciudadano/extranjero o musulmán/judío y no a diferencias individuales en atributos, tendencias o desempeños". Tilly identificó dos mecanismos relacionales fundamentales que generan desigualdades durables. La *explotación* empieza a tener un rol importante cuando aparecen personas conectadas, poderosas que utilizan para su propio beneficio los esfuerzos de las categorías excluidas y subordinadas. En cambio, la *acumulación de oportunidades* opera cuando los miembros de una categoría social forman nichos segregados que les permiten un acceso privilegiado a "bienes" económicos, simbólicos y políticos. Tilly (1998: 97) observó también que el mantenimiento de las distinciones categóricas de la desigualdad depende asimismo de "la invención de procedimientos que facilitan las interacciones cotidianas y la elaboración de relaciones sociales valiosas que sortean las divisiones existentes".

---

1   Traducción: Márgara Averbach.

2   Universidade de São Paulo.

Un caso posible al respecto son las relaciones asimétricas entre aristócratas y plebeyos en las ciudades del Imperio Romano. Como propietarios importantes dentro de sus localidades y dueños de la vasta mayoría de las viviendas urbanas, los ciudadanos notables derivaban gran parte de sus ganancias de la venta de alimentos a mercados urbanos cautivos, o de rentas y préstamos urbanos; de esa forma, en cierto sentido, explotaban a la mayor parte de la población urbana (Brown, 1992: 80; Horden & Purcell, 2000: 150). Como portadores de la alta cultura de la *paideía*, basaban su poder local en sus derechos exclusivos para hablar con autoridad en público, lo cual es un buen ejemplo de acumulación de oportunidades. Pero si las desigualdades en riqueza y funciones entre locales notables y la plebe se mantuvieron durante siglos fue también porque esas desigualdades quedaron legitimadas por beneficios como el don de los espectáculos, las limosnas o los edificios públicos, que se suponía que solo los ricos proveían a la comunidad urbana.

Eso no significa que nunca aparecieran desafíos a los poderosos locales. Como señaló James Scott (1990: 103): "Todo grupo gobernante se hace vulnerable a una línea particular de crítica cuando justifica los principios de la desigualdad social sobre los cuales se basa su derecho al poder". Precisamente por el hecho de que los notables municipales presentaban sus actividades como acciones que se hacían para el beneficio común, a veces se veían obligados a realizar acciones en interés de la mayor parte de la población. Sin embargo, en el siglo IV, la posición de los poderosos locales estuvo en peligro más que nunca antes. Eso fue así no solo porque la centralización del Imperio, una situación sin precedentes, y las divisiones crecientes en el interior de la élite crearon nuevas oportunidades para que la población subordinada de las ciudades expresara sus reclamos y protestas. También se dio porque "la reorientación de la ambición aristocrática hacia el servicio imperial" hizo que las justificaciones tradicionales de la dominación fueran más difíciles de sostener (Skinner, 2013: 39). En este sentido, en las ciudades, el suministro de comida se convirtió en un asunto particularmente sensible para las élites urbanas. Aunque muchos magnates locales "sentían ahora que ya no necesitaban mejorar su imagen mostrando amor por su propia ciudad" (Brown, 2012: 65), la población seguía sintiendo que el pueblo tenía derecho a un suministro adecuado del mercado local

          Desigualdades antiguas

y que ese era un deber de sus gobernantes. En este capítulo, me gustaría examinar las condiciones específicas que permitieron la aparición de los motines del hambre en la Antioquía del siglo IV. Mi objetivo es comprender cómo y bajo qué condiciones llegó la población urbana, en tiempos de hambre, a desafiar a los poderosos locales e, indirectamente, a cuestionar los esquemas de desigualdad que prevalecían en ese momento.

El suministro de alimentos de una ciudad romana era en principio responsabilidad de los funcionarios municipales, aunque, en una capital como Antioquía de Siria, podía intervenir el gobernador o el emperador (Cabouret, 2004). Sin embargo, incluso en ese caso, una crisis de subsistencia seguía siendo una situación delicada para los notables locales porque, como dueños de la tierra, muchas veces se los acusaba de crear la escasez de alimentos para vender el grano y el vino a mayor precio (Brown, 1992: 80). En un pasaje de su autobiografía, mientras recordaba su intervención exitosa a favor de los panaderos de Antioquía en 382-383, Libanio describió este escenario recurrente:

El campo había experimentado un mal invierno y el verano siguiente no fue mejor. Parte del grano ni siquiera había germinado, el resto era escaso y hasta el existente estaba apestado. En consecuencia, hubo disturbios populares contra el consejo de la ciudad, cosa bastante irrazonable ya que el consejo no controlaba el clima. Aunque los gobernadores trataron de conseguir grano de todas las fuentes posibles, el precio del pan se encareció cada vez más. El renombrado Filagrio, que había recibido el título de Conde de Oriente, aunque era incapaz de mejorar la situación, se contentaba con que esta no empeorara. Pedía la colaboración de la corporación de los panaderos, les pedía que fueran razonables pero no se decidía a aplicar por la fuerza sus exigencias porque tenía miedo de la deserción creciente, que habría dejado a la ciudad como un barco después de un naufragio, abandonado por su tripulación (*Oratio*, 1.205-206)[3].

Cuando toma partido por el consejo de la ciudad y contra el *dêmos*, Libanio revela incidentalmente las percepciones populares, compartidas en realidad por muchos de sus contemporáneos como Agustín de Hipona (*Sermo*, 25.4) o Ambrosio de Milán (*De*

---

3   Traducción inglesa por A.F. Norman, Loeb Classical Library. (*Nota de trad.*: Las traducciones al español del texto de Libanio se realizan a partir de la versión inglesa).

officiis, 3.37-52), según las cuales los tiempos de escasez de comida y las hambrunas ya no eran producto de la naturaleza sino de los hombres[4]. En realidad, como observa Paul Erdkamp (2002), fue la percepción de una injusticia (y no del hambre en sí misma) lo que estaba en la raíz de todos los motines del hambre en el mundo romano. Muchas veces, la furia popular estuvo provocada por la percepción de que la élite abandonaba su obligación moral que era garantizar el suministro del mercado y no dudaba en aprovechar la situación de dependencia en la que se encontraba la mayor parte de la población urbana[5]. Sin embargo, en Antioquía la furia del *dêmos* también se despertó por la sospecha de que había una colusión de intereses entre la *boulé* y las asociación de panaderos. En un discurso pronunciado en tiempos de Juliano, el mismo Libanio (*Oratio*, 15.23), quien hablaba de otra crisis alimentaria, reconocía que el aumento en los precios del pan se debía tanto al control insuficiente de las actividades de los panaderos como a la avaricia de algunos consejeros de la ciudad, "demasiado ansiosos por meterse dinero en el bolsillo". La intervención del gobernador Filagrio fue una respuesta a esas acusaciones. Más tarde, cuando él mismo empezó a ser sospechoso de recibir sobornos, "su actitud cambió y recurrió a castigos con látigo en un lugar donde seguramente habría muchos testigos". Sentado en su carruaje, preguntó a los panaderos, uno tras otro, "cuánto se había ido en sobornos y a quiénes, para que cambiaran así los precios del pan" (*Oratio*, 1.207-208).

El episodio nos muestra no solo el peso de la opinión pública en las decisiones de los gobernadores sino también los recursos más o menos teatrales que era capaz de utilizar la multitud para expresar su descontento. Al responder al rumor que circulaba contra él, Filagrio reconoce la importancia de los debates informales que tuvieron lugar en las calles y plazas, las tiendas, los talleres y las tabernas de Antioquía y que fueron el origen de cada una de las protestas colectivas[6]. Por otra parte, la participación de la

---

4   En cuanto a las causas sociales y políticas de las crisis de hambre en el Mediterráneo antiguo, ver Horden & Purcell (2000: 266-268). Sobre las crisis de hambre en la Antigüedad en general, ver Garnsey (1988).

5   Para el caso de Roma, ver Purcell (1999: 152-156).

6   Sobre los *ergasteria* como centro de difusión de noticias y rumores en Antioquía, ver Libanio, *Oratio*, 8.4, 31.25, 48.13. Sobre los debates acerca de los asuntos políticos en la iglesia "con un peluquero, un perfumista o cualquier otro mercader del ágora",

    Desigualdades antiguas

multitud en el "espectáculo" de la investigación judicial también nos muestra una de las características principales de las relaciones entre la plebe y los gobernantes en las ciudades del Imperio Romano: al "teatro del poder", la plebe oponía su propio "teatro de la amenaza y la sedición" (Thompson, 1974: 400). En efecto, cuando Libanio (*Oratio*, 1.209) se acercó a hablar, muchos entre los presentes "tenían piedras en las manos en caso de que alguno tratara de presentar una queja a favor de las personas (que recibirían el castigo)". El carácter casi teatral del gesto se hace todavía más evidente cuando se lo compara con las manifestaciones de descontento que tendrían lugar dos o tres años más tarde contra otro gran consejero de la ciudad que acababa de dejar el cargo de supervisor de los panaderos, el anterior siriarca Cándido. Durante la fiesta de las Calendas de enero, escribe Libanio (*Oratio*, 1.230), Cándido se quedó escondido en su casa:

> Y cuando se hubo corrido la carrera de caballos en honor de Poseidón, él era puro miedo y temblor, tal fue el torrente de hombres que se arrojó sobre él, antorcha en mano, pidiéndole que vomitara todo lo que había consumido injustamente.

Esta manifestación alegre y ruidosa de jóvenes frente a la casa de Cándido no deja de parecerse a los rituales de desprecio que los historiadores y etnólogos definen como los *charivari* (rituales que no eran tan diferentes de lo que conocemos en Sudamérica como "escraches" o "escrachos")[7]. Sin embargo, si las amenazas representadas por las piedras, en un caso, o las antorchas, en el otro, eran efectivas, es también porque hacían que todos los habitantes de Antioquía recordaran una acción mucho más violenta que había sucedido en 354 en respuesta a otra crisis alimentaria: la muerte del gobernador consular de Siria, Teófilo, y el incendio de la casa de Eubulo, uno de los principales notables del lugar.

Muchos años después, Libanio seguía teniendo un recuerdo vívido de ese episodio. Lo afirma en su *Autobiografía* y otros dis-

---

ver Juan Crisóstomo, *Homilia in I Cor.*, 26.5-6 (PG 61, col. 313-14). Sobre la importancia de las tabernas y los cruces de caminos como lugares de debate sobre los gobernantes, ver Amiano Marcelino, 14.1.9, que se refiere a los viajes que hacía el César Galo en las noches de Antioquía para descubrir lo que los demás pensaban de él.

7   Le Goff & Schmitt (1981). Sobre la fiesta de Año Nuevo en la Antigüedad tardía, ver Grig (2017).

cursos (*Oratio*, 1.103, 19.47, 46.30)[8]. Sin embargo, es el historiador Amiano Marcelino el que nos permite entender mejor la "ecuación de la víctima"[9] que llevó al asesinato de Teófilo. Antioquía era entonces residencia del César Galo. A la primera señal de escasez, Galo había ordenado el encarcelamiento y la ejecución de los jefes principales de la *boulé*, que se habían opuesto abiertamente a su decisión de obligar a apresurar la baja de los precios. Sin embargo, no los ejecutaron gracias a la intervención del conde para Oriente, Honorato. Más tarde, cuando Galo se preparaba para partir hacia Hierápolis como parte de una expedición contra los persas, escribe Amiano Marcelino (14.7.5-6):

> La plebe de Antioquía lo buscó con ansiedad para que los salvara del miedo a una hambruna, que por varias razones, difíciles de explicar, se creía inminente. Como hacen los príncipes cuyo gran poder cura a veces los problemas locales, él no ordenó ninguna distribución de comida ni exigió la llegada de suministros desde las provincias vecinas pero entregó a la multitud, aterrorizada por una necesidad urgente, a Teófilo, gobernador consular de Siria, que estaba parado cerca, repitiendo constantemente que nadie podía sufrir falta de comida si el gobernador no lo deseaba. Esas palabras aumentaron la audacia de las clases más bajas y cuando la falta de provisiones se volvió más aguda, llevadas por el hambre y la rabia, incendiaron la pretenciosa casa de un cierto Eubulo, hombre de distinción entre los suyos. Luego, como si el gobernador les hubiera sido entregado en sus manos por una decisión imperial, lo asaltaron con patadas y golpes y lo pisotearon cuando ya estaba medio muerto, provocándole una mutilación horrenda que lo partió en pedazos. Después de esa desdichada muerte, cada hombre vio en el final de una persona la imagen de su propio peligro y temió un destino como el que acababa de presenciar[10].

Amiano no especifica las causas de esta hambruna, sobre la que solo dice que tenía varias razones difíciles de explicar. Sin

---

8   Sobre este episodio, ver Liebeschuetz (1972: 129-131); Matthews (1989: 406-408).

9   Tomo prestada esta expresión de Corbin (1992: 64), que la usa para hablar del asesinato de Alain de Monéys, en 1870; con ella describe la lógica que llevó a los habitantes del pequeño pueblo de Hautefaye a identificarlo como el enemigo al que había que eliminar.

10   Traducción inglesa de J.C. Rolfe, Loeb Classical Library. (*Nota de trad.*: La traducción al español del texto de Amiano se realiza a partir de la versión inglesa).

embargo, como observa John Matthews (1989: 406), además de las cosechas pobres y los intereses de los dueños de la tierra, deberíamos mencionar también el impacto causado en la región por los preparativos de la campaña militar contra los persas. La necesidad de conseguir suministros para el ejército implicaba que el gobernador Teófilo no podía recurrir a medidas extraordinarias como hizo en 367 o 368 el procónsul de África Julio Festo Himetio, que, para librar a Cartago de un hambre inminente no dudó en vender el trigo destinado a Roma a un alto precio, que debía ser reembolsado en un tercio de ese precio cuando se hubiera terminado la cosecha (Amiano Marcelino, 28.1.17). Amiano dice que Galo podría haber traído comida de provincias cercanas pero esa medida no era responsabilidad del gobernador consular de Siria. Sin duda, al disociarse del gobernador, el César Galo eludió su propia responsabilidad en la crisis. Pero en ese sentido, no hizo nada más que seguir la política adoptada por todos los emperadores, por lo menos desde Constantino, quienes habían invitado a los provinciales a exponer sus quejas a los gobernadores, o incluso hasta vigilarlos (Carrié, 1998: 28-29). Sea como fuere, la multitud habría entendido la aparente inacción del gobernador como complicidad con los consejeros más importantes de la ciudad y por eso, después de atacar al gobernador Teófilo, los rebeldes se volvieron contra la casa de uno de los notables, acusado de apoderarse del trigo.

Sin embargo, el recurso a la violencia de la plebe de Antioquía no fue impensado. En un primer momento, la inminencia de la hambruna había despertado solo una manifestación de ansiedad, expresada por gritos cantados en un lugar de espectáculos. Fue en esa ocasión que Galo transfirió públicamente la responsabilidad de la hambruna al gobernador. Más tarde, la multitud entendería eso como garantía de la legitimidad de sus propios actos, como si Teófilo, en palabras de Amiano, "les hubiera sido entregado en sus manos por una decisión imperial". Pero la multitud atacó al gobernador solamente después de la partida de Galo y el agravamiento de la crisis. Según Libanio (*Oratio*, 19.47), Teófilo fue atacado en el hipódromo, durante una carrera de caballos, por cinco jóvenes herreros. Si esos trabajadores eran, como es probable, empleados de las fábricas de armas del estado, entonces se podría pensar con John Matthews (1989: 408) que combinaron "los intereses del establecimiento imperial y los de la multitud contra la alianza del *consularis* y el miembro líder del consejo de la ciudad cuya mansión incendiaron"[11]. Amiano agrega una última precisión. Durante el juicio, decretado por el emperador Constancio, después de la caída de Galo, serían ejecutados los "pobres" involucrados en esta revuelta (probablemente los herreros que menciona Libanio), mientras que se dejaría con vida a los "ricos", después de despojarlos de sus propiedades (Amiano Marcelino, 15.13.2). Esos *diuites* eran probablemente *curiales* aliados de Galo. Es posible que hubieran sido acusados o bien por no haber ayudado al gobernador, a Eubulo y a su hijo, o por haber incluso contribuido a la difusión de las acusaciones que provocaron la rabia de la plebe. En cualquier caso, el recurso a la violencia de los insurgentes fue posible solamente por la conjunción de la oportunidad creada por las divisiones internas entre los poderosos de Antioquía y la percepción popular de actuar legítimamente, como si hubieran contado con la autorización del emperador. Finalmente, sin embargo, esa forma amenazante de acción popular quedaría en la mente de cualquier líder de Antioquía como "una imagen de su propio peligro".

En la base de todas las formas de protesta popular que he descrito, es posible observar la misma comprensión compartida según la cual "era objetable que los ricos terratenientes sacaran provecho de una situación de mercado bajo tensión o, lo cual era todavía peor, causaran en primer lugar la escasez" (Erdkamp, 2002: 105). Como propone E.P. Thompson (1971) para la Inglaterra del siglo XVIII, podría decirse inclusive que aquí hay nociones arraigadas sobre los derechos y deberes que regulaban el acceso a los alimentos básicos, nociones que podrían describirse como una "economía moral de la multitud". Pero también debería observarse que el desafío más peligroso para el poder de la élite en Antioquía, desafío que orientó todas las confrontaciones posteriores entre el *dêmos* y el gobernador o los poderosos locales (el asesinato de Teófilo y el incendio de la casa de Eubulo), se basaba en última instancia en un cambio significativo en las oportunidades políticas para la acción popular. Por lo tanto, lo que vemos en la Antioquía

---

11 Las *fabricae clibanaria, scutaria et armorum* de Antioquía se mencionan en *Not. Dig. Or.*, 11.21-22.

  Desigualdades antiguas

del siglo IV es una de esas situaciones que observa Charles Tilly (1998: 227) en la que una desigualdad se convierte bruscamente en objeto de lucha política como consecuencia de cambios en las oportunidades políticas, cambios que aumentaron la capacidad colectiva de ciertos miembros de las categorías subordinadas "para retener recursos valiosos, resistirse al control, explotar las divisiones de la élite y conseguir aliados externos". En este sentido, lejos de ser una respuesta natural a la escasez, los motines del hambre de la Antioquía del siglo IV pueden verse como resultado de una combinación específica de conocimientos heredados y nuevas oportunidades políticas que alentaron al pueblo urbano a defender sus derechos.

Bibliografía

Brown, P. (1992). *Power and Persuasion in Late Antiquity: Towards a Christian Empire*, Madison.

Brown, P. (2012). *Through the Eye of a Needle: Wealth, the Fall of Rome, and the Making of Christianity in the West, 350-550 AD*, Princeton-Oxford.

Cabouret, B. (2004). "Pouvoir municipal, pouvoir impérial à Antioche au IVᵉ siècle," en B. Cabouret, P.-L. Gatier & C. Saliou (eds.), *Antioche de Syrie, histoire, images et traces de la ville antique. Actes du colloque organisé à la Maison de l'Orient méditerranéen (4-6 octobre 2001)*, Paris, 117-142.

Carrié, J.-M. (1998). "Le gouverneur dans l'Antiquité tardive: les directions possibles de l'enquête", *Antiquité Tardive*, 6, 17-30.

Corbin, A. (1992). *The Village of Cannibals: Rage and Murder in France, 1870*, Cambridge MA.

Erdkamp, P. (2002). "A Starving Mob Has No Respect: Urban Markets and Food Riots in the Roman World, 100 BC-400 AD", en L. de Blois & J. Rich (eds.), *The Transformation of Economic Life under the Roman Empire*, Amsterdam, 93-115.

Garnsey, P. (1988). *Famine and Food Supply in the Graeco-Roman World: Responses to Risk and Crisis*, Cambridge.

Grig, L. (2017). "Interpreting the Kalends of January: A Case Study for Late Antique Popular Culture", en L. Grig (ed.), *Popular Culture in the Ancient World*, Cambridge, 237-256.

Horden, P. & Purcell, N. (2000). *The Corrupting Sea: A Study of Mediterranean History*, Oxford.

Le Goff, J. & Schmitt, J.-C. (1981) (eds.). *Le charivari*, Paris-La Haye-New York.

Liebeschuetz, J.H.W.G. (1972). *Antioch: City and Imperial Administration in the Later Roman Empire*, Oxford.

Matthews, J. (1989). *The Roman Empire of Ammianus*, Baltimore.

Purcell, P. (1999). "The Populace of Rome in Late Antiquity: Problems of Classification and Historical Description," en W.V. Harris (ed.), *The Transformations of* Vrbs Roma *in Late Antiquity*, Portsmouth RI (*Journal of Roman Archaeology Suppl.* 33), 135-161.

Scott, J. (1990). *Domination and the Arts of Resistance: Hidden Transcripts*, New Haven.

Skinner, A. (2013). "Political Mobility in the Later Roman Empire", *Past & Present*, 218, 17-53.

Thompson, E.P. (1971). "The Moral Economy of the English Crowd in the Eighteenth Century", *Past & Present*, 50, 76-136.

Thompson, E.P. (1974). "Patrician Society, Plebeian Culture", *Journal of Social History*, 7/4, 382-405.

Tilly, C. (1998). *Durable Inequality*, Berkeley.

Tilly, C. (2001). "Relational Origins of Inequality", *Anthropological Theory*, 1/3, 355-372.

Desigualdades antiguas

ECONOMÍA MORAL Y HAMBRE EN EL IMPERIO CAROLINGIO (765-806)[1]

Marcelo Cândido da Silva[2]

La temprana Edad Media no tiene buena reputación en cuanto a asuntos económicos[3]. En ocasiones, el final del Imperio Romano se ve como el colapso de todo tipo de organización estructurada de la producción, la circulación y el suministro de alimentos en el mundo del Mediterráneo. En este sentido, la ruralización no solo habría sido el resultado de la violencia y la inseguridad producidas por las invasiones bárbaras sino también de la incapacidad de las autoridades públicas para proveer cantidades suficientes de alimento a los habitantes de las ciudades. Además, seguramente hubo retrocesos técnicos en la agricultura que habrían llevado a una declinación considerable en la productividad agrícola y habrían provocado que las cosechas fueran más susceptibles a las condiciones impredecibles del clima. Eso explicaría la recurrencia de las crisis alimentarias del período (Duby, 1962: 82). No se puede negar que los primeros siglos de la Edad Media estuvieron marcados por frecuentes problemas de suministro de alimentos. Según un estudio del historiador alemán Fritz Curschmann (1900), basado en historias, anales, crónicas, hagiografías, etc., hay sesenta y ocho referencias a crisis alimentarias entre los años 700 y 1100. Renée Doehaerd (1971: 62) dice que bajo los carolingios, tal vez porque en ese momento las crisis alimentarias se extendieron por el territorio, el poder

---

1   Traducción: Márgara Averbach.

2   Universidade de São Paulo/CNPq.

3   Este capítulo es una versión condensada y modificada de un artículo que se publicó originalmente en *Mélanges de l'École Française de Rome*; Cândido da Silva (2019).

real quería "inventar" soluciones al problema: la prescripción de misas, ayunos y limosnas fue una señal de la desesperación de los gobernantes carolingios, que se veían frente a problemas que no conseguían resolver.

En primer lugar, las hambrunas no fueron una invención de la economía medieval temprana. El mundo romano había conocido ese fenómeno (Virlouvet, 1985) y las crisis alimentarias persistieron en Europa por lo menos hasta el siglo XVIII. Hay nuevos estudios que muestran la existencia de una economía rural dinámica (Verhulst, 2002; Wickham, 2005; Devroey, 2006). Estos enfoques no niegan la recurrencia de las crisis alimentarias pero, al mismo tiempo, las interpretan como resultado de la contradicción entre una población que crecía con rapidez y las estructuras económicas demasiado rígidas del momento (Marquette, 1990; Toubert, 2004). La imagen de una sociedad dominada por el letargo y la inacción frente al hambre no refleja lo que vemos en los textos del período. Los historiadores prestaron poca atención al hecho de que los textos de los primeros siglos de la Edad Media dicen mucho más sobre las reacciones frente al hambre que sobre sus causas o circunstancias. Por otra parte, la razón de la mala reputación de la temprana Edad Media es el predominio de un enfoque "primitivista" sobre el comportamiento de los agentes económicos del período. Para ser más precisos: la idea de que, en la Edad Media, nadie era capaz de practicar ningún tipo de acción racional en el contexto de sus relaciones con los bienes, por lo menos hasta el siglo XIII (Cândido da Silva, 2020: 141). Al contrario, las formas en las que los funcionarios públicos se enfrentaron a los problemas de suministro de alimentos muestran un panorama muy diferente. En este capítulo, me gustaría examinar los lazos entre el hambre y los precios de los alimentos en la era carolingia, prestando particular atención a la reacción de los príncipes carolingios a los problemas del suministro de alimentos.

Las sociedades mediterráneas de los primeros siglos de la Edad Media se enfrentaron a reiteradas dificultades en el suministro de alimentos, problemas de una escala muy variable, como fue el caso de la década siguiente a 530 (Newfield, 2018). El registro principal de repetición de hambrunas en fuentes medievales fue establecido por Fritz Curschmann (1900: 82-217). La necesaria puesta al día de este registro fue en primer lugar el trabajo de Timothy

   Desigualdades antiguas

Newfield (2010), en una tesis de doctorado, y sigue adelante hoy en día a través del proyecto QFAMe, de la Université Libre de Bruxelles, coordinado por Alexis Wilkin y Jean-Pierre Devroey. Estos registros tienen en común el hecho de que también toman en cuenta las menciones a hechos climáticos, ya que las crónicas, los anales y las historias de la temprana Edad Media dedican mucho espacio a las inundaciones, las sequías, las heladas, las tormentas, las tormentas eléctricas, los saltamontes y langostas y las "falsas cosechas", y con frecuencia los asocian con las hambrunas[4]. Aunque los datos glaciológicos y dendrocronológicos disponibles han progresado mucho en los últimos veinte años, el modelo del clima europeo antes del siglo XIV sigue dependiendo en gran parte de textos contemporáneos (Devroey, 2016). El libro *La nature et le roi* de Jean-Pierre Devroey (2019) profundizó de una forma que no tiene precedentes el análisis de la relación entre la política y la percepción de la naturaleza en tiempos carolingios.

Para la escritura de este capítulo, yo elegí otro camino: el lugar de los precios de los alimentos en las narraciones sobre hambrunas y lo que pueden decirnos sobre el comportamiento de los agentes públicos frente al hambre. Es evidente que no podemos suponer que los textos describen el comportamiento exacto de los agentes públicos en el Imperio Carolingio. Para ser más precisos, dichos textos hacen referencia a los conceptos del poder carolingio sobre la mejor forma de dar respuesta a la escasez de alimentos. También soy totalmente consciente de los riesgos de tratar este tema a partir de textos que no se prestan a un enfoque cuantitativo y en los cuales es absolutamente imposible reconstruir series de precios (Feller, 2011). Recientemente, en un libro sobre los períodos de escasez en la coyuntura del 1300, Monique Bourin y François Menant (2011: 12) expresaron la opinión que prevalece hoy en día entre los medievalistas; el argumento central se basa en la idea de que, durante la temprana Edad Media, la importancia del mercado fue solo marginal en la formación de los precios. Este punto de vista

---

4   Las "falsas cosechas" son un fenómeno relatado especialmente en las fuentes caro-
      lingias, que mencionan la existencia de cosechas abundantes, aunque constituidas
      por granos vacíos "devorados por los demonios". Devroey (2019: 284) privilegia la
      explicación natural para dar cuenta del fenómeno y plantea dos hipótesis: el estrés
      climático (una primavera fría o lluviosa o una fuerte sequía), que habría provocado
      el colapso de los órganos reproductores en el momento de la formación del polen y
      la floración; o ataques de insectos que se alimentan del contenido de los granos.

se apoya en el hecho de que, con los datos que tenemos hoy en día, es imposible reconstruir series de precios para el período. No podría estar más de acuerdo con este descubrimiento fáctico. Por otra parte, creo verdaderamente que, a pesar de las deficiencias, las referencias a los precios de los cereales o el pan pueden ayudar mucho a iluminar tanto la percepción de los contemporáneos en cuanto a las causas de la hambruna como las respuestas que se dieron al problema. A veces hay que buscar curvas ocultas y fluctuaciones en las fuentes más inesperadas como la correspondencia, las biografías, las hagiografías, entre otras.

En primer lugar, muchos textos de la temprana Edad Media informan constantemente sobre una relación entre la subida de los precios y el hambre. En la segunda mitad de la década de 530, Casiodoro, prefecto pretoriano de Italia en ese momento, tuvo que enfrentarse a una severa escasez de alimentos en la península. Se conoce la profundidad de esa crisis, en primer lugar, por la gran cantidad de fuentes que la mencionan y por otras razones a las que volveremos más tarde en el capítulo; en segundo lugar, por el número de cartas escritas por Casiodoro sobre este tema. Solamente en el otoño de 537, encontramos no menos de seis. Las cartas muestran que los agentes públicos tomaban medidas para asegurar que los precios de los alimentos fueran justos, para garantizar el transporte a las provincias, para almacenar las cosechas cuando se predecía una escasez futura, para anular los impuestos a las provincias más afectadas por el hambre y para abrir los graneros a la población desnutrida (Cândido da Silva, 2016). A fines del siglo VI, Gregorio de Tours (*Historias*, 7.45) describe una hambruna mortal que supuestamente afectó a toda la Galia. El obispo habla de mercaderes que ejercen una explotación severa de la población hasta el punto de vender un *modium* de trigo o medio *modium* de vino por un *triennium*:

En este año casi toda la Galia sufrió de hambruna. Muchos hicieron pan de semillas de uva o de flores de los avellanos mientras otros secaban las raíces de los helechos, las molían hasta convertirlas en polvo y agregaban un poquitito de harina. Algunos cortaban tallos verdes de cereal y los trataban de la misma forma. Muchos otros, que no tenían nada de harina, recogían pasto y se lo comían y como resultado, se hinchaban y morían. Había vastas cantidades que sufrían hambre hasta el punto en que morían. Los mercaderes se aprovechaban de

   Desigualdades antiguas

todos, cosa triste, y vendían una fanega de grano o media medida de vino por un tercio de moneda de oro. Los pobres se vendían como esclavos para obtener algo para comer[5].

Por supuesto, el obispo de Tours no presta demasiada atención a la relación entre suministro y demanda ni a la formación de precios pero, cuando menciona la avaricia de los mercaderes, establece un lazo entre el aumento de esos precios y la hambruna, que los eleva y que él describe en detalle. Gregorio ve que muchos se ven forzados a hacer pan con lo que les ofrece la fortuna: semillas de uva, flores de avellano y hasta raíces de helechos, que secan, reducen a polvo y mezclan con harina; muchos otros, dice, recogen plantas de trigo verde y hacen lo mismo. La referencia a los brotes de trigo consumidos de esa forma indica que tal vez se tratase de un problema relacionado con la cosecha anterior; o que ese episodio de hambruna no estaba directamente relacionado con sequías, heladas o inundaciones. El relato de Gregorio muestra que la especulación pudo haber tenido un rol directo en la intensificación de los efectos de esa crisis alimentaria. Además, la historia muestra que la hambruna no llegaba a todos de la misma forma: muchos tenían algo de harina para mezclar con pasto, muchos directamente morían agotados por la falta de alimento. También hay un registro del *Liber Pontificalis* sobre el pontificado de Sabiniano (604-606). El autor de esta nota, que seguramente escribió muy poco tiempo después de la muerte de Sabiniano, informa sobre una gran hambruna que habría ocurrido en Roma en el año 604. Sabiniano ordenó abrir los graneros de la Iglesia y vender el trigo a un *solidum* por cada 30 *modii* –un valor dos veces más alto que el mencionado por Casiodoro unas pocas décadas antes[6]–.

5   Gregorius Turonensis, *Libri Historiarum X*, *MGH (Monumenta Germaniae Historica) Scriptores Rerum Merovingicarum*, 1,1, ed. B. Krusch, W. Levison, Hanover (1951: 365): *De fame anni praesentis. Magna hoc anno famis paene Gallias totas obpressit. Nam plurimi uvarum semina, flores avellanorum, nonnulli radices herbae filicis arefactas redactasque in pulvere, admiscentes parumper farinae, panem conficiebant. Multi enim herba segitum decidentes, similiter faciebant. Fuerunt etiam multi, quibus non erat aliquid farinae, qui diversas colligentes herbas et comedentes, tumefacti deficiebant. Plurimi enim tunc ex inaedia tabescentes, mortui sunt. Graviter tunc negutiatores populum spoliaverunt, ita ut vix vel modium annonae aut semodium vini uno triante venundarent. Subdebant pauperes servitio, ut quantulumcumque de alimenta porregerent.* (*Nota de trad.*: La traducción al español se realiza a partir del original en inglés).
6   *Liber Pontificalis*, ed. M. Aubrun, Turnholt (2010: 53): *Savinianus, natione Tuscus, de civitate Blera, ex patre Bono, sedit ann. I mens. V dies VIIII. Eodem tempore fuit*

Hasta la primera mitad del siglo VIII, las fuentes escritas no hablan mucho de precios en general y mucho menos de precios en tiempos de hambruna. Hay solamente tres menciones sobre el tema, las que acabo de describir (Casiodoro, Gregorio de Tours y el *Liber Pontificalis*). Las cosas cambian desde la segunda mitad del siglo VIII, cuando la mención de los precios de los alimentos en contextos de hambruna o escasez se vuelve más frecuente. Este aumento de números –que no puede compararse con los datos disponibles a fines de la Edad Media– es el resultado de una transformación en la manera de describir las hambrunas y también un cambio en las respuestas dadas a este problema.

La transformación en la manera de describir el hambre puede observarse sobre todo en el uso de la palabra *tribulationes*. En los textos de los siglos VI y VII, se utiliza esta palabra para denotar las tribulaciones (dificultades, suplicios) personales experimentados por obispos, santos e individuos que tienen la protección de la divina benevolencia. Eso es lo que se ve en la *Vita s. Radegundis* de Baudovinia[7]; en las *Historias* de Gregorio de Tours (4.18: *Tunc et Austrapius dux Chramnum metuens, in basilica sancti Martini confugit. Cui tali in tribulatione posito non defuit divinum auxilium*) y en el cuarto libro de crónicas atribuido a Fredegario (*Chrotharius per concubinas baccatur adsiduae. Gundoberga vero, eo quod esset cristiana, in hanc tribulationem benedicebat Deum omnipotentem, ieiunies et oracionebus adseduae pervacabat*).

La asociación explícita entre hambre y tribulaciones es una creación del período carolingio y la vemos por primera vez en una carta escrita en 765 por Pipino el Breve al obispo Lullo de Maguncia. Este es también el primer texto carolingio que menciona a los *pauperes*. En esa carta, Pipino habla de la hambruna como una gran tribulación (*tribulatio*) enviada por Dios por causa de "nuestros pecados". La carta termina con una nota de optimismo: después

---

famis in civitate Romana gravis. Tunc facta pace cum gente Langubardorum et iussit aperire horrea ecclesiae et venundari frumenta per solidum unum modios XXX.

7   *Vita s. Radegundis*, c. 16, *MGH*, 2, ed. B. Krusch, Hanover (1888: 388): *Ad petitionem sanctae transmisit imperator legatarios cum euangeliis ex auro et gemmis ornatis. At ubi lignum, ubi salus mundi pependerat, Pictavis civitatem cum congregatione sanctorum advenit, et pontifex loci cum omni populo devote hoc vellet excipere, inimicus humani generis per satellites suos egit, ut precium mundi repellerent nec in civitatem recipere vellent, qualiter beata Radegundis tribulationibus subiaceret, aliud pro alio adserentes Iudaico ordine, quod nostrum non est disserere.*

de esas tribulaciones, la divina misericordia habría dispensado un consuelo grande y maravilloso, la abundancia de frutos de la tierra… En gratitud por la intervención divina, Pipino exige que los obispos hagan un ayuno público y letanías en sus diócesis fuera de los períodos prescriptos en general. También pide a los hombres libres que den limosna y alimenten a los *pauperes*[8].

La novedad de esta asociación entre *tribulationes* y hambruna es resultado del advenimiento de una nueva realeza que establece una idea ampliada sobre los deberes de los príncipes hacia los *pauperes*. Además, la asociación se debe al hecho de que el invierno 763-764 fue uno de los más rigurosos de toda la era carolingia. No menos de diecinueve textos lo mencionan, pero la mayoría son descripciones muy incompletas que dicen más o menos lo mismo en todos los casos: que el invierno fue muy duro. Probablemente, muchas de esas descripciones se originan en una fuente común. Sin embargo, sería un error subestimar el grado de deterioro del clima en esos años: los datos paleoclimáticos disponibles muestran que el invierno de 763, además del de 805, fue uno de los más duros del período carolingio. La palabra "tribulaciones" aparece catorce veces en los capitularios entre el año 780 y la mitad del siglo IX, la mayor parte de las veces en descripciones de hambruna o escasez. Me gustaría enfatizar el hecho de que las palabras y su uso en la legislación carolingia no son solamente una forma de describir la realidad. Están relacionados con el establecimiento por los gobernantes carolingios de una política frumentaria.

La política carolingia es una respuesta a las situaciones percibidas como "crisis". El aspecto más importante de esta política, por lo menos en el reinado de Carlomagno, fue el control de

---

8   Carta de Pipino el Breve al Obispo Lullo de Maguncia (765), *MGH*, 1, *Capit.*, III, no. 17, ed. A. Boretius, Hanover (1883, 42): *Cognitum scimus sanctitati vestrae, qualem pietatem et misericordiam Deus fecit presenti anno in terra ista. Dedit tribulationem pro delictis nostris, post* tribulationem *autem magnam atque mirabilem consolationem sive habundantiam fructus terrae, quae modo habemus. Et ab hoc atque pro alias causas nostras opus est nobis illi gratias agere, qui adignatus est servis suis consolare per eius misericordiam. Sic nobis videtur ut absque ieiunio indicto unusquisque episcopus in sua parrochia letanias faciat, non cum ieiunio, nisi tantum in laude Dei, qui talem nobis habundantiam dedit; et faciat unusquisque homo sua elemosina et pauperes pascat. Et sic previdere faciatis et ordinare de verbo nostro, ut unusquisque homo, aut vellet aut nollet, suam decimam donet.*

los precios del pan y los cereales a través de dos textos legislativos, el Capitulario de Frankfurt y el Capitulario de Nijmegen.

En el año 794, el Capitulario de Frankfurt, publicado después de una crisis alimentaria que golpeó el valle del Rin y la región de París, estableció que nadie, ni los seculares ni los eclesiásticos, podía vender el grano a un precio mayor que el fijado: por un *modium* de avena, 1 *denarius*; por un *modium* de cebada, 2 *denarii*; por un *modium* de centeno, 3 *denarii*; y por un *modium* de trigo, 4 *denarii*. Al mismo tiempo, se establecieron precios diferentes y más bajos (más o menos la mitad del valor de los cereales mencionados antes) para los cereales que venían de los dominios reales. Es importante hacer notar que la definición de un precio justo para el pan y los cereales era válida para períodos de hambruna y también para períodos de abundancia[9]. Por lo tanto, estas medidas eran mucho más que una respuesta específica a una situación de escasez y especulación: constituían una serie de reglas dirigidas a las redes de producción y comercialización. Y no se cuantifica solamente el precio justo (no hay nada extraordinario en eso): lo que se define es la ganancia misma. Se afirma que la ganancia es igual a la diferencia entre el precio de los cereales "no públicos" y el precio de los cereales que vienen de propiedades reales.

Esto es todavía más claro si comparamos los precios justos establecidos por el Capitular de Frankfurt con los precios justos definidos doce años antes en el Capitular de Nijmegen. Publicado en 806, después de una de las crisis alimentarias más serias ocurridas en el Imperio Carolingio, este capitulario condena la usura, la avaricia y la ganancia indebida al mismo tiempo que establece precios máximos para el pan y los cereales. En el capítulo 18, se

---

9   *Synodus Franconofurtensis* (794), *MGH*, 1, *Capit.*, IV, no. 28, ed. A. Boretius, Hanover (1883, 74): *Statuit piissimus dominus noster rex, consentienti sancta synodo, ut nullus homo, sive ecclesiasticus sive laicus sit, ut nunquam carius vendat annonam, sive tempore abundantiae sive tempore caritatis, quam modium publicum et noviter statutum, de modio de avena denario uno, modio ordii denarius duo, modio sigalo denarii tres, modio frumenti denarii quatuor. Si vero in pane vendere voluerit, duodecim panes de frumento, habentes singuli libras duas, pro denario dare debeat, sigalatius quindecim aequo pondere pro denario, ordeaceos viginti similiter pensantes, avenatios viginti quinque similiter pensantes. De vero annona publica domini regis, si venundata fuerit, de avena modius II pro denario, ordeo den. I, sigalo den. II, frumento modius denar. III. Et qui nostrum habet beneficium, diligentissime praevideat, quantum potest Deo donante, ut nullus ex mancipiis ad illum pertinentes beneficium famen moriatur; et quod superest illius familiae necessitatem, hoc libere vendat iure praescripto.*

   Desigualdades antiguas

afirma que los cereales no pueden venderse por más de 2 *denarii* por *modium* de avena, 3 *denarii* por *modium* de cebada, 3 *denarii* por *modium* de espelta trillada; 4 *denarii* por *modium* de centeno, 6 *denarii* por *modium* de trigo candeal desgranado[10]. ¡Esto significa que hay un aumento de un 50% en los precios justos entre 794 y 806!

Los precios justos presentados en el Capitulario de Nijmegen, fueran o no el resultado de una curva inflacionaria o del descubrimiento del fracaso de las medidas adoptadas antes, indican que el establecimiento de principios de justicia implicaba la adaptación necesaria a los precios de mercado, por lo tanto, operaciones de cálculo. El establecimiento de un peso y un precio justos, reglas para el buen intercambio y la regulación de la ayuda a los necesitados, es una forma de superar las tribulaciones y restaurar el equilibrio en la sociedad. Sin embargo, también hay operaciones a través de las cuales se regula y evalúa la producción y el comercio de mercancías alimentarias (cereales y pan). Tal vez esos precios eran una respuesta a un aumento muy fuerte de los precios que se verificó desde el final del siglo VIII en adelante: esto puede verse sobre todo a través de las devaluaciones de los *denarii* que ocurrieron a partir del reinado de Pipino el Breve, pero también a través de la diferencia en la máxima para el pan y los cereales verificada entre 794 y 806. Y por otra parte, los precios establecidos en los capitularios carolingios también reflejan una concepción de justicia aplicada a los intercambios comerciales.

No es posible reconstruir las operaciones de cálculo que llevaron a esos valores o saber cuál era el impacto real de esos precios en el mercado del pan y los cereales. Por otro lado, esos precios estaban guiados por una noción de justicia en los intercambios

---

10   *Capitulare missorum Niumagae* (806), *MGH*, 1, *Capit.*, IV, no. 46, ed. A. Boretius, Hanover (1883, 132): *Consideravimus itaque, ut praesente anno, quia per plurima loca fames valida esse videtur, ut omnes episcopi, abbates, abbatissae, obtimates et comites seu domestici et cuncti fideles qui beneficia regalia tam de rebus ecclesiae quamque et de reliquis habere videntur, unusquisque de suo beneficio suam familiam nutricare faciat, et de sua proprietate propriam familiam nutriat ; et si Deo donante super se et super familiam suam, aut in beneficio aut in alode, annonam habuerit et venundare voluerit, non carius vendat nisi modium de avena denarios duos, modium unum de ordeo contra denarios tres, modium unum de spelta contra denarios tres si disparata fuerit, modium unum de sigale contra denarios quattuor, modium unum de frumento parato contra denarios sex. Et ipsum modium sit quod omnibus habere constitutum est, ut unusquisque habeat aequam mensuram et aequalia modia.*

comerciales cuya meticulosidad no tiene precedentes en textos de la temprana Edad Media. Más aún, el vocabulario utilizado para describir la hambruna está lleno de referencias morales (*praesenti tribulationes, usura, avaritia, turpe lucrum*). Este vocabulario indica que se percibía la crisis alimentaria como algo que se originaba en comportamientos que violaban el principio de justicia. El establecimiento de un peso y un precio justos, reglas para el buen comercio y ayuda para los pobres que se morían de hambre son medios para superar las tribulaciones y restaurar el equilibrio social. Esos medios estaban enraizados en una concepción moral de la producción y el intercambio y movilizaban operaciones de cálculo y negociación. La mención de los precios de los alimentos y, especialmente, los intentos de controlarlos desaparecieron de las fuentes legislativas después del reinado de Carlomagno. Del mismo modo, la palabra *tribulatio* dejó de usarse en la legislación para describir la situación general del reino, aunque siguió usándose en los anales carolingios.

Conclusiones

Todos los textos de los primeros siglos de la Edad Media que examiné aquí presentan la misma observación sobre el aumento de los precios: que está causado por la "avaricia" y la "tacañería" de los mercaderes. Había una percepción común según la cual los precios elevados eran una de las variables más importantes para explicar las crisis alimentarias. Los legisladores carolingios estaban convencidos de que la responsabilidad por el hambre era de los mercaderes, que imponían precios exorbitantes. Esto indica que aunque no podamos definir con precisión la parte de los alimentos que estaba sujeta a los precios de mercado, es posible afirmar que esa parte no era marginal. La ausencia de datos estadísticos no significa necesariamente una sociedad "pre-estadística" ni una economía que no calcula.

En mis investigaciones, trato de enfatizar las conexiones entre economía moral y racionalidad en los primeros siglos de la Edad Media o, para ser más preciso, la idea sostenida por los diversos actores económicos de que la moral y la maximización de las ganancias eran inseparables. La Economía Moral y la Administración Económica se unieron a través del hecho de que la

Desigualdades antiguas

justicia implicaba una serie de cálculos. En este caso, la justicia no se restringe a una definición teórica de lo que es justo y lo que no lo es, sino que también tiene que ver con la necesidad de expresar cuantitativamente lo que se quiere decir con "justicia"; por ejemplo, el precio máximo de los cereales y el pan, el peso mínimo del pan o la cantidad de metal precioso que deben tener las monedas. No es una coincidencia que uno de los símbolos de la justicia sea una balanza, un instrumento de medida, como nos recuerda el autor del Salterio de Stuttgart.

En un artículo publicado en revista *Médiévales* (Cândido da Silva, 2014), utilicé una expresión corriente en la historiografía para explicar el control de los precios durante el reinado de Carlomagno: "economía moral". En ese momento, me parecía una herramienta útil para describir lo que percibía como un conjunto de prescripciones morales concebido por los gobernantes carolingios para controlar la producción y circulación de alimentos. Pero la cuestión es más complicada que lo que yo pensaba entonces. La economía moral es un conjunto de diagnósticos y normas proyectados por los gobernantes carolingios sobre la producción, la circulación y el consumo de alimentos, sobre todo en situaciones de escasez, con el propósito de explicarlos, disminuir su impacto y hasta revertirlos. Es una técnica de administración, una respuesta racional a los problemas de suministro en las sociedades cristianas durante los primeros siglos de la Edad Media. Sin embargo, no involucra solo problemas de suministro sino que guarda relación con toda la vida económica, tal como lo demuestra la centralidad de los ayunos y las limosnas y la entrega de alimentos a los pobres, parte integral de la *caritas christiana*. Pero la *caritas* misma, como indican algunos textos carolingios, es una metáfora comercial que se emplea en la relación de los hombres con sus pares y con Dios, metáfora que sirve para mostrar que se gana más cuando los pobres están alimentados. Esto es lo que se ve en un texto de comienzos del siglo VIII, la *Vita Richarii* de Alcuino. Según el autor, todas las sumas que se daban al santo por su prédica, él se las daba a los pobres. Ricario se negaba a pensar en el día siguiente de su vida terrenal porque su aspiración era recibir las riquezas de la vida eterna. De esta forma, distribuía entre los pobres los regalos que obtenía de todos, para recibir de Dios las recompensas prometidas. Alcuino termina la descripción diciendo que el santo hizo un *felix commertium* ("negocio feliz") porque entregó elementos efímeros y recibió bienes eternos y magníficos[11]. Las percepciones morales aplicadas a las actividades económicas en las sociedades de la temprana Edad Media implicaban cálculos y racionalizaciones de ganancias: el reforzamiento de los lazos políticos y sociales, la afirmación del poder político y hasta la mercancía más espiritual en una sociedad cristiana, la salvación, descrita como un tipo de *felix commertium.*

Bibliografía

Bourin, M. & Menant, F. (2011). "Les disettes dans la conjoncture de 1300 en Méditerranée occidentale", en M. Bourin, J. Drendel & F. Menant (eds.), *Les disettes dans la conjoncture de 1300 en Méditerranée occidentale*, Paris, 9-33.

Cândido da Silva, M. (2014). "L'économie morale carolingienne (fin VIIIe-début IXe siècle)", *Médiévales*, 66, 159-178.

Cândido da Silva, M. (2016). "Public Agents and the Famine in the First Centuries of the Middle Ages", *Varia Historia*, 32/60, 779-805.

Cândido da Silva, M. (2019). "Les disettes et les prix des denrées alimentaires à l'époque carolingienne", *Mélanges de l'École Française de Rome: Moyen Âge*, 131/1, doi:10.4000/mefrm.5163.

Cândido da Silva, M. (2020). "Valor e cálculo econômico na Alta Idade Média", *Revista Tempo*, 26/1, 128-144.

Curschmann, F. (1900). *Hungersnöte im Mittelalter. Ein Beitrag zur deutschen Wirtschaftsgeschichte des 8. bis 13. Jahrhunderts*, Leipzig.

Devroey, J.-P. (2006). *Puissants et misérables. Système social et monde paysan dans l'Europe des Francs, VIe-IXe siècles*, Bruxelles.

Devroey, J.-P. (2016). "La politique annonaire des carolingiens comme question économique, religieuse et morale", en *L'alimentazione nell'Alto Medioevo. Pratiche, simboli, ideologie (Spoleto, 9-14 aprile 2015)*, Spoleto, 299-351.

Devroey, J.-P. (2019). *La nature et le roi. Environnement, pouvoir et société à l'âge de Charlemagne (740-820)*, Paris.

Doehaerd, R. (1971). *Le haut Moyen Âge occidental. Économies et sociétés*, Paris.

Duby, G. (1962). *L'économie rurale et la vie des campagnes dans l'Occident médiéval*, Paris, vol. I.

---

11 Alcuino, *Vita Richarii*, 5, *MGH Scriptores Rerum Merovingicarum* 4, ed. B. Krusch, W. Levison, Hanover (1902: 392): *Quicquid uero ei populus in stipendia praedicationis sponte obtulit omnia pauperibus diuidere festinauit. Indignum ei fuit de crastino praesentis uitae cogitare, qui diuitias aeternae uitae accipere anhelauit. Ideo oblata ab hominibus distribuit ut promissa a Deo acciperet. Felix commercium ut qui parua ac transitoria hilariter distribuerat magna et aeterna feliciter esset accepturus.*

Feller, L. (2011). "Sur la formation des prix dans l'économie du haut Moyen Âge", *Annales*, 66/3, 627-661.

Marquette, J.-B. (1990) (ed.). *La croissance agricole du Haut Moyen Âge. Chronologie, modalités, géographie (Dixièmes Journées internationales d'histoire, 9, 10, 11 septembre 1988) (Flaran*, 10), Toulouse.

Newfield, T. (2010). *The Contours of Disease and Hunger in Carolingian and Early Ottonian Europe (c. 750-c. 950 CE)*, PhD, McGill University (Montreal).

Newfield, T. (2018). "The Climate Downturn of 536-50", en S. White, C. Pfister & F. Maueshagen (eds.), *The Palgrave Handbook of Climate History*, London, 447-493.

Toubert, P. (2004). *L'Europe dans sa première croissance*, Paris.

Verhulst, A. (2002). *The Carolingian Economy*, Cambridge.

Virlouvet, C. (1985). *Famines et émeutes à Rome, des origines de la République à la mort de Néron*, Rome.

Wickham, C. (2005). *Framing the Early Middle Ages: Europe and the Mediterranean, 400-1000*, Oxford.

www.ingramcontent.com/pod-product-compliance
Lightning Source LLC
LaVergne TN
LVHW042344190726
843493LV00005B/919